四川大学"中国语言文学与中华文化全球传播"双一流学科群专项资助

传播符号学书系 · 国际视野

传播符号学书系 · 国际视野 | 主编：胡易容 饶广祥

赛博符号学

为什么只有信息并不够

CYBERSEMIOTICS :
WHY INFORMATION IS NOT ENOUGH !

〔丹〕索伦·布里尔
（SØREN BRIER）

著

周劲松

译

唐爱燕

审校

社会科学文献出版社
SOCIAL SCIENCES ACADEMIC PRESS (CHINA)

Cybersemiotics: Why Information Is Not Enough !
Søren Brier

赛博符号学：
为什么只有信息并不够

　　生物符号学是一个正在成长发展的知识领域，它是一种关于认知与交流的理论，正是认知与交流让生命体与文化世界得以联通。而这一理论的缺憾，就在信息与由非生命的自然和技术的世界构成的计算领域二者的联通。《赛博符号学》提供了这样一种联通构架。

　　通过把赛博信息理论整合到 C. S. 皮尔斯别具一格的符号学框架之中，索伦·布里尔试图寻找一个统一的概念性框架，以囊括由信息、认知和交流科学构成的复杂领域。这种整合通过尼古拉·卢曼关于社会交流的自组织系统理论施行。控制论和符号学之间的联系，进而便是结合了拉科夫和约翰逊的"肉身哲学"（philosophy in the flesh）的行为学和进化论意义上的具身理论。这要求建构一种跨学科的知识哲学，它有着丰富常识，它正是在人文和科学中得以培育。这样一个认识论和本体论框架在本书中也有提出。

　　《赛博符号学》不仅搭建了科学和文化之间的桥梁，而且提供了一个囊括二者的框架。赛博符号学框架提供了一个平台，诸种知识系统之间可以在一个新水平上开展总体性对话，其中包括这样一种科学观：科学无心与宗教一较高下，只是让相互性的、卓有成效的交流成为可能。

整合尼古拉·卢曼的交流理论与皮尔斯的符号学而来的一种针对信息、认知和交流研究的跨学科研究方法

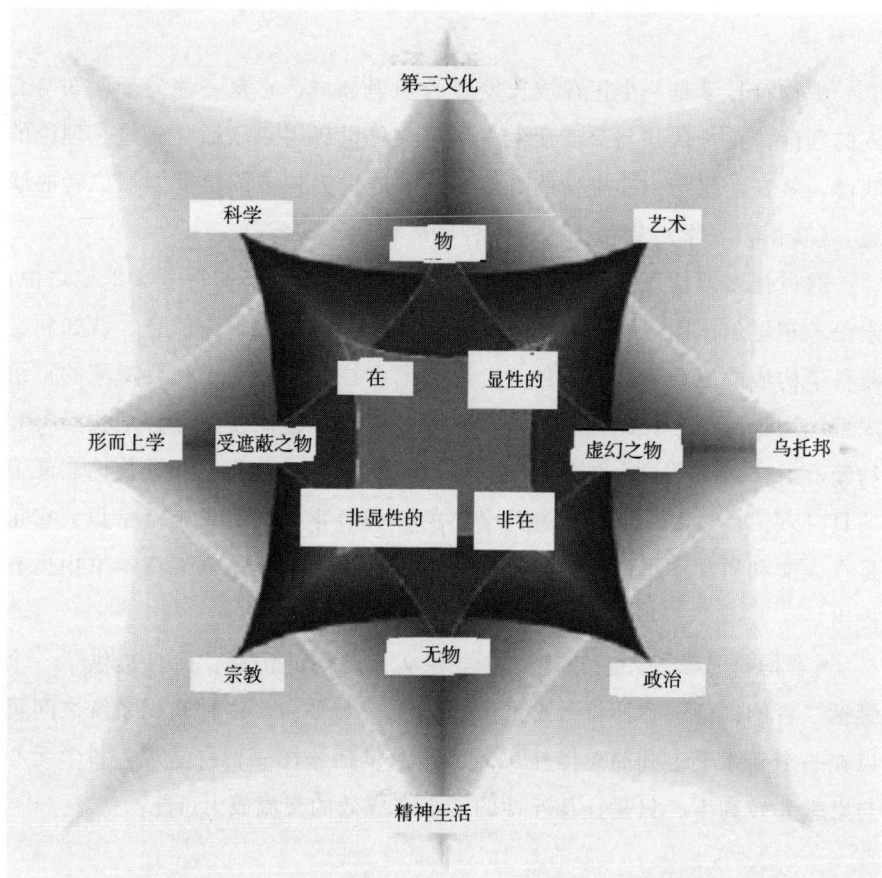

第三文化

科学

物

艺术

在

显性的

形而上学

受遮蔽之物

虚幻之物

乌托邦

非显性的

非在

宗教

无物

政治

精神生活

　　纪念我的父亲努德·哈诺德·斯蒂格·尼尔森，他因参与丹麦抵抗纳粹的运动而在纳粹集中营中度过 18 个月，这一经历让他痛彻一生；亦献给我的母亲多特·布里尔和我父亲的四个妹妹：卡玛、艾芭、伊娃和英格尔，她们与父亲风雨同舟，并在我从事本书写作过程中给予种种帮助。

　　还要感谢我的岳父母贡纳·弗洛兴和艾尔丝·弗洛兴，我的舅舅本特·布里尔，他们都是丹麦抵抗运动的参与者；亦感谢本特的妻子乌拉和我的姨妈波迪尔·斯科特，她们在我童年和青年时代给予我关爱与支持。

　　尤其要感谢我的妻子柯尔斯顿和我们的孩子安德斯和西格妮始终如一的爱与支持。

总　序

　　传播学与符号学的学科发展时间起点相近但路径不同。符号学的学科化始于 1907～1911 年索绪尔在日内瓦大学讲授的"普通语言学"课程，索绪尔以语言符号为对象系统阐述了结构主义符号学的基本理论框架。传播学始于 1905 年布莱尔在威斯康星大学开设的"新闻学"课程。正如语言之于符号学，新闻也成为传播学的第一个门类及核心对象。学界至今仍将"新闻"与"传播"并称。

　　在百余年的学科发展进路中，尽管符号学与传播学发展路径截然不同，但两者理论逻辑的深层联系将两者密切联系在一起。施拉姆在《传播学概论》中辟专章写"传播的符号"，并指出"符号是人类传播的要素"。① 符号学在经历三代人的研究并发展出四种典型模式之后，近三十年来的重要发展方向之一是与传媒诸现象相结合。法国学者皮埃尔·吉罗认为，传播学与符号学从某些方面来说是"同义语"；约翰·费斯克则将传播学分为注重研究"意义"的"符号学派"和注重研究"效果"的"过程学派"。② 我国学者陈力丹对传播学的基本定义是"研究人类如何运用符号进行社会信息交流的学科"③。从学理上讲，传播学须通过"传播的符号研究"以洞悉"意义"的实现；反之，符号学也必须跨越狭义的"语言"而进入当代传媒文化这一最庞大的符号景观。对两个不同发展传统的学科来说，符号学可以从理论繁杂的"玄学"处落地于具体的文化传播现象；传播学也可以借助符号学的丰富理论提升学理性。受美国新闻传播学传统

---

① 〔美〕威尔伯·施拉姆：《传播学概论》，何道宽译，中国人民大学出版社，2010，第 61 页。

② Fisk, John, *Introduction to Communication Studies*, London：Routledge, 1990，XV.

③ 陈力丹：《传播学是什么？》，北京大学出版社，2007。

的影响，当前我国传播学过多倚重社会学方法，故而学界有观点认为，传播学应归属于社会科学而非人文科学。且暂时搁置这个争议，仅就传播内容而言——其作为"符号"构成的"文本"，具有无可争议的"意义属性"。作为研究"意义"的学问，符号学研究可与社会学方法互为补充，为传播学提供基础理论。

从当今传媒文化发展的现实来看，传播学与符号学对彼此的需求更加迫切。人类正在经历由互联网引发的传媒第三次突变①，传播学研究的问题正在从"信息匮乏"转向"意义需求"。20世纪兴起的传播以电视、广播、报纸等大众传媒为主，此时传播学研究的关键点是信息如何到达和获取——这与"信息论"方法是相适应的。在当下传媒的第三次突变的背景中，"后真相"时代已将社会信息的需求从匮乏转变为"在过载的信息中寻找意义与真知"。"人类命运共同体"这一宏大命题的基本条件，不仅是经由全球化媒介实现的信息通达（这在技术上早已经没有壁垒），还必须包括人类整体的"意义共同体"。当代传播学应对"传媒突变"的策略，须以更开放的姿态从"信息到达"向"意义交流"转变。一方面，"传播"应回归于"交流"这一受传交互的意涵；另一方面，"信息—通达—行为"的过程结果论研究，应向"意义的共享、认知与认同"深化。

当前，打破学科间的壁垒正在成为国内外学术发展的共识和趋势。国际上将"符号学""传播学"的融合领域通称为"符号学与传播学"。该领域影响较大的学派包括法兰克福学派、巴黎学派、布拉格学派、伯明翰学派、塔尔图学派、列日学派等。目前，国际上众多知名高校设立了"符号学与传播学"专业或课程，如美国宾夕法尼亚大学、康奈尔大学，加拿大圣劳伦斯大学，澳大利亚昆士兰大学，保加利亚索非亚大学，丹麦哥本哈根大学，意大利都灵大学等。世界著名的德古意特出版社从2011年开始推出主题为"符号学·传播·认知"（Semiotics, Communication and Cognition）的大型系列丛书，迄今已出版数十种。国内学界也很早注意到了符

---

① 赵毅衡：《第三次突变：符号学必须拥抱新传媒时代》，《天津外国语大学学报》2016年第1期。

号学与传播学的学理共性。如陈力丹在《符号学：通往巴别塔之路——读三本国人的符号学著作》①中指出，符号学不仅是传播学的方法论之一，而且应当是传播学的基础理论。随着符号学在中国的不断扩展，将符号学和传播学结合起来研究的学者越来越多，话题也越来越广。"传播符号学"已成为新闻传播学研究的重要发展方向。

值得追问的是，中国传播符号学研究，是否仅仅指借用西方符号学理论和术语来解释当今中国面临的问题？这关涉到中国符号学话语建构的总体背景。

中国传统文化符号丰富多彩，有着肥沃的符号学土壤。《周易》或许可被解读为世界上第一部呈现全部人类经验的符号系统。②从狭义的符号学思想的源头来看，在古希腊斯多葛学派（The Stoics）讨论符号和语义问题的同时，中国的名家也在讨论"名实之辩"。名家代表学者公孙龙（约公元前 320 年~约公元前 250 年）与芝诺（约公元前 336 年~约公元前 264 年）的出生时间仅差 16 年。仿佛两位思想家约定好，在那个伟大的"轴心时代"远隔重洋同时思考符号与意义的问题。遗憾的是，尽管先秦名学充满思辨的智慧，却并未成为"正统"得以延续。名学被其他学派批评为沉溺于琐碎的论证。此后，在儒学取得正统地位时，名学自然被边缘化了。应当承认，中国传统符号学思想没有对世界符号学运动产生实质性影响。

20 世纪 20 年代，符号学一度在中国有所发展。1926 年，赵元任曾独立于西方符号学两位开创者提出"符号学"这一术语并阐述了自己的构想，写成了《符号学大纲》。③遗憾的是，赵元任的符号学构想也缺乏后续传承。中国错失了 20 世纪符号学发展的两个黄金时期：一个是 20 世纪上半期的"模式奠定与解释阶段"，这一阶段形成了索绪尔结构主义语言学、皮尔斯逻辑修辞学、卡西尔 - 朗格文化符号哲学及莫斯科 - 塔尔图高技术

---

① 陈力丹：《符号学：通往巴别塔之路——读三本国人的符号学著作》，《新闻与传播研究》1996 年第 1 期。

② Zhao, Y., "The fate of semiotics in China", *Semiotica*, 2011（184）：271 - 278.

③ 赵元任：《符号学大纲》，载吴宗济、赵新那编《赵元任语言学论文集》，商务印书馆，2002，第 177 ~ 208 页。

文化符号形式论等基础理论模式；另一个是索绪尔及其追随者引领的世界性结构主义思潮。此后，符号学经历了一个相对平缓的发展期。尽管有格雷马斯、艾科、巴尔特、乔姆斯基等一批重要学者在诸多领域做出重要贡献，但这些贡献大致是在前人的基础模式上进行再发现或局部创新。符号学自身的发展，也转而通过学派融合来实现。

20 世纪 80 年代，中国学术从"文革"中复苏时，符号学发展的第二阶段已接近尾声。符号学对中国学界来说成了不折不扣的"舶来品"。重新起航的中国符号学研究，在很大程度上是由一批在海外游学、留学的学者带动的。他们译介西方经典、著书立说、教书育人，影响了一批中国学者。① 王铭玉认为，中国的符号学研究起步较晚但起点较高，在非常短的时间内便基本追赶上了国际研究的潮流。② 他将中国符号学发展分为三个阶段。第一个阶段指 20 世纪 80 年代上半段（1981～1986 年）。这一阶段可称为"学科引介"阶段，以译介工作为主，如 1981 年王祖望翻译了西比奥克（Thomas A. Sebeok，当时的译名为谢拜奥克）的《符号学的起源与发展》③；史建海发表了《符号学与认识论》④；金克木发表了《谈符号学》⑤ 等。随后，一批符号学经典论著在国内翻译出版，如池上嘉彦的《符号学入门》（张晓云译，国际文化出版公司，1985）、霍凯特的《现代语言学教程》（索振羽等译，北京大学出版社，1986）、特伦斯·霍克斯的《结构主义和符号学》（瞿铁鹏译，上海译文出版社，1987）、罗兰·巴尔特的《符号学原理：结构主义文学理论文选》（李幼蒸译，生活·读书·新知三联书店，1988）、皮埃尔·吉罗的《符号学概论》（怀宇译，四川人民出版社，1988）、乌蒙勃托·艾柯的《符号学理论》（卢德平译，中国人民大学出版社，1990）。到 20 世纪 80 年代末，中国学者自己撰写的最早一批符号学专著相继问世，如俞建章、叶舒宪的《符号：语言与艺术》（上海人民出版

① 赵毅衡：《中国符号学六十年》，《四川大学学报》（哲学社会科学版）2012 年第 1 期。
② 王铭玉、宋尧：《中国符号学研究 20 年》，《外国语》2003 年第 1 期。
③ C. 皮尔逊、V. 斯拉米卡：《信息学是符号学学科》，张悦校，《国外社会科学》1984 年第 1 期；T. 谢拜奥克：《符号学的起源与发展》，王祖望译，《国外社会科学》1981 年第 5 期。
④ 史建海：《符号学与认识论》，《内蒙古社会科学》1984 年第 8 期。
⑤ 金克木：《谈符号学》，《读书》1983 年第 3 期。

社，1988）、赵毅衡的《文学符号学》（中国文联出版公司，1990）等，这些专著代表着中国学者在符号学理论方面独立探索的"重新"出发。

　　从1991年开始，传播学与符号学各自获得了巨大的发展，应用中的边界频繁交叠。传播研究中对于符号学这一术语基本上无法回避。符号出现在传播学的各个门类中，如教育传播、电视新闻、广告、艺术设计等。相关文献大多运用了符号学术语与典型分析方法。其中，比较多的是应用索绪尔的能指与所指结构关系及其各种延伸形式，但理论深度有限，且这一时期的应用多处于一种对问题解释的自然需求状态，缺乏从方法论本身进行的学理性反思。丁和根将1994年到1999年称为国内"传播符号学"的"起步期"，并认为此后进入"发展期"。① 20世纪的最后几年，传播符号学的学科方法论受到了更多重视，如周军的《传播学的"前结构"：符号活动的社会根源和基础》（《北京广播学院学报》1994年第1期）、陈道德的《传播学与符号学散论》[《湖北大学学报》（哲学社会科学版）1997年第2期] 等。但此时具体研究新闻或电视的门类符号理论仍然占据更为重要的位置，如唐迎春、徐梅发表的《论新闻传受的不对等性——从符号学角度的解读》（《国际新闻界》1997年第6期）；刘智发表的专著《新闻文化与符号》（科学出版社，1999）等。2000年之后，学界明确提出了"传播符号学"，以之为研究主题的学者在传播学领域开始发出越来越响亮的声音。

　　清华大学李彬教授较早地系统介绍传播符号学。他从狭义和广义两个层面界定了传播符号学的学科范畴，认为狭义的传播符号学是"为新闻传播学所关注、由新闻传播学所推展、被新闻传播学所吸纳的与符号学相关的研究内容……"；广义的传播符号学则是"一切与新闻、传播相关的符号、话语、文本、叙事等方面的研究"。② 他这一时期的文章随后结集为《符号透视：传播内容的本体诠释》一书。书中开篇即指出，"……其实，传播符号不仅是人类传播的'生命基因'……而且也是人类文明的'精神

---

① 丁和根：《中国大陆的传播符号学研究：理论渊源与现实关切》，《新闻与传播研究》2010年第6期。
② 李彬：《批判学派在中国：以传播符号学为例》，《新闻大学》2007年第3期。

细胞'。"① 从研究方法和理论立场来看，李彬教授的研究有两个特点：一是将符号学作为传播内容研究的方法；二是将符号学归于传播学批判流派的方法之一。②

南京大学丁和根教授从话语分析与意识形态分析论入手，关注意义的生成与批判，并将其上升至方法论进行学理性探讨。他的《论大众传播研究的符号学方法》（《新闻大学》"2002 年冬季号"）是这一时期传播符号学方法论讨论最为周详的文献之一。首先，他认为，话语（文本）分析和叙事学的研究取向已经成为整个传播符号学的重中之重，因为"话语分析最能够体现符号学的整体性思维和研究方法，是传播学研究借鉴符号学方法的便捷之途"。③ 其次，他也倾向于认同符号学路径的批判取向。他认为，传播符号学虽然不能等同于批判学派，但与批判学派理论有着天然的内在联系和共同的学术取向。符号的方法更着眼于深度思辨而不是表层量化，为批判学派提供研究方法和理论资源，这成为传播符号学重要的意义和价值所在。

上述两位学者的共同特点是将传播符号学作为传播学中的批判传统看待。如果将他们的研究称为传播符号学中的"批判分析学派"，那么李思屈、隋岩、曾庆香等教授则偏向于"符号实践与建构"。

李思屈教授从广告及消费文化入手，进入消费洞察与建构性操作。从 1998 年开始，他贡献了一系列广告符号学的论文。主张建构又富含思辨的思路在李思屈教授两部代表性著作中体现得也非常充分。在《东方智慧与符号消费：DIMT 模式中的日本茶饮料广告》（浙江大学出版社，2003）中，他结合中国传统智慧，提出了用以指导广告传播实践的"DIMT"模式；而《广告符号学》（四川大学出版社，2004）是国内被认为是以符号学进行广告研究的第一部系统性著作。这一思路在他近年的研究中一以贯之，如《传媒产业化时代的审美心理》（浙江大学出版社，2008），立足符号学，兼备质性与量化分析，对当代大众传媒产业和大众消费案例做出了翔

① 李彬：《符号透视：传播内容的本体诠释》，复旦大学出版社，2003。
② 李彬：《批判学派在中国：以传播符号学为例》，《新闻与传播评论》2005 年第 5 期。
③ 丁和根：《中国大陆的传播符号学研究：理论渊源与现实关切》，《新闻与传播研究》2010 年第 6 期。

实的分析。隋岩教授的《符号中国》从理论、实践两个维度探讨符号的含指项、同构、元语言机制、自然化机制、普遍化机制；并从中国文化符号传播实践中梳理出象征中国的符号的历史变迁，探究鸦片、"东亚病夫"、缠足等负面能指符号背后的传播机制，思考如何提炼、打造代表中国、传播中国的强符号。曾庆香教授则偏重从新闻话语入手，以新闻传播的符号叙事为基础分析了网络符号、新闻报道、北京奥运会等案例，[①] 她注重建构实例分析，并注意到图像符号这一常常为话语分析所忽略的领域。

上面已经提及，一些学者从不同角度对我国传播符号学的发展进行了观察和分析。若从传播符号学的总体发展来看，2008 年是一个不可忽略的节点。这一年不仅研究成果大幅攀升，更有内在结构的质变。这一年尤其值得一提的是，已回国任教于四川大学的赵毅衡教授成立了"符号学 – 传媒学研究所"（ISMS），并创办了国内第一份打通传播学与符号学的学术期刊——《符号与传媒》。此后，他带领的"符号学 – 传媒学研究所"为中国传播符号学打开了全新的局面。在学科建设方面，四川大学设立了迄今全国唯一的符号学交叉学科博士点，从 2009 年起招收传播符号学方向的硕士、博士研究生，培养了一批以符号学为方法论进行文化传播研究的有生力量。在成果出版方面，四川大学"符号学 – 传媒学研究所"组织出版、翻译的符号学几大系列丛书——"中国符号学丛书""符号学译丛""符号学开拓丛书""马克思主义符号学丛书""符号学教程"就超过 80 种。在组织机构方面，赵毅衡、蒋晓丽等教授发起成立的"中国中外文艺理论学会·文化与传播符号学研究委员会""中国新闻史学会·符号传播学研究委员会"是符号学与传播学融合发展的全国性学术共同体，汇集了我国该领域的主要学者。此后，四川大学"符号学 – 传媒学研究所"还与天津外国语大学、同济大学、苏州大学、南京师范大学、西北师范大学等国内机构发起成立了"中国符号学基地联盟"，共同推进中国符号学的发展。从 2008 年至今，我国传播符号学发展处在一个高峰期，研究人数和学术论文发表量有了明显的增加，涉及学科有了极大的拓展。

应当说，经过近 40 年的努力，中国符号学发展确实取得了长足的进

---

① 曾庆香：《认同·娱乐·迷思：北京奥运会开幕式的符号分析》，《当代传播》2009 年第 5 期。

步。在老一代学者的引领、培养下，该领域的新一代学者的学术素养并不输于大洋彼岸的同龄人。如今摆在当今中国传播符号学研究者面前的问题，转而成为中国符号学以何种姿态处身于全球化学术语境的问题。换言之，若今天正在发生的知识更新在符号学领域引发变革，甚至酝酿成第三次世界性符号学运动，中国学者将如何跻身国际学界？

此问题的答案，或取决于中国学者如何解答人类面临的符号传播与文化变革问题。可以观察到，全球学界正在进行一场新的赛跑，且几乎站在同一起跑线上。并且，当今国际符号学发展涌现出许多新的动向，如塔尔图学派在继承科学与文化交融传统的基础上在生命符号学领域有所拓展；当代美国符号学研究在方法论上有综合性色彩，并在认知论、行为主义及非语言主义方向卓有成就；法国符号学发展表现出极强的语言文学特性，并与后结构主义文化研究发生融合。① 以艾柯为代表的意大利符号学者，在艺术门类——建筑、绘画、电影等结合方面均有出色成绩，并在一般理论方向上关注意识形态研究。其中，意大利都灵学派的社会符号学特色鲜明；德国符号学则依然体现出优良的哲学传统，并与现象学传统、存在论传统以及阐释学传统融合；北欧符号学既具有浓厚的哲学思辨色彩，又融合了经验研究的新技术手段；丹麦、芬兰、瑞典等国的符号学结合了主体哲学、认知学等跨学科传统，与美国的系统论（贝特森）、语用论及行为主义（莫里斯）传统遥相呼应。

综观当今国际符号学界，多元化、流派融合的学术话语为新理论提供了足够多的"素材"——它们就像一锅适合新事物发生的"原子汤"。更重要的是，当今传媒文化的剧变，为符号学乃至整个人文科学提供了理论创新的条件，同时也提出了一些亟待解决的现实问题——物理学对宇宙起源解析的突进冲击了哲学与宗教的世界观；人工智能正在改写"智域"的主体和边界；媒介剧变重铸着人类社会连接结构；生物工程，尤其是基因科学的进展，让人类不断尝试僭越"造物主"的角色……

在人类技术文明进步的同时，人类的生活意义却进入了空前危机。消费社会的物化和异化使传统社会的信仰边缘化进而导致伦理缺失；数字化生存

---

① 李幼蒸：《理论符号学导论》，社会科学文献出版社，1993，第22页。

的现实让"真""谬"关系发生了某种不对称的"后真相"转向;诉诸感官沉浸的碎片信息令传统文化生活的仪式感走向消失。在内爆的信息冲击下,人们失去了追寻意义的方向。国与国之间、民族与民族之间的文明冲突没有因媒介技术带来的传播便利而消减;恐怖袭击、暴力冲突,甚至大屠杀有了更具规模的杀伤性手段;核威胁、生化武器以及杀伤力更恐怖的人工智能武器,仍是悬在全人类头上的"达摩克利斯之剑"。

这个时代对"意义交流"的需求比以往更加凸显,这构成了学术发展的问题导向。而问题发展的基础则植根于所在的知识传统。做出卓越贡献的学者,也必然植根于其所在的学术土壤。符号学界常常热衷于谈论皮尔斯与索绪尔的区别,但从学术传统的根源来看,他们的理论却有着共同的西方哲学起点。从研究对象来看,古希腊以来的语言逻辑修辞传统在索绪尔的理论模式中得到了充分体现。众所周知,索绪尔将研究范围界定于"表音体系,且是以希腊字母为原始型的表音体系"①,这一研究对象即由西方语音中心主义承袭而来。而皮尔斯的符号学起点,是亚里士多德以来的西方逻辑学。皮尔斯的逻辑修辞符号学模式,在某种意义上可看作他的理论抱负——"构建亚里士多德传统能适应各门学科的科学逻辑"——的结果。此外,据说皮尔斯能背诵康德的《纯粹理性批判》。另一位康德主义的继承人——恩斯特·卡西尔则提出了"人是符号的动物"这一关于"人"的新定义。

上述学者的理论都深刻植根于特定文化土壤与理论传统,并与社会发展的需求相契合。就西方符号学的知识传统来看,"东方中国符号"无论是作为对象,还是作为理论思考方式,都未能被恰当地纳入考虑。包括汉字在内的中华传统符号也仅仅是偶尔作为"东方符号奇观"而被误读式观照。这种忽略"文化生成生态"的"线性符号达尔文主义"②,其根本指向有悖于文化的多样性本质。

综上,摆在中国学者面前的课题,是对传播学和符号学的双重创

---

① 〔瑞士〕费尔迪南·德·索绪尔:《普通语言学教程》,高名凯译,商务印书馆,1985,第51页。

② 胡易容:《符号达尔文主义及其反思:基于汉字演化生态的符号学解析》,《兰州大学学报》(社会科学版)2018年第3期。

新——既融通传统中国文化符号遗产，又接轨当下独特的中国传媒变革现实。在这场学术创新话语竞赛中，中国学者提出的理论模式或贡献，应该是基于中国问题生发的，同时关涉"人类意义共同体"的一般规律。由此，当下中国传播符号学学者在国际学界的发声，也应有意识地从追随西方理论的阐释，转向融通中西与独树一帜。其中，涉及中国的对象问题的思考，则必须走出"东方主义"式二元对立框架，以越出仅仅通过与"西方"的比较来实现自身意义的存在。同时，中国传统文化符号思想所蕴含的"意义"必须在"人类意义共同体"的整体语境下被观照和阐发——这应是中国传播符号学界努力的方向，也是本套丛书的初衷。"传播符号学书系"是四川大学"符号学－传媒学研究所"发起并策划出版的一套丛书，旨在推进传播符号学的学科建设。本套丛书包括"国际视野"与"理论探索"两个子系列：前者主要译介传播符号学领域的国外优秀成果，旨在展现国外传播符号学交叉发展的前沿视野和最新动态；后者力图展现中国学者在传播符号学领域的探索和努力。此种兼容并蓄的思路，是希望读者从这套丛书中能直观比较当前传播符号学领域国内外学者的视点，同时也在国际学术对话中为推动中国哲学社会科学话语体系的建构尽绵薄之力。

胡易容
己亥夏于四川大学竹林村

序　言

马塞尔·达奈西*

　　我们为什么要交流？为了生存？还有别的理由吗？交流是怎么展开的？这些是人类自诞生以来就有所思考的问题。交流与符号、信息和意义的交换相关，因此它显然属于符号学家们感兴趣的内容。已故的 20 世纪著名的符号学家托马斯·A. 西比奥克（Thomas A. Sebeok，1920 – 2001）肯定持此种看法，正是他引领我们拓展了真正的符号学的边界，把一切物种的交流尽数纳入这门学科的研究范畴。西比奥克发起了生物符号学运动，通过对跨物种交流的研究，他让我们更好地认识到究竟是什么让人类交流如此独一无二。生物符号学（biosemiotics）试图弄清动物是如何与生俱来地被赋予使用特定类型的信号及符号这一能力而得以生存（即通过动物符号活动〈zoosemiosis〉），并进一步弄清人类符号活动（anthroposemiosis）与动物符号活动是如何既相互关联又相互区别的。符号学这一新分支的目标就是解析不同物种丰富表现中共通的符号活动要素，将其整合成一门包括概念、原则和操作的学科分类，从而总体性地理解交流现象。

　　丹麦符号学家索伦·布里尔（Søren Brier）的这部优秀著作，以"赛博符号学"（cybersemiotics）为研究视域，目的正是向学者、学生和感兴趣的人介绍生物符号学。布里尔本人推动了生物符号学学科的发展。他是美国控制论协会（American Society for Cybernetics）拥有 20 多年会龄的资深会员，并与著名控制论专家和生物符号学家一道创办了刊物《控制论与

---

　　*　马塞尔·达奈西（Marcel Danesi, 1946 – ），加拿大多伦多大学教授，时任美国符号学会会长。——译者注

人类认知》（*Cybernetics and Human Knowing*）。这部著作来得恰逢其时，因为我相信，生物符号学或者赛博符号学要做的事情，正在迅速成为有关交流背景中符号及其交换这一严肃研究的日程表上"唯一要做"之事。

控制论这门学科的初衷，就是研究有生命的有机体、机器、组织中的交流与控制。这门学科的构想者是诺伯特·维纳（Norbert Wiener, 1894－1964）——伟大的数学家和计算机科学家，他在 1948 年创造了控制论（cybernetics）这个术语。早期的控制论专家认为所有独立的复杂系统中的交流和控制都是相似的。他们的研究方法不同于（物理学与生物学等）自然科学，因为他们认为交流的物质形式就其本身而言是没有关联的，所以把研究重心放在了其组织方面。计算机技术逐渐成熟，人们让其所作所为也变得如人类一般，在今天，控制论与人工智能和机器人技术紧密联系在一起，在很大程度上汲取着信息理论中所诞生的诸多理念。

在许多方面，已故的马歇尔·麦克卢汉（Marshall McLuhan, 1911－1980）可以被视为控制论这个术语诞生之前的控制论专家，因为他与早期那批控制论专家有着许多共同的兴趣点。譬如，麦克卢汉相信，记录和传输信息的技术决定了人们处理和记住信息的方式。此外，信息再现和传输方式的任何重大变化，都会带来文化系统中与之伴生的范式变化。古代的楔形文字书写，不可磨灭地印刻在泥板上，让苏美尔人发展出了一种伟大的文明；莎草纸和象形文字把埃及推进到一种先进文化的社会；字母表激发了古代希腊人在科学、技术和艺术方面取得辉煌的成就；字母表还让罗马人建立起了高效的管理体系；印刷出版方便了知识的广泛传播，为欧洲的文艺复兴、宗教改革以及启蒙运动铺平了道路；收音机、电影和电视带来了全球性通俗文化在 20 世纪的崛起；在 20 世纪结束之际，互联网为我们带来了一个真正意义上的"地球村"。

"信息"（information）这个词总是出现在从控制论的角度对交流的探讨中。但是，如布里尔所说，这是一个容易产生问题的用词，需要深度的探讨，对此读者们将会通过阅读本书而有所知悉。信息可以简单地被定义为能够被人或机器接收的"数据"（data）。在现代信息理论中，它被认为是具有数学概率性的某种东西——正在鸣叫的警报器所传递的信息比沉默无声的警报器传递得要多，因为后者只是警报系统的"预期状态"

(expected state)，前者则是"警示进行状态"（alerting state）。推动信息理论在数学方面发展的是美国电信工程师克劳德·香农（Claude Shannon, 1916-2001）。他向我们证明，从本质上讲，信号中所包含的信息与其成为信号的概率成反比。成为信号的概率越大，其传递的信息"负载"（load）越少；成为信号的概率越小，其传递的信息"负载"越多。

香农设计了一个数学模型来提升电信系统的效率。这一模型的核心是把信息传输描绘成一个依赖概率因子的单向过程，也就是说，依赖特定条件下信息受期待或不受期待的程度。该模型被称为"靶心模型"（bullseye model），因为信息发送者被界定为有针对性地把信息传递给作为信息接收者的某人或某物，就像对方处于目标范围内一样。香农还为通信的总体研究引入了如下若干关键术语：信道（channel）、噪声（noise）、冗余（redundancy）、反馈（feedback）。香农模型提供了一套术语，一直以来在描述通信系统各个方面用处广泛，但是，它并未告诉我们消息和意义如何影响又如何最终决定了人类交流事件的性质。布里尔这部著作的主要目的，实际上是要从符号学的角度去确切考察这些事件究竟如何展开。这部著作真正揭示的是，"控制论"（cybernetics）为何必须被改造成为"赛博符号学"（cybersemiotics）。① 因此，可以认为它是生物符号学的一个分支。生物符号学的研究目的是深入考察符号活动的何种特性或特征是物种和系统（包括机械系统）所共有的，什么特征又是特定的某一种或某几种物种或系统所特有的。判别特定性质是普遍抑或特殊，正是布里尔这部著作的主要目标之一。

生物符号学发展的动力来自生物学家雅各布·冯·乌克斯库尔（Jakob von Uexküll, 1864-1944）的工作，他以实证性的证据揭示出有机体并不感知对象本身，而是根据其自身特别的心智模塑系统去感知对象。这就使得有机体可以采用一种堪称生物学上独一无二的方式去阐释对象和事件，

---

① 英文中，cybersemiotics（学界对此新词尚无通行译法，"网络符号学"或"赛博符号学"均有所见，为了统一，本书中通译为"赛博符号学"）与 cybernetics（学界对此词的定译是"控制论"）两词因为使用相同前缀"cyber-"而有着显而易见的同源性质，所以，作者在诸如此处的行文中于二者之间可以流畅衔接，而汉译中的"赛博符号学"与"控制论"两词在词形、既有内涵乃至外延方面都不具备这一性质。因此，后文中，与之类似的文义疏通微妙之处，尤其在不再标注原文之时，还请读者细察。——译者注

并由此而采用一种具有符号专门性的方法对这些对象和事件做出反应。一个物种的建模系统习以为常地将其外部世界体验转化成该物种独一无二的内部的认知和记忆状况。不具有相同的心智建模系统而想要了解这些状况，结果始终只会是片面的。因此，我们将永远无法真正理解，对于一种东西，某一动物感受到了什么、想到了什么，更重要地，它是如何思考的。

布里尔的著作来得恰逢其时，尤其是对于解释"数字星系"（digital galaxy）中交流的演变而言——人们用"数字星系"来称呼我们这个即时交流的互联网世界。在数字星系中，谈论各种交流模式相互矛盾已经不再正确了。计算机与所有其他媒介技术的融合，已经是今天大众传播的核心特征，但它也有缺点。过度依赖计算机和数字媒介产生出一种思维定式，即把数字化看作人类处境的一个内在的、几乎是神奇无边的组成要素。这在 2000 年跨年之时变得十分明显，人们把"千年虫"（millennium bug）当成厄运的先兆。人们是如此依赖计算机，以至于把"00"认作这样一个单纯的技术问题——确保计算机能够把"00"认作"2000 年"而不是"1900 年"或者其他包含"00"的年份——在道德和启示方面被大书特书。这是一个让人印象深刻的证据：计算机已经有了远远超过其作为"用来计算的机器"所具备的原初功能的社会性意义。对于赛博空间的不断深入了解，更是不知不觉中把我们一步一步带到了一个奇怪的现代样式的笛卡尔二元论深沟：身体与心灵是两相分离的实体。可以顺便提及的是，"赛博空间"（cyberspace）这个词是美国作家威廉·吉布森（William Gibson）在其 1984 年的虚构小说《神经漫游者》（Neuromancer）中杜撰出来的，在小说中，他将赛博空间描述成一个"难以想象的复杂"之地。如布里尔的研究所表明的，数字媒介把人置于不得不在属于一个不同星系——麦克卢汉称之为古登堡星系①——的符号残骸之上重建现代文化的地步。但是，人们发现，新、旧符号并非相去万里，因为人们开始认识到，他们的身体、心灵都同样进入符号的创造之中。所以，吊诡的是，数字星系偏偏产生出一种要与这种声音进行交流的愿望。布里尔爬梳赛博符号学，筚路蓝

---

① 古登堡（Johannes Gutenberg, C. 1400 – 1468），改进活字印刷术的德国发明家，他的发明催生了一次媒介革命，并迅速地推动了西方科学和社会的发展。——译者注

缕，所带来的种种揭示强调的正是这一点。

赛博符号学研究工作，是由我们对人之意义追寻的生物、精神和社会根源进行的探索铸就。布里尔的著作表明，这一研究有望催生出一门生机勃勃、不断发展变化的符号科学。无疑，读者在读完本书之后，会由衷地信服查尔斯·桑德斯·皮尔斯已经透彻阐明的明显的真相：作为一个物种，我们被设计成"只会用符号去思考"。

目 录 赛博符号学

绪　论

✦

赛博符号学的追求

✦

I.1　主题和目标

　　信息、认知、交流、理解和意义是什么？这是一个非常古老的哲学问题。后来它又在各种不同的研究中再次出现，这些研究试图建立心理和交流科学。但是今天，自从香农的信息理论和维纳的控制论以来，这些问题都是在计算机、信息系统以及后来的互联网所构成的跨学科背景下展开研究的。

　　《理解计算机和认知》（*Understanding Computers and Cognition*，1986）是特里·维诺格拉德（Terry Winograd）和费尔南多·弗洛里斯（Fernando Flores）二人合著的一部名著，它以动物与人的认知和交流理论为启发，在研究计算机和信息系统的技术设计过程中揭示这些领域的复杂性，其所采纳的理论包括马图拉那（Maturana）和瓦雷拉（Varela）的自创生系统理论，以及话语行为理论和语用语言学理论。正是在其著作的启发下，我写出了自己的博士学位论文《信息为银……》（*Information Is Silver...*）（1994 年以丹麦语出版）。

　　本书更为深入，堪称科学哲学中的一项跨学科的工程，它分析了于现代展开的旨在达成统一概念性框架的种种努力，该框架涵盖了信息、认知与通信科学以及符号学学术研究所构成的众多复杂领域——这些领域总体上常常被称作信息科学。

本书对此类研究中若干"信息科学"研究课题提供了标准信息科学所能做出的阐释，还对当下各种研究进路需要做出的补充进行了探讨。所以，本书是"信息科学基础"（the Foundation of Information Science，FIS）研究内容的一个组成部分，因为它所探究的是在厘清理解和交流的过程中能否建立一门可以涵盖技术科学、自然科学、社会科学及人文学科的跨学科的信息科学。这一想法最早来自诺伯特·维纳（Norbert Wiener）的《控制论：或关于在动物和机器中控制和通信的科学》（Cybernetics；or，Control and Communication in the Animal and the Machine，1948）一书。不过，在康拉德·洛伦兹（Konrad Lorenz）和尼科·廷伯根（Niko Tinbergen）试图把动物行为学发展成一门既非机械论又非活力论的科学这一过程中，我们也可看到这一想法的萌芽。人们认为，维纳的著作和控制论想要"对动物的思维过程和人工学习手段之间的关系做出科学解释"。这就是在此提及动物行为学及其与比较心理学（尤其是斯金纳［Skinner］的行为主义）之间的争执的一个理由。另一个理由是，这些讨论——以及其他因素——让米勒（Miller）、加兰特（Gallanter）和普利布拉姆（Pribram）在《行为的规划与结构》（Plans and the Structure of Behavior，1960）一书中建构出一种关于认知科学基础的理论。然而，众所周知，认知科学的信息加工范式——就许多方面而言，可谓维纳之控制论梦想的现代样式——在如何在认知、理解和交流中体现其作用方面遇到了严重问题。譬如，海耶斯（Hayles）在其见解深邃的著作《我们是如何变成了后人类：控制论、文学和信息学中虚拟身体》（How We Became Posthuman：Virtual Bodies in Cybernetics，Literature，and Informatics，1999）中就指出了这一点。在语用语言学领域中，我发现，拉考夫（Lakoff）和约翰逊（Johnson）的具身认知语义学和维特根斯坦（Wittgenstein）的语言游戏理论，尤其能够用来关联身体状态、文化和表意活动。但是，因为动物行为学以及普泛意义上的生物学——按照我的看法，还有控制论/计算机科学——都有着意义、主体、意识等概念方面的问题，于是，我打算在皮尔斯（Peirce）、西比奥克（Sebeok）、霍夫梅尔（Hoffmeyer）、库尔（Kull）和埃默谢（Emmeche）等人工作的基础之上，将它们的某些方面重新进行系统的表述，形成生物符号学的一个样式，我的目标，是理解具身心智（embodied mind）在认知和交流之中的作用。

本书以建构新的跨学科框架为宗旨，基础是皮尔斯的符号学、二阶控制论、卢曼（Luhmann）的系统论、认知语义学，以及语言游戏理论。我将用来自二阶控制论和查尔斯·桑德斯·皮尔斯的符号学中的概念，来解决处于认知科学核心位置的各种跨学科性质的概念方面的问题，因为控制论正是为现代信息和交流科学研究做出最早贡献的学科之一。我将这个跨学科框架称为"赛博符号学"。

在本书第一部分，我会对许多当下主流的研究进路与理论做出分析。我的意图，并不是批判某些研究者或理论，而是描述各种研究工作和范式所得出的结果，指出它们的局限和突出的问题。在第二部分，我会深入探讨上述问题并且提出解决之道。

我正在提出一种崭新的理论，那么，显然，我对先前的理论是不满意的。尽管如此，先前的诸多理论都为我提供了有用的概念，让我在寻求一个足以囊括我们现有经验和知识的框架的过程中受益匪浅。我并不想因为自己要努力达成对我们当下状况的崭新认识就忽略之前的工作。我发自内心地承认，这些理论中的每一种都起到了推动发展的作用。我会尽我所能地运用它们，将它们融入一个能让我们"百尺竿头更进一步"的新框架之中。回顾这些研究，可以看到在哪里过于激进的解决方法没有完成任务。因此这些分析可以用作其他可能解决之道的论辩支撑。当我最终对我的理论进行描述时，我会采用这些有用的要素，将其放入新框架之中，并且为之重新命名，以便人们想起由整个新框架而来的崭新含义。

我将采用的这种过程，表明我们承认科学是通过协同过程而发展壮大的，意味着不同范式能够帮助我们建构起一个跨学科的框架。我会对这一框架为两个学科领域带来的实践成果展开描述。

首先，如何以一种与适用这些自然科学及心理学中现象学方面研究的概念框架以及曾一度被认为是人所独有的意义和交流的社会科学理论相兼容的方式使认知和交流概念化。这里，最终，生物学与之前试图把生命和认知与（譬如说）动物行为范式关联起来的种种努力，可谓个中关键。

其次，我想要描述的是对图书馆与信息科学（Library and Information Science, LIS）所产生的一些实际影响，我关注的焦点是为主题检索服务的电子科学文献索引问题，该主题检索所依据的基础是对互联网和管理信息系统（Management Information Systems，MIS）（再次以它们为例）文本所做的语义解读。过去 20 年中，人们越来越清楚地看到，这一领域对于所有计算机化了的人类知识交换、储存和检索有多么重要。越来越明显的是，为了最好地发挥作用，LIS 必须以有关认知、信息和交流的理论作为基础，这种理论必须打破壁垒，联通技术科学、认知科学、交流科学与语言学，并且将符号的现象学、社会和文化方面包括在内。

我承认，写这本书耗时费力。我探讨的是隐藏在我们世界观和文化之下的一些恢宏的理论，在这一过程中，我始终感到自己背靠文山书海，须再写 100 页才能使我的论述完整。我为达成更为恢宏的综合阐述所付出的努力还不够，因而我依然坚持，对此，我唯一的说辞是，我强烈地感到，为了我们文化的留存不灭，进行这种跋涉是多么必要。我希望自己可以做出微末的贡献，而我的努力会激发其他人来继续从事这项工作。

我向所有在这一广袤领域中做出重大贡献却未被我纳入书中甚至我根本不曾有所接触的学者们致歉。这是我的局限。在跨学科研究中，将对相关学科领域的研究做到恰恰适合建构自己的跨学科框架所必需的程度是最好的。如果做不到，那么研究者就会忙于无数细节。我现在需要的是建设性的反馈意见和批评。

本书算是对一种崭新的跨学科（transdisciplinary）甚至跨科学（trans-scientific）性质的理论做出了原始的勾勒。万事开头难，他们打下了基础并在此过程中为将来提供了概念方面的根基。我花了 20 年才走到这么远——或者说，这么不远！

我有许多从事社会科学和人文学科的同事都对跨科学框架有所担心，因为以前的那些框架在机械、功能或意识形态意义上，都不过是化约主义的。此类框架大多缺乏自我反思，也没有对其真实性、价值和包容性方面的局限进行阐述。我希望，自己在把关于我们身体状态（bodyness）的表意活动、感受性和重要性纳入赛博符号学框架之时，不要落入此类陷阱。不管怎么说，我们把这些框架弄得或多或少地模糊不清，同时又将它们作为不言而喻的知识加以运用，范式与范式之间的冲突由之而来。因此，如果我们明确地对其概念化，那么，对于讨论、协作以及知识的发展会更为有益。

　　重要的是需要注意，当人文学科和社会科学领域中的研究者从事关于"科学"的哲学和社会学研究之时，他们是在属于其社会和文化学科领域中进行的。这就是为什么，作为终极解释，他们经常对机构的形成过程和机构的知识生成实践提出社会学方面的和历史学方面的描述——却对于真实性概念一般而言兴味索然，而这些，在自然科学和技术科学以及大多数哲学中，与某种形式的独立实在性息息相关。

　　成为科学哲学家的科学家不会只想从社会—文化史这一单一的角度来解释科学的诸多理论和方法。他想要知道，随着科学的发展——不管是缓慢地发展还是通过偶然的革命而发展——我们在对真理（与至善）的求索中，到底是进步了还是退步了；或更确切地说如何进步或退步了。对他而言，问题的关键在于我们的知识与某种稳定的现实之间的关联关系，不论这种关系对于作为个体的我们而言是内在的还是外在的。

　　因此，为了确保科学的整个观念不被相对主义、激进的或社会的建构主义所消磨，他不得不寻求一种元科学框架，而该框架对于人文学科和社会科学也属于元性质。我起初所受教育属于神经生物学和动物行为学这一学术方向，后来却发现，自己必须对以当下科学观为基础的框架进行哲学和形而上学的分析，而分析的方法得贴切地反映迈克尔·伦特利（Michael Luntley）在《理性、真理与自我》（Reason, Truth and Self）中所阐述的方式和精神：

　　　　面对后现代派的批评，我们需要对真理、理性和自我等概念的使用进行合法化规范。为了达成这种合法化，批评后现代派思想所依据的理论是不够的。所以，我们需要对此做出描述：真理、理性和自我概念在所有经验都不明晰的条件下，何以仍然能够在弄清我们生活的意义这件事上发挥合法作用。本书，您可以认为，就是描述性形而上学领域里的一篇散论。这篇散论描述的是真理、理性和自我这些关键概念的结构和它们之间的关联。它试图提供一种形而上学或者模式，显示真理、理性和自我如何起作用；这种模式将会取代那种承继启蒙运动、已经失去作用的旧模式。（Luntley 1995：21-22）

　　我也拥有这种精神，尽管伦特利和我在实践中采取的研究方法不同。

多年从事科学的应用哲学和理论研究，我认为此时有必要对我如何看待科学的性质先做一番阐述。这些东西属于导入性评述，加上参考文献和引用来讨论它们会占去太多篇幅，还会把本书引向我所不愿意看到的方向。这里仅仅粗略地呈现这些标准，随着论述的展开，本书在运用这些标准的同时也会对之进行发展。哲学家们会说，尽管这本书是关于哲学问题的，但并未像专门的哲学著作那样附上标准的参考文献。因为本书的阐述定位在跨学科层面而非专论性质。

过去50年里关于科学的哲学、理论和社会学方面的考察、分析和探讨所取得的普遍被接受的结论主要是：无法建构任何关于科学知识的绝对标准。不过，我们可以提出判断一种理论是否科学的一些实用标准。正如波普（Popper）所说，一种理论可以在某个时候既有错误又充满争议（甚至让人吐槽），却不一定就是不科学的。这并不意味着，我们必须知道该种理论内容的真实性才能说出它是否科学。我们从来就没有身处如此境况，因为科学只是我们寻求真理、评估发现是否真实的主要方法之一。不过，断定某理论或某理论家是否真正全身心投入对真理的追求，则肯定是有可能办到的，并且这与该理论实际上是否真实没有关系。作为我此处分析的基本立场，我想要提出的这个标准的核心是，理论的"科学性"有赖于其与真实的关系——这里的"真实"远非逻辑和数学那种形式理论中的真实概念，因为它还必须涉及经验性发现。下面我将对为了取得关于科学和学术考察的一致看法所做的努力进行总结，并以此作为我当下工作的出发点：

1. 科学理论——不一定包括经验或理论考察的每个细节——应该对可观察到的现实的某个方面做出预测。不过，预测能力本身并不证明或证实真理。充其量，它表明的是与实证性观察的一种契合关系。它起着增强我们对自己理论信心的作用。

2. 只有理论的负面证据这种情况是可能的——也就是，可以说理论经得起证伪，却没有经过证实。所有观察都是理论负载的活动，不过，从证伪中得出一种清晰的逻辑推导也是不可能办到的。判断理论是否科学的重要标准之一是它的可证伪性，而那种证伪也必须得到解释。

3. 理论（从逻辑意义上说）绝对无法就主题的每个方面做到完全一致。不过，所有科学理论都应该尽可能地做到一致。如果尽可能地实现其可靠性和客观性，则推断出其实证性结果在理想意义上便是可能的。

4. 任何事实都无法脱离语境。重要的是根据我们处理其他事实所得出的标准，同时有意识地考虑到语境的显著作用，对其加以讨论、比较、标定。

5. 所有的科学观察（实证研究）都是理论负载的。既然科学对象是理论负载的，那么，除了对方法和你认为这些方法所能衡量的东西要有所讨论，你还需要对你那些关于主题领域性质的形而上学的观点以及你想要获得的那种知识进行明确的分析。

6. 观察始终在问题基础之上展开。观察自身绝对不是公正、客观的。客观性要求我们对我们的兴趣和假设进行明确而清晰的表述，其原因是它们引发了我们所面对的问题。

7. 理论对知识、认知和现实的性质提出猜想；我们从中得出方法、科学对象和主题领域。在做课题规划的时候，我们应该尽可能公开和清楚地阐明这些猜想。客观性要求我们对这些猜想以及它们与其他理论如何相关进行反思。

8. 一种科学理论应该对涵盖所探讨问题所有核心方面的主题领域有着清晰的界定。给这里所谓"核心"赋予的意义，决定了该主题领域的性质和边界，构成了方法论的基础。譬如，相对论和量子力学改变了我们对牛顿定律适用领域的看法。为一种理论规划出它的适用领域是一项在进行中的阐释性工作。

9. 就我们目前为止的经验而言，所有的基本的普遍性的理论和模式都已经部分地被证伪（即在某些方面或领域中被证明为假）。只有在有充分理由相信其新的（大多数是有限的）适用领域中的现有策略能够解决这些问题的条件下，它们才会得到保留。这里，大部分东西都依赖阐释，客观性则依赖对种种阐释所持有的一种开放的态度。

10. 优秀的科学理论应该契合其他久经考验的理论所构成的网络。它们中的一些可能是错误的，但不应该把所有理论都全然抛弃。理论应该以在不扭曲基本状况的情况下尽可能与我们已经知道的东西相互兼容为旨归。

11. 科学和人文学科的一般性目的，是尽可能地在我们对自身和世界的思考中取得一致性和连贯性。

12. 一种科学理论如何有用，取决于它与所意图的主题领域和对所涉及的理念的社会性理解之间所具备的契合程度。一种真理的实用的标准不可能依靠自身来保证它的普遍真实性，但是，如果把其他标准与之结合，那么，在依靠人为判断的一般性评估方面它就有了用武之地。

13. 当下为人们所认可的科学理论并不是关于世界或现实的最终真理；不过，它们包含了大量关于世界的部分规律的知识，而且，不管它们多么不同，它们依然可以向我们展示出现实的诸多互补的方面。

14. 我们的知识在不断增长，但我们不能证明我们的理论在不断接近某种普遍真理或者宇宙规律的基本模式。我们并不知道发展的总方向。真理可以存在于各个方向和方面，它们彼此补充。看上去像是一个"多重宇宙"（a Multiverse，这一用语来自学者马图拉那［Maturana］）的东西，实际上可能不过是一个"单一宇宙"（a Universe）的若干方面，不过，这个"单一宇宙"可能超复杂。

15. 理论应该公开自己的形而上学追求；这些追求应该得以阐明，以便他人做出评估。科学的世界观、方法认识论和方法论是不断发展变化的，文化和自然中的其他一切也是如此。它们彼此相互作用，它们的发展应该加以讨论。科学无法证明自然在根底上是真正数学的、机械的或者其他什么样子的；它也无法证明，任何作为理论和方法的哲学基础的特定"世界观"或"本体论"具有真实性（亦即库恩［Kuhn］所谓的"学科矩阵"［disciplinary matrix］）。不过同时，我们也无法说"哪种都行"（everything goes）。现实确实是有所制约的。

16. 通过定量和定性方法获得的各种知识是不同的，常规的（nomothetic）和个别的（idiographic）目标所产生的知识类型是不同的，这些不同让人们不由得质疑，如此这般的科学—学术上的整体性努力是否就能产生一种单一的正确而且一致的现实理论。就其本身而言，从经典科学（以及之后的实证论）之中冒出来的种种关于整合的概念，与个别的努力及旨在揭示历史事件与特定个人行为深层含义的课题相互矛盾。通则式的和阐释学式的方法，分别应对的是普遍的规律以及文化的与个人的意义，似乎对共同框架并不认可。情况的确如此，除非我们接受一种关于不可逆性和超复杂性的世界观，这种世界观愿意接受一个允许思维和意义阐释在进化演变过程之中不断发展的自然层面，同时它还愿意接受这一观点：人们可能无法指望任何一种宏大理论可以把现实的复杂性简化成一种单一的知识最终形态。复杂性总是会留下进一步阐释的空间。不过，我们必须努力使各种解释和谐并存。

17. 科学家应该对其范式的局限予以承认和讨论。他们应该乐于讨论自己的世界观和方法。方法论永远不会把全部的理论负载从观察中完全消除（纯粹的观察是不存在的；观察始终都在一定程度上蕴含着理论）。没有什么最终的"科学方法"，所以，科学家应该始终对其方法和工具进行讨论。但是，要确立能够告诉我们什么应该算作合理恰当的论证的最终标准并不容易。科学家想要研究事实，同时他们会自问：什么类型的观察会产生实证性的"科学"事实？这个问题的答案则是基于人的判断的。

18. 无法证明科学方法能够涵盖现实的所有方面。极有可能的情况是，个人的知识（一个人的内在生活）、不言而喻的知识、社会——个人实践，以及生命的意义，普遍而言，是科学方法都只能部分地贯穿其中的领域，它们需要的是更加独特的方法。还有广袤的经验领域，科学迄今无法彻底明了——至少，无法让那些有第一人称体验的人感到满意。在这个功能分殊的社会（参看卢曼［Luhmann］相关著述），重要的是，不要因为这个就认为这样的经历不那么真实。我们的文化把科学知识当作民主文明的基础，我们在追求科学知识的过程中，意识、意志和意义的领域依旧意义重大。

19. 通过某些方式，可以划清科学与其他知识、意义和权力考量之间的界限，因此，它无法覆盖所有，这似乎是一种公道的说法。准确地说，正因为科学不是神学、政治学或者艺术，所以谈谈"科学家"或"学者"（作为科学家和学者）所承担的专门任务是什么，会很有意思。当然，科学、金钱、爱情、权力、艺术、宗教一直相互影响，其中部分原因就在于，形而上学——尽管必要——无法被证明是行得通的。

20. 那么，如果科学本质上是探究事实的一种方法，它需要（但并不全然依赖于）方法论、客观性、让人信服的充分理由等，如果这些用语有待阐释，那么"科学是什么"以及"科学不是什么"将永远是开放性的问题。科学是让我们获得坚信某种东西的充分理由这种集体艺术的一个重要组成部分（皮尔斯）（也就是说，它是产生被社会认为可靠的知识的一种方法）。我们的标准定得越严格，人类和知识机构（knowledge institutions）的不完善方面就越来越明显。

总结起来，我们可以说，探索从来就不是无功利的。正如波普和皮尔斯所指出的那样，它通常是为众多疑问和难题给出的一个答案。真理并不只是社会方面决定的，因此，"什么""如何""为什么"这些问题似乎始终相互纠结。它也不只是一个关于什么有用（实用主义）——譬如满足欲望或者祛除疼痛——或者把幸福最大化（功利主义）的问题。此外，可以算作真的东西并不是简单的、固定的，不论这东西是抽象的理式（柏拉图）、数学定理（科学主义），抑或现象学上的本体结构（胡塞尔）。问题在于，关于事实的知识以关于理论的知识为前提，理论形成了概念和范畴化，但是知识还以价值观为前提。反过来说，关于理论的知识和价值观以关于事实的知识为前提。这种阐释循环演化成理解之中的螺旋状运动。因此，真既是一个规定性用词，也是一个描述性用词（皮尔斯）。仅有语词与对象之间——或者句子与事物状态之间——的简单对应，几乎不能提供什么解释力和价值（关于真的若干对应理论）。探索绝对不是无功利的，所以，尽管世间的事实当然是我们探讨真理这件事带给我们的意义所必需的一个特征，认为某个用词或句子是真实正确的观点背后总是有潜在的本体论、认识论和价值论支持。这就是为什么库恩的范式概念（或者更应该说，他的学科矩阵）是关于科学的哲学和社会学中一个有用的分析工具。但是，在我看来（Brier 2005），不应该以此阻碍我们为实现各种各样方法并存的努力——这些方法都在为实现既公开可及又可控的意义和知识而努力。

学者们会问我，为什么我这么多年一直在进行赛博符号学框架的建构工作。这个问题问得很好，而我的回答是，尽管我注意到了我们一切思考的文化和社会语境，我相信，我们必须要对基本哲学视角进行有意识的建构和讨论，必须要深思人类认知的局限与可能以及各门科学在其中的地位和性质，以此作为形成各种文明的共同利益并使之最大化的一种方式。我将根据自己对主流科学范式的若干局限和不一致之处所做出的分析，推动这一观察视角的发展。这种工作，只有通过元理论与特定理论之间进行不断的对话才能完成，信息、认知和交流科学中尤其如此。有了与技术目的和力量的不断对话，发展是不可避免的。

在建构新框架的过程中，我还希望能够创造出第三种文化，这种文化可以克服斯诺（C. P. Snow）所提出的"科学—技术"和"人文社科"两种文化之间的不可通约性。我正在努力画出一幅地图，在这幅地图上我们能够标绘出众多的观点，同时，在这幅图上我们可以概括这些观点所适用的领域的特点，并拿它们和其他的研究方法进行比较。通过对该框架的建构，我希望按照我对为公开和系统地追寻知识与意义而建立共同框架的立场扩大自然科学、人文学科、社会科学、哲学以及存在主义研究之间的对话，从而使解释的概念更加宽泛。

我的观点是，我们面临的问题是全球化（正在全球化）的文化，因此，为了能够续存，我们有必要这么做。在许多方面，我们即将迎来一个新的启蒙时代。前一个启蒙时代关于理性和科学的定义让我们的文明有了很大的发展，但是如今，它正在显现自己基础过于狭隘、难以适应新的全球性知识社会的需要等迹象。为了未来还能继续生存，我们需要跨越到一个有关知识和理解知识的新层面。而卢曼和皮尔斯对新的跨学科概念框架所进行的研究工作给我带来的启发尤其重要。

在将来的著述中，我希望对这些主题进行更多的打磨。本书的目标则是展现构建新框架必要性的核心论证，用一种简明的方式对新框架进行勾勒。这是为呈现总体思路所做的一次尝试。

本书提供了若干视觉模型，以之作为一种整合各种理论的方法。我用这些图表来呈现我的想法，尽管人文社科领域中的同行不无批评意见——他们常常提醒我，这些图形削弱了其适用领域的复杂度。我之所以使用这些图形，部分是因为我的科学背景（模型是科学领域中的一种语言），部分是因为我相信赫尔曼·黑塞（Herman Hesse）在《游戏大师》（*Magister Ludi*）中所表达的观点[1]，以及布洛克曼关于艺术和科学之间"第三种文化"的思想（Brockmann 1995），布洛克曼认为科学家乃创造力丰富的哲人和知识的设计者。由于知识总量持续以指数方式增长，我们所面对的主题领域变得极为复杂，于是我们必须采用更为集中的知识传递方式。视觉模型是一种做法，当然，我始终会为之补充上自然且学术性的语言。

❖

I.2 撰写和推进论证的方式

很久以来我就认识到，因为我的想法复杂，以及这些想法与在这里所简要描述的背景假设又一直在进行有意义的相互作用，通过一种线性论证来证明我的观点并不真正可行。甚至写到此刻，我就已经能够看到赛博符号学这一想法在过去 20 年里、在将来，给我所带来的和可能带来的种种挑战。于是，我要做的，是在开端之际就对我的立场做一番简要描述；之后，对一系列开放式的同心圆图表的内容展开螺旋式爬梳，对我所论证的特定领域进行分析。有必要时，我会回顾前一章中的论证，并将其与新的结论加以整合，如此，便能把自己的阐释表述得更为清晰，把赛博符号学框架建树得更为壮观，尽管我知道这些重复有时可能有些冗余。

我将对许多恢宏的理论进行描述和分析。我的分析方法，因为受自己对这些理论之下的哲学框架的兴趣所驱使，将会直接深入所探讨理论的核心和结构。这意味着，譬如，维纳的伦理学或者专门的技术贡献；贝特森（Bateson）的人类学研究、学习理论、双重束缚模式；卢曼对各种功能不同的社会系统的认真分析；或者皮尔斯哲学在逻辑和数学方面的研究。如此等等，我不会有太大兴趣。而我所关注的是该理论对构建一个适用于自然界及人的心理系统、现存的社会系统及在用的技术系统中信息、认知、表意活动、意义及交流研究的普遍性框架所做的贡献。我采用这种方式展开研究时，对更加专门的、实用的方法更为偏爱的那些学者经常会不满意，然而理论框架在哲学上的不一致性给他们带来的困扰不大。不过，我的兴趣并不在此。我感兴趣的是概念如何从哲学框架——或者库恩所谓的学科矩阵——之中得出其意义，以及当理论的本体论、认识论、价值和概念以这种方式来建构的时候，人们会以一种一致的方式研究何种领域（我感兴趣的不是这种范式或者研究计划声称能够解决的问题）。此外，我这里并没有足够的篇幅可以采取一种允许读者无需任何先行知识就能跟得上论证的方式，对形形色色的理论一一展开细节方面的探讨。我将假定本书读者对于这些理论具有一般性了解；在此基础之上，我会指出各种理论及其框架最为显著的方面以供分析和讨论。我经常会在问题的新特点出现后进而对不同的理论进行探讨时这么做。随着本书写作的推进，讨论会随着更多理论的介绍而层次升级。任何情况下，对每种理论做出系统说明并随后对其做出比较都是枯燥的工作。

I.3 技术要点

提示：例如，书中有多处摘录自皮尔斯的著作，并标有：（CP 5.345），它指的是《查尔斯·桑德斯·皮尔斯论文汇编，1931～1958》（*Collected Papers of Charles Sanders Peirce*，*1931 – 1958*）这部著作遵循的是学界通行的做法。在本书中，我会用到这些论文的电子版（1994［1866 – 1913]）。

本书是对我过去发表的许多论文的延伸和综合，因此可以取代以下诸篇：

1992.《信息与意识：机械主义信息概念批判》"Information and Consciousness: A Critique of the Mechanistic Concept of Information." *Cybernetics and Human Knowing* 1，Nos. 2/3：71 – 94.

1993.《从控制论和符号学看伽利略式心理学理论》"A Cybernetic and Semiotic View on a Galilean Theory of Psychology." *Cybernetics and*

Human Knowing 2, No. 2: 31 – 45.

1993.《赛博符号学:二阶控制论与皮尔斯符号学》"Cyber – Semi-otics: Second – Order Cybernetics and the Semiotics of C. S. Peirce." In *Proceedings from the Second European Congress on Systemic Science*, Vol. 2: 427 – 436.

1995.《赛博符号学:论生物符号学中的自创生系统、符码二元性和符号游戏》"Cyber – Semiotics: On Autopoiesis, Code – Duality and Sign Games in Bio – Semiotics." *Cybernetics and Human Knowing* 3, No. 1: 3 – 14.

1996.《赛博符号学:用于解决信息科学领域中知识组织和文档检索问题的一种新的跨学科方法》"Cybersemiotics: A New Interdisci-plinary Development Applied to the Problems of Knowledge Organization and Document Retrieval in Information Science." *Journal of Documentation* 52, No. 3 (September): 296 – 344.

1996.《有关表意活动和意义的理论在控制论和系统科学中的必要性》"The Necessity of a Theory of Signification and Meaning in Cyber-netics and Systems Science." In *Proceedings of the Third European Congress on Systems Science*, 693 – 697. Rome, 1 – 4 October 1996. Rome: Edizioni Kappa.

1996.《从二阶控制论到赛博符号学:海因茨·冯·福尔斯特二阶控制论的符号学再思考》"From Second – Order Cybernetics to Cyber-semiotics: A Semiotic Reentry into the Second – Order Cybernetics of Heinz von Foerster." *Systems Research* 13, No. 3: 229 – 244 (A Festschrift for Heinz von Foerster).

1996.《赛博符号学在解决知识组织和作为中介传播文档的系统中的问题的适用性》"The Usefulness of Cybersemiotics in Dealing with Problems of Knowledge Organization and Document – Mediating Systems." *Cybernetica: Quarterly Review of the International Association for Cybernetics* 34, No. 4: 273 – 299.

1997.《知识的自我组织:知识范式及其在决定什么是合法医疗实

践方面的作用》"The Self – Organization of Knowledge：Paradigms of Knowledge and their Role in the Decision of What Counts as Legitimate Medical Practice." In S. G. Oleson, B. Eikard, P. Gad, and E. Høg, eds. , *Studies in Alternative Therapy* 4：*Lifestyle and Medical Paradigms*, 112 – 135. Odense, Denmark：INRAT, Odense University Press.

1997.《什么是真正普世的"信息科学"可能的本体论和认识论框架：赛博符号学的建议》"What Is a Possible Ontological and Epistemological Framework for a True Universal 'Information Science'：The Suggestion of Cybersemiotics." *World Futures* 49：287 – 308.

1998.《赛博符号学：信息研究的跨学科框架》"Cybersemiotics：A Transdisciplinary Framework for Information Studies." *BioSystems* 46：185 – 191.

1998.《认知出现的赛博符号学解释：对非笛卡尔式认知生物学中认知、表意活动与交流的解释》"The Cybersemiotic Explanation of the Emergence of Cognition：The Explanation of Cognition, Signification and Communication in a Non – Cartesian Cognitive Biology." *Evolution and Cognition* 4, No. 1：90 – 102.

1998.《赛博符号学：刍议描述观察、预判和意义生产体系的跨学科框架》"Cybersemiotics：A Suggestion for a Transdisciplinary Framework for Description of Observing, Anticipatory, and Meaning Producing Systems." In D. Dubois, ed. , *Computing Anticipatory Systems*；*CASYS First International Conference*, *Liege*, *Belgium*, 1997, 182 – 193. American Institute of Physics Conference Proceedings 437.

1999.《皮尔斯对进化和表意活动的整体、三元和实效主义观照》"C. S. Peirce's Holistic, Triadic, and Pragmaticistic View of Evolution and Signification." *Proceedings of the Fifteenth International Congress on Cybernetics*, *Namur*, *Belgium*, 24 – 28 August 1998, 776 – 781. Association Internationale de Cybernetique.

1999.《生物符号学与赛博符号学的基础：为创建一种非笛卡尔式信息科学对生物符号学中的行为学、二阶控制论和皮尔斯符号学理

解 的 重 新 概 念 化 》 "Biosemiotics and the Foundation of Cybersemiotics. Reconceptualizing the Insights of Ethology, Second – Order Cybernetics and Peirce's Semiotics in Biosemiotics to Create a Non – Cartesian Information Science." *Semiotica* 127, Nos. 1/4: 169 – 198. Special Issue on Biosemiotics.

1999. 《论信息交流范式和符号交流范式之间的冲突》 "On the Conflict between the Informational and the Semiotic Communicational Paradigm." In *Proceedings from the ISSS 99 Conference*, 28 *June – 2 July*, *Asilomar*, *CA*. CD – ROM, Article No. 99169.

1999. 《复杂世界中知识的自我组织:非笛卡尔式跨学科认识论的赛博符号学框架中多种知识范式的相互作用》 "The Self – Organization of Knowledge in a World of Complexity: The Interplay of Paradigms of Knowledge in the Non – Cartesian Transdisciplinary Epistemological Framework of Cybersemiotics." In *Proceedings from the ISSS 99 Conference*, 28 *June – 2 July*, *Asilomar*, *CA*. CD – ROM, Article No. 99122.

2000. 《结构与信息:海因茨·冯·福尔斯特二阶控制论形而上学建构的符号学再思考》 "Konstruktion und Information. Ein Semiotisches Re – entry in Heinz von Foerster's Metaphysische Konstruktion der Kybernetik Zweiter Ordnung." In *Beobachtungen des Unbeobachtbaren*, 254 – 295. Weilerswist: Velbrück Wissenschaft.

2000. 《认知的跨科学框架:人类不同类型知识的互补观》 "Trans – Scientific Frameworks of Knowing: Complementarity Views of the Different Types of Human Knowledge." *Yearbook Edition of Systems Research and Behavioral Science* 17, No. 5: 433 – 458.

2001. 《赛博符号学与环境科学》 "Cybersemiotics and Umweltslehre." *Semiotica* 134, Nos. 1/4: 779 – 814.

2001. 《赛博符号学、生物符号学与生态符号学》 "Cybersemiotics, Biosemiotics and Ecosemiotics." In ISI Congress Papers, Part IV. Nordic Baltic Summer Institute for Semiotic and Structural Studies, Imatra, Finland. 12 – 21 June 2000. *Ecosemiotics: Studies in the Environmental Semiosis, Semiotics of the Biocybernetic Bodies, Human/Too Human/Post – Hu-*

man, ed. Eero Tarasti, 7 – 26.

2001. 《赛博符号学：对信息科学基础的重新概念化》 "Cybersemi-otics: A Reconceptualization of the Foundation for Information Science." *Systems Research and Behavioral Science* 18：421 – 427.

2001. 《生态符号学与赛博符号学》 "Ecosemiotics and Cybersemiot-ic." *Sign Systems Studies* 29, No. 1：107 – 120.

2002. 《内在符号学与赛博符号学》 "Intrasemiotics and Cybersemi-otics." *Sign System Studies* 30, No. 1：113 – 127.

2002. 《瓦雷拉对赛博符号学创立的贡献：自我指涉的微积分》 "Varela's Contribution to the Creation of Cybersemiotics: The Calculus of Self – Reference." ASC – column, *Cybernetics and Human Knowing* 9, No. 2：77 – 82.

2002. 《FIS 的五层次赛博符号学模型》 "The Five – Leveled Cyber-semiotic Model of FIS." In R. Trappl, ed., *Cybernetics and Systems*, Vol. 1：197 – 202 （Best Paper Award in its Session）.

2002. 《信息科学基础》 "Foundation of Information Science." Søren Brier （coordinator）, Gerhard Chroust, John Collier, Allan Combs, Mag-dalena Kalaidjieva, Len Troncale, *The Eleventh Fuschl Conversation* （*April 7 to 12*, 2002）, Austrian Society for Cybernetic Studies, Reports, ISB 3 85206 166 0.

2003. 《交流的赛博符号学模型：符号活动与信息交换之间阈限的进化观照》 "The Cybersemiotic Model of Communication: An Evolu-tionary View on the Threshold between Semiosis and Informational Exchange." *Triple C* 1, No. 1：71 – 94.

2004. 《赛博符号学与把信息加工范式作为图书馆与信息科学背后一种统一的信息科学备选方案所具有的问题》 "Cybersemiotics and the Problem of the Information – Processing Paradigm as a Candidate for a Unified Science of Information behind Library and Information Science." *Li-brary Trends* 52, No. 3：629 – 657.

《关于主题分析和索引编制过程的问题：用一种皮尔斯式符号学

和语义学方法满足文档搜索中以用户为导向的需求》Thellefsen, T. L., S. Brier, and M. L. Thellefsen. 2003. "Problems Concerning the Process of Subject Analysis and the Practice of Indexing: A Peircian Semiotic and Semantic Approach toward User Oriented Needs in Document Searching." *Semiotica* 144, Nos. 1/4: 177 - 218.

以上论文就是我们为创建赛博符号学框架理论，到目前为止所取得的研究成果。正因为如此，我们已根据该理论的发展状况对这些论文进行了修订。这也就意味着，就眼下的 2006 年初而言，本书代表了该理论的最新状况，此前所发表的论文则成了明日黄花。

❋

I.4 致谢

没有来自诸多领域的同行们的相助，这本书我是难以完成的。为此，我向所有专家表示感谢，是他们慷慨地给我提供了其专门领域的诸多见解。在职业生涯中的大部分时间里，他们浸淫于这些专门领域，而我只是在自己的跨学科研究中不经意地闯入其中。我希望这个赛博符号学框架能给他们的工作带来新的视角，以此对他们的帮助稍做回报。

我尤其要感谢彼特·博格·安德森（Peter Bøgh Andersen）等人，他们通过与我深入讨论草稿或者简要地与我交流观点为本书中论证的产生做出了贡献。

我还要感谢皇家图书馆与信息科学学院、皇家兽医与农业大学以及哥本哈根商学院，这项研究之所以可能，是因为它是我在上述学校担任教职期间所进行的研究的一个组成部分。我要为过去 3 年获得的资金资助而特别感谢哥本哈根商学院院长芬恩·荣格 - 扬森（Finn Junge - Jensen）。2006 年 3 月 6 日，我将本书初稿作为哥本哈根商学院哲学专业的博士后论文，呈送给奥尔·福格·柯克比（Ole Fogh Kirkeby，哲学教授）、约翰·迪利（John Deely，符号学教授）和德克·拜德（Dirk Baeder，系统理论和控制论教授）。他们提出的意见，结合若干其他对观点的修正和扩充，被汲取到本书之中。

我还要感谢奥贝尔（C. V. Obel）基金会，它为我在奥尔堡的皇家图书馆与信息科学学院工作的 10 年间参加大多数会议提供了资助。

同时，我要感谢美国控制论学会（the American Society for Cybernetics）等组织、若干届次的研讨会和学会大会，它们为我提供了与其他研究者进行建设性讨论的宝贵契机。

❋

I. 5　本书关于主题领域和赛博符号学的看法：小结[2]

后现代的科学研究正变得越来越复杂，跨学科特征越来越明显。艺术与自然科学、医学和社会科学中的研究者与实践者因为交流和知识技术方面的新发展而被迫走到一起——这些发展已经打破了专业知识的传统界限。我们长期珍视的各种知识捉襟见肘，由此所产生的种种问题更让这些研究者和实践者被迫走到一起。基于数据或信息流理论的传统信息和交流分析常常力所不逮，并且在如何建构和组织知识体系方面引出了许多根本性问题。新的交流概念可以帮助我们理解和发展作为自我组织和自我生产网络的社会系统，对于这些新网络而言，对伦理学和美学更为深刻的理解将至关重要。我们所谈论的或许并非信息的交流，而是共同获得的意义。

重要的是，我们需要找到一种真正的非化约论的跨学科知识观，能够让不同类型的知识彼此以非意识形态的方式相互作用。只有这样，我们才能对认知、表意活动、信息和交流以及对文化、自然与我们身体之间的关系发展出一种崭新的观点。要改变我们对于世界、我们的社会以及我们自己的生命的思考方式是困难的。但是，正如格里高利·贝特森所指出的，这是变革的关键，而且许多事情都表明，如果我们想要继续生存下去，想要跃向新的全球性文化，这样一种变革将是不可避免的。

到目前为止，信息科学的概念化主要是在认知科学这个跨学科框架之中得以发展的。从根本意义上说，认知科学是对人类、动物和机器中信息加工进行考察的一种逻辑和算法方面的研究。它建立的基础包括维纳的控制论、香农和韦弗（Weaver）的信息理论、斯里尔德（Szliard）的比特概念、冯·诺依曼（von Neumann）的计算机概念、阿兰·图灵（Alan Turing）的计算概念、经典的集合论、自然分类观，以及对语义学的逻辑观，等等。从本体论、认识论、语言学和认知科学等方面看，它与拉考夫（Lakoff 1987）所认定的那些客观主义特征是契合的。

神经网络理论有时被看作认知科学的一种替代范式，即替代研究语义的更明显的实证主义和逻辑的研究方法。但在此，它们都将被当作认知科学和人工智能（Artificial Intelligence，AI）研究的组成部分，其中还包括信息加工方式。我们经常会听到软 AI（soft AI）和硬 AI（hard AI）这种划分。它们的区分在于对 AI 以及专家系统是创造还是模拟，创造是硬 AI，模拟则是软 AI。这二者与神经网络之间的重要区别之一是，神经网络强调信息加工的亚符号方面是感知的关键，因此为意识、符号和逻辑的信息处理提供了一个前逻辑基础。但是，三者（即硬 AI、软 AI 和神经网络）都倾向于对符号及其表现进行句法和逻辑方面的理解，不同意对语义和表意活动进行语用学、诠释学和现象学方面的理解，并且，三者都把信息加工放在所有知识过程（knowledge process，指创造、获取及利用知识的方法）的核心位置。

在物理科学是打开通往现实和信息本质大门的钥匙这种模糊的机械主义观点基础上，为建立信息概念而做出的诸多尝试中所遇到的认识论和本体论方面的问题，正是本书所要分析和探讨的内容。意义的现象学、文化和生物学的各个方面必须通过某种方式结合起来。我将阐明，如果我们希望获得有关认知和交流的一种更为全面的理解，我们必须将生物学纳入其中。利用动物行为学范式进行的动物认知研究的确取得了重要成果。此外，对于认知和行为的动物行为学和贝特森的理解进行的分析使我们明白，通过把信息定义为负熵而剔除观察者根本性的认识论立场是不可能的。我将阐明行为学家的发现是如何指向对信息和认知的另一种科学解释的。针对关于人类认知的若干明显悖论，本书试图提出一种综合的、非化约论的崭新观点，并且表明自我指涉过程对于理解我们自身的基础至关重要。

总之，信息范式对于我们理解自身、意识、交流以及我们与自然（生态和进化）的关系十分关键。此外，信息和信息科学的概念对于我们理解计算机和其他电子交流技术和网络（譬如互联网）也十分重要，因为它们现在已经成为我们生活的组成部分。为了把握这些领域的理论基础，我们必须理解动物和人类的信息、认知与交流，以及人类与机器、组织和社会之间的关系。我们希望以上理解能够让我们逐渐更好地把握人—机界面通讯问题。且让我们对当下状况的背景稍做介绍。

自 1948 年诺伯特·维纳出版《控制论：或关于在动物和机器中控制和通讯的科学》以来，科学家和学者一直在致力于寻找一门具有一致性的信息科学，能将其方法和知识生产扩展到认知和交流领域。他们希望找到一种科学的、超越经典科学领域的方法来研究人、机器、文化和自然之间的种种关系。比较心理学和行为主义正是最早对客观心理学进行研究的学派中的两个。有了对 AI 的探索，行为和神经科学对于规划和编程行为概念更为看重（Miller, Gallanter, and Pribram 1976）。这推动了现代认知科学及其信息加工范式的发展。信息科学，如我们所知，成为为了建构一门基于客观信息概念的新科学而做出的一种努力。尽管香农的信息理论最为人所知，客观信息科学的主要基础还是维纳（Wiener 1961）的统计负熵信息概念以及玻尔兹曼（Boltzmann）对其进行了统计热力学解释的熵概念。建立一种普遍信息理论的呼声越来越大，汤姆·斯通尼埃近年来一直在强烈呼吁（Stonier 1990；1992；1997）。斯通尼埃的理论建立在维纳（Wiener 1961）和薛定谔（Schrödinger 1967）的负熵信息概念基础之上，它把热力学的熵概念和信息的熵概念合并起来，把自然界中的客观信息看作发挥组织作用的"力量"。这一理论框架似乎融合了热力学和进化系统论的观点，它把物质、能量和信息当作客观的本体性元素合并到一门新兴的进化动力学之中。复杂理论数学近年来也常常试图为之建模。

作为一种对生命系统的内在的、外在的和社会的现实进行概念化并进行研究的方法，这一研究项目已经取得了进步，通过这种方式，知识表示可以与计算机相互兼容，也可以由计算机操控。此外，有关反馈、吸引子、耗散结构以及自我组织的种种理论，在数学、热力学、控制论以及其他实用科学中不断发展，现在正在帮助我们理解复杂非线性系统的运作和组织。这一切的目的，正是把感受性、生命和意识解释为在物质、能量和信息系统的演变发展中产生的突生现象。用于该目的的分析工具，包括非平衡热力学、非线性系统力学、确定性混沌理论、复杂性理论以及分形数学。这一发展已经帮助机械论的功能主义科学创建出若干更好的生命系统认知和交流模型，不过，这些系统仍然是从非具身的信息角度被看待的，而这一角度并不真正承认认知和交流的隐含方面和情感方面。

但是，对其追随者而言，这种认知信息范式在对语言、感知、理解的语义维度以及它们对认知、交流和行为的影响进行建模的时候，存在诸多巨大且难以预料的困难。按照许多学者和科学家的说法，它标志着这个研究项目具有内在局限性，如果我们想把认知、语言和交流的现象[3]与社会方面以及生命系统的生物性质和行为都包含在内，我们必须为信息科学建立一个更为广阔的基础。

许多学者认为，自从笛卡尔以来，认知科学的重大问题是它在认知过程中全然分割了主体和客体。与之相反，康拉德·洛伦兹和尼科·廷伯根的动物行为学则在本能动机、感知和行为的进化理论这一基础之上，创建出了关于先天认知和交流的一种生物学理论。因此，对这条探索进路加以分析，有可能为我们确定认知系统的性质带来启发。

洛伦兹的灵感来自雅各布·冯·乌克斯库尔，后者提出，生命系统的认知通过某种方式部分地创造了在其中生活的"现实"。他谈到了动物的"环境界"（Umwelt）——这个想法与胡塞尔（Husserl）的人类现象学中的"生活世界"（life world）概念大致相同。与洛伦兹和廷伯根一样，丹麦生物心理学家艾文·雷文特洛（Iven Reventlow）也在为经过扩展的认知行为学理论探寻新的基础。二战期间以及之后，洛伦兹在丹麦进行研究，他的行为学研究进入成熟阶段，并成为人们广为接受的科学。沿着雷文特洛在这个领域中取得的成果，以及他通过"顿悟"（rependium）这个概念所揭示的关于认知创造力的悖论，我们将继续前进。

但是，雷文特洛也认识到自己的方法是有局限的，在研究的最后阶段，他开始寻找新的跨学科概念来打通生命系统的内部现实和外部现实。作为其弟子之一，我将通过汲取贝特森的新控制论、马图拉那和瓦雷拉的自创生理论以及冯·福尔斯特的二阶控制论，努力寻找涵盖面更为宽广的基础。

格里高利·贝特森认为思维是游弋在控制循环中的诸多差异所构成的系

统，他把信息界定为"造成差异的差异"（a difference that makes a differ-ence），在一些人看来，他的这一控制论概念背离了维纳眼中认知和信息科学的一阶控制论基础。并且贝氏的观点对海因茨·冯·福尔斯特所谓的二阶控制论的发展起到了促进作用。二阶控制论把信息定义为某种观察者可见的东西，它在自创生系统内部创生，针对环境扰动形成结构耦合。显然，这种描述与关于信息和语言的客观主义理论、指称论和逻辑性理论是有所偏离的。它更近于建构主义理论；它超越了社会建构主义，因为它进入生物学范畴，甚至以生物学为起点进入社会学范畴。

二阶控制论和自创生理论关注的重点是观察系统的个体性。冯·福尔斯特把神经系统看作一个封闭的功能系统；和贝特森一样，他领悟到真正的进化的、有思想的系统是有认知域的有机体。生物符号学概念方面的先驱者雅各布·冯·乌克斯库尔将它们称作"内部界"（Innerwelt）和"环境界"（Umwelt）。通过其自创生理论，马图拉那和瓦雷拉对同一现象进行了表述。按照他们的看法，生命系统与其环境之间的关联，以及这两个系统之间的相互交流的关联，可以概念化作"结构耦合"（structural coupling）。这类结构耦合对通过进化而得以确立的认知工具进行组织。于是，"认知域"（cognitive domain）便是由生命系统的种种认知过程所构成的世界，并且包括了全部结构耦合。马图拉那和瓦雷拉说，有机体内的一切就结构而言都是有依赖性的。遗憾的是即使是在谈论生命系统的认知域之时，他们还是继续采用了控制论的解释方式，其部分原因是他们不想采用信息的客观主义范畴。但是，他们关于依赖性的观点是一种非确定性的机械论。这在冯·福尔斯特那里得到了很好的解释，他说，即便我们把有机体看作一台机器，它也不是一台平凡的机器。一台并非平凡的机器在数学上是无法预料的，因为每次运行一个函数，它都会发生改变，不同于该函数上次运行的那种状态。通过这种方式，下一次运行变得不可预料。

与雅各布·冯·乌克斯库尔一样，马图拉那和瓦雷拉以及冯·福尔斯特都认为，要建立一个共同的宇宙是困难的，因为他们的理论在其出发点上都具有鲜明的生物建构主义者的特征。他们从生命系统的组织和认知开始，并从此对科学进行反思。当马图拉那和瓦雷拉谈论现实时，他们看到的是一个多重宇宙，而非单一宇宙。当他们谈论交流时，他们发展出一种关于互惠的、相互的结构耦合的理论，他们称之为"语言使用/表达"（languaging），即对各种行为调适进行调适（the coordination of coordinations of behaviour）。冯·福尔斯特认为语言构成了一种双闭合系统。按照他的观点，每个系统相对其他系统都是闭合的，交流只能通过相互的结构耦合展开（这里，他与系统社会学家尼古拉·卢曼的思想交流给了他启发）。社会交流确立自身社会共享的"环境界"。按照冯·福尔斯特的看法，意识是通过对世界的共同建设而建构共有知识的"良知"。面对建构主义中的"唯我论"问题，冯·福尔斯特说，不存在逻辑论证上的解决之道。你不得不进行选择，要么把自身环境界中的其他现象看作自身认识的组成部分，要么看作若干独立系统。

但是，二阶控制论的基础仍然是逻辑判别以及差异计算。卢曼（Luhmann 1995）通过把以生物认知为特征的二阶控制论部分与认知的自创生理论部分结合，提出了一个关于社会交流的系统理论模型。他扩展了自组织概念，以便把心理和社会交流系统纳入其中。然后，通过认定认知和交流必须作为一种现象，一种基于三个独立探索系统——生物学系统、心理学系统和社会-交流系统——以及三个系统之间的相互渗透的现象加以研究，他对心理学的基本问题进行了重新梳理。从定性的角度来看，这些是不同性质的东西。卢曼（Luhmann 1990）说，它们对于彼此是闭合的，只能通过相互渗透来交流。生物和心理自创生系统是沉默无声的。只有交流才会交流！他对社会-交流方面极力弘扬，对超验自我的观点则大肆批驳。但是，他并未在一种关于具身自我及其存在性、意志和情感的反思现象学理论中真正发展出一种关于认知、意义和表意活动的现象学理论。胡塞尔给他带来了启发，梅洛-庞蒂（Merleau-Ponty）对他的影响非常小。他把重心放在社会学方面，在一定程度上忽略了生物系统和心理系统在产生表意活动和意义上的重要性。

卢曼的系统理论是基于斯本塞-布朗关于差异的二元哲学。这似乎让它与美国实效主义符号学家查尔斯·桑德斯·皮尔斯的三元符号学不兼容，因为皮尔斯的三元符号学似乎提供了控制论-功能主义的关于信息的研究方法所缺失的一种跨学科性质的意义和表意活动理论。但在其具有启发性的著作《自我指涉的微积分》（A Calculus of Self Reference）中，瓦雷拉提到，自创生理论和二阶控制论对第三个要素的需求被忽略了。他把它加在了系统上，这样，它就能够与皮尔斯符号学相兼容，同时又可以保留与控制论和自创生理论之间的关联。后来，瓦雷拉也运用各种具身认知理论进行研究，直到其不幸早逝。

伽利略式科学主导我们长达 300 多年。它向我们表明，现实的某些部分是经得起精确的数学分析的。这一直是一个富有创造力的见解。我们必须承认，即使思维也是有"惰性"的，尤其是在或许可以运用函数规则进行部分描述的原始神经系统中。不过，这并不意味着所有行为和语言的内容会像一些取消唯物主义论者（Churchland 2004）和功能主义者所相信的那样，都可以被传递给计算机。这里有个"背景问题"。在物理学和心理学中（尤其是在心理学中），能够在形式上加以描述的东西（that which can be described formally）都根植于不可以形式描述的东西（that which is not formally describable）：超复杂现象，除了可预料和常规的东西之外，还包括自发的、不可预料的（混沌无序的）、意图的以及无意识的东西。

因为我们无法避免对作为各种科学范式前提的现实所具有的性质进行讨论，我建议，把它当作超复杂（而不仅仅是复杂）的东西可能更为有用。全部的现实以及具体形式的现实不能被化约成简单的、确定性的、随机的、物质性的或者精神性的某种东西。它并不是可以完全包含在语言或数学表述之中的某种东西。自发的、意图的、前瞻的思维不可避免地是同一现实的组成部分。[4]无论是对我们的自然科学而言，还是对我们在人文和社会科学中研究的那些意图系统而言，我们可能无法彻底地分开主体和客体。[5]因为现实是超复杂的，所有衡量标准之中始终都会有"干扰"，它会以一种不可预料的方式影响我们的结果。我们总是对被观察系统与我们自身以及被观察系统与它的"环境"做出主观区分，因为我们对其界定是基于自己的各种体验以及我们为解释被观察系统的"反应"做出的各种尝试（Bohr 1954）。

在进化哲学（它不否认现实能够具有"深层的"但形式上不可描述的绝对特征）中，我们可以看到更为复杂的、选择方面不稳定的、"远远达不到平衡状态"的那些个体－环境系统的形成。马图拉那和瓦雷拉的自创生系统是自然越来越有能力反映现实自发性、不可预料性和意图性的一个例子。这一能力让这些系统成为它们自身的中心，并且在作为系统的它们自身与它们的环境之间画出一条分界线。通过运用社会中的语言，系统最终能够在社会上再现自身，并且通过这种方式确立一种个体的、探索的视角，对知识、存在和意义做出反思。但是，马图拉那的理论并未对第一人称体验、感受性和情感做出解释，更不用说对自由意志做出解释了。

在皮尔斯的实效主义的、进化的符号学中，现象学是和符号活动三元理论融为一体的。皮尔斯用的是一个三元结构，由符号载体（再现体）、对象（现实的某个方面）以及解释项构成，解释项是感知者/观察者/交流者思维中一个更为发达的符号。三者中的每一个都是一种符号，必然产生认知、信息和交流。每一个都属于皮尔斯三种基本范畴中的一个。按照皮尔斯的看法，康德的十二范畴（参看《纯粹理性批判》[*Critique of Pure Reason*，Kant 1990]）数量太多了。皮尔斯的三个范畴是内部世界和外部世界之间的普遍联系；它们同时既是本体论的又是认识论的。他认为自己的三个范畴是如此根本，因此将其称为第一性、第二性和第三性。

关于皮尔斯是如何通过其三元哲学对认知、进化和表意活动之间的根本关系展开研究的，且让我来举几个例子。在符号过程中，再现体第一，对象第二，解释项第三。在宇宙起源论中，思维第一性，物质第二性，进化第三性。在认知心理学中，感知第一性，经验第二性，理解第三性。就本体论而言，偶然第一性，机械规律第二性，形成习惯的趋势第三性。皮尔斯把他的第一性定义为由带有形成习惯这种趋势的鲜活感觉构成的一种混沌。他还把感受性和"纯粹的感觉"划入第一性范畴。在皮尔斯的三元架构中，感觉、感受性、习惯形成以及表意活动这些东西是基本的本体论构成要素。因此他反对认为物质是"死的"、是决定论式地受着数学和非概率性规律制约的这种机械主义观点。对他而言，物质拥有鲜活感觉的内在方面——这是一种万物有灵论观点，他和亚里士多德都持有这种观点。

皮尔斯思考的是贯穿历史以及经由进化而来的生命之中的整个符号发展过程。通过托马斯·A. 西比奥克所采取的生物符号学方法，皮尔斯符号学可以延及动物，因为动机使得对某人而言让某物以某种方式代表某个他物成为可能。我们可以看到这与拉考夫和约翰逊研究的明显关联。在这两位学者的具身化认知语义学暗喻理论中，他们研究的是作为信息中意义来源的"理想化认知模式"（Idealized Cognitive Models，ICM）。ICM 的基础是生活中经历的社会期待。类似，维特根斯坦指出，表意活动由特定生活形式在语言游戏中创造，该语言游戏被嵌入系统。对维特根斯坦而言，语言之所以是功能性的或者实用的，就在于它就是它的所为（it is what it *does*）。对于语言而言，实质性的东西是不存在的。它是一个由规约符号组成的系统。但是，语言在支撑其语言理论的那些"生活形式"中具有一种社会基础。[6]语言意义的核心是变动不居而且生机勃勃的"生活形式"。

关于"生活形式"（forms of life）这个概念，维特根斯坦在其《哲学研究》（*Philosophical Investigations*）中只提到五次，这一概念激发起人们解释方面的争议和彼此矛盾的解读。生活形式可以被理解成是不断变化的，随文化、语境和历史而动。这促使我们把生活形式理解成对维特根斯坦进行相对主义解读的基础。不过，我们也可以根据人类共通的生活形式来理解这个概念。他将其解释为"我们据以理解一种不为我们所知的语言的参照系统"——这显然是转向了普遍论。他承认，语言的使用之所以可能，是因为人类生活形式不同于（譬如）狮子的生活形式（这个说法他在另一个例子中也用到过）。这正是作为生物符号学家的我想要遵循的线索。解释物种、文化和亚文化层次的生活形式我觉得都是没有问题的（这与布尔迪厄［Bourdieu］的"惯常"［habitus］概念是一致的，"惯常"这一概念可以充当对概念、隐喻和生活行为进行解释的默然无声的下意识背景）。从这里开始，下一步就是跳到特定生活场景了，譬如，寻找配偶、为地位和领土竞争、狩猎、为自己和家人的生活奋斗、养育下一代。正如我们将看到的那样，这些相当普遍的场景正是行为学家研究的各种特定动机的基础，而它们与我们通常所谓的"概念图式"（conceptual schemes）也相互关联；同时，这些场景也是拉考夫的 ICM 的基础，对此我们将在本书第七章中进行更为细致的考察。我看到的是一个在不同层次上重复着自身的样式。它不仅适用于符号学层次——皮尔斯就是在符号学层面探讨"根基"（ground）的；它还适用于生物符号学层次——洛伦兹就是在生物符号学层面对带有特定动机的"内在反应释放机制"（Innate Response Release Mechanisms，IRRM）（该层面的"根基"）进行研究的。因为动物没有狭义上的语言，所以我将通过新创"符号游戏"（sign games）这个概念，把语言游戏概念扩展到作为意义的实用基础的生命系统世界之中。这些与特定动机和内在反应机制有关。通过这种方式，我就能把关于意义的实用主义标准经过行为学和生物符号学从人类推进到所有的生命系统。我们可以看到，生活形式是先验的、给定的，它根据时间和地点而有所不同。于是，语言游戏反映这种不断变化的性质，并在一个持续不断的过程中相互作用，对其重新定义。

到如今，两种非机械论的跨学科框架已经尝试着在斯诺（Snow）所谓的两种可能的文化之间开始有用的对话。一方面是冯·福尔斯特、马图拉那、瓦雷拉和卢曼的二阶控制论与自创生理论；另一方面是以生物符号学形式出现的尤其是经由西比奥克、霍夫梅尔、埃默谢和库尔等人发展的皮尔斯三元符号学，再加上多种实用主义语言理论（如维特根斯的理论）。

自创生理论解决了贝特森关于差异对谁而言成为差异等问题，尽管思维与物质之间的关系仍不清楚。马图拉那和瓦雷拉关于自创生和多重宇宙的概念得到调用。但是，如果从负熵概念推导信息的做法显得过于物理主义，[7]那么马图拉那的多重宇宙思想过于贴近建构主义唯心论。我们的计划是确立一种更为有用的非化约主义的世界观，一种对物理学更实用的理解，就像普里高津（Prigogine）和斯滕格斯（Stengers）的理解那样，热动力学被理解成基本学科，机械学被理解成一种理想化的事物，这就为对混沌进行非化约主义的认识开辟了道路。不过，这并不完全是由普里高津和斯滕格斯提出的想法。皮尔斯把纯粹巧合看成是有形成习惯倾向的生命自发性，这一认识吸引了我的关注。我将其看作一种现实主义的、非化约主义理论，它能够解决贝特森、马图拉那、普里高津和斯滕格斯以及行为学者们关于世界观的问题。于是，二阶控制论和符号学之间的有用联系，通过这种新的生物符号学而变得可能。库尔在下面引文中解释了原因：

> 生物符号学可以被定义为关于生命系统中的符号的科学。符号生物学的一个主要的、与众不同的特点，在于它认为在生存的过程中，实体并不像机械之物那样相互作用，而更像是信息、文本片段。这意味着，整个决定论是另外一个类型……辨识、记忆、分类、模仿、学习、交流，这些现象于是都属于生物符号学研究的兴趣所在，更不用说对生物学领域中工具和符号学概念（文本、转换、解释、符号活动、符号类型、意义）的运用进行分析了。（Kull 1999：386）

因此，生物符号学可以充当控制论的技术－科学方面与人文－社会方面的沟通桥梁，能够被用来构建一门赛博符号学。

通过运用符号概念与信息概念，通过将这些东西与自然科学和人文学科结合在一起，赛博符号学范式试图对控制论范式和符号学范式加以整合。我认为，当我们将符号学和二阶控制论结合起来时，我们能够看到，现实充满了差异，这些差异对某些系统而言可以变成信息；我们还能够看到，表意活动在生物、心理或者文化方面有意义的解释项得到确立的那一刻在自创生系统内部被创造出来。只有将在意义场域的背景下做出的选择作为基础，现实中的差异才能变得有意义。因此，这个框架似乎与批判现实主义是相互兼容的，[8]但到目前为止，并没有以一种系统性的方式将其与之关联起来。

皮尔斯的符号学认为通过交流传递的并非信息，而是再现体。信息部分地是通过意图性交流的接收者对符号的重新阐释而得以（重新）创建。因此言说、意义和信息是相互关联的；不过，它们是交流的不同方面——卢曼在自己关于交流的系统理论中也指出了这一点，该理论把二阶控制论和自创生理论纳入一个更大的框架。

任何试图创造一种跨学科信息科学的尝试面对的重大挑战之一，是必须找到一条路径，把表意活动和交流的现象学方面与它们的生物学、社会学、逻辑学和物理学方面结合起来，同时又不能将其化约为现象学的或者机械论的。对此观点的表述，参看图 I.1。

赛博符号范式学利用卢曼的社会交流理论综合了两种研究方法，即用于认识论、本体论和表意活动研究的非机械论的、普遍的、进化论的符号学研究方法以及用于自组织研究的控制论研究方法。[9]它把自然符号学和实用主义语言学在一种二阶方法中结合起来，这种方法反映出观察者作为让过程和差异变得具有信息性的有意义语境创造者所起到的作用。贝特森说，信息是造成差异的差异；马图拉那和瓦雷拉明确表示，结构耦合的自创生系统对于任何认知的发生都是必不可少的。和皮尔斯一样，我主张必须确立解释项——因此也就必须确立符号过程——才能创造出表意活动来，因其意义内容的缘故，解释项与客观信息是不同的。

关于不同方法如何整合，简单地可以这么描述：个体解释者在自身世界中看到种种差异，作为信息，这些差异对他们会产生影响的。因此，这里所谓的"世界"是海德格尔（Heidegger 1973）眼中的世界，在此世界里，观

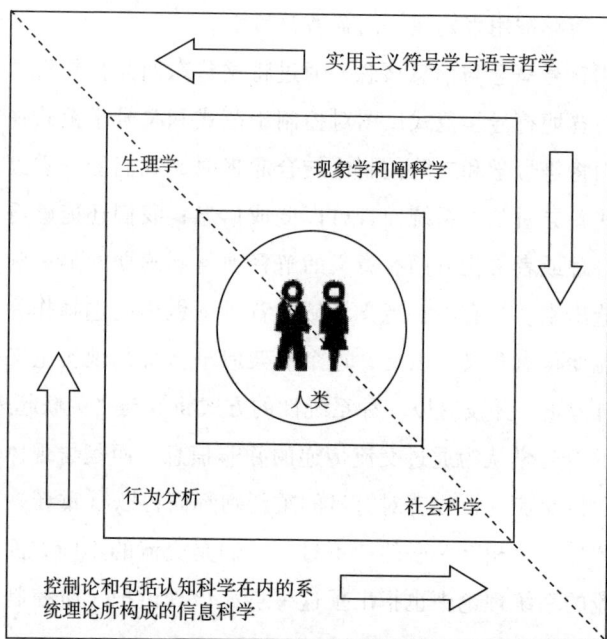

图 I.1　赛博符号学概览

中间的方框表示关于人与动物的信息、认知、交流和表意活动四种不同性质的研究方法。它们是互补的，不能归并于单一的心理学或认知科学。这一模型用外框显示出两种主要的跨学科研究进路如何以互为补充的方式对信息、认知、交流和表意活动展开研究。第一种是控制论和系统科学的信息加工范式，这已经发展到了语言学领域。第二种是皮尔斯的实效符号学，它与诸如维特根斯坦的语言游戏理论等实用主义语言哲学以及诸如拉考夫和约翰逊的经验论认知语义学等具身认知语义学相互关联。第一种是基于客观信息概念的功能主义研究方法，第二种以实用主义的意义概念为基础。因此，赛博符号学想要做的，是创造一种元框架，在关于符号和表意活动过程的实用主义的、进化的、非化约主义的三元视阈中把现象学和功能主义结合起来。

察者被抛入"可及之物"（ready at hand）之中，通过此世界，原来的无意识整体"坍塌"（breakdown），变成了"在手之物"（present at hand）。这种情况只有在符号被分配给差异并在一个普泛的非化约语境下得到阐释才可能出现。有生命的自创生系统通过生产作为生活形式组成部分的符号来达成这一点。因此，符号可以说是通过符号游戏而获得意义。在人类社会环境中，是生活形式带来了语言游戏。社会自创生的这个部分就是卢曼所谓的社会－交流，它采用的是皮尔斯所谓的真正的三元性质的符号。因此，认知和交流在生物、心理和社会/文化这三个层面上都可谓自我组织起来的现象。它们通过产生"环境界"而生成有意义的信息——"环境界"在赛博符号学中被称为表意活动域，与诸如狩猎、照顾幼仔、防御等特定生活实践相关。这些特征把生命系统中的认知和交流与计算机对这些过程的模拟区别开来。自然的力量和规则影响并制约我们的感知，开启进化发展。这个过程可以在某种程度上用科学进行解释，但是正如拉普拉斯（Laplace）所认为的，或许在绝对或经典科学意义上是做不到的。只有当一个差异对生命系统造成的影响巨大到它必须制造符号、加入一群正在进行着相互交流的观察者并且产生出一个有意义的世界的时候，意义才能被创造出来。

有生命系统的语义能力（为扰动系统自我组织的差异赋予意义的能力）似乎是认知、交流、语言和意识现象的前提条件。生命系统的预知能力似乎与其通过表意活动对复杂性做出简化的方式来观察和感知意义这种能力紧密相关。鸭子的胚教现象（imprinting）就是程式化预知的标准案例；鸟儿学会歌唱，其方式背后的一些复杂机制也具有同样性质。这些预知都是与有机体作为其个体的世界所建构的表意界域有关的意义和秩序期待。在这一基础之上，让有生命（自创生）系统得以长续永存的事件被化约成了意义——也就是说，其与个体生命系统的延续和繁育有关。

所以，利用电子装置对人类语言进行操控成为最为复杂的任务，把经典的"硬 AI"梦想碾得粉碎，这些并不让人奇怪。发现计算机和生命系统在符号处理方式方面的最重要的区别因此成了问题的关键。近年来，行为学和生物信息系统方面的研究因为生物符号学这个研究领域的建立而得以统一。生物符号学和拉考夫与约翰逊的认知语义学都体现出身体及其感知动机在表意活动和范畴划分中所起到的关键作用。计算机不具备内在和外在感觉。当我们将计算机置入具有传感器的机器人之中时，我们正朝着这个方向迈出了第一步，不过，这些机器人还远远算不上是自创生的。

对于认知和交流科学而言，赛博符号学是一幅跨学科地图。它是一个元框架，包含多个研究内容，诸如信息理论、信息科学、卢曼特色的控制论系统科学、认知科学（信息加工范式以及认知语义学）、皮尔斯特色的生物符号学、实用语言学以及语言游戏理论。

本书的基本方法是着眼于这些项目的研究期望、梦想及思想，希望能够实现这些研究项目的共同目标：构建一门统一的信息科学。我将在新的赛博符号学框架中整合这些研究项目，并由此在不把所有认知的和能提供信息的过程化约为缺乏意义的信息过程的情况下，提供学科内部要素之间以及不同学科之间的新联系。

我将分析每种理论的优缺点，把最有用的部分整合起来。我还将对整合的结果进行扩展，并在对相关哲学背景进行修正和重构之后，以皮尔斯符号哲学作为基础，建构一个更为全面的哲学框架。

为了打通物理化学、生物学、心理学和社会学层面，我将确立新的符号学概念。"内部符号学"（intrasemiotics）指生物的和心理的自创生系统之间相互渗透的过程。"现象符号学"（phenosemiotics）指非概念化的心理过程。"思想符号学"（thought semiotics）指沉默无声的精神活动与社会-交流的概念的和象征的语言系统相互渗透所产生的概念化的自知的心理过程。"表意活动界域"（signification sphere）指对于生命系统有意义的符号关系所构成的世界（它是对乌克斯库尔"环境界"概念的符号学表达）。"信息"（information）指皮尔斯可能会称为"初始符号过程"（protosemiotic processes）的那种东西，它尚未达到真正符号所具有的完全的三元状态。就计算机而言，信息可以说是"准符号性质的"（quasi-semiotic），因为它是被符号存在创造出来的。

接着，我想提出一种新的、分为五个层次的本体论视角，对皮尔斯与现代自然科学、信息科学以及人文学科做出整合。

1. 第一层次是量子真空领域及其错综的因果关系。但是这些领域并不像物理主义物理学通常认为的那样是死的。赛博符号学认为这一层次是第一性的组成部分，第一性中还包括感受性和纯粹的感觉。

2. 第二层次是有效的因果关系，这显然就是皮尔斯所谓的第二性。这一领域在本体论上说是被作为经典运动力学和热力学的物理学所主导。但在皮尔斯那里，它也是心灵的意志力。

3. 第三层次是信息，形式因果清楚地展现于其中，并且规则的东西和第三性在其中通过稳定结构成为互动的关键。在本体论上说，这个层次是被化学科学主导的。

4. 在第四层次，生命进行了组织，同时出现了实在的符号互动——首先是出现在多细胞有机体内部的"内部符号活动"以及有机体之间的"符号游戏"。

5. 在第五层次，即句法语言游戏层次，人类自我意识萌生，伴随而来的是理性、逻辑思考和创造性推导（理解）。理解与溯因推理和有意识的结果性密切相关。溯因推理对表意活动起着关键作用。它是将某物看作他物的符号的能力。

本书系在之前列举的若干论文的基础上写就，它代表着我为之研究多年的理论的最新状况。我对材料进行了修订和重新编排顺序，所以每个章节并不与特定的某篇论文相关。关于我要研究的问题以及我将采取的分析和整合进路就介绍到这里，后面各个章节将进行更为深入的分析和论证。

1

❖

作为一种统一信息科学备选项的
信息加工范式问题

❖

1.1　信息范式与符号范式之间的冲突

要对有关信息、认知、表意活动和交流的"规则"获得一种系统性的、跨学科的理解，有两个关键策略：信息策略和符号策略。从研究覆盖面来说，二者都是跨学科的、普遍性的，但是，它们针对信息、认知和交流基本理念的研究角度并不相同。关于信息概念的常识性使用和技术性使用之间的关联，诺特（Nöth 1995：34）写道："信息在其日常意义中是一个与意义和消息相关的定性的概念。然而，在信息理论中，它是一个技术用语，只对信息的可量化的方面进行描述。信息理论和符号学在分析目标的普遍性方面类似：二者都研究任一种类的信息，然而，因为其严格的定量的研究方法，信息理论在其研究覆盖面方面受到的限制更多。"

在本书中，我所面对的是诸多技术–理论概念，因为我把重点放在科学和理论发展及其产生全面且一致性知识的这种能力方面。在本章中，我会对研究认知和交流的信息策略与符号策略二者之间的区别进行描述。我要描述的重点是支撑泛信息范式和泛符号学范式那些形而上学框架之间的关键差异。因为这些差异，我们在寻求一种能够囊括规则和意义、定性和定量、科学和人文等概念的理论工具过程中受到阻碍，以至于难以构建起一种跨学科的框架。之后，我会将这种讨论用于探讨图书馆与信息科学（LIS）中关于主题检索的几个基本且实际的问题。这（以及 LIS 领域中已经持续了几十年的讨论）将会构成本研究的内容，在本研究中，我第一次尝试突出客观信息普遍理论——作为认知和交流科学的根本以及 LIS 实践和信息技术的基础——在实践应用方面的成果、范围以及问题。

这种普遍性理论常常被称为"信息加工范式"。它建立在与一般而言属于算法性质的计算方法相结合的客观信息概念基础之上。这种认知科学中普遍采用的信息加工范式是机械式的、理性的。它也是该跨学科领域中占主导地位的方法，它以计算机科学和信息学为主导，因此对技术发展十分重要。在随后的分析中我会阐明，逻辑和机械的方法自身并不能提供关于人类表意活动及其在生物、心理和社会关系方面的根本原因的理解。然后，我将对基于其他基本的认识论和本体论的诸多信息概念和范式展开讨论，来探讨关于"信息科学"概念的本体论和认识论问题。

在讨论构建一种普遍性信息科学（它必定包括一种关于交流和认知的普遍性科学）的可能性的过程中，重要的是对普遍性信息科学所必须结合的学科或主题领域的性质进行分析，这些学科或主题领域如物理学、生物学、社会科学、人文学科、图书馆与信息科学、计算机科学、控制论、交流以及语言学，等等。因此，开发一种信息科学的策略，就是从早期哲学传统及其对现象学、感受性、意识、意义和表意活动、认识论以及本体论等的反思之中，汲取信息、知识、感悟和理解的各个方面，从而建立一门被称为"认知科学"[1]的"高效的"客观科学。此类方法旨在通过把学科变成一种实证科学，把我们从超过 2000 年的有关认知、表意活动、意义的哲学思辨中解脱出来。

许多"信息科学家"都会说，正是这种科学方法所具有的限制，使得构建一种关于信息和认知的普遍性理论成为可能。按照他们的看法，符号学那种定性的、现象学性质的、实用的方法似乎不太适合各门科学，各门科学目前的基础要么是机械主义的原子决定论，要么是某种样式的吉布斯（Gibbs）式概率复杂性理论（参看海耶斯对维纳理论基础的分析 [Hayles 1999：88 - 90]；亦可参看 Prigogien and Stengers 1984）。

我将在对作为一个跨学科领域的信息、认知、表意活动以及交流的研究中，把这些差异当作普遍性的哲学和方法论问题。这些问题是整个领域的根本。本书所提出的一个基本问题是，关于信息和认知科学的功能主义和控制论的研究课题，是否必须被看作与关于建立有关表意和意义的理论的现象学—阐释学—符号学进路（该进路忽略了文化之外的本体论问题）彼此互补，或者，是否这些东西有可能（像皮尔斯所试图做的那样，通过对古典和现代科学的本体论与认识论基础进行改造）被整合在一个范式框架之中。

✷

1.2　维纳模式：泛信息

泛信息哲学以功能—定量的信息概念作为基础，发展了香农的理论，香农把信息看作熵（Shannon and Weaver 1969）。香农认为，功能性的交流以预先确定的规则为基础，按照该规则符号可能的表意结果在数量上是有限制的。不过，符号组合上的自由不会给解释施加任何限制——譬如，拉丁字母对应的莫尔斯电码能够合并成无数的字词和句子。香农把信息定义为没有任何维度的一个概率函数。这样，用莫尔斯电码发出的一条电报其信息或许是随机的一串字母。信息随着事件发生概率的变小而增加，因为它使思考中的不确定性下降的幅度更大了。简单地说，信息是减少不确定性的一种选择。

本质上，信息的数学理论仅把信息定义为具体信息的统计特性，认为它与其意义无关。信息被看作在信号中的选择。在信息理论中，信号在排除其他信号出现的情况下就包含了信息，而这些其他信号可能已经出现。信息的量化取决于被排除的其他选择的数量以及一个信号有望发生的概率。信号的信息价值是按照它在一个具体信息中将会发生的概率来计算的。关键是经过统计的符号（或符码）数量太少。香农的信息理论在更为广泛的科学意义上使用时，便假定了信号是在对人类具有意义的符号系统中确立起来的有意义符码，就像用莫尔斯电码表示字母一样。这里，我们可以把这种信息概念与有意义交流的定量方面关联起来，无须专门去讨论让这种计算值得为之的已被预先假定的意义。

按照薛定谔（Schrödinger）以及之后的贝特森（Bateson）和斯通尼埃（Stonier）所遵循的维纳模式，信息并不是被看作熵，而是负熵。熵被看作无序；于是，负熵就可以被看作秩序或组织。因此，把信息理解成负熵就更符合道理。由此以来，在原本随机而复杂的世界观中，信息便成了一种样式。这样一种信息理论是以结构作为基础的，并且通过负熵概念和热力学关联起来，这正是薛定谔在《什么是生命？》（*What Is Life*? ［1944］1967）中所强烈主张的东西。薛定谔引入了信息对于解释作为一种物理现象的遗传和生命不可或缺这一观点。维纳在其关于控制论的奠基著作中所阐发的信念即"信息就是信息，既不是物质也不是能量"（Wiener ［1948］1961：132），以及信息和热力学负熵之间的上述类比，让人们有理由争辩说，物质与思维之间的联系是信息性的。人们所以为的信息像思维的一面，与热力像物质的一面，在这里发生融合。而这是通过一种研究物质与思想的关系的中立的一元论哲学达成的。这可能还为真正的人工智能的可能性提供了支撑。查尔莫斯（Charlmers 1996）对这一概念进行了拓展，但是，与大多数人不同，他以一种严肃的方式看待意识的现象学方面。第一人称体验为何以及如何在自然中存在这个问题，是他所谓的"难以回答的问题"。我同意查尔莫斯的分析，我们不得不接受意识是自然（以及文化）的一个不可化约的方面。具有感官体验的能力以及区分品质不同的东西——甜和酸、热和冷、绿和红——的能力，对于知识、理解、交流和智力推导极其重要。在其颇具影响力的著作中，查尔莫斯通过运用超越功能主义和计算主义的信息概念，纳入一种泛心论（panpsychism）。我要说，他需要在自己的理论上增加皮尔斯的符号哲学才能做到这一点。不过，维纳以及他之后直到贝特森的诸控制论专家，根本没有看出这个问题。

斯通尼埃（Stonier 1997）推进了维纳的理论，他将负熵变成了在本质上创造结构和系统的组织力。这种组织力开始于基本的"信息粒子"（infon particle）——他认为这种东西是存在的——最终表现为具有有意义的认知和交流能力的人脑。斯通尼埃并未在其信息哲学中对思维的地位进行充分的讨论；不过，在其关于新品质如何发展为一系列突生的讨论中，我们可以看到他对思维的讨论。他以一种系统观把突生描述成新系统的"整体性"（wholeness）品质，这一品质取代了单个要素的品质。把这些要素整合到一个新的系统之中，创造出新的实体，这些新实体具有的品质超过部分所具有的品质之和。这是一条伴发性原则，但它无法专门说明该系统何以突然就有了感受性。

今天有许多研究者使用冯·贝尔塔兰菲（von Bertalanffy［1968］1976）的总体系统理论，却没有对其有机主义本体论这一起源进行反思。当我们对系统理论的本体论前提进行分析时，我们可以看到隐含的物理主义概念（Walter et al. 2003），譬如斯通尼埃的概念，或者萨利·戈尔纳（Goerner 1993）等人的有机主义观点，这些概念或观点都十分清楚明确。但是我们至少能够说，现代系统理论对于一门无所不包的信息科学的构想似乎是基于一种研究进化系统的方法，它把作为客观的本体要素的物质、能量和信息整合到一种新兴的力学中，而该学科正如普里高津（Prigogine）在研究中所描述的那样，是以一种科学的方式建立在非平衡热力学基础之上的。但是许多从事系统与控制论研究的人更进一步，致力于把感受性、生命和意识解释成物质、能量和信息系统所经历的演化发展过程中的突生现象。我的观点是，系统研究、控制论和信息科学中的太多理论都依赖含糊的形而上学，并因此常常沦为某种含糊其词的功能主义，这种功能主义对于第一人称体验、感知和情感的感受性以及自由意志问题没有明确的态度。而这很有可能是因为这些主题不是在科学事业严肃对待的领域内。许多具有科技背景的研究者觉得查尔莫斯的"难题"并不真正存在。

各种现代样式的泛信息范式常常把功能主义和作为描述工具的非平衡热力学、非线性系统动力学、确定性混沌理论以及分形数学组合在一起。但是，我们很少碰到针对这些样式与机械论观点（除了在随机性的真实性方面）有何区别，或者关于意义概念的性质以及表意活动在思维中如何发生，所进行的系统性反思。这是心理学和认知科学中的一个普遍的哲学问题。人类行为、思考和交流领域中至少有两种研究方法认为人是意义生产系统（见图1.1）。这两种方法就是人文学科和社会科学中的现象学定性方法和阐释学定性方法——人们也可以利用这些方法把阐释学看成从社会的角度对文本解释进行的反照研究。[2]

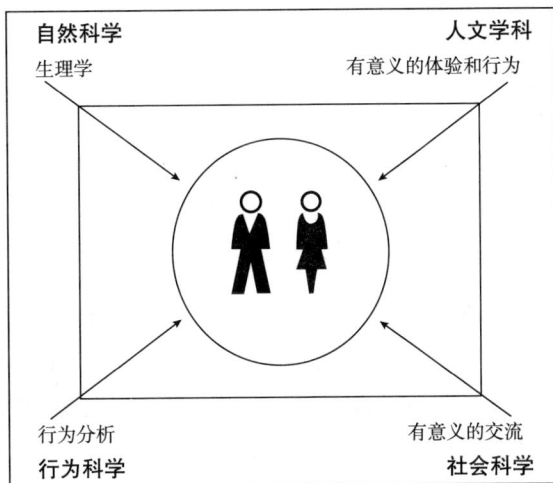

图 1.1

人类认知和交流的主题领域的四种不同的基本定性方法——经常被纳入"心理学"这个宽泛的概念中。

在图 1.1 中，左边的科学方法以及右边的现象学—阐释学方法之间有着明显差异，这些差异继续加剧关于心理学是否能够将自己确立为一种科学这一争论。认知科学和信息加工范式是忽略现象学、阐释学和符号学所研究的意义问题而做出的两种尝试。

1.3　以皮尔斯模式为基础的泛符号学

过去 20 年见证了与符号和交流有关的范式的发展，这一范式主要基于皮尔斯的符号学，即"关于可能的符号活动的根本性质和基本变体的学说"（CP 5.448）。符号学发展了一种关于所有可能类型的符号、符号的表意与信息模式以及整体行为和特点的普遍性理论。它研究生命和社会系统中有意义交流的存在，它从文化历史动力学和进化生态学中力求对表意活动和交流的动态模式做出阐释。皮尔斯创立了符号学，使之成为关于人类——人类的语言、科学、宗教以及其他文化产品之中——的动态符号活动以及非人类自然中的符号的一种合乎逻辑且科学的研究。这一观点正以生命符号学的形式（Sebeok 1976，1989）进入生物学，替代机械论解释和纯粹系统动力学解释。研究工作已经在生物学（Hoffmeyer and Emmeche 1991）、有机化学和纯物理学（Christiansen 1995）领域展开。

我们有可能通过引用皮尔斯的符号哲学的一些主要内容来建构一种泛符号的哲学。第一处引用针对的是现实基本要素的本体论问题："如果世界不仅仅由符号构成，那么，整个世界充满着符号"（CP 5.448n）。换言之，当我们思考的时候，我们从未触及事物本身，而只是触及了它通过符号向我们显现的那种方式。因为我们生活在我们个人和集体的"表意活动域"中的"符号域"（Hoffmeyer 1997）之中，[3]我们从未走到符号"背后"去触及"现实"。因此，为什么不承认符号就是我们所知的唯一现实呢？即使作为人类，我们也不过是符号罢了。正如皮尔斯写道："因此，每个思想都是一个符号这一事实，加上生活就是一系列思想这一事实，证明了人就是符号；因此，每个思想都是一个外在的符号——这一点证明了人就是一个外在的符号。也就是说，人和外在的符号是同一的，就像 homo 和 man 是同一的。[*] 如此，我的语言就是我自身的全部；因为人就是思想。"（CP 5.318）

相应地，符号学成了把握认知和现实的根本性学说与哲学。不过，要让符号成为认知工具，必须在有机体和环境之间有一个基本的预先耦合（precoupling）。要从符号中获得进一步的信息，人们必须知道到哪儿去勘察和勘察什么："符号只能代表对象，显现有关对象的信息。符号无法让人知道如何识别该对象……符号所预设的前提是人们对这个对象是熟稔的，如此方能传递关于这个对象的某种更进一步的信息。"（CP 2.231）

问题在于，是否这种熟稔预设了某种前符号性的体验，就像大部分阐释性哲学那样。不管怎样，符号学中的意义和表意活动与信息单位比特没有太大关系。皮尔斯符号学中所确立的现象学理论强调的事实是，感受性至少与对比特的数量选择以及度量同等重要。

在皮尔斯的三元哲学中，[4]感觉、感受性、习惯形成以及表意活动，正是现实的基本的本体性构成要素。这表明，符号范式应该能够超越化学和物理学，从而"触及自然的根底"。这就等于它与大部分信息科学中的基

---

[*] homo 和 man 是同义词，都是"人，人类"的意思，因此称其为"同一的"。——译者注

本信念是冲突的，因为这一部分信息科学似乎想要从基于热力学的信息科学出发，以自下而上的方式来建构意义。

对于这些理论，我们似乎有两个完全不同的出发点，而两者都以普遍性为旨归。两种范式的区别是根本性的。信息范式是以客观的、定量的信息概念作为基础，采用有关感知、认知和交流的各种算法模式展开研究。符号学则不然，它是以人类语言有意义的交流作为基础，是现象学的，并且依赖于意义理论。

探讨这个问题的进路之一，是把泛信息范式看作一种"从下到上"（bottom - up）的解释，把泛符号学范式看作一种"从上到下"（top - down）的解释。大家还可以进一步地把这种进路和认识论观点结合起来，这就表明，对于世界上的任何事物，包括有机体的各种行为在内，我们都无法给出任何最终的、简化了的科学解释。我们所能做的只是在不同条件下进行行之有效的补充性解释。我们不可能通达全貌。相应地，想要通过统一基本定义的方式来整合两种范式或许办不到（见图1.2）。

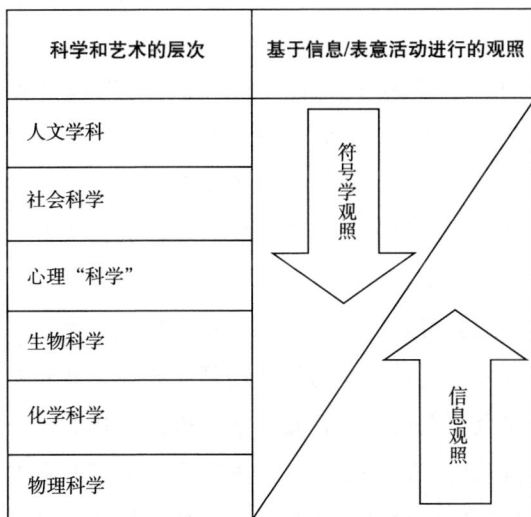

科学和艺术的层次	基于信息/表意活动进行的观照
人文学科	符号学观照
社会科学	
心理"科学"	
生物科学	信息观照
化学科学	
物理科学	

图 1.2

信息科学基础领域中从下到上的信息观照与从上到下的符号学观照相互关联。左边是科学和艺术的层次，从物理科学到人文学科。右边是关于理解和预判交流与组织行为的两个最普通的"科学"模式：（1）研究表意活动、认知和交流的从上到下的符号范式；（2）对组织、信号传递和人工智能的从下到上的信息的功能主义观照。范式覆盖的学科领域的宽度，可以用来估计人们大致如何看待该范式的重要性，不过这两个范式都声称自己覆盖了全部的研究领域。

这造成的结果之一，就是意义的各种概念和客观统计信息概念是在两个截然不同的范式中界定的。这样，作为一个客观的、可量化的实体，交流的信息方面完全独立于接收者的任何有意义的解释，完全独立于发送者的意图。在语言学中，这种矛盾是从分析哲学的角度被看待的，分析哲学把语义看成一个关于符号再现真实的功能的问题，而语用语言学则认为意义产生于符号和文字在真实生活情境中的运用。譬如，维特根斯坦（Wittgenstein 1958）就表示，（作为一种实践的）生活形式和语言游戏之间，定然存在错综复杂的动态关系，如此方可建立起有意义的关联。如此，则似乎可以说，对于人类和动物而言，语境、动机和预判是判断某事物是否有意义的关键因素。某种"本征值"（eigenvalue）[5]必须自我确立并且与一种生活习惯相关联。任何事物，如果想要作为相对稳定的客体出现，则必然在生物进化动力和意义的社会—历史进程之间有着一种复杂的相互作用。确立感知对象或范畴是一个微妙的过程，拉考夫（Lakoff 1987）对其所谓"经验认知语义学"这一观点的表述体现了这一点，其观点的基础是希拉里·普特南所描述的内部现实主义（Putnam 1992）。后文我将对这一观点做更多分析。

两种范式之间的矛盾还有另外一个方面，可以说是关于知识和科学的、客观的现实观与对意义、表意和交流的现象学—阐释学—人文研究方法之间的抵牾。我们将对这个问题进行探索并在后面篇章中提出可能的解决办法。如我将在后面探讨到的，关于皮尔斯本人是否真正算是上述方式界定下的泛符号学家，尚有争议。

在对后文将详细分析的问题给出一个理论性梳理之后，我们用实例说明关于建构一门统一的信息科学的具体问题。现在，我将运用认知信息加工范式来分析传递电子文档——尤其是信息检索（IR）——的过程中，图书馆与信息科学（LIS）在建构用户友好型系统时所面对的困难。该范式的主要问题是，它的信息和语言概念并不系统性地针对社会和文化动态模式如何决定符号和文字的意义这个问题，符号和文字却是LIS对文档进行组织和检索的基本工具。此外，该范式无法清楚地区分计算机操纵符号的方式和意义在自创生系统中生成的方式。

1.4 作为中介传播文档的系统

信息和文档检索技术在过去 30 年里以极快的速度发展。这催生出图书馆专业领域中的一些发展成果，其目的是建构文档检索（常被称为信息检索）[6]形式理论以便更好地利用这些新技术。巨型国际数据库——主要是在科学领域——得以开发。这些数据库包括 FX、Chemical Abstracts、BIOSIS、Medline 和 Compendex，面向的是文档专家。因为各种理由——其中亦有吸引更多用户的经济利益考量以及通过互联网让非专业人士增加了解的目的，下一阶段的发展便是让没有图书馆专业或者各门科学专业训练的用户可以接触到这些高度技术性和专门化的系统。如果说最初预设了用户对学科领域的分类和索引原则以及科学组织有充分的了解，那么，具有检索系统的用户界面现在正在经历必然的改变。因此，近期的目标就是确立一般性原则，以引导人们通过自然语言对信息进行认知和检索。这是想要通过自然方式组织检索过程，以便用户可以获取全球范围内所产生的海量文档。

图书馆管理员、档案管理员和文献资料工作者主要是对携带数据、知识、意义和经验的材料进行存储、索引、检索和传播。首先且最重要的是，信息科学的目标是推动传播，传播的内容可以包括通过诸如文档、书籍、唱片、磁带、程序[7]、软盘、超文本、压缩碟片、图片、电影、录像等媒介记录下来的测量和观察结果、理论知识以及意义、见解或经历。这些媒介形式（以及将来的各种形式）可以在一般的 LIS 中统一归入"文档"（document）这个概念（参见 Vickery and Vickery 1987；Buckland 1991）。按照巴克兰（Buckland）的探讨，我将把文档定义为给他人使用并以物质方式记录下来的具有交流意图的人类作品。

对于图书馆管理员和文献资料工作者来说，信息科学主要关心的是找到最合适的规则来进行系统和程序设计以便搜集、组织、分类、索引、存储、检索和传播这些支撑起数据、知识、意义和经验的材料。图书馆管理员、文献资料工作者以及档案管理员从事这项工作已经几千年之久。

为有着不同需要的用户编制索引并把信息传递给他们，其衍生而来的问题之一是，你必须研究各种文档类型的来源，它们是如何产生的、为何种用户而产生以及受到什么样的经济制约因素影响。人们承认，文档的生产者一般在脑海中是有特定顾客的，而这些顾客常常也可以是生产者。以这种方式系统将自身闭合，这一点正是卢曼（Luhmann 1995）对于一般交流系统所强调的内容，不过如此一来，系统便无法直接看到其周遭的社会和文化。但该系统的确通过内部调整而对文档类型的产生和使用中受到的干扰与产生的变化做出反应。这体现在图 1.3 中，图中，虚线箭头代表着结构或改变结果的反馈，这个反馈对系统的自我组织能力以及系统通过自我调整而得以存续下来的能力至关重要。

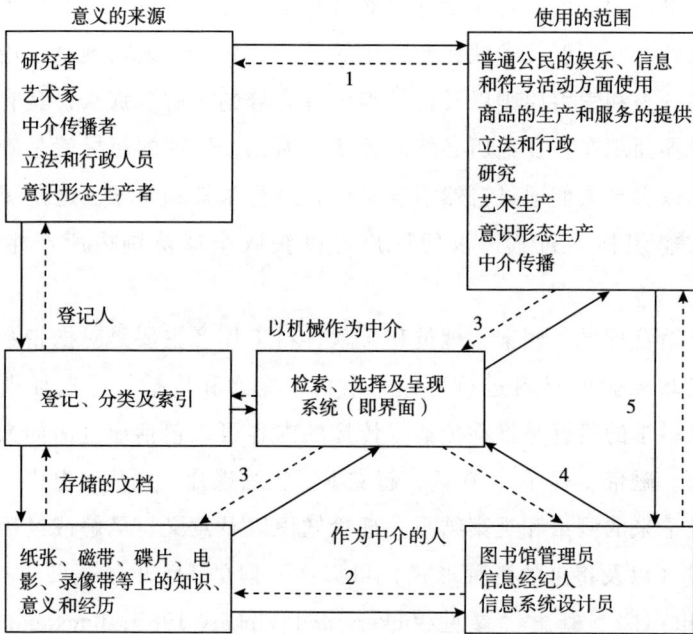

图 1.3

作为具有语义反馈的自组织赛博符号系统和作为中介传播文档的（DM）信息系统。实线箭头所指的方向表示文档传送的方向。虚线箭头所指的方向代表对文档内容或系统性能的反馈方向，反馈的形式为赞成或批判。1. 文档在生产者和使用者之间的直接传播，在科学领域中常常通过预印本实现。2. 图书馆管理员对收藏的文档的直接获取。3. 终端用户直接通过在线系统获取文档。4. 图书馆管理员通过机械（电子）中介而成为收藏的文档的中介者。5. 信息经纪人作为中介向用户传送文档。

这是其中的一项发展——还有认知科学的发展，正是这些发展推动了建立一门关于人类、机器和动物的统一信息科学的构想的形成（例子请参看 Vickery and Vickery 1987）。如前所述，认知科学的期望是信息加工会遵循某些"普遍性的句法、逻辑和数学规律"（Fodor 1987）。

人们应该反思这一事实：几乎一切，包括在互联网上和所有管理信息系统中的计算机程序，都是文档。因此，这个问题非常普遍而且非常突出。谷歌发展速度比微软快，这一点也不奇怪！第一个目标就是制作智能用户界面。第二个目标是重组数据库。对于大多数巨型国际科学文献数据库而言，第二个目标似乎不太现实或者经济上不具有可行性，因为每一个数据库都是按照控制它的索引实践的精确的科学分类法或分类词典建立起来的。此外，它们拥有数百万份经过索引的文档。

1.5 信息科学发展的技术推动

20 世纪 60 年代计算机技术进一步发展，作为信息技术的计算机技术在 LIS 领域获得越来越多的应用，在这样的背景下，信息科学才得以迅速发展。从社会的角度看，一直以来主要问题都是如何以建设性的方式经济地处理科学、工业和文化中激增的文档。从产业方面来说，其目标一直以来都是开发新技术，不断增加获取知识（购买和销售知识）的途径。信息和资本、技术与劳动力一样重要，正在成为一种战略资源。

信息检索产业在所谓的信息社会中已经成为一个规模巨大的产业。计算机和通信产业自二战后经历了爆发式增长，现在正在进入合成期。计算机的各项技术，包括电信、语言、计算技术以及近年来的声音和图像技术，正在融合成一种多媒体交互技术。

似乎很清楚的一点是，文档检索——包括登记、索引和分类技术——正在学术圈中，在设计、开发和建筑（CAD、CAM）领域，在景观规划（GIS）领域，在管理信息系统（MISs）领域以及在知识分享系统领域，都发挥着越来越大且不可忽视的作用。系统越大，文档传播要素就越处于核心地位，索引通过智力获取知识的问题也就越突出。

正如布莱尔（Blair 1990）所指出的，数据库一旦超过 10 万个文档，文档检索问题就会发生质的变化。其一，被检索文档的数量巨大就是一个问题：文档多得无法分类，因而无法为用户提供满足其需求的信息检索能力。其二，"干扰"（noise）令人难以忍受，尤其是对于采用自然语言自动索引的全文本文档来说。其三，人们几乎不可能知道一个拥有 1500 万个文档的数据库（如 BIOSIS）真正拥有多大的信息检索能力。

一方面，用户被淹没在太多具有不同关联度和知识品质的文档之中。另一方面，用户可能错过最具有关联性的文档——尤其是最适合用户问题、兴趣、知识背景、关注的焦点、知识水平和阅读时间的那些文档。任何一个在互联网上进行过主题搜索的人都明白我的意思。

互联网正在为越来越多的人提升获取电子文档信息的物理访问质量；同时，它也正在为许多初次或偶尔使用文档系统的用户增加信息的智力获取渠道。但是，获取高质量文档，对于那些在日常工作中需要依靠互联网的人——研究者、教师、记者、经理人——正在成为一个大难题。信息过载、干扰、缺乏精确性以及无视查全率，成了当代文档检索的问题。关键文档要么找不到，要么隐藏于许多经常被人搜索的信息构成的干扰之中。

改进信息的智力获取渠道的方法之一，是为具有领域知识但缺乏 LIS 技术能力的用户新创界面。菜单驱动式系统在这一点上大有裨益，但是它们很少像使用分类和索引的命令驱动式系统那样迅捷和成熟。这些在认知和交流方面的问题与为某些用户提供访问渠道息息相关，这些用户缺少相关领域的知识，所以并不知道所使用术语的专门含义，而术语中有一些与日常用语是一模一样的。

无疑，技术发展正在为文档检索和知识传播的传统 LIS 领域带来变革。因此，必须找到建设性的方法来对挑战做出回应。我们需要扎根于科学之中的某种方法，这种方法可以从技术、社会、心理、语言方面来解决如何把人们的信息需求转化成系统—功能查询这个问题。对于针对 IR 的传统的系统驱动式方法而言，这是一个重要的课题，系统驱动式方法是以使用固定查询的克兰菲尔德实验（Cranfield experiments）* 为基础的。英格沃森（Ingwersen 1996：22）写道："经典的主流研究场域一直被调整以提供并检测单独的方法，针对模拟出来的静态的、明确的需求进行信息检索，这是建立在对知识状态、问题、工作任务和领域有着总体的认知稳定性这一假设基础之上的。"最早关于电子文献数据库的研究，包含检测各种精确查询项在已知相关的测试数据库中检索文档的能力。如上面所澄清的，这些条件不再能够反映现实，因为它们与当下社会的信息搜索现实相去甚远。

在同一篇文章中，英格沃森描述了几种类型的搜索者以及他们的搜索行为的差异和他们对不同反馈类型做出的不同反应。比以往任何时候都更有必要对真实用户及其在判断关联度时的行为进行研究。在 IR 领域中，现在得到广泛承认的是，检测必须针对真实用户，并且在更大的数据库上来进行（Blair 1990）。[8]沃纳（Warner 1990：18）总结说："在人为隔离的条件下对信息检索等活动的实验性模拟，是以信息检索系统的性能表现在实验条件下和在实际操作条件下具有直接对应关系这样一个未经证实的、可疑的假设作为凭据的。因为只有信息行为的预测值，用如此这般的科学模式来考察，尚未得到关于信息行为令人信服的解释。'信息人'（information man）仍然是影子一般非真实的。"

和"经济人"一样，"信息人"是一个虚构出来的东西，是以计算机的名义来扼要表示人的社会交流特征。我们需要的是对这个问题领域进行一种跨学科性质的概念梳理；从此出发，我们将不得不推出种种概念梳理方式，以保证文档传播系统设计和其他类型的信息系统设计的所有重要方面都有所论及。

从过去 20 年计算机系统的发展进程来看，显然在有人参与的社会交流环境中，机器对自然语言的处理产生了重大的理论和实践问题。语言处在人类存在的核心位置。如果用传统的机械观来看，要理解符号和文字的意义如何在社会与文化实践中固化下来，基本是不可能办到的。人们试图在

＊ 克兰菲尔德实验是 20 世纪 60 年代由克莱夫顿（Cyril W. Cleverdon）主持的在克兰菲尔德大学所进行的有关索引系统效率的一系列实验。——译者注

信息理论和热力学中的各种信息熵的概念基础上建构跨学科的信息科学，不过，这些尝试在理论和实践方面都无法解决人类如何传达意义这个问题。认知科学中的功能主义（或者信息加工）范式面临着另外一个难题，即如何提供一种理论背景，来探讨词语和句子具有多重意义时 IR 面临的种种问题。文档是复杂的语义符号和语言系统，于是它们成了为满足广大公众的检索需求而设计的计算机系统中最难处理的那部分。正如布莱尔（Blair 1990）所说的，论及关联度判断之时，用户是唯一可靠的来源，唯有用户能够把信息变成知识。

无疑，交互式图形界面的开发可以为临时用户提高搜索质量，但有一些东西对于我们科学理解作为中介传播文档的系统更为重要且尚在讨论之中：计算机和人类在处理复杂信息的方式上的差异。正如卢曼（Luhmann 1995）所指出的，人类通过意义来降低复杂程度。如果要改进作为中介传播文档的系统的设计，LIS 就必须走出对文档检索仅仅基于认知科学的信息加工范式的那种机械的、信息加工的理解，迈向真正融合更为实用的符号的、控制论的和社会—语言理论的理解。IR 领域中的 LIS 的理论基础必须被一种结合了意义的语义生成的、更为广泛的基础所取代。

总结起来，LIS 面临着以下四个主要问题。

1. 缺乏为一个或多个知名用户群体设计最佳的作为中介传播文档的系统的理论。

2. 缺乏针对巨型文档库为非专业人士设计界面的理论，这些文档库原本是为特定学科领域中的文献资料工作者创建，大多属于化学、生物学和医学等科学技术领域。

3. 缺乏计算机和软件设计人员、艺术和科学界人士对跨学科复杂性和文档传播问题的科学深度的充分认识。

4. 缺乏图书馆管理实践在计算机时代全面的科学理论基础。缺乏健全的科学理论意识对于 LIS 而言是一大问题，因为它使其他服从科学研究的人和研究群体看不到所研究的各种问题的重要性，看不到它通过几百年的实践已经获得的知识所达到的深度。

1.6　认知科学中信息加工范式的发展

目前，人们的大部分努力都花在对信息系统的研究上，因为都想要从一般用户那里挣到钱。这里，我想到的是数据库和数据库主机的组织与设计。正是因为想要赢得最广泛的终端用户群体，信息科学才开始对 AI 和认知科学展开研究。遗憾的是，一味地开发"用户友好型"计算机，使人们对用户需求的关注减弱了。这就像早期乘坐飞机，乘客很高兴，因为他们竟然能乘飞机在空中飞行，在他们看来，飞行员都是英雄。LIS 领域中的信息技术的开发者变成了标准的信息搬运工。

很长一段时间，这都意味着，在 IR 中通常有着一个与用户导向的社会性研究传统并不相关的基于计算机的系统性研究传统。这些传统在结合上存在巨大困难，因为它们对其研究对象和科学目标的定义迥然不同。

认知科学关于控制理性交流中符号和意义操作的神经系统和计算机中的一般机制或程序的理论，是想要弥合这一差距的一种跨学科尝试（参见 Ingwersen 1992）。它寻求的是一种关于人类、机器和自然之中信息加工的通用理论。这样一种理论对于信息科学可能达成的理论不无启迪。LIS 是一个跨学科的、复杂的、有些支离破碎的领域，它致力于建立一种共同的身份和一个功能范式以便与信息科学其他领域相互竞争。

图 1.4 从 LIS 的角度描述了认知和提供信息的过程的复杂性。正因为英格沃森把认识论放在与其他科学同等的位置上，于是我们看到，许多研究者雄心勃勃，想要在 LIS 领域解决某些根本性的哲学问题。而且，值得注意的是，按照英格沃森的看法，信息科学可以被理解成认知科学的一个分支。如此一来，人们认定，既然有自己的信息加工范式，信息科学就处在这个研究课题中，核心问题也就在这个语境中得到表述。但是，来自生物学、化学和物理学的研究者们会争辩说，自己的学科对信息科学也有贡献，也成了信息科学的组成部分。

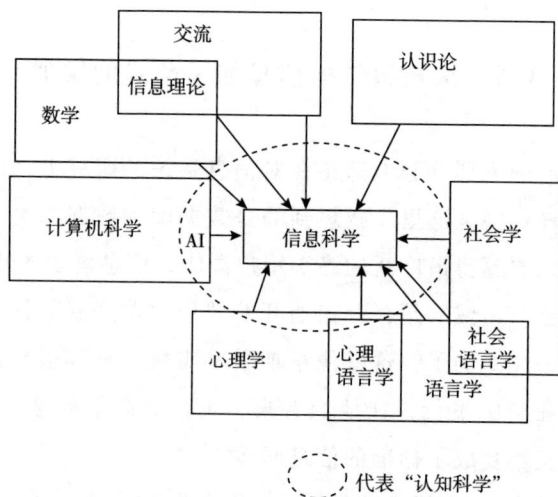

图 1.4　被看作认知科学组成部分的信息科学 （Ingwersen 1992：7）

20 世纪 70 年代认知科学作为一个研究课题就已经找到了自己的研究方向，其实在二战之后，它就已经是人文学科的科学传播中的一个关键因素。"认知科学"意思是"关于认知的科学"，也就是说，是关于认识论过程的科学。这一名称反映出人们期待科学能够把认识论的若干组成部分从哲学中解脱出来，就像其他领域中所发生的那样，譬如，心理学随着时间的推移已从哲学中分离出来。

最初，认知科学是一种逻辑的、面向自然科学的、跨学科的研究，它包括语言哲学、形式语言、语言学、人工智能、信息和通信科学、大脑研究、部分人类学以及诸如神经科学之类的自然科学领域。计算机既是它的工具，又是它的研究模型。

于是，认知科学指这样一个研究课题，它试图以计算机作为范式，揭示人类个体中的认知、思维和行为规律。它以确立于诺伯特·维纳的一阶控制论中和带来了 AI 和专家系统的冯·诺依曼式计算机理论中的诸多概念作为基础。它植根于统计信息理论和维纳式统计信息概念，该概念通过融合信息理论和热力学而成为一个关于客观信息的普遍性概念（Stonier 1990）。维纳的客观信息理论与 AI 的算法思维方式相互融合，成了当下在认知科学中占据主导地位的"信息加工范式"的概念基础。既然行为主义不复往日辉煌，那么知识科学想要取得坚实的立足之地，认知科学便成了科学理性最新和最有力的尝试。加德纳（Gardner 1985：6；8）写道：

> 我把认知科学定义为一种植根于当代的努力，它要应对的是久已有之的认识论问题，尤其是那些与知识的性质、构成、来源、发展及运用相关的问题。
>
> 从方法论的角度来探索这些领域，我所提出的问题是：哲学是否最终会被一种基于经验的认知科学取代？人类学是否能够（或者应该）超越个案的研究？

像斯通尼埃一样，一部新近出版的关于图书馆与信息科学的教材（Vickery and Vickery 1989：43）谈到信息就如同物质和能量一样对现实具有根本性的作用。作者把自然看作是充满信息的。无疑，作者在此提出了一种世界观，认为信息比观察者更为重要，因为能量、物质和信息乃现实的基本要素。各种关于世界就是一个巨型计算机的设想也变得越来越普遍。

在这种信息"形而上学"中，能量、物质和信息都是对思维与知识的产生、发展、结构和动态变化进行解释的、相互关联的概念。相应地，自然而客观的信息必定在生命体和人的思维从扩张的宇宙中出现之前就已经在场。信息比观察者或解释者更为根本。

从机械主义科学观来看，知识是控制一切运动的永远的、普遍的数学规律。此外，科学拥有并会给我们提供通往所有物质、信息以及理解背后的那些根本自然规律的路径。机械主义科学观认为，生命、意识、人类以及语言都是副产品，如果"假以时日"，科学通过对进化、基因、认知和理解的研究最终是有能力对这些副产品的产生及功能做出解释的。因此，把维纳控制论中的信息理论与机械主义科学认识论[9]相加，似乎是在提倡一种科学全体主义，科学全体主义认为哲学、宇宙学和认识论应从哲学中解脱出来——正如加德纳在上述引文中所暗示的，并且变成了一门以数学这一"自然自身的语言"表述的总体性科学。

信息被看作一种客观而普遍的由规律决定的东西，人和机器都从自然中将其汲取到自己的思维之中，通过思考对其做出改变，通过语言将其带入社会。因此，确立一种统一的信息科学一定是可能的。然而，要做到这一点，人们必须从信息或者意识和意义的角度，把人类思维、理解和有意义的交流解释成是真实的，或者是第一人称意识的现实。信息科学于是把认知科学也包括在内，如此，所有认识论方面的问题就能够凭经验或通过实验得到切实的解决。正是这种发展——加上认知科学的发展——使人们想要建立一门同时适用于人类、机器和动物的统一的信息科学（两位维克里*和斯通尼埃把所有其他自然系统也包括在内，并由此宣称自己是真正的"泛信息派"）。

认知科学的基本观点是：信息加工遵循一定的普遍性句法、逻辑和数学规律。这是最初由莱布尼茨发展起来的认知科学的基础。加德纳对认知科学的基本目标和观念进行了恰如其分的总结：

> 首先，认知科学认为，论及人类认知活动时，必须论及精神再现，而且，必须将所做分析一方面与生物学的或神经学的分析全然分开，另一方面与社会或文化的分析全然分开。
>
> 其次，认知科学认为，对人类思维的任何理解，其核心都是电子计算机。不仅计算机对于开展各种研究不可或缺，而且更关键的是，计算机还是理解人类思维如何运作的最可靠样本……
>
> 认知科学的第三个特征是，其决定有意地忽视某些因素，而这些因素对于认知运作可能很重要，但此时如果把它们考虑在内，反而会把认知科学研究复杂化。这些因素包括情感因素或情感、历史和文化因素以及特定行为或思考发生时的背景的作用。
>
> 认知科学的第四个特征是，认知科学家认为从跨学科研究中可以获得很多东西……
>
> 认知科学的第五个或者更具争议性的特征是，它宣称当代认知科学中的关键要素就是论题的安排以及人们关注的系列问题，而这些正是西方哲学传统中的认识论者长期以来所关注并研究的内容。

---

* 指上引"一部新近出版的关于图书馆与信息科学的教材"（Vickery and Vickery 1989）的两位作者，分别是布莱恩·C. 维克里（Brian C. Vickery）和阿琳娜·维克里（Alina Vickery），因为其姓同为维克里，所以被称为"两位维克里"。——译者注

感觉和文化语境并不是最基本的，认知的样本是算法机器，目标是将认识论和认知当作"人类信息加工"的若干方面来理解。这正是林赛（Lindsay）和诺曼（Norman）关于心理学的那部被广泛使用的教材的标题，这部教材对认知科学起到了柱石的作用。按照他们的观点（Lindsay and Norman 1977：579），"尽管如此，信息加工的原则是与使用信息的所有系统（包括人脑在内）高度相关的。信息加工的普遍原则必须适用于操控、变更、比较和记忆信息的所有系统"。这最终将变成一门新的超科学——信息科学，它将重塑整个知识领域，并将成为一门真正的关于科学的科学！而且很清楚，机械物理学正是其科学理想。针对发展一种基于物理主义范式的关于信息的普遍理论的必要性（关于对物理主义范式的描述，可以参看 Walter and Heckmann 2003），斯通尼埃（Stonier 1990：112 – 113）写道：

> 要创造这样一种理论，我们要从信息最为根本的方面做起。而信息最为根本的方面并不是信息是人的思维的一种建构，而是信息是宇宙的一种基本特征。任何关于信息的普遍理论都必须从研究信息在宇宙中展现出来的那些物理特征开始。只有先完成这一工作，才能去尝试理解多种多样的、更为复杂的人类信息形式。下一步定然涉及对物理系统之外的信息系统演化的考察——首先是在生物学范围之内，然后是在人类的、文化的范围之内。

我们可以这样来简要总结认知"信息加工范式"中主要的认识论和本体论假说（基于 Fordor 1987；Gardner 1985；Lindsay and Norman 1977；Lakoff 1987；[10] Winograd and Flores 1986；Searle 1989；Warner 1994）：

1. 人、机器、动物和组织等不同信息系统都以同一方式来加工信息。关键不在硬件而在软件。重要的是信息加工程序中的那些算法。这是信息加工范式中的核心理念。这常常被称为功能主义，因为至关重要的是功能而非结构。

2. 有意识的逻辑思维一般被当作认知过程的样本。它并不从直觉和情感的角度考虑认知的来源。

3. 理解被看作具有经典范畴的性质。经典集合理论的分析范畴得到了强调。

4. 认知过程可以分解成各个构成元素，最终被分解成一系列线性选择。感知首先是范畴性的、指示性的（具体描述）并且被组织成经典集合。

5. 学习是基于规则和原则的，并且首先是基于知识结构建构的。

6. 语言系统首先是一种通过人、机器以及人机合作的符号操控来传递信息的形式机制。

7. 主体首先是认知主体，具身和情感对之起着次要的作用。

8. 认知主体与计算机类似。

9. 记忆背后的机制、意义的生成以及符号的操控和理解一起构成了所谓的"语义网络"（semantic network）。如果试图在词汇层面对符号和概念进行界定，就会以符合逻辑的方式对其他符号和概念进行指涉。因此意义是悬置在一个由相互界定的概念所构成的网络——一个所谓的"知识结构"（knowledge structure）——之中的。这样，认知视角是高度结构化的。该网络是采用前述方法产生的一种结果，具有指示性和原子性。它代表了语义的一种形式进路。换言之，文字首先是无语境的、在词汇层面加以描述的象征符[11]。

10. 研究者对认知、思考和交流中句法—结构方面的强调，导致对人的认知和交流意义的文化 - 社会与历史维度的兴趣有所削弱。这明显使社会科学、人文学科和艺术在寻求意义构建的过程中，并不像这些领域中的研究者们以为的那么重要。

11. 语言的意义首先被看作把句子内容的概念映射到世界的"自然事物或类型"的逻辑真实条件。这种方法强调的是逻辑分析以及意义为所谓真实条件所捕获这一观点。判断真实与否常常是基于关于知识的一种超验的、"上帝之眼"的视角。

信息加工范式因此试图通过一种跨学科框架，把智能计算机的发展与人们对用户需求和知识的心理 - 社会方面的理解结合在一起。由此，这种结合发生的基础是对作为认知信息结构的语言和知识做一种结构—句法的理解。这些结构被认为是所有认知系统，包括计算机的认知系统，所共有的。在下文，佛多（Fordor 1987：18 - 19）——这位功能主义者谈到了这种理论的本质，当时[12]他对其是拥护的：

> 这里我将用最简洁的方式来谈谈这种新说应该如何发展：你通过符号的语构把符号的因果关系的特征与其语义特征联系起来。符号的语构是其更高一阶的物理特征之一。做近似类比的话，我们可以把符号的语构想象成一个关于其形状的抽象特征。因为，就所有意图和目的而言，语构简化成形状，又因为符号的形状是其因果关系的作用的潜在决定项，所以很容易看到符号的因果关系的作用与其语构在其中相互关联的环境是如何而来的。也就是说，很容易想象符号表征因其语构而产生因果互动。符号的语构或许决定了其表征行为的原因和结果，这与钥匙的形状决定它能打开哪把锁很相似。
>
> 但是，现在，我们从现代逻辑学中了解到，符号中的某些语义关系可以被其语构关系"仿造"；从较远的视角来看，这正是证明论所研究的东西。所以，在某些极佳的限定条件下，当一个符号所表达的命题被包含在了另一个符号所表达的命题之中时，这两个符号之间的语义关系就能通过语构关系被仿造，而其中的一个符号可以凭借这些语构关系由另一个符号衍生而来。所以，同样是在极佳的限制条件下，我们能够制造出具有如下特征的机器：机器的操作纯粹是对符号的改造；在执行这些操作的过程中，机器只对符号的语构特征有反应；机器对这些符号的操作完全局限于改变其形状。
>
> 可是，机器如此设计，以至于当且仅当这些如此改造过的符号所表达的命题处在某些语义关系——譬如一个有效论证中的前提与结论之间的关系——之中时，它才会把一个符号改造成另外一个符号。

这是对认知科学研究课题中信息加工范式的基本信念集中而清晰的表述。它表现了也被人称为"思维语言"理论的东西。佛多一度是其最著名的支持者之一，但他后来将自己的观点做了弱化处理（Fordor 2001）。这是强 AI（strong AI）范式背后最重要的理论之一，发展强 AI 的目的是生产出能够具有理解力的计算机。如果研究取得成功，人们便产生出一种信念：为推动研究所建构的知识体系是一个普遍而真实的理论，有了这个理论，计算机就有可能以一种科学的方式综合认知和理解。计算机将会变得有意识。

这一普遍理论和通过图灵理论计算机（图灵计算机）确立起来的基本计算理念相关。通过比特概念，它和香农的信息理论相关。通过维纳的控制论，信息理论与基于玻尔兹曼（Boltzmann）原子统计系综理论的经典热力学相关。关于思维和理解的信息理论正是从这一控制论角度发展起来的。泛信息理论推动了关于思维的一种纯粹功能主义的概念的形成。从这一角度看，情感也被看作计算——关于关系的计算。关于思维的神秘性如何通过"信息"概念和"负熵"概念之间的关系得到解释，吕施和贝特森（Ruesch and Bateson 1987：177）写道："维纳说这两个概念是同义的；按照笔者的看法，这种说法标志着自柏拉图和亚里士多德时代以来人类思考的最大转变，因为它把自然科学和社会科学结合起来，最终解决了西方思想中源自古希腊的目的论和身心二分观的问题。"

这番表述集中体现了在系统论、控制论和信息学中运用这种框架的众多研究者的观点。作为 LIS 的背景思想，这一研究课题和范式产生了巨大的影响力；同时，该研究课题和范式也对计算机行业的从业者看待作为中介传播文档的电子系统建构问题的方式产生了强大的影响。

1.7 对信息加工范式中信息的客观概念的批判

信息加工范式从来就没有能够对关于把文档的语义内容从生产者传播到用户——该项工作由文献资料工作者和图书馆管理员完成——的诸多核心问题做出描述。它在这方面之所以做不到，是因为它无法解决认知的社会和现象学方面的问题（用 Buckland［1991］这部著作中的话来说，就是对之"了然"［becoming informed］），而这些问题的解决正是文档传播最重要的因素。这导致了人们严重怀疑科学对象存在于其所假定的"客观信息加工"之中。

在其著名的关于信息概念的分析中，马克拉普（Machlup 1983：657）

的结论是，信息应该把人类交流环境当作其起点。据此，他基于人文领域中的某个立场提出了对作为认知科学基础的信息的客观概念的批判。这一批判准确地把在信息加工范式中体现得最弱的信息方面——人类交流中表意活动的社会 - 现象学方面——当作出发点。且允许我在此声明我并不全然同意马克拉普的批判（Stonier 出版于 1997 年的这部著作似乎是相信这一批判的）；我之所以在这里提到它，是因为它是来自人文领域的一个表达透彻的批判，即便在某些方面它和信息加工范式一样是有局限性的。

马克拉普指出，在词汇层面，"信息"（information）是和"告知"（to inform）紧密相关的，后者的意思是：通过学习和指导为某物——尤其是思维、意识或特征——赋予形式，并且传递关于事实或事件的知识。因此，"信息"概念的基本的历史意义，是"把某事物告诉某人"，以及"人被告知的那一事物"。

注意，该定义的起点处在文化和社会语境中的个体之间的交流之中。它开始于语言学 - 符号学。符号的这个方面将在下面讨论，但我要在此指出的是，这是社会阐释学研究的一个突破口。

这是马克拉普所用的关于信息的宽泛的一般定义。但是，科学常常是在试图界定特定关联中的日常概念意义的过程中发展起来的；因此，针对信息的一般概念，不同领域和范式有着不同的限定。

1. 信息应该是关于此前未知的某种东西。

2. 信息应该是关于某种鲜为人知的东西。

3. 信息应该影响到接收者知识的范围或者结构。

4. 信息必须只是由未经解释的"原始"数据构成。

5. 信息应该是有用的。

6. 信息能用于决策。

7. 信息应该影响到接收者的可能行为。

8. 信息应该减弱接收者面临的不确定性。

9. 信息应该有助于辨识文字的语境意义。

10. 信息应该改变接收者的信念/假定，尤其是就处理种种（行动的）可能性而言。

不过，这些标准当中任何一个都无法让我们把握认知现象的全部意义。相反，它们常常限制了我们对与当下的认识论和科学知识相关的信息的理解。

就知识与信息的关系而言，马克拉普提出了许多重要论点，这些论点常常是认知科学关于信息的理解中缺失的东西，我将在此做出阐释。

1. 知识或者信息都不一定必须正确或者"普遍真实"。

2. 新的知识不必通过思考/洞察/理解从而增加新数据来获得。

3. 以经验为基础的认知并非信息获取。[13]

4. 数据被给予接收者或者研究者，供其从中提取信息。它们不一定是数字。在任何给定情况下，数据与信息都并无差异，在计算机语言中，它们是有待在系统中处理的信息（输入）。一般而言，这样来使用"数据"，它便是一个相对的概念。对一个人而言是数据，对另一个人而言则是信息。

5. 从马克拉普的传统人文主义角度看，只有人才能发送和接收信息。

6. 按照他的观点，神经生理学、脑研究和基因学中信息概念的使用情况必须被当作一种类似情况来考量。

但是，马克拉普还想在社会科学层面限定真正的信息概念；于是，如果人们想说机构或者社会本身接收或者给出信息，那么这应当被理解成一种比喻性的用法。按照他的观点，始终都是作为个体的人在他们中间产生意义，即便这种情况始终发生在社会 - 历史背景之下。

关于把信息概念与香农和韦弗的技术统计理论联系起来使用，马克拉普非常清楚，这是夸大了两者之间的联系。在此，理论是关于脉冲和行为以及信号传送的，而不是关于任何一种形式的意义的。人们如果要在这些语境中使用这个概念，就应该始终在前面加上诸如技术的、统计的或其他类似的限定语。

所有这些负面的东西，都指向信息的创造和交流需要某些与思维相关的基本特征这一结论。因此，在我看来，似乎单单基于人类个体的语言交流的纯现象学范式和信息加工范式，都不能确立起一种将人、文档和计算机联系起来的统一性原则。

我对信息科学的信息加工范式的反对，是建立在与马克拉普（Mach-lup 1983）以及维诺格拉德与弗洛里斯（Winograd and Flores 1987）类似的观点基础之上的，他们认为，"信息"的原初定义是某个体（或生命系统）向另一个体（或生命系统）传播的某种东西。信息的这一意义只能在我们于社会和历史语境中来思考生命体时才能够得到理解。此外，我同意马克拉普的说法，人们不能把信息定义成降低不确定性的那种东西。实际上，某些类型的信息会让接收者变得更不确定。但是，如果人们对社会语境理解得非常准确，足以确定所有可能的结果，那么，人们就能使用统计的/熵的信息概念，将其作为对信息特征所做描述的组成部分。进而言之，我同意塞尔（Searle 1989）的看法，人类和机器在信息加工方面的共同之处，并不是二者都遵守规则这一事实。机器按照因果关系行事，但是，只有有意识的人才会有意地选择服从规则！

但是，既然现在信息概念深深扎根在计算机信息学、香农和韦弗的信息理论以及维纳式控制论之中，那么，另一策略就会是抛开这个概念最初的人类交流意义。我建议将其作为一种策略，因为这还使我们有可能把该理论与符号学的符号概念结合起来，而且在对象领域之间不会有明显重叠，这样，我们就能为一个整合性的赛博符号学框架扫清道路，不再沉迷于范式之争。

此外，在人类语言系统中，必定存在信息与有意识的人在社会和文化方面的互动。正如我们将从符号学的角度看到的那样，有人宣称，关于表意活动的交流，已经形成了非常完备的理论。譬如，沃纳（Warner 1990：20）就指出了符号学的重要性，他认为符号学提供了一个跨学科的统一框架，该框架并不是把所有的交流归纳成科学规律。他从符号学的角度对文档和计算机的统一有过专门论述，不过，我的目标比他的更为宏大：

> 尽管具体的目标是把文档和计算机置入一个单一的分析范畴，由此而指明一条统一的原则，但还是有三个相关的意图。第一，要揭示统一的原则必须证明符号学在已经确立的信息科学领域中有助于意义的解释。第二，通过指明与更广泛的人类范畴的联系（而不仅仅指明

与社会科学的联系），为在与科学无关的模式上发展信息科学做出贡献……第三，必须在术语层面为信息科学和符号学之间的进一步联系确立一个良好的基础。

因此，从对信息加工范式以及马克拉普的现象学交流方法的分析中我们可以清楚地看到，我们是在寻找原则，用其来确立统一原则，确立文档与计算机之间以及它们与人类社会交流之间的重要区别。不过，香农的信息理论从来就没有解决信息的语义内容这个问题。香农和韦弗（Shannon and Weaver 1969：31－32）写道："交流的根本问题是关于在某个点精确地或大致地再现在另一个点所选择的信息的问题。这些信息经常会有意义，也就是说，它们指涉某些物理实体或概念实体，或者说，它们依据某种系统与这些实体相互关联。交流的这些语义方面与工程问题没有关系。有重要意义的方面是，它们是从一系列可能的信息中被选择出来的。"

人和动物当作"信息"来处理的东西，与维纳的信息理论所表示的东西是迥然不同的。因此，斯通尼埃[14]对信息和意义进行了合理的区分，在他看来，信息是客观的结构和组织。这很清楚，但我们由此必须认识到并承认，这种理论与生命系统之间的认知或交流的语义方面几乎无关。正如冯·福尔斯特（von Foerster 1980：20－21）所得出的结论："然而，当我们更仔细地考察这些理论时，无比清楚的是，它们真正关注的不是信息而是信号，是信号在不可靠渠道上的可靠传输。"

这当然是生命系统认知和交流的一个方面，但它并不是最为核心的方面。克里斯蒂安森对物理科学和信息理论中的信息概念进行了多年的研究，在对这项研究的结论性分析中，他（Chrisitiansen 1984）提出，声称自己的信息理论建立在熵这一物理概念基础之上，实际上是一种物质主义的简化：

> 熵的意图性方面表现为熵的无意义性和无用性。由香农和维纳等所引入的信息度量，也属于"熵"所规定的信息理论范围，因为它在形式上近似于统计机械学中对熵的度量。人们试图在熵值前加上负号以规避物理学中的这一怪诞之处。"信息"因此被定义为"负熵"，即

信息理论给予我们的信息可以用如下方式来总结："你不能首先对意义感兴趣，但你要学会用精确的方式来度量这种无意义。"基于这种方式，你就总是能够通过改变符号来获得无意义性而学会理解意义（我的阐释）。

因此，生命系统和人的研究领域中的信息科学将不能解释认知和交流现象极为重要的方面，譬如意义和社会语境的限制等。众所周知的还有，要确定一个系统中的熵，必须提前确定什么才有资格称得上宏观状态以及每种状态的可能性。没有容纳完全不可预料的信息的空间，所以自然和语言真正具有创意的复杂性是缺失的。因此，这种方法在其自身层面是有其他局限的。

量子机械学对于获取物理信息的范围有着重要启发。针对海森堡（Heisenberg）关于量子机械学中度量问题的不确定原则以及波尔（Bohr）的互补性理论（Bohr 1954）的讨论，揭示了量子机械学对关于科学中客观信息搜集的传统观点的认知限制。它们表明，最终的信息内容首先是由度量过程所决定的，我们对于设备以及实验条件的选择强烈影响到所得出的信息。

20世纪80年代，普里高津（Prigogine 1980；又参见 Prigogine and Stengers 1984）认为，对于经典科学的进一步限制还来自热力学对不可逆性的发现以及物理学中的"时间之箭"（the arrow of time）。知识（包括科学知识）是在时间中创造出来的，是与时间中的诸现象相关的。它或许不关乎永恒的超验规律，而关乎统计的规律，或者关乎皮尔斯所谓的"自然的习惯"（habits of nature）。此外，普里高津宣称，热力学是一门比机械学更为根本的科学。这引发了关于熵与信息之间关系的新一轮讨论。最终，时间、非线性、混沌以及不可预测性等概念被许多人接受，成为科学中根本性的东西。

我要说，知识——或者认知（我强调的是这一过程）——因为前述的"信息加工范式"变成比预想更加复杂的"东西"或者过程。譬如，根据库恩（Kuhn 1970）的科学哲学，自然与人类思维并不是直接关联的。自然并不对我们言说。我还赞同马图拉那和瓦雷拉（Maturana and Varela

1980）的看法，自然并不通过我们的观察而将信息传递——在该词的通常意义上——给我们。我还要说，我们通过科学而参与受到社会、生物和心理影响的对世界的解释。

信息加工范式的问题之一是，尽管心理学这门以研究认知为初衷的科学被分割成四个方面：行为方面、生理方面、现象方面以及社会－语言方面，所有这些却建构起我们"内部"生活的概念化的部分。认知科学中的信息加工范式致力于达成一种跨学科和跨方法论的融合，其中，社会－现象学角度几乎完全缺席。尽管如此，信息加工项目提供了一种整合性的范式，不仅能够将心理学的各个方面，而且能够将对人的研究和对自然和社会的研究联系起来。譬如，强 AI 范式正在努力开发能够完成人类所能完成的工作及具有社交能力的计算机。这一课题有着理性主义的传统，从霍布斯到康德和莱布尼茨，该传统都支持这一观点：思想和概念都受到逻辑运算规则和派生规则所控制。根据这一观点，新的科学研究对象是认知，认知则被理解为包括人类语言交流在内的信息加工。我不确定信息加工范式能否实现自然科学、社会科学和现象学方法的统一。我还对功能主义的论点有怀疑——是否存在一个统一的、能够相对独立于它被置于其中的那种硬件或者湿件的软件程序平台？

对于认知科学中该基本范式的这种怀疑论也为塞尔所持有（Searle 1989）。他认为，如果我们要理解思考的结构，生物学将起到决定性的作用。他把意识和理解看作突生现象，将其看作神经元在神经系统中的组织方式所具有的功能。他把这些现象比作水分子和水的宏观能力之间的关系。因此，单个的水分子并不是湿的；在某种程度上，湿是水分子以某一特定方式组织起来时具有的突现能力。譬如，冰不是湿的。所以，关于人脑及其意识之间存在一种操控符号的程序的想法，只是一种错误的假设。皮尔斯式的生物符号学对此有很多阐述，我们后面将再来谈论这一点。

许多生物学家和有控制论倾向的思想家，譬如哈姆贝托·马图拉那（Maturanna 1988）以及格里高利·贝特森（Bateson 1973, 1980），对于认知科学中这种基本范式也都持这种怀疑论。德莱福斯兄弟（Dreyfus and Dreyfus 1986, 1995）也像塞尔一样，他们坚持认为，信息加工的中间层面是不存在的。迪肯（Deacon 1997）对关于人脑、传承和人的语言能力开发的现代研究进行了总结，也反对关于语言和理解的单一模式。

认知科学的其他两种范式——弱 AI（weak AI）和神经网络——并不建立在认知和语言背后有着一种总体方案或者算法这种假设的基础之上。弱 AI 试图在计算机中模拟人的理解，神经网络把心理结构——包括语言——看作没有核心的 CPU 的网络中众多处理器之间的大规模互动所突现的产物。这符合对语义词汇观的批判（该词汇观在上文对信息加工范式描述的第 10 点中是非常重要的）。正如杜博瓦（Dubois 1994：73）所说：

> 词典条目中的语词是不是一种语言的科学描述中的相关单位？这个问题仍然没有确定的答案，能否对这样一个细分层面加以界定高度依赖于（某种）语言的书面形式。
>
> 换言之……我不清楚"心理词汇"能否被看作"真正的"或者"真实的"心理学研究对象。

众所周知，维特根斯坦为了简化式教学方法的建构而思考过关于语词和语法规则的词汇界定（Blair 1990）。对于语词具有清晰而独特的参照对象这个观点的攻击，也就是对普遍分类系统是解决 LIS 所碰到的传播问题的唯一方法这个观点的攻击。

沃纳（Warner 1994）指出了词的意义必须部分地从社会－语言语境中推导出时 LIS 所面对的问题。显然，仅仅匹配查询词与索引词——无论你有多么成熟的部分匹配技术和排名算法，精确度总是很低，因为语义方面的内容并未得到同样恰当的界定。维特根斯坦和皮尔斯都为探讨表意活动的社会－语用性质提供了深邃的见解。约朗与阿尔布雷克森（Hjørland and Albrechtsen 1995）进一步讨论了知识领域和话语社群作为确定概念的意义的至关重要的语境所起到的作用。

正如维诺格拉德和弗洛里斯（Winograd and Flores 1986）所揭示出来的，我们的自动 IR 系统和专家系统大多数建立在这种简化了的关于指示性原子指涉的表意活动的理念基础之上。更为先进的系统可以将某些词的统计协方差计算在内。这可能是有帮助的，尽管这对塑造句子语境而言是一种（因为机械而）原始的方法。此外，如阐释学所指出的，决定句子或索引系统中词的意义的语境是从句子开始，经过段落和整个文本，再到作者的情形和意图以及相关的文化和社会语境，这是一个层层嵌套的系统。

从认知语义学领域出发，拉考夫（Lakoff 1987）对信息加工范式的认识论和本体论进行了深层次的批判。他尤其批判了我们对于人类观念及其语义内容具身化的方式的理解相当贫乏。计算机不能为人类语义的文化语境做出解释，这严重限制了 AI 和专家系统的研究工作。

但是，认知科学想要建构的 AI 在生而为人指向非物质的方面时能够派上用场——譬如，在基于测量的医学诊断、矿物探查、语谱图分析以及下棋等活动中（Winograd and Flores 1986）。

这些程序面临的最大限制在于它们无法自学。这些程序主要通过之前所嵌入的知识数据库来发挥作用，这些数据库是根据特定领域中的专家经历建构起来的，其表现形式为规则和判断。独立的学习能力在当代计算机技术中并没有得到很好的开发。有按照逻辑构造出来的系统，却没有智能系统。它们之所以有用，是因为人类尽管有智慧，却几乎不可能在任何时候、在任何领域都能显示出智慧。人类的记忆是以经验的方式组织起来的，而且人类难以记牢无语境的事实和数字。

而且，在 IR 的人－机界面中，人类语言的复杂性还给自然语言处理带来了难题。洛里（Rowley 1993：109）得出结论：

> 最近关于信息检索系统的研究并未对索引语言进行细致的思考。大多数新近研究的关注重点，要么是人－机界面的种种改进方式（譬如，可以通过基于专家系统的界面，为用户提供搜索术语选择方面的帮助这种方式），要么是各种改进自然语言这一搜索工具的方法（采用的方式是考察用于判定某些检索词再现文档观点的效果的方法）。针对查询信息查询记录按匹配度降序排列。这类工作并没有顾及记录的详细文本结构和句子的句法；将记录整理成系统并运用到诸领域的工作常常没有得以开展，尽管排序可能是在记录特定部分的内容这一基础上进行的。

AI 系统只能处理词的表意活动最为原始的方面，而 LIS 每天处理的都是文本意义最为复杂的科学和文化方面。当我们在更为复杂的环境中使用专家系统时，计算机缺乏一般性的（生物文化性的）知识这个问题就显现出来了。人类通过其社会之中的实实在在的生活来获取这种知识。通过生活阅历，我们渐渐知道何以为人；计算机则需要描述。这使得要教会计算机接收、运用并翻译口头语言非常困难。意义并不是基于逻辑连贯，而是基于文化中的一般性人类经验。一个概念根据其应用的社会语境而可以拥有多重意义，这使得自动 IR 系统的开发变得复杂了。

这是人与机器在制约专家系统方面一些差别——专家系统只能在狭窄而且明确的范围内起作用，不过，在这个范围内建立相关的背景知识是有可能的。知觉不只是逻辑思考：它是理性、直觉、感觉、伦理和审美的结合。专家系统可以成功实施的那些任务比 AI 发展早期人们所认为的要有限得多。卡林顿（Carrington 1990：47 - 48）对未来图书馆里的专家系统出现的独特问题所做出的描述，表明了专家系统的极限能力与正常的 LIS 工作环境有关。

什么是专家系统的独特问题？

其范围和领域必须界限明确。与其对所收集的整个参考资料进行组织，不如从对用户和工作人员来说成问题的那些资料开始，譬如从参考文献资料或者统计资料等开始。

问题和解决方案必须有逻辑结构。不要强求解决方案，解决方案的获取取决于常识或日常窍门的使用。答案要存在于一系列事实之中，不能依赖直觉或者偶然的过程。

问题必须具有重复性，同时又足够复杂，这样才能保证人们会为创建该程序而付出努力。一个惯例性的做法是解决需要一位专家花 5 分钟以上但不超过 30 分钟就能找到其答案的问题。确保这是给我们提供信息的最划算的方式。极端复杂的问题必须留给那位现在得享自由的专家。

解决方案必须明确且不涉及个人观点。大多数人，包括其他专家在内，对答案必须有一致意见，尽管纯粹的逻辑可能意味着结果出乎意料。这是把启发法或者经验式原则与专家知识结合起来的好处。事实必须无可辩驳，但可能有解释的余地。

专家知识必须有可得性；它并非由程序所创造，尽管理解在开发过程中可能得到强化。

这一点从来就没有太大的改变。这些系统无法帮助我们处理 LIS 工作中人类－社会以及语言－交流方面。图书馆管理员和文献资料工作者的工作既复杂又依赖人类关于文化和领域专属信息的社会知识；相应地，LIS 一直致力于寻找学科交叉以及跨学科的研究方法。人们希望，这些会有效地把更多的表意活动的文化和社会－现象学方面囊括其中。这很重要，因为在认知科学所激发的范式以及其他范式之间，有关信息科学的确切根基在何处的种种讨论的关键之处，就集中在信息是什么以及所有认知和交流是否存在一个公分母的问题上。因为语义对于文档传播如此重要，所以我认为 LIS 无法从建立在客观的、结构性的信息概念基础之上的信息加工范式中获益良多。

❀

1.8　作为信息载体的语言在作为中介传播文档的系统中的问题

在现代参考文献 IR 系统中，一个全球范围内可获取的数据库有着上千万文档并不罕见。通常一个数据库会专注于一个特定的知识领域（如 BIO-SIS）。文档是该知识领域中的专业人士所创造的，但它们是由专业的图书馆管理员和信息科学家来编制索引和存储的。

我们且假设，一个用户，既不是生物学家又不是图书管理员，想要在线使用这个系统。他想寻找关于冥想在防止心脏病方面的好处的科学研究，以及关于这种好处背后的生理学原理的信息。这可以表现在一幅维恩图*中（见图 1.5）。

我们且说，该数据库包括 1000 万个文档，该用户检索到 100 个记录，其中只有 50 个被判断是真正相关或有用的。我们很容易看到，这一搜索的

---

*　维恩图是以发明者英国哲学家、数学家约翰·维恩（John Venn，1834－1923）的名字命名，用以表示集合之间数学或逻辑关系的一种草图。——译者注

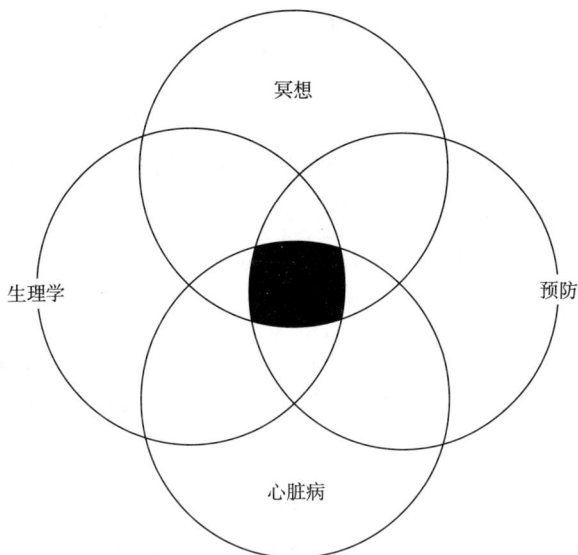

图 1.5

对 4 个不同索引术语的文档进行搜索的维恩图。每个圈代表一个由成千上万份文档构成的集合。用户想找的只是包括这 4 个主题的那些文档。

精确度只有 50%。但真正的问题是，该用户无法评估召回率（也称查全率）。也就是说，该用户并没有直接的或可控的方法确定参考文献数据库中与他的查询可能相关的文档有多少个。他无法计算他所检索的相关文档的百分比。而计算这种百分比或许在某些类型的检索中至关重要，如在专利搜索或者与诉讼有关的文档搜索中。如果我们把 4 个不同区域叫作 A、B、C 和 D，当然，该用户接下来可能提出由逻辑运算符构成的多种组合，如①A 或 B 或 ［C 与（非 D）］、②A 或 B 或 ［D 与（非 C）］、③A 或 C 或 ［D 与（非 B）］，这样就可以获得更宽的视野以了解大概相关的领域中包含的内容（Blair 1990）。但这是非常枯燥乏味的事情，他将为了寻找相关性而不得不浏览数百个文档。他所花的工夫超过他的意愿，他还将遭遇无数的"干扰"：就为之所投入的工作量而言，反馈极为无用。对于这位缺乏经验的 IR 搜索者来说这是极其令人不满的。另外一种方法是为主题词找到同义词，以便找到额外的相关文档。但是，这种方式也会让这位用户受到太多的干扰，他又得对另外的成百上千个文档进行归类。他会检索到额外的相关文档，但他学不会更有效地对其检索，除非他确切地知道索引者是如何使用这些词的。于是这位用户又回到了最初的问题上。

在一个全文数据库中，这将变得更加困难，因为对于如何使用这些词并没有标准或者规则。在巨型数据库中，自由文本检索会产生无数干扰，因此精确度极低。布莱尔（Blair 1990）发现，几乎所有信息搜索者都过高估计了他们的实际召回率。

如布莱尔所表示的（Blair 1990），对于主题搜索而言，最大的问题是，索引者与搜索者并未参与同一个语言游戏！他们的工作和社会环境不同，因此他们对词的使用就不同。这意味着他们的主题描述会不同：他们用的是同样的词，指的却是不同的东西；或者他们用了不同的词，指的却是同一种东西。没有关于文档或者主题词用法的"终极"描述。想要做出普遍而正确的描述是无意义的，因为你可用来描述一个文档的叙词数量是无限的；符号活动是无限的（Blair 1990）。要以一种有用的方式来限定意义的范围，索引者必须按照生活的特定形式（如做买卖、做研究）和它们的语言游戏——亦称为话语社群及其话语——对描述进行创造。

从这一点来说，用户并未获得令人满意的检索结果以及这个问题解决起来非常困难，可能是出于几个基于系统的原因。尽管巨型的、专门领域的数据库试图将其分类系统中的定义做得清楚且一致（如通过叙词表和受控的关键词），阐释的人为因素却仍然存在。在专业索引者实际的主题索引工作中，对文档进行详细或"深度"索引的所有索引者的一致性从未超出 75%，而且常常远远低于这个比例。用户以与索引者同样的方式使用主题词的可能性（即便用户仔细阅读了该范围注释）甚至更低，约为 60%。图 1.5 可以表明这种结果。每次你用主题词对搜索到的文档进行描述，找到合适的文档的概率是 $0.75 \times 0.60 = 0.45$，即使用户对系统的使用发挥到了最佳水平。但是当你把 4 个不同的主题词结合起来对特定文档进行搜索时，搜索到合适的文档的概率于是成了 $0.45^4 \approx 0.04 = 4\%$（概率更低的例子，还可以参看 Blair 1990：106）。这个问题无法通过采用概率、权重因素排序、向量空间、模糊集合或者超文本进行部分匹配的机械模式来解决。所有这些手段都以一致的索引标准以及与用户使用的搜索词的完美匹配作为基础。

因此，人们只能检索相关文献的很小一部分，那些被检索的有许多是不相关的。搜索词用得越多，问题就越严重。如果人们知道参考文献库的分类系统，那么还是有办法减轻这个问题的。但是大多数搜索者并不知道；那些知道的人能够做的也只是减少这个问题的发生，却无法消除这个问题。信息以如此这般的方式存储，以至于唯有能够将主题知识和技术检索知识结合起来的专家——经过若干年的训练——才真正有可能检索到这个问题的最新的有用信息。系统只能为特定群体生产出具有他们所希望的精确性和范围的知识，而且只是在一定程度上达到他们的要求。或许所有人都可以进行物理存取，但只有经过充分训练的专家才能够通过智力获取。

图书管理员、文献资料工作者以及 LIS 研究者每天都在研究符号表意的社会和实践动力以及如何将其与计算机系统中的文本再现相关联（更不用说理解不同软件系统本身使用词的方式的问题了）。今天，通过互联网、企业局域网、管理信息系统、GIS 以及文件处理系统，越来越多的人正把越来越多的时间花在寻找数量飞速增长的文档上。LIS 需要的是一种跨学科的理解，其广度和深度要足以囊括计算机系统的交流和组织方面、知识产出者以及文档的分类和索引。所以，若要在这种条件下取得重大的进步，IR 领域中 LIS 的理论基础必须加以拓展，从而把意义的语义生成包括在内。

就语言的使用和意义而言，在本书前面的部分我曾指出，冯·福尔斯特（von Foerster 1993a）和马图拉那与瓦雷拉（Maturana and Varela 1980）的二阶控制论、卢曼的社会交流理论（Luhmann 1995）、皮尔斯的符号学（Peirce 1931 – 1958）、拉考夫和约翰逊的具身认知语义学（Lakoff and Johnson 1999），以及后期维特根斯坦关于生活形式与语言游戏的语言哲学（Wittgenstein 1958），它们之间有着一种有趣的交汇。二阶控制论认为，各种形式的知识都来自生活的实践和验证标准。信息和意义，在其最广泛的意义上，只出现于那些在生活领域有着实践的、历史的关联的自组织系统——或者马图拉那和瓦雷拉所谓的"自创生"（autopoietic）系统。拉考夫（Lakoff 1987）表示，具身对于认知语义学无比重要。皮尔斯的符号学认为，一个词的意义就是它在社会（生活实践）中的一切可能的用法。这非常契合后期维特根斯坦的语言哲学（Wittgenstein 1958），维特根斯坦称，词的意义不是通过定义，而是通过它们在其中出现的诸如对话、劝慰或诱导的"语言游戏"得以固定。这些就是维特根斯坦所谓的"生活形式"（forms of life）——简言之，人们所做的事。科学是一种生活形式，有着自己的语言游戏，按照主题所进行的文档搜索同样如此。

用来阐述这个理论问题的简单方法就是，有两种基本的研究进路：（1）非符号学的、功能的、结构的、逻辑的、句法的进路；（2）语义学的语用的、社会的进路。梅斯特（Mester 1995：269）以如下方式对非语义学的计算机科学研究方法做了总结。

> 计算，作为一种方法论，显然会被划入数字范式。可以将后者的特点描述如下：
>
> ● 它基于对对象和程序的清晰区别；
>
> ● 它预设并且/或者影响其所有对象的完全去语义化。在数字范式里，我们处理的是纯粹的能指（符号），或者应该说是可以被加、减、乘、除的数量词，是无关乎其潜在参数或内容的。
>
> ● 在这种范式中，任何既定的数据操作以及/或者处理的结果，都是为了证明如此这般的程序是有效的。因为计算程序，即算法，始终产生的不会是模棱两可、彼此矛盾的结果，这样的结果从效果上说不过是对原初数据输入相对成熟的再表述（甚至可以说"转化"）。

这是针对 IR 以及作为中介传播文档的系统的 LIS 领域的系列科学方法中的一极端，另一极端是表意和语义的问题。表意要求一个具有生命力的社会指涉对象。梅斯特（Mester 1995：269）总结道：

> 语义范式可以定义如下：
>
> ● 它基于对象与程序之间恒定、相互的逻辑联系，同时它预设了能指与所指之间的指涉概念。
>
> ● 不是程序（"算法"）让其对象去语义化，而是语义范式中被操纵的对象会不经意地让程序语义化，从而使包含在该算法中的认识论和观念论方面的预设变得显而易见。

● 只有那些不同的、碰巧对产生它们的程序的有效性或者限制发出质疑的结果，才会最终被发现是相关的、值得关注的。一个什么都无法达成的结果，不过是对原初输入的简单而显而易见的重复或者置换，大多数时候都被认为是冗余。

我们的困难之一是，这两种方法的拥趸者对彼此的领域几乎毫不理解，由此常常害怕或者厌恶对方的知识。我们需要一个框架，可以帮助他们把彼此看成同一系列的跨学科问题的贡献者。

尽管有了供操控自然语言的智能界面、以自动的自然语言进行索引和检索的全文本库、大型数据库、CD - ROM、超文本以及可以与任一数据库相连的全球互联网，上述问题却增多了，因为文档和用户数量都有了爆炸性的增长。计算机技术帮助我们处理并获取海量的文档，但是，对于作为中介传播文档的系统的设计、操作及调整的基本认知和交流问题，它并不提供有建设性的解决之道。LIS 中的基本问题，是我们必须进行智能分析来确定文档的内容，以获得精确而有用的索引。

那么，是索引者决定文档的客观内容吗？实践和阐释学理论告诉我们，文档的内容取决于我们在何种语境中看待文档——也就是说，文档的内容取决于阅读它的人了解什么、知道自己的兴趣是什么。至少有三种方式可以决定一个文档的内容：

1. 从索引系统（它的类属词表或者分类系统）看。在最佳情况下，这是基于对所论的知识领域的深入了解构建的。但写入文档的研究者在写文件的时候脑海里就有这种分类系统及其概念的情况非常罕见。作者或许在创造某些新词、一个新的跨学科主题或者说与当下分类系统之下的范式完全相悖的范式。本书就是一个极好的例子。最后，用户常常并不拥有系统或者作者所具备的知识背景。

2. 从作者的角度看。人们能够从文本中挑出用词，索引者也能够以适当的词做出描述。但是，决定这一点的是索引者所做出的解释。文档检索系统的主要吸引力在于它能保证需要该文档的其他人能够使用自己的语言游戏找到它，这很可能与分类系统和索引器极为不同。

3. 从用户的角度看。这里的问题是，在大多数大型文档检索系统中，用户类型如此多，以至于索引者只能就规模最大和形式上界定最为清楚的知识领域制作索引。

人们对于信息和交流科学中跨学科理论的期待就是这些理论能通过由机器充当中介传播的文档深化我们对人与人之间交流的理解，所采用的方式应该能够改进我们对作为中介传播文档的系统的设计。就此而论，我将对 LIS 的核心主题领域进行简要描述，对基本概念做出界定，并且扼要地论述认知学者的信息加工理念。此后，我将在论及人类语言的语义方面时指出其局限。最后，我将对更广阔的赛博符号学框架及其可能带来的影响进行粗略的介绍。

❋

1.9 LIS：关于作为中介传播文档的系统的科学

关于文档，宽泛化的概念（Buckland 1991；Vickery and Vickery 1988）是，它是不同于数据和信息的某种东西。文档与数据和信息之间有着一些重要而明显的差异。

我把"数据"定义为被使用者认为在特定场合中可靠而且可用的具有一定结构的特定输入。我把"文档"定义为以物质方式记录下来的具有交流意图的一件人类作品。

我想澄清巴克兰的观点，他把自然之物直接当作文档。某个与文化有关且有目的的交流行为，譬如分类系统中插入的东西，在其被当作文档之前必须被实施在自然之物上。那么，或许我们可以说，所有东西都是潜在的文档，正如一切都是潜在的信息。它们在让交流知识系统的成员感兴趣的时候就变成了文档。但是，这需要将对象放在一个如此这般的位置上，人们才能够基于特定兴趣来看待它。拉图尔（Latour 1999）用地理学家的土壤取样过程非常清楚地展示了这个过程。如贝特森所说（Bateson 1973），信息是"造成差异的差异"（a difference that makes a difference）。

数据一旦与特定知识过程和前理解相结合，就会变成有意义的信息。[15]
只有被生物心理学 – 社会学知识系统接收和解释，它们才会变成有意义的
信息。我们稍后会对卢曼关于这一点的简明梳理进行讨论。

知识与信息之间的差异，在于信息被看作知识系统的一个很小的组成
部分。但是，二者如果要变得有意义，都需要符号学的解释。对此，萨尔
士写道（Salthe 1993：17）：

> 从符号学的立场来看本章中先前的研究，我们可以注意到，热力
> 学适用于这样一种（玻尔兹曼［Boltzmann］的）解释，这一解释允
> 许熵与后来的信息概念（如 Brillouin 1956）产生关联。但是，如果我
> 们坚持认为，我们并不关注对于某位观察者不具有潜在意义的"信
> 息"，那么我们就进一步地把热力学拓展到了符号学。我会避免对并
> 不（至少在原则上）暗含一个解释系统的信息能力的标记，通过对适
> 当解释项的梳理，通过学习某种东西，这样一个解释系统能够局部地
> 降低那种能力。

我同意萨尔士的说法，人们不能在没有解释的条件下去思考信息的意
义。我们还可以加强维特根斯坦的论述，（在本质上，）"信息就是信息，
不是物质也不是能量"——信息除非被一个有生命的系统所解释，否则也
没有意义。我还怀疑，我们仅仅从一种自下而上的科学方法出发，就能够
真正地逐渐理解解释系统。

信息与意义之间的各种其他不同方面也很重要。巴克兰在其分析中
（Buckland 1991：6）进行了如下很有用的区分：

> ①个人的知识（私密的、精神上的）；
> ②认知或者被告知的过程；
> ③客观的/主体间的以物质形式记录下来的知识（文档）；
> ④信息/数据处理，对于信号和符号的机械操作。

他在表 1.1 中对此进行了归纳。

表 1.1　信息构成的巴克兰矩阵

	无形的		有形的	
实体	*作为知识的信息* 知识	1	*作为事物的信息* 数据、文档、被记录下来的知识	2
过程	*作为过程的信息* 被告知的过程	3	*信息加工* 数据处理、文档处理、知识工程	4

注：在各种信息构成的巴克兰矩阵（Buckland 1991：6）中，信息概念被用作一个统括性概念——这并非我们所采取的策略。

我会使用类似的分类：（1）现象学知识，（2）文档，（3）认知，（4）信息加工。不过，我不会把信息用作一个统括性概念，而是将其作为一个基于差异的概念，这一概念必须经过解释才能对观察者产生意义。我们在讨论贝特森对关于信息和思维的控制理论的发展时，会回到这一点。

LIS 关心的是为系统设计找到合适的规则，为搜集、组织、分类、索引、存储、检索和传播这些支撑数据、知识、意义和经验的材料找到合适的程序。因为我们要编制索引，要把文档传播给有不同要求的用户，所以我们必须对各种各样的文档类型的源头进行研究，研究它们如何产生、它们为何种用户产生以及在什么经济和知识领域的限制下产生。

文档的生产者一般在脑海中是有特定消费者的，这些消费者本身常常是生产者群体的组成部分。按照这种方式，系统——从控制论者的角度看——自身是封闭的。譬如，LISA 参考文献数据库是一个信息和图书馆科学数据库，它的文档由图书管理员和信息科学家撰写，受众是图书管理员和信息科学家，并且通过图书管理员和信息科学家传播。

❁

1.10　从认知的视角看 LIS 中信息在赛博符号学中的概念

德·梅（De May 1980）、贝尔金（Belkin 1978）以及英格沃森（Ingwersen 1992，1995，1996）等人从认知视角出发，因为一些理由——这些理由是我上面讨论过的理由中的一部分，都抛弃了信息加工范式。受库恩关于范式的理念的启发，他们都意识到，语义网络从其固有的世界观中引申出了表意活动的一个关键方面，而这个方面不仅源自有着更为复杂特色的未阐明的隐性知识，并且对这些知识的发展起着推动作用。意义的重要性扎根在社会 – 历史过程之中，该范式对这些过程有所提及，但并未对这些过程有明确处理。这些过程到目前为止并未对这一范式的概念形成产生任何特定影响。英格沃森（Ingwersen 1992）对意义的阐释学和符号学理论进行了讨论，但是对意义的实用主义描述却有待展开。英格沃森（Ingwersen 1996）取得了一些进展，但他的主要论述集中在认知和搜索行为的个体类型上。

从认知的视角看，人们强调这一事实：表意活动的解释功能超过了计算机已知的可能性。意义有赖于知识结构，而知识结构建构于个体的语境以及个体对世界的理解之上。在英格沃森（Ingwersen 1992）那里，我们看到这样一个视角，它正在渐渐地成为认知和符号活动的社会与历史动态复杂性方面研究的突破口。

按照英格沃森的看法（Ingwersen 1992），作为对人文和社会倾向批判的回应，人们可以梳理出一个比信息加工范式更为广泛、客观性更弱的信息概念。根据认知观，信息是一种文档可以引发的精神现象（而根据接收者的知识状况，文档可以由符号和文本构成）。对这些"合适的环境"的考察是信息科学研究的一个重要组成部分。联系到针对企业和机构信息系统的设计，人们于是可以谈论信息质量这个问题（Wormell 1990）。这种认知视角代表着三个方面的重要发展。

①在有人对其进行解释之前，信息被理解为潜在的；

②信息的客观携带者是符号；

③解释是建立在个人的整个语义网络、知识范围、世界观和经历——包括其情感和社会方面——基础之上的。

目的是让用户脑海中所创生的信息得到理解并符合社会、文化或与人类存在有关的需要。这是超越认知科学的一大进步，其目标是创造一种关于信息的客观理论。人们因此可以对信息科学的目的做如下重新表述：LIS主要致力于对文档分类、索引、存储、检索和传播的系统与方法进行研究，以便在用户脑海中创造信息。

关键问题是：在特定组织或机构语境中，在特定历史条件下，个体如何解读文档？英格沃森（Ingwersen 1996）在描述这种信息需求时提到，它来自认知状态（包括之前的知识）、工作任务、兴趣以及领域。

如卡萨诺瓦（Casanova 1990：43）所指出的，信息并不是一个恒定现象，品质也不是，两者会随着时间变动。这里的关键词是关联，关联有赖于我们在已形成相关观念的情况下所给予事物的意义。正是这些社会 - 语用环境，构成了我们理解我们的信息欲求和问题的语境。英格沃森（Ingwersen 1996）开发出一个矩阵，它有四个不同的信息需求认知形式，关系到搜索行为和多元表示类型的确定。

到目前为止，我们对于各种形式的"有关性"（aboutness）在社会语境中如何出现以及如何起作用并没有明确的理论阐述。按照这种看法，信息主要是在作为中介传播文档的系统面前的个人的头脑中发展，对于信息在社会实践中如何发展，尚没有明确的理论。

❈

1.11 必须在认知视角框架下进一步发展的方面

上述认知观代表着人们朝着摆脱认知科学（认知科学是 LIS 的一个基础）中那种机械主义的信息加工范式迈出的重要的第一步。这是朝着发展一种能让人们以更务实的方式研究 LIS 与 IR 的社会和语言复杂性的理论迈出的一步。图书馆管理员和 LIS 研究者基于其自身的经验对这种复杂性有经验性知识，并且到目前为止的研究已经对其多个但有限的方面进行了建模。可是，我们在建构全面的理论框架方面仍然存在困难，这样一种框架会提高我们在 LIS 中科学概念使用的一致性，引导我们对研究方法的研究与开发，并最终为解释经验性研究提供相关背景。这种认知观使得关于 LIS 和 IR 的交流过程的基本观点产生了一些重要的变化——这些变化是与现代符号学以及实用主义语言哲学相兼容的。在认知视角中，人们已经做了经验性研究，并且建立了关于具有信息需求的个体用户面对信息系统时的情形的一种理论。但是，如果该理论要做到全面，还有一些方面需要加以改进；更具体地讲，必须对该理论进行拓展，使之成为信息科学的普遍框架。

正如马克拉普的信息理论所阐述的那样，依据这种认知观，人们关注的是个体。马克拉普否认社会系统能够传达信息。英格沃森（Ingwersen 1995，1996）对于知识领域对概念构成和解释的影响这一研究持开放态度——国际上，这一研究最初是由约朗与阿尔布雷克森（Hjørland and Albrechtsen 1995）在领域分析范式中发起的。后者提出了理论理由，说明为什么分类和索引应该指向表意活动在与不同知识领域（尤其在不同的科学领域）相关的话语群体中得以创造的诸多方式。

这一见解使我们看到了构建关于交流和符号加工的一般符号学框架这一需求。我们需要让 LIS 向一种更为普遍的理论所取得的研究结果和建设性思考敞开，这是关于符号（如词和象征符号）如何通过（口头的或书面的）交流获得意义的理论（Warner 1990）。符号学不仅要涵盖社会和文化交流，而且要能够处理生物系统中交流之类的自然现象。它还要对技术信息加工方式进行分类。同时，这一跨学科的理论要在物理学、生物学、精神－心理学和社会－语言学的各个层面做出区分，并且不得把它们化约为一个相同的信息过程。到目前为止，很少有证据表明，对于信息和交流的深入和切合实际的理解，可以通过把二者中任何一个化约为物质符号的机械操作来获得。如果我们想要谈及信息如何得到交流，那么从理论角度理解符号如何被生物－社会系统所解释就不可或缺。

这让我们有了第三个要求：一种关于表意活动的认知和交流的理论要能够涵盖不同类型的系统。无论是信息加工范式的客观的语构方法，还是马克拉普的个人现象学方法，都无法得出一个涵盖社会、生物和技术系统中诸多交流过程的框架。我们不能忽视支撑计算机且融入计算机中的控制论信息科学，它已经成为作为中介传播文档的系统的一种普遍性工具。

正如巴克兰（Buckland 1991）所指出的，我们必须借鉴系统理论和控制论，而且与沃纳和布莱尔一样，我还会借鉴符号学。在本章剩下的内容中，我将大致描述这种综合法所具有的性质，以便读者能够对我将在本书中想要达成的目标有所洞察，同时也为了防止我在之后的章节中进行更深入的分析时丢失论证的内在脉络。

❋

1.12　信息科学的可能性分析

科学尤其是自然科学有着双重作用，它既是技术发展者，又是世界观的创造者（Latour 1993）。科学作为获取知识的工具，是我们关于技术是推动社会发展的正确方法这一信念的重要组成部分。科学还是"现代世界观"的基础，这正是理性主义和物理主义的观点（Walter and Heckmann 2003），而且它也蕴含在一种进化理论中。我们文化事业的一部分，就是揭开所有"自然规律"，实现一个愿望：揭示构建客观、真实和可证实知识的最终基础。我们将通过一砖一瓦建起真理的殿堂，实现对我们自身以及对我们周围自然的全面认识和控制。通过这种方式，我们将把人类智力从各种自然和物质力量的控制中解放出来。这一部分文化事业——按照我们对自己的理解——起着非常核心的作用，能使我们把自己看作"现代人"。正是这一部分文化事业把我们与其他人类文化分隔开来，让我们超越其他人类文化。今天，这一观点得到斯蒂芬·霍金（Stephen Hawking 1989）和 E. O. 威尔森（E. O. Wilson 1999）等伟大科学家的认可。不过，该观点却受到托马斯·库恩（Thomas Kuhn 1970）和布鲁诺·拉图尔（Bruno Latour）等科学哲学家和科学社会学家的质疑。拉图尔争辩说："我们从未现代过。"（Latour 1993）

现代性的一个特点是相信理性主义是最高价值，与之相关联的倾向是把科学看作一种"元叙事"。经验－数学的科学，如伽利略和其他人所阐述的，已经开始在我们的文化性的自我理解和世界观方面发挥一种巨大的作用。在自那之后发展起来的机械物理学中，存在一个有关达成对"自然规律"完整的数学描述——普里高津和斯滕格斯称之为"世界公式"（Prigogine and Stengers 1984）——这种可能性的愿景，拉普拉斯对此有过清晰的表述。

对科学和技术的这种信念（科学在其中变成了一个"伟大故事"）与以教条为基础的文化神话有很多共通之处，在这些文化中，是神话决定着真实知识、真实价值观和真正的美。科学并没变成真正让人摆脱束缚的知识，它在一定程度上正发现自己带有局限的视角被提升为一种被称为"科学世界观"的教条，它有望揭开语言和理解背后的算法，并且使其在计算机中得到实践。

从启蒙时代的百科全书派，到孔德的实证主义，再到维也纳学派和逻辑实证主义，信息这一概念被人们以越来越具有理性主义和物质主义性质的方式解释。今天，这条路随着 C. P. 斯诺（C. P. Snow 1993）所描述的"两种文化"之间的分歧而到了尽头——经过专业细分的现代人文学科与经常是高度精细化的唯美主义，以微弱的力量抵抗着与科学 - 技术系统联起手来的金融权力。人文学科难以找到一个能成为阐明其价值假设基础的共通立场，因为它们既不想让伦理学进入宗教或者科学，又不想把人的性质界定在社会 - 语言的物质意识之外。但是，甚至机械主义的自然理性哲学也是通过所谓的范式转换在科学自身的范围之中遭到削弱的。

这里，阐述新型量子机械学的任务已经表明它本身如何重要。关于海森堡的不确定性原理、测量问题以及波尔的互补性理论的讨论，都与量子机械学为传统科学设定的认知限制有关。关于其自身的自我理解，科学已经在一系列无能为力的情形中终结；这些应该最终导致高度工业化社会中关于科学知识地位的商议。

即便越来越多的理论科学家和研究者承认科学知识具有局限性，但拉普拉斯的科学观似乎正在影响着系统世界的很大一部分。研究者必须在这个"市场"中找到自己的研究领域。或许，这就是为什么"世界公式观念"会继续影响一系列大型研究项目的取向。这些取向包括：

1. 一直致力于把有关所有力量和粒子的基本动态模式的统一的量子场理论阐述纳入一种数学描述。不久之前，这种大一统理论（GUT）被概括成"杂合超弦理论"。

2. 致力于通过揭示"遗传程序"的奥秘来找到并操控"生命的基本规律"。

3. 认定自然、逻辑以及思维规律与语言句法结构规律是彼此关联的。这一观点支撑着试图揭示"人类理解背后的规律"并将其传递给计算机，以便创造出"人工智能"这一研究。这一研究在"认知科学"以及某些形式的"信息科学"中获得的更为成熟的发展，也与这一观点有关，我们先前对此也有所论及。

最后一项研究尤其指向知识、自然、语言和意识的机械主义观点的严重局限之处（见图1.6）——这些局限之处我已经有过描述和分析。

信息加工范式绝对无法描述把信息的语义内容从生产者传播到用户这一过程的核心问题，因为它无法研究认知的社会和现象学方面。此外，它之所以做不到，是因为它建立在理性主义认识论和机械主义世界观的基础之上，对科学持一种不现实的态度，认为可以设置一个"世界公式"。科学只能处理可决定的东西，而正如哥德尔（Gödel）所表明的那样，即使在数学领域中也存在难以决定的东西。

世界公式的思想

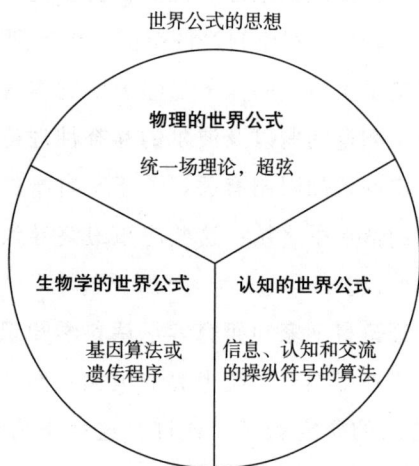

物理的世界公式

统一场理论，超弦

生物学的世界公式

基因算法或遗传程序

认知的世界公式

信息、认知和交流的操纵符号的算法

图 1.6

三个主要科学领域及其世界公式方案。人们相信，在未来，对这三个领域的算法模式进行整合，可以实现构建一个通用公式这一梦想。每一公式都是通过一种专门的技术发展起来并与该技术一道发展的。这些技术是核能与核武器、基因工程、人工智能。

对于现在已经成为经典的功能主义信息加工范式而言，它的问题是，它无力把观察者的作用涵盖其中。人类获取知识并以一种共通的语言在与他人的对话中传递知识的感知和认知能力正是科学的根本。意识到这一点，我们就能不偏不倚而非从极端开始；不是从主体或者客体开始，而是从生命系统中的认知过程开始。这正是二阶控制论和皮尔斯生物符号学所做的事情。

1.13 控制论转向

作为二阶控制论的奠基者之一，海因茨·冯·福尔斯特极为关注客观性悖论、经典物理学的决定论机械主义，甚至现代量子物理学和相对论思想。针对这些问题，他形成了一种立场，从此立场出发，他可以提供有关认知、语言以及社会中现实和意义的创造的对话理论。

冯·福尔斯特（von Foerster 1984）表示，如果有机体被塑造为机器，那么，它不可能是平凡的（也就是说，并没有从决定论的角度对其行为进行数学描述）。因此，他至少将有生命的系统当作绝非平凡的机器来谈论。系统组织自身并生产自己的各部分。生命系统这种自我组织能力以及历史特征，是说明有机体为何并非平凡的机器的重要理由：它们是封闭的、自我组织的系统。但是，实际上，这只会使整个问题变得更为复杂。如果信息不是从环境被转移到可以在机械方面加以描述的系统，那么，我们研究的是何种动态模式？

冯·福尔斯特对关于信息和动态模式的这个问题回答如下：有机体通过自指动力对其系统中的干扰/扰动做出反应（以维系其想要成为的那种系统）。不使用"外在"这个概念，是因为根据这些理论，"外在"或（客观的）"现实"并没有重要的客观意义。如冯·福尔斯特（von Foerster 1984）所解释的，"我看到的是不依赖观察者的'现实'（The Reality）'就在那里'（Out There）的概念在很大程度上正越来越模糊"。

要理解信息系统的组织和功能，重要的是领会受系统控制的、来自系统不同部分中有影响力的用户群体的反馈所起的作用。这种组织结构包括检索系统和用户界面。这些反馈分析让我们可以把信息存储和中介系统看作处在内部不断的互动中的自我组织的控制系统，它包括作为系统因果部分的用户。冯·福尔斯特（von Foerster 1992a：310）对于控制论这一基本见解做了如下梳理："如果有一个核心概念被人们称为控制论第一原则，它会是循环性——在组织闭合系统里的信号循环流动中出现的循环性；或者在循环的因果性中，即在一种状态能在其中最终复制出它自身的那些过程中出现的循环性。"

被转移到作为中介传播文档的系统，这意味着这些系统会随着生产者、索引者和用户的知识视野不停的内部交流而发展。[16]这一见解的灵感来自系统科学，尤其是来自新的二阶控制论（von Foerster 1979，1981，1992a），新的二阶控制论有意地研究观察者的观察过程被整合到实际的系统描述中的情况。这就促使我们把作为中介传播文档的系统以及其他信息系统理解成自我组织的过程。

"如此的系统无法单独从内或外来控制，系统的行为和认知的适切性应该由它们的可行性而不是由一个关于绝对真理的客观观念来判断"，另一位为二阶控制论做出重要贡献的人——激进的建构主义者恩斯特·冯·格拉瑟斯菲尔德（Ernst von Glasersfeld 1992）如此说。这就把二阶控制论与维特根斯坦的语言哲学和皮尔斯的符号学置于相同的实用层面。布莱尔（Blair 1990）在其重要著作中运用了二人的理论。约朗与阿尔布雷克森（Hjørland and Albrechtsen 1995）也在某种程度上借助了实用主义语言观，尽管并不专门依赖于维特根斯坦和皮尔斯。

控制论试图对结构限制功能如何影响自组织系统的发展做出描述和解释，现在，根据马图拉那和瓦雷拉（Maturana and Varela 1980）的研究，自组织系统被称为自创生系统（autopoietic systems）。"auto" 的意思是"自我"，"poietic" 的意思是"创造"。马图拉那和瓦雷拉把自创生系统定义为通过形成构成它的各种要素来形成自身范围和组织的一个系统。

马图拉那（Maturana 1988）和冯·格拉瑟斯菲尔德（von Glasersfeld 1991）这样的二阶控制论者的典型特征是他们对生物学的深入研究远胜过大多数人文学者。像皮亚杰一样，他们转而研究生物学中的语前生物。通过其自创生概念，马图拉那和瓦雷拉（Maturana and Varela 1980）为此给出了其中的一个理由。马图拉那的强项在于他在生命系统研究中的生物学起点。通过自创生概念，他表明有机体在组织方面是闭合的。神经系统也是一个闭合的循环系统——它不接受任何客观意义上的外在信息。对有机体至关重要的组织的干扰通过结构耦合产生知识，但这只与种种特性所构成的那个领域相关，而有机体所形成的这种种特性与其自身的生活领域有关。

　　所以，知识也有着生物的根基。观察者发展出的各种分辨形式在任何普遍意义上都不是"真实的"。不过，就所论及系统的生活实践而言，它们获得了一种操作上的有效性。充满差异的可行样式于是在差异所构成的域中被确立为各种各样的对象。按照相同思路，冯·福尔斯特（von Foerster 1992a：310）对把对象和概念作为认知不变项的提议做出了解释：

　　　　吸引人的是这样的环境：系统的动力在其中把某些状态转变成这些状态，在这些状态中，状态域可能是数值、排列（数组、组态等）、函数（多项式、代数函数等）、泛函、动态行为，诸如此类，这已为研究这些令人着迷的领域的无数专著和论文证实。按照域和语境，这些状态在理论研究中被称作定点、有限循环、本征行为、本征运算符，等等，近来又被称作吸引子——重新引入现代目的论的一个术语。应用方面，它们对应的是不变项的计算；它们可能是客体的恒常性、感知的一般性、认知的不变项、辨识、命名，等等。

　　如果我们把语言看作一种传播/接受知识的方式，那么，似乎很清楚，词的喻指意义依赖生命系统（它的身体）的组成以及它的生活语境。把这与不受语境约束的计算机语言进行比较（Lakoff 1987），于是，意义就成为基于共同经历的一种耦合过程的结果。这是所有语言和所有符号活动的重要基础。词并不携带意义；应该说，意义是在感知者的背景经验基础上被感知到的。感知对象和词不是信号；应该说，它们是其效果依赖系统内聚的干扰。在一个长期的互动之后，一个概念取得了某个领域中的规约性意义（本征行为）。我们对词的感知和解释要求我们做出选择，而选择为行动和意义带来机会（Luhmann 1990：32）。

　　这种设想与"传播模式"互补，根据这一设想，人们可以想象信息包通过语言从发送者传递给接收者。根据认知观，这种传播模式被稍加改变，目的是对被传递的只作为潜在信息的东西展开思考。在二阶控制论中，生物和社会语境通过自创生理论得以明确，而且人们对来自不同知识领域的知识的实际源头有着清晰的理解。冯·福尔斯特（von Foerster 1992a：311）在下文中总结了这一立场：

有着无法被映射在一个平面上的循环组织的网，它的另一种情形是自创生……自创生系统由互动的要素构成，这些要素的互动产生出和它们相同的要素。自创生因此是自组织系统的一个特例，它的组织就是它自身的本征组织……自创生概念允许语言现象作为两个有机体循环互动的结果、作为本征行为出现，两个有机体为实现自身的自创生而彼此需要……

语言可以谈及自身拥有语言、句法结构、词以及词汇中诸如此类的东西，因此，在交谈中，说话人可以谈及自身，如此便能够通过说话维系他们在社会语境中的自主性，譬如，说话人可以以主格"I"（我）说出第一人称单数代词，如此便生成最短的自指环……

正是在这一点上，二阶控制论的观点可见一斑……二阶控制论邀请人们离开赫尔姆霍兹（Helmholtz）的"观察基点"（locus observandi），通过变成话语的世界（the universe of discourse）和世界的话语（the discourse on the universe）的组成部分和合作伙伴，踏进人类舍与得的动态循环。

按照这种观点，语言通过漫长的历史过程，出自人在社会中的相互联系（人的意识出自自我同一的过程）。意义和语言的语义层是"共同创造的感觉"；正是这种理解，而不是某种直接的客观经验参照，成了语言最为重要的参照。作为历史漂移的结果，一个词的意义是变化的，而这在很大程度上是偶然的。形成这一发展的部分原因是进行交流的人从来就没有完全相同的"理解视域"，这正是伽达默尔（Gadamer 1975）在其阐释学中所表达的内容。概念的意义在话语社群——特定的知识领域、文化或社会中，在拥有物质实体的生物心理系统之间得以创造、维系和发展。

生成生命系统的观察或认知的组织原则（如果有的话）是什么？有机体不只是耗散结构，它们还是自组织的。作为系统，它们产生自身的要素、边界和内部组织。系统（包括神经系统在内）在组织方面是闭合的。所有神经细胞都彼此影响。感官并不具有特殊地位。马图拉那和瓦雷拉认为，对神经系统而言没有什么"内"或者"外"，只有一种不断变化着的相互关系的维系。因此，神经系统并不从其环境中"挑选信息"，而是"带来一个世界"。它的达成，是通过规定感官表面的哪种干扰会导致系统行为中的变化，而这种规定是系统的组织所决定的。随着这些相互作用在一个时间段里反复出现，相互作用所引发的状态变化会被神经系统的结构调整。这些重复会被保存为感觉运动的相互关联。感觉运动的相互关联样式的重复被保存为网络结构的动态模式的一个部分，结构耦合于是得以建立。我们将在以后对这些概念的意义做更深入的解释和探索。

这里的问题是，科学社群如何看待自然与思维，或者宇宙与生命世界、思维和意义之间的关系。按照马图拉那和瓦雷拉的看法，自创生系统在其依赖于结构的组织中是闭合的。环境，或者世界，只是被另一个观察者所建构。但是，谁是这位观察者？是只通过另一个自创生系统的观察而存在的另一个自创生系统观察着这个观察系统及其周围吗？我们面对的是一个无穷的复归吗？

这幅环境的"图画"是通过一个观察者构成的社会建构而成的，这些观察者们通过语言表达和环境与彼此形成结构耦合。马图拉那和瓦雷拉认定生物系统、社会和语言就是如此，环境则不然。这不是通常的物理主义，而是一种生物主义世界观。这是向前迈出的重要一步；不过，这不足以回答认知、信息和交流何以可能这个基本的认识论和本体论问题。这使得谁最早对系统和环境做出区分这个问题没有得到回答。

乔治·斯本塞－布朗（George Spencer－Brown）这位对于二阶控制论和自创生理论贡献重大的哲学家和逻辑学家注意到了这个问题。且允许我充分引用他对这个问题的清晰描述（Spencer－Brown 1972：104－105）。这种梳理对理解他的著作《形式规律》（*Laws of Form*）具有重要意义：

> 那么，我们且暂时来对这位物理学家所描述的世界进行思考。它包括许多粒子，这些粒子自身的空间如果被击中，就会作为波出现……所有这些似乎是由某些自然规律制约的，这些规律指出了粒子之间关系的形式。
>
> 按照他本人的说法，描述了这一切的这位物理学家自身就是由粒子建构而来的。简言之，他是由他所描绘的这些粒子构成的聚合物所

构成，这些粒子恰恰由他本人致力发现和记录的那些普遍规律结合在一起，并遵守那些规律。

因此我们无法逃避这一事实：我们所知的世界如此井然有序地建构，是为了（并因此能够通过以上方式）感知它自身。这的确让人震撼。

不是考虑它能感知的东西，尽管这可能看上去非常奇特，而是考虑它能够感知这一事实。

但是，为了做到这一点，显然它必须首先把自己分裂开来，至少形成一个能感知的状态和一个能被感知的状态。在这种被分裂的情形中，它所感知到的也只是它自己的一部分。我们可以认为，世界无疑就是它自身（即与自身并无区别），但是，若想把自身看作一个对象，同样毫无疑问，它必须行动起来让它不同于自身，从而使它成为虚假的自身。在这种情形中，它总是部分地逃避自身。

对于世界如何或为何有一种愿望并发现一种能力去感知自身而且似乎必须忍受这一过程的痛苦这个问题，似乎难以找到一个可以让人接受的答案。它如此行事，有时被称为"元初之谜"。

斯本塞－布朗以与包括信息科学和控制论在内的科学中的主流方式不同的方式提出这个形而上学的问题。但是，他提问的方式对于探讨获取感知和感受性、认知和表意活动的可能性以及它们与第一人称体验的意义生产的关系十分重要。斯本塞－布朗把作为基本现实重要组成部分的观察过程包括在内，如我们下文将看到的，这让他的立场近于皮尔斯，皮尔斯把感觉和感受性包括在了他的（未显现的）第一性概念中。两人都指向胡塞尔所指出的走出科学的现象学问题之路。斯本塞－布朗还借助了人类学原则：只有在这样的世界上（有像我们一样的生物能够进化并发展出感知的能力）知识才有可能！或许有其他数百万个世界，但在那里无人感知到这些世界。

鉴于热力学、混沌理论和非线性力学的发展，今天有一种改变形而上学认识的倾向。今天，形而上学不再被认为由力学规律所决定，而是被看作一种或然性的世界观的产物。受系统科学的启发，越来越多的有机观

（Gilbert and Sarkar 2000）变得越来越广为人们接受，其原因是它们涵盖了突生、分层及整体现象，这些现象在非决定论哲学中发展出新的规律。不过，许多研究者在接受人们在实践中不可能以一种决定论的方式处理大型原子系综的观点的同时，依然坚持机械主义理想不放。这类系综除非采用概率模型，否则是不可能对其建模。普里高津和斯滕格斯（Prigogine and Stengers 1984）已经证明此种方法前后不一致，因为它认为或然性不是某种真实的东西，而只是源自主观上的知识匮乏。他们的观点是，客观的或然性是不可逆性和进化的源泉，因此是进化产物的源泉，科学家们自身的情况就是如此。现代物理学和信息科学中存在一个真正的形而上学困境。如果你是一个机械主义者，相信每一事物——包括我们的大脑和认知工具在内——都由数学规律控制着，那么，我们的样子/状态都是一个寻求自身的世界公式的表现。霍金（Hawking 1989）看到了这个困境，却从中抽身而去。

另一种看法是，我们都是混沌和偶然的产物，按照理查德·道金斯（Dawkins 1987）的说法，我们是进化的"盲目的钟表匠"（the blind watch-maker），而进化是通过"自私的基因"（selfish genes）来起作用的。不管人们持哪种理论，在这种形而上学中，一切都只不过是纯粹偶然性的产物。从认识论上说，这一框架及其概念在某个问题上是有错的。这种"错误性"正是二阶控制论想要通过生物建构主义发展自体论来解决的问题。就像有机主义一样，它仍然是一种物质主义范式（Gilbert and Sarkar 2003）。

瓦雷拉（Varela 1975）在斯本塞-布朗的研究基础上，对微积分进行了发展，其中，自我指涉被他当作关键因素。但自我指涉又是从哪里冒出来的呢？一些人相信，建构主义作为一种科学范式的特殊品质，在于它避免了本体性问题。但是，在我看来，即便是建构主义也不能回避对其前提做出说明。我说的当然是激进建构主义，它比社会建构主义走得更远，社会建构主义认为自然是理所当然的、是客观的，因此无法包容观察系统的自然历史，或者声称它虽然是现实的却有着一种"开放的本体论"，就像卢曼认为的那样。承认自然至少有一些动态结构似乎是不可避免的。

有一种"饼干切割机式的建构主义观点"（cookie cutter constructive viewpoint），该观点认为人的感知和概念可以切割出某些基本的"世界物"（world stuff）的形状，这似乎也是卢曼的立场。即便有人想要拥护这一观点，他也不得不谈及使这种"世界物"成为有意识的语言系统的最低要求。正如我们在前面引文中所看到的，*实际上，斯本塞－布朗认为世界/宇宙是一个已开启演化的过程，具备一种基本的自我指涉品质。*

在讨论人与计算机在认知和解决问题两方面的异同时，德莱福斯兄弟（Dreyfus and Dreyfus 1986）以及维诺格拉德和弗洛里斯（Winograd and Flores 1986）都用到了海德格尔（Heidegger 1973）的一些概念。"存在"（Dasein）就是其中之一，它强调人被"抛掷"到这个世界。他们使用这个概念来表示个人和世界的关系与数字计算机和世界的关系有着根本的不同。维诺格拉德和弗洛里斯使用马图拉那的自创生和神经系统闭合理论来表明这个基本条件对于人和动物来说是共通的。这种与环境有关的基本条件并不是客观的、分割开来的。更应该说，"生活域"（domain of living）——一个来自马图拉那的基本概念——是系统结构不可分割的一部分，而且，它在任何自我和非自我的认知分割之前就已形成。这与拉图尔的主张（Latour 1993）极为相似，拉图尔认为，自然和文化从来就没有像现代思想所以为的那样是彼此分割开来的。

马图拉那得出的结论是，世界是我们在我们的生活实践中"看到"它的那个样子，它是一个多重宇宙。不过，他从来没有解决"现实的抵制"问题。但是，我们为什么不能选择用"只要我们喜欢就行"的方式看世界呢？他或许会用人类学方面的原则（参见 Barrow 1998）回答：如果我们这么做，世界不会与我们作为生命体的存在一致。我们只能以与作为观察者的我们自身一致的方式看世界。然而，即便是在这些不同的世界之中，事物似乎也有着确定的本征值。

冯·福尔斯特和马图拉那的理论与概念带领我们更好地把握观察和认知的基本状况；不过，在其激进性方面，他们在完全忽略"物自体"（*das Ding an sich*）的时候，似乎也去除了太多的东西。问题是，他们试图为一个基本属于哲学性质的问题找到一个科学的解答。站在他们的立场看，许多社会建构主义者回避了这些基本问题。

冯·福尔斯特的二阶控制论和马图拉那的"产生学说"（bring－forth－ism）是正确的，它们让我们把关注焦点放在感知和认知的创造性过程上。正如我已经阐明的，人们不能通过机械唯物主义或者物理学的非决定论解决进化哲学中的思维和意图性问题。我也不相信可以通过纯粹的现象学观念论（存在的只有现象）、主观建构主义（我建构世界）或者心灵主义（一切都是心灵的）来完成这项工作，因为它们都低估了相对稳定的"外部"世界对形成知识、交流和意义的可能性的重要性。

二阶控制论的认识论基础把这项工作与海德格尔现象学中的重点（Heidegger 1973）关联起来。海德格尔现象学中的重点是，作为观察者，当我们开始描述世界的时候，我们总是已然成为世界的一个组成部分。当我们开始描述世界的时候，我们在一定程度上将自身与我们生活实践的世界的整体性分割开来。这是二阶控制论和系统思维中的一个重要发展。但是，它缺少海德格尔的现象学根基。

卢曼（Luhmann 1990：3）对控制论和马图拉那的自创生概念如何提供一种新的看待事物的方式做出了总结。不过，他同时又抱着一种精致的现实主义观念不放：

> 自创生系统"被定义为构成成分生产网络的联合体的系统，这些构成成分以一种递归的方式，通过相互作用，作为参与网络形成的构成成分，生成产生它们的网络，这些成分在其存在的空间中构成网络边界"[17]。于是，自创生系统不只是自组织的系统，它们不仅产生而且最终改变自身的结构；它们的自我指涉还适用于其他构成成分的生产。这是决定性的概念革新。它为已经强有力的自我指涉机器的引擎加上了一台涡轮增压器。甚至是元素，即至少对系统本身而言是不可消解的最终的构成成分（个体），也是系统本身生产而成的。因此，被系统用作单位的一切都是作为一个单位被系统本身所生产而成的。这适用于元素、过程、边界以及其他结构，最后但同样重要的是，这还适用于系统本身这个统一体。由此，自创生系统在同一和差异的构成方面是至高无上的。当然，它们并不创造属于它们自己的物质世界。它们预设了现实的其他层面，正如人类生活预设了水是液体的温度范围。但是，无论它们用作同一以及用作差异的东西是什么，那些都是它们自己的造物。换言之，它们不能从外部世界输入同一和差异；这些都是它们必须自己去决定的形式。

这里,我所关注的是"外部现实"这个概念在分析自创生系统或"观察系统"中的行为时所起的作用。尽管我们在二阶控制论中理所当然地抛弃了"客观现实"这个概念,我们却不应放弃部分独立的"外部现实"这一概念。现象学的或观念论的建构主义立场缺少了某种东西,它没有通过其反复提及"所体验的现实"而得到纠正。我们无法回避本体论的思考,但是我们必须不断地发展它们,所采取的方式是:批判性的认识论讨论和分析,以及根据科学所取得的实验结果对它们不断地修正。相较于对我们自身的认知过程的理解,我们对现实的各种概念所起的作用的理解需要变得更精练、更复杂,我们要更仔细地考察冯·福尔斯特建构二阶控制论的方式。稍后我们将展开这项工作。

因此,我们需要关于这些同一和差异如何发展的一种更为成熟的理论,它不会诉诸通常的物质主义机械论、各种删减式的物质主义理论(Churchland 2004)或者对不依赖于人的第一人称意识体验的现实都予以否定的各种功能主义思维理论——因此,因果说也在其列。但是,这样一种理论必须得到补充,需要一种有关符号和表意活动的理论,还需要与生物和社会系统——对于这些系统而言差异能够产生区别——有关的理论,因为控制论主要解决的正是自组织系统中的差异循环性问题。我认为,为了更深入地理解这个过程,我们要分析整个符号形成过程,如同皮尔斯在其符号学中所做的那样。且让我对皮尔斯的符号哲学进行介绍。

至少 200 年前,科学就已承认生命存在是物理和化学现实的内在组成部分。大约 100 多年前,人们就已承认人类及其文化是现实的生物学方面的内在组成部分。长久以来,人们就认为物理和化学方面是宇宙基本的东西,不过,仅仅在过去的 30 年里,人们才理解我们的生物方面与宇宙的整个发展是如何深刻地相互关联的。[18]现在,我们即将发现思维和表意活动是如何像皮尔斯所认为的那样渗透到我们现实的基本层面。

1.14　作为一种认知和表意活动理论基础的皮尔斯的范畴新表

我将扼要说明我如何看待皮尔斯的研究以及其作为一种针对信息、交流和认知科学的跨学科框架的价值。之后我将尝试进行更细致的分析，以便让读者初步了解我即将进行的论证的发展方向。

皮尔斯已经在构建新框架方面做了重要的工作。更重要的是，他将其与他的符号学中的表意活动的跨学科理论以及基于其模糊性概念的逻辑演变理论进行了整合。

秉承皮尔斯的思想，我相信，我们的问题是我们把混沌看作缺乏规律，因为这是一个负面的界定。实际上，我们应该将其看作有生命的无数可能和品质所构成的连续体。这种理解近于最初希腊人对混沌的定义，他们将之看作时间、空间、能量和信息所构成世界（盖亚［Gaia］）的源头，其中，厄洛斯（Eros）是创造的进化之力，数学只是一种回溯源头的手段而非实质上的答案。亚伯拉罕（Abraham 1993）在试图复兴"俄尔普斯传统"*、熔现代科学知识与混沌理论于一炉的努力中曾指出过这一点。受亚伯拉罕和迪利（Deely 1990）的启发，我的想法是，自然的机械化和数学化是经典物理学的工作，其因此违背了希腊万物谐和（Cosmos）思想的完整性，符号学最初就是从这种宇宙思想中发展而来的（Deely 2001b）。在这个过程中，最初的弗西斯（Physis）概念被缩减，真理和意义被分割开来。迪利（Deely 1998，2001a）在其创造（抑或是重新创造）生理符号学的尝试中走上了同一条路。我发现他的工作很具有启发性，但仍欠缺与科学知识和信息科学整体的清晰关联，而这正是我要发展赛博符号学的原因。

现代物理学和皮尔斯理论之间的一个重要区别在于已经提到的混沌概念和皮尔斯独特的基本范畴三元理论之间的区别。这里，我不会详细描述或探讨这个关于表意活动和符号活动的三元理论，而是先引用他在《一元论者》（Monist）文集中的一篇论文《理论的建筑》（The Architecture of Theories）中的一段话，这段话清楚地表述了皮尔斯关于三个形而上学范畴——第一性、第二性和第三性——的理论方向和发展潜力（又参见Christiansen 1995）。皮尔斯写道（CP 6.32–33）：

---

* 俄尔普斯传统（The Orphic Tradition）：在古希腊传奇歌手俄尔普斯（Orpheus）所构筑的希腊神话传统中，宇宙最初是一只蛋（The Cosmic Egg），类似中国古典神话所谓"天地混沌如鸡子"之说。——译者注

　　三个概念始终在每种逻辑理论的每个关键点上出现，在最为圆融的系统中它们也彼此关联地出现。它们是非常广泛的概念，因此它们也是无限的概念，所以很难理解，而且可能很容易被忽视。我将其称为第一性的东西、第二性的东西和第三性的东西。第一性的东西是不依赖其他任何东西的存在的概念。第二性的东西是与某种其他东西相关、与之互动的概念。第三性的东西是中介的概念，第一性的东西和第二性的东西通过它而发生关联……事物的起源并不被认为指向什么，而是在其自身中就包含着第一性的东西这个概念，事物的终结包含着第二性的东西这个概念，而第一性的东西和第二性的东西之间的过程包含了第三性的东西这个概念……在心理学中，感觉是第一性的东西，反应感受是第二性的东西，总体想法是第三性的东西……在生物学中，随机突变是第一性的东西，遗传是第二性的东西，偶然特征得以固化的过程是第三性的东西。偶然是第一性的东西，规律是第二性的东西，形成习惯的倾向是第三性的东西。思是第一性的东西，物是第二性的东西，变是第三性的东西。

　　以这些材料应该可以建构一种哲学理论来表现知识的状态……它或许是一种宇宙发生的哲学。它或许假设最初——无限遥远的从前——有一种非个人化的感觉所构成的混沌，这种东西没有关联或者规则就无法存在。这种感觉，无处不在的纯粹随机突变，开始萌生出一种普泛化倾向。其他的突变或许转瞬即逝，这一突变的优势却不断地增长。因此，形成习惯的倾向会开始；从此，与其他进化原理一道，宇宙里有规律的东西都会演化。不过，在任何时候，纯粹偶然的元素都会留存下来，直到世界变成一个绝对完美、理性、对称的系统，其中，思维在无限遥远的未来得到大成。

　　这是皮尔斯理论的"大而无当之物"（white elephant）——阿佩尔（Appel 1981）如是称呼皮尔斯符号学中这个关键的形而上学办法。对于大多数主流科学家和哲学家而言，这难以消化。尽管如此，我还是要说，就像早期在与斯本塞－布朗的形而上学相关的论述中所提到的，这正是我们所需要的东西。我进而想到，它只要大体沿着迪利（Deely 1990）在皮尔斯研究的基础上为符号学所做的辩解的路数前进，让它应用于自然科学、社会科学和人文学科是可能的，尽管要加上来自自然科学的一些更深入的见解。

如果人们试图把这些范畴转换成二阶控制论概念，第二性是被初始的符号——再现体（Representamen）——所标出的观察者做出的第一个区别。观察者是皮尔斯的解释项（Interpretant），属于第三性。只有通过这种三元的符号活动认知才能生成。要变成信息，差异必须被看成观察者眼中的符号。这发生在它们变成在内部发展的解释项的时候（见图1.7）。

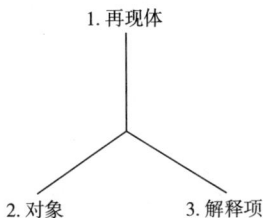

图1.7 皮尔斯的三元符号活动

正如皮尔斯（Peirce 1955：99-100）在其关于符号过程的著名定义中所述（见其写于1903年的《若干逻辑论题纲要》[A Syllabus of Certain Topics of Logic] 一文），"一个符号，或者再现体，是一个第一性的东西，它与一个第二性的东西（它的对象）处在一种真正的三元关系之中，如此便能决定一个第三性的东西（它的解释项）与其对象具有同样的三元关系，符号自身与这同一对象也处于这种三元关系之中……符号就是带有精神上的解释项的再现体"。

这里的对象是再现体所表示的那方面现实。在某种程度上，皮尔斯的对象也是一个符号。皮尔斯的符号哲学让认知科学超越信息科学和理论的限制，这一点我和许多其他人都已经指出。这是介于机械主义者和纯粹（非本体论的）建构主义者这两极之间亚里士多德式的中庸之道。和亚里士多德一样，皮尔斯是一个连续论者（"物质"是连续的）、一个万物有灵论者（"物质"有内在的感觉）。从这里出发，我们获得了对科学的非笛卡尔式的认知构想，而在这之前我们并未对思维和物质进行绝对的分离；我们也获得了与现代量子场理论和广义相对论并行不悖的"物质"的场域观

（field view）。大多数力今天都是用"场"来描述的，对于比原子更小的"粒子"的描述就是如此。这些场实际上并不是经典物理学在原子机械学中所以为的"物质"。自从量子力学和量子场理论兴起以来，科学和常识无法再用一个词来表示构成现实的那种"东西"。皮尔斯提供了这样一种理论。热力学作为一种根本性物理学理论所取得的发展，以一种明显超越经典机械主义物理学的方式，把时间和进化当作了物理理论的基础。不可逆的时间这一概念变成了根本性的东西（Prigogine 1996）。

当我们发展信息科学之类的深度科学理论的时候，我们无法避免对作为我们各种科学范式的前提的现实所具有的性质做出反思。声称基本知识可以以一个统一而且精确的形式表达出来，不过是自以为是罢了。没有什么"概念"或者数学的"世界公式"等待着人们在基本现实中去发现。像皮尔斯一样，我相信基本现实或者第一性最初就是模糊性，只是在后来才发展成种种各具特色的形式。无疑，数学和逻辑对于我们认识论情境的潜能和局限有很大的影响，能够把我们重新与现实关联起来，对此，亚伯拉罕（Abraham 1993）暗示过，而且路易·H. 考夫曼（Louis H. Kauffmann）在其《控制论与人类的认知》（*Cybernetics and Human Knowing*）的多个专栏之中描述过。我们也不能先验地期望词能充分地描述"宇宙"或者"基本现实"，因为我们的考察表明，符号和概念是在局部语境中的差异上发挥作用的。而且，的确看上去在现实中是有内在秩序的，虽然这种秩序在一定程度上可能是由认知的互动过程本身创造而出，表现为突生现象。

人们说，在动物行为学中，仪式化的本能行为配合同一物种的两性之间在交配活动中的行为就成了符号刺激。因此——与动物行为学的语言中的情况一样——一个行为，如运动过程中的羽毛变色，便成了配合一个特定行为的符号。情绪和语境决定了这些符号的生物学意义，它们是真正的三元符号。动物行为学为认知和行为带来了一种根本性的生态和进化视角，这一视角与皮尔斯对意义建构的理解相吻合。这里，我们可以看到皮尔斯符号定义的适应性。皮尔斯（CP 1.39）写道：

> 符号对于它所产生或修正的概念而言代表着某种东西。或者说，它是把某种东西从外部带入思维的载体。它所代表的东西被称为它的

对象；它所传递的东西是它的意义；它所催生的概念是它的解释项。再现的对象只能是第一再现是其解释项的再现。但是，在一连串无休止的再现中，每一个再现都代表它之后的那一个再现，人们可能认为这一连串的再现最后有一个绝对的对象。再现的意义只可能是再现。实际上，它只是被认为是剥去了无关装饰的再现本身。但是，这身装饰绝对无法完全剥去；它只会变成某种更为模糊的东西。因此，这里存在一种无限递归。最后，解释项只不过是另一个再现，真理的火炬一直朝着它传递；同时，作为再现，它又有其解释项。看啊，又是无限的一串。

当下并没有最终和真正的对象与再现。对象与再现都处在不断的演变之中。符号的意义（再现体）是语境决定的。譬如，雌性棘鱼的红色腹部对于正在与这条雌鱼进行语言交流的一个雄性自创生系统而言是再现体——因为雌鱼正想要繁殖，由此在雄性棘鱼那里创造出它值得与之交配这个解释项。交配或繁殖是对象，它是一个生物社会性建构。它是符号游戏的语境，在求偶这一特定情况中，基于通过进化而确立起来的习惯，这场符号游戏达成了共有的意义。皮尔斯写道："首先，'再现体'，就像一个词——事实上大多数词都是再现体，并不是一个单一的东西，而是具有思维习惯的性质，它存在于某种东西可能会是这样这个事实之中。"（Peirce 1911，MS 675，"A Sketch of Logical Critique"）

皮尔斯把康德的纯粹理性 12 个范畴改变成了沟通思维和自然的 3 个自然范畴。如前所述，他称之为第一性、第二性和第三性。在皮尔斯的符号学中，自然中的一切都是一个潜在的符号。这是与从控制论出发的贝特森思想的一个交汇处，对贝特森而言，如果人们选择把每个差异都看作通过符号活动而变成能提供信息的潜在信息的话，信息就是造成差异的差异。*用皮尔斯的语言，我们可以说，差异在解释者将它们看作符号的时候就变成了信息。*

其中的含义就是，感受性和"内部生活"从一开始就是潜在地存在那里的。不过，它们需要神经系统来达成全面的显现。皮尔斯谈到了第一性的潜在品质。关键点是，有机体及其神经系统并不创造思维的感受性。思维的感受性通过与神经系统的互动而发展，活体将其发展成了更具显现性的形式。皮尔斯的要点是，这种显现通过符号过程的发展而出现。

二阶控制论把信息看作自创生系统针对干扰所做出的内部创造。只有在确定的结构耦合中符号才能获得意义。二阶控制论为符号学带来了闭合、结构耦合、相互渗透和语言表达等概念。

这一具有启发性的价值在生命形式语境中一直发挥着作用，在生物学中和人类文化生活中概莫能外。弄清理解和交流的关键是动物和人都生活在自组织的"环境界"之中，它们/他们不仅将"环境界"投射在它们/他们周围，而且将其投射到其系统深处。我将这些被投射的环境界称为"表意活动域"（signification spheres）。它们/他们通过思维和身体习惯所达成的符号组织及意义是根据二阶控制论原则得以形成的，因为它们/他们形成自身的符号和意义的本征值，并因此而形成自身的内部精神组织，然后将这种组织投射到环境中。

在人类这里，这些符号通过社会的自觉交流被组织成语言。相应的，我们的社会世界被组织成文本，通过文本而被组织。当然，这不是对意义的解释，而更多是试图描述意义生产和分享系统的动态模式以及它们如何得以组织。

皮尔斯对解释项的自反的或控制论的定义，指向的是文化、历史和从不停止地对真理和知识的寻求。根据这一定义，习惯和历史漂移从社会的角度构建了意义——就像马图拉那和瓦雷拉所认为的那样（Maturana and Varela 1980）。不断进化发展的科学试图找到相对稳定的样式和动态模式（习惯）；它并不是关于永恒规律的科学。皮尔斯接近有机主义和普遍系统理论（Bertalanffy 1976）。

在本书后面各章中，我将进一步考察二阶控制论与皮尔斯符号学之间的关联。我还将分析贝特森的信息概念、马图拉那和瓦雷拉的知者自创生概念、瓦雷拉的"自我指涉微积分"以及皮尔斯的三元的和自指的符号学，以及如此等等之间的有趣关联。

我将阐明，二阶控制论中的自指性自创生观察者可以被看作对皮尔斯解释项概念生物学理解的进一步发展。这种关联通过有赖时间的表意过程确立起知者的自我指涉。这是一个不断在知者、被知者和知的过程之间漂移的历史过程。皮尔斯的偶成论（Tychism）是对普里高津和斯滕格斯关于或然性的客观性讨论的进一步发展。我将对建立在偶成论和万物有灵论（Hylozoism）基础之上的皮尔斯符号现实主义与马图拉那、冯·福尔斯特和卢曼的世界观之间的兼容性进行分析。我也会对实用主义语言哲学——尤其要将其与维特根斯坦的语言哲学、拉考夫和约翰逊的具身认知语义学进行比较——而做进一步的分析，以开创出一门赛博符号学。

✦

1.15 结论

长久以来，认知科学的"信息加工范式"以计算机喻指认知和交流，主导着各种发展信息和交流科学的努力。这种复杂性、随机性和不确定性范式的局限之处，最清楚地体现在它无力整合关于生命系统行为和文化的现有知识及生命系统在交流的语言游戏中的表意活动创造。在意识到获取知识的能力的形成在时间上早于科学的形成、认知（Knowing）需要自创生和语言表达系统，且语言需要符号和传递意义的社会之后，人们知道对信息现象的纯科学解释是有局限的。认知是科学的前提。那么，知识和理解如何有望被一种基于物理主义或功能主义世界观的科学充分解释呢？

二阶控制论和皮尔斯三元符号学这两个跨学科框架，对于发展社会系统（卢曼）和关于生物系统（自创生和结构耦合）中表意活动的生产和认知的知识二者之间的对话，似乎大有希望。二阶控制论抛弃了客观主义的信息观念，但是，它并未发展出符号概念。符号学以一种科学的方式对作为人类现实基本和普遍维度的表意活动进行研究。皮尔斯的符号学还致力于研究非意图符号（non-intentional signs）并且形成了一个进化的、过程导向的、二阶的、三元的符号概念，即符号活动的所有部分都是符号。不过，它缺乏关于认知的自我组织以及关于观察者的结构耦合方面的知识。人们建议，这两种框架应该通过某种类似维特根斯坦语言游戏概念的东西进行整合，产生表意活动的前语言的生物系统可以被理解成符号游戏。交流意义是自创生系统在符号和语言游戏中生产的。意义是在"肉身"中产生的（"肉身"〈flesh〉这个概念不限于唯物主义的描述工具；参见 Mer-

leau - Ponty 2002）。任何生命系统的"肉身"都为符号所渗透。在人类这里，"肉身"也是被语言和文化所渗透的。

意义是生物的、文化的、个体经历的、与具体情景相关的，它是一个反映观察者及其文化话语社群的生物学和现象学视角。这一视角始于生活，从此向自然科学、社会科学和人文学科的非机械论的统一视角发展。

在下一章中，我将从描述知识和认知的基本理论开始，为进一步分析奠定基础。该理论不过是一个粗糙的骨架，但随着理论的发展这个基本骨架会变得有血有肉，从而形成一种能够自我支撑的、引人深思的理论。通过上面对信息科学面临的问题及其解决之道的描述，我们可以看到，完整的信息科学概念触及了科学的认识论基础。人们想要发展一门关于信息、认知和交流的科学，但其中存在一个怪圈，它很接近对前科学的人类知识的机制展开的探索——这种知识乃是科学作为知识的社会策略的发展的前提条件。我们只有把对科学的认识从在极为"严格的"科学中仍然充当着主导力量的机械主义、化约主义和逻辑经验主义集合中解放出来，上述愿望方有可能。

2

✵

知识的自组织：知识诸范式
及其在决定什么是合法知识中所起的作用

✵

2.1 绪论

　　本章从跨学科实践和科学的重要性出发，来建构关于人类知识的一种非化约论的、跨学科的观点。普遍的物理主义本体论在认知科学中仍被广泛认为是许多跨学科的科学框架的背景，相对而言，具有现象学性质的知识的地位和价值都尚未得到人们的认可，由此给我们的研究带来种种困难，因此本章也将对这些困难做出分析。我所提出的是这样一种认识论，它把科学仅仅当作我们知识的一个方面，而认为人类知识超越语言，进入了超复杂态（the hypercomplex）。通过对超复杂态的描述，我尽可能不对世界和现实的性质进行假设，而只是认为它能使我们成为创造和交流知识并因此反映进化和某种动态规律性的自指的、生物的、文化的、使用语言的有意识存在。接着，我将在现实主义的形而上学中开辟一条现象学方面的通路。之后，我将对知识是由社会实践中形而上学框架基础之上的经过自组织的表意活动系统构成这一前提做出介绍。对系统化知识框架中符号的解释，正是古希腊的希波克拉底传统中医学科学的起点。这个非化约论框架，对于知识如何在社会中产生和传播，有望开启一种非笛卡尔式的、跨学科的理解，同时又不至于失去通过科学或哲学分析的逻辑所取得的成果。

✳

2.2　科学和世界公式思想的发展

亚里士多德把爱彼斯德谟（Episteme，知识）当作关于自然最根本的知识。[1]他用这个术语主要来描述几何论证以及众天神的数学计算方法。之后，在文艺复兴时代，伽利略通过为经典物理学打下基础而将这个术语带到了凡间；他相信，找到诸如钟摆和自由落体等现象——尘世中的种种现象——背后的数学模型，就是对上帝的自然法则做出沉思。牛顿的诸多发现只是强化了数学法则有可能统一关于天堂和凡间（尘世）的描述这一理念。在启蒙运动时期，拉普拉斯关于聪明绝顶的魔鬼是深谙牛顿定律的超验观察者和超级计算者的观点，将这一理念推到了极致。因为知道一个"世界上"所有粒子的位置和动向，这位魔鬼或天使观察者——自然科学中理想的、客观的精灵观察者——就能为该世界系统开发出一种数学公式，从而预言该系统在未来可能发生的一切，同时通过将同一个等式倒过来，就能计算出该系统过去的全部历史。该观点认为，这之所以可能，是因为这些定律是超验的。

普里高津和斯滕格斯（Prigogine and Stengers 1984）把这项研究计划称为"世界公式项目"（the world formula project）。它把人类智力和理性看作这种超越的或神的理性和逻辑世界秩序的一个案例或者一种反映。科学中的这种想法和思潮在物理学中最为突出，不过，近来其在生物学和认知科学中也有所发展。曾几何时，我们对基因、智能（人类智能或人工智能）和语言（乔姆斯基的生成语法以及佛多的"思维语言" [language of thought] ）的算法孜孜以求。

自从 20 世纪 30 年代晚期逻辑经验主义取得发展以来，许多科学家和哲学家都认为，物理学是基础的典范科学，"更高层次的"科学应该将自己的解释简化为物理学解释。这应该通过系统的数学状态函数模型的建构加以完成。最终，语言学和智力行为的公式将通过生理学、胚胎学与基因知识结合起来，而且基因的生物公式将通过化学与物理学关联起来。自然科学、社会科学和人文学科的大一统理念的简单模式，将会像图 2.1 中所

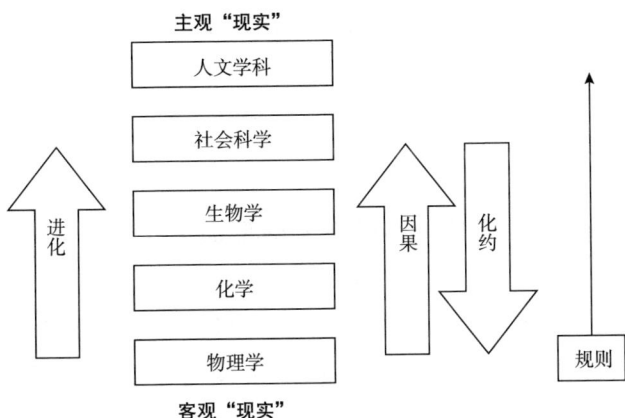

主观"现实"

| 人文学科 |
| 社会科学 |
| 生物学 |
| 化学 |
| 物理学 |

进化 因果 化约 规则

客观"现实"

图 2.1

来自逻辑经验主义的传统的科学大一统模式，其中，物理学是所有其他知识系统的样板科学，最终它们都会化约到物理学上来。物理学是最接近描述"客观现实"的东西。科学语言是以算法的计算机模式体现的数学和逻辑。所有原因都能够最终化约到物理学原因上。该模式有多个不同变体。

显示的那样。这里，物理学被看作最接近客观"现实"的基础科学。"解释"某种东西，就是将其动态模式简化成物理学规律。世界上的所有系统都源自物理系统；因此精神现象要么不真实，要么是组织物理系统的特殊方式的"突生"特征（像系统理论和生物科学中大多数人所相信的那样；不过，初始的机械主义的和化约论的科学哲学并不接受"突生"。"突生"[emergence] 是一个系统论的、有机主义的术语）。

物理学描述的是现实的基本法则，这些法则决定着自然中运动和组织的真正原因。这种科学范式的形而上学认定，世界在大爆炸之后作为一个物理实体的数学系统而开始；因此也就认定，物理学包括了宇宙的起源、物质和能量的进化源头、地球的进化、生命和生态系统的起源和发展，以及人类性质、意识、语言和文化的认知系统。通过逻辑经验主义，这种科学哲学渐渐地觉得自身已经不再只是形而上学假设了。但是，正如物理学家和圣公会牧师约翰·波尔金霍恩（Polkinghorne 1996：102）写的，"每个人都有一种形而上学——一种世界观，正如每个人都会说话，无论他们是否意识到这一点。科学能够而且应该促成此世界观，但此世界观绝对不能为科学所独有。如果你并不属于为自己学科最近的成功而激动到难以自已、宣称'科学就是一切'的那种人，那么，你会在更广的知识视野中去定位科学理解，会对其他形式的人类见识和经验给予同样严肃的思考"。我写这本书的目的也不外乎此。

❖

2.3 客观主义的形而上学

拉考夫（Lakoff 1987：159）令人信服地就我们如何能够获得关于世界的真正知识以及我们的认知和语言如何起作用的客观主义哲学中最为基础的元物理学观念做出了总结。这是主流认知科学的一个重要基础：

> 根据客观主义的观点，就实体、特征和关系方面而言，现实伴随着一个独特、确切、完整的结构而来。该结构的存在不依赖于任何人类理解。必须如此结构，方能让关于认知和语言的客观主义观点顺利发展。如果说，像客观主义者所认为的，思想是对抽象符号的操控，那么，这些符号必定以某种方式被变得有意义。客观主义者的回答是，让符号（即词和精神再现）变得有意义有且只有一种方式：通过存在世界或可能世界中实体与范畴的对应这种方式。

相应的，意义被定义为对事先存在的客观世界的真实再现。必须避免任何对人类认知、情感和意欲的内部世界的指涉。此再现是从笛卡尔的二元论者视角来看待的，它被看作一个逻辑和数学过程。但是，这种避免主观方面的做法是以连篇累牍的本体论规定为代价而达成的：

> 客观主义元物理学（OBJECTIVIST METAPHYSICS）：一切现实都是实体构成，这些实体在任何一刻都有着固定的特征，它们之间也有着固定的关系。
> 人们发现，客观主义元物理学经常与另一个形而上学假设——本质主义——相互伴随。
> 本质主义（ESSENTIALISM）：在事物所拥有的诸多特征中，一些是本质性的，即它们是让事物成为其所是的特征，没有它们事物将不是那种事物。其他特征是偶然性的——它们是事物碰巧具有的特征，

并不是抓住了事物本质的特征。

经典的范畴理论把实体特征与包含这些实体的范畴相互关联。

经典的范畴化（CLASSICAL CATEGORIZATION）：所有拥有一个特定特征或一个共通特征集合的实体形成一个范畴。这些特征是定义该范畴的必要和充分条件。所有范畴都属于这一种。（1987：160）

通过这种方式，分类的主观和社会—文化要素被避开了。采取其他做法则有可能打开通往相对主义和社会建构主义的大门。所以并没有采取其他做法，而是将一种亚里士多德式的范畴观保留下来；然而，它被移出其元初那种一致而明确的元物理学，被置于一种更具柏拉图性质的非明确的元物理学，这在数学和逻辑是客观存在的自然语言这一观点之中得到了体现。许多数学家都是柏拉图派。接着，拉考夫（Lakoff 1987：162）对这种元物理学做出了明晰的阐述：

如果特征具有客观存在，而且特征界定范畴，那么，说范畴有客观存在就是有道理的。

客观主义范畴学说（THE DOCTRINE OF OBJECTIVE CATEGORIES）：世上的实体在其共有的客观特征基础上形成客观存在的范畴。如果再加上本质主义，那么我们就能分辨出一种特殊的客观范畴来——这个范畴以共有的本质特征为基础，与共有的偶然特征相对。

自然种类学说（THE DOCTRINE OF NATURAL KINDS）：世上有自然类实体，每种都是一个基于共有本质特征的范畴，这些特征是事物因为自己的性质而具有的特征……

因为世上的实体都归入诸客观范畴，因此诸范畴中存在逻辑关系——逻辑关系是纯粹客观的，不依赖任何思想，对人类或非人类皆如此。

客观主义逻辑（OBJECTIVIST LOGIC）：逻辑关系客观地存在于世界的诸范畴中。

因此，世界是由客观范畴构成的。这里，我们可以看到逻辑和数学是如何被转移到自然之中的，伽利略对此表示强烈支持。这进一步与原子的

本质主义观（该观点认为，基本的、不可分割的特征在逻辑上是存在的）
结合起来：

> 某些特征可能是由其他特征的逻辑组合构成；它们是复杂的。没
> 有内部逻辑结构的特征则是简单的，或者说，是原子的。
>
> 真实世界原子主义（REAL – WORLD ATOMISM）：所有特征要么
> 是原子的，要么是原子特征的逻辑组合构成的。（1987：164）

在分析哲学的大部分内容中，这些强大的本体论规定催生了逻辑经
验主义和后来从这些规定发展出来的种种观点。研究者把物理学与数学
结合起来，使物理学成为"最接近现实的"、最基础的科学以及所有其
他研究现实的科学的样板。同时，这为关于理解和信息的计算观铺平了
道路：

> 客观主义认知（OBJECTIVIST COGNITION）：思想是对抽象符号
> 的操控。符号通过与世上实体和范畴的对应而得到其意义。通过这种
> 方式，思想能够再现外部现实并被说成"反映自然"（mirror nature）。
>
> 客观主义概念（OBJECTIVIST CONCEPTS）：概念是符号，它们与
> 概念系统中其他概念是相关关系，而且与真实世界（或可能世界）中
> 的实体和范畴是对应关系……
>
> 客观主义理性（OBJECTIVIST RATIONALITY）：人类推理当其匹
> 配客观主义逻辑之时就是正确的，即当思维中所用符号正确对应世上
> 的实体和范畴，且思想复制出世上实体和实体范畴中客观存在的逻辑
> 联系之时……
>
> 客观主义知识（OBJECTIVIST KNOWLEDGE）：知识存在于对世
> 上事物做出的正确的概念化和范畴化之中，存在于对这些事物和范畴
> 之中的客观关联的捕捉中。（1987：159 – 63）

这种元物理学表明，科学理性具有无限可能这种信念仍然是一种重要
的观念论因素，即便越来越多的科学家和科学哲学家承认，数学 – 经验模
型作为普遍知识（亚里士多德称之为爱彼斯德谟）是有局限的。来自自然
科学的知识之所以在今天的社会中拥有权威，在一定程度上是以牺牲其他

形式的知识作为代价的。比如在医学科学中，人们十分重视这种形式的知识，却阻碍社会心理学方法在疾病治疗中的应用。定量的和自然的科学"事实"、"规律"和"模型"对于社会与心理过程的洞察具有重要价值，科学哲学是对这种价值进行反思性理解的一种富有成效的方法，其中就包括人在做出决定时运用的伦理和美学观点。我想要打开一个更广阔的知识视域；我希望这么做能够为我们理解其他跨学科策略并加强我们的批判洞察力铺平道路。我们必须找到一种知识观，使得通过一种反思的、可辩论的方式对针对特定场合和问题的不同类型知识进行合并成为可能。

已故丹麦科学哲学家约翰尼斯·维特-汉森在其最后一部著作（Witt-Hansen 1980）中强调，出现在科学中的"无力状况"（situations of powerlessness）及其所带来的"无能要求"（postulates of impotence），对于知识的发展是至关重要的。他引用了许多数学和物理学中的例子。关于"无力状况"的一个经典例子是，毕达哥拉斯派相信自然规律是建立在整个自然数基础上的。他们尴尬地发现，正方形的边和对角线是不可通约的，因为无论边的单位有多小，要用边的单位来量出对角线的长度都是不可能的。今天这种关系被称为"平方根"。如果边为1，对角线就是2的平方根，它并不是一个有理数。毕达哥拉斯派被迫放弃宇宙是由自然数之间的和谐关系所控制这种哲学思想。两千年之后，人们通过对数字概念进行根本性的扩展，把无理数也包括在内，这种"无力状况"才得以解决。[2]

物理学中，认识到不可能造出永动机（perpetuum mobile）这种东西，对于能量和熵的热力学概念的发展具有重要意义。在量子力学中，由于认识到我们"无力"按照我们想要的精确度对亚原子的粒子位置及其动量做出同步测量，因而我们获得了海森堡的不确定性原则以及波尔的互补性理论。

由于20世纪科学范式的迁移，许多科学家现在承认，所有建构精准模型的尝试都会导致"非知识"（non-knowledge）或者"盲点"（blindness）的产生。当我们把关注焦点放在世界的一个方面，其他方面就模糊不清了：它们变成了"背景"或者"干扰"。每种说明、澄清和陈述都必定忽视现实的某些方面。无论我们多么努力，从客观、科学的角度看，总是存在一定的忽视。这就使得我们有必要开始对其他科学和认知形式（包括对伦理和审美思考的重要性的认可）进行研究。但这并没有就这些知识形式如何共同起作用提供任何真正的理解。要理解这些知识形式究竟如何共同起作用，我们必须让我们的分析再提升一个层次。

最初接受生物学教育的我对于建立在机械主义能够为理解生命系统提供一个适当框架这种信念基础之上的研究计划一直充满怀疑。此外，从心理学和符号学的角度看，对于生命系统的感觉、感受、表意和意欲的内部世界的理论理解，似乎不太可能从机械主义或者功能主义的算法思维中产生。所以，必须有一个更为广阔的框架——跨学科的、非化约的。这个非化约的框架应该能够把符号学、认知语义学和实用主义语言学整合到一种有关表意和语义的理论中，而且不会丢掉我们通过严谨的态度、科学方法以及哲学逻辑方法所取得的成果。我们过去的机械主义框架不诉诸有害无益的化约就无法用以研究所有的不同的知识系统，那么我们能够发展出一种统一的框架来解决这个问题吗？

且让我更深入地探讨今天所研究的诸多问题中的一个，对不否认其现象学方面存在的意识进行科学解释。这两个领域如何用同一个理论涵盖呢？或者，如佩蒂托、瓦雷拉和罗伊（Petito，Varela and Roy 1999：XIV）所写的，"今天，在对认知现象考察的背后，人们最为关注的问题之一是：建构一门与最基本的自然科学相接续的认知科学，由此而理解外在之物（res externa）如何通过进化而变得足够复杂，拥有认知之物（res cogitans）的种种不同属性"。

这个例子描述的是科学研究的元物理学基础与其想要达成的目标之间存在的一个明显悖论。作为科学基础的笛卡尔二元论的核心是两个世界在质性方面完全彼此分隔。这就是为什么科学建立的依据是视自然为一台机器；因此寻找机器背后的普遍规律很有意义，因为这些规律是用来创造机器的，而且操控这些规律便能够控制这台机器。卢曼（Luhmann 1995）会说，这是一个经典例子，它可以说明一个研究流派或范式如何确定一个可以让人们开始着手研究的差异，也可以说明这个差异是如何掩盖心灵——我们的第一人称体验——与世界之间的关联关系的。忘记这种元初的区别，我们会使"一门关于意识的科学"这个普遍观念处在一种无力的状况。它无法消除定义该研究项目的这种"自我 – 同一"的区别，这就是为什么心理科学这个观念始终面临重重问题。它还制造出两种文化之间的分裂，把自然和文化之间的区别几乎变得绝对。因为这一区别是现代的一个重要根基，所以拉图尔（Latour 1993）声称"我们从未现代过"。当科学遇上悖论，哲学根基必须被拓宽，如此方能发展出解释经验数据的新概念来。尼尔斯·波尔（Bohr 1954）在量子力学和互补性理论中论证并展现了这一点，我赞同他的观点。

问题在于我们想要融合来自不同知识系统的两个现象。因为它们存在于两个不同的描述系统，所以它们存在于两个不同的世界，这两个世界互相不可见是因为它们并未有共通的科学学术语言、知识观念和方法（参见图 2.2 的说明）。

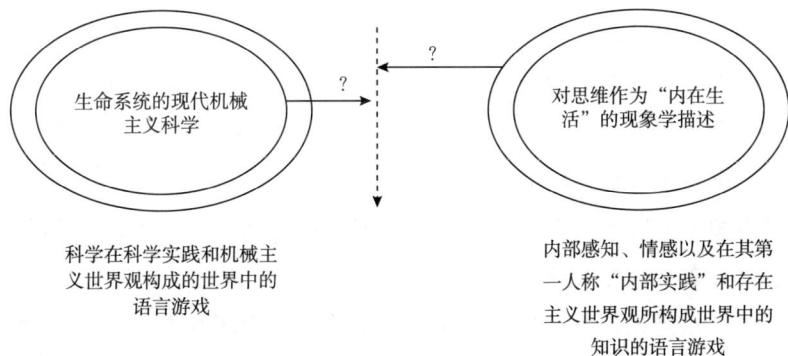

图 2.2

机械主义的描述系统和现象学的描述系统是彼此分离的，对彼此的观念世界是不可见的。我发现，自己把现象学放在一个二重世界框架之中有违胡塞尔的思想，但这里，我是宽泛地使用现象学这个概念，将其作为关于"内部生活"或第一人称经验的研究。

化约论、唯物主义和物理主义范式都没有关于包括情感和感受性在内的思维的科学概念；同时，从内部描述个体思维内容的现象学方法不涉及独立于思维而存在的物质的概念。如果想要取得进展，我们将不得不以一种允许它们彼此对话的方式，建构一个整合两种描述系统的概念框架（见图 2.3）。

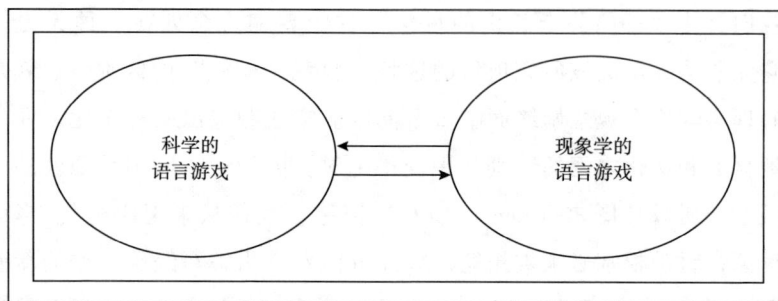

图 2. 3
一个科学和现象学共通的概念框架如何使交流成为可能。

　　我们能够把这两种类型的描述放入同一个世界吗？要做到这一点，我们必须对描述及其基础做出考察。我注意到，面对我们关于自然和思维的概念如何因为知识机构及其利益的发展而形成这个问题，人们更愿意接受的答案是社会建构主义的解释。这是一个重要视角，而且它是这里所用方法的一部分。但是，这并非一个站得住脚的解释，因为它要么假定这二者为真，要么（在更激进的样式中）宣称二者都是完整的社会建构。当我们考察"内部世界描述"时，似乎可以公正地说，它在东方文化中极度发达，并且影响了希腊神秘主义，因为我们在毕达哥拉斯、柏拉图以及诸如普罗提诺和圣·奥古斯丁等该理论的后期传播者那里，都可以看到它。之后，它出现在中世纪伟大的天主教神秘论（如梅斯特·埃克哈特的神秘论）当中，以新柏拉图神秘主义和炼金术的方式出现在文艺复兴时期，再度将人置于世界的中心。但是，在文艺复兴之后，自然科学在发展中一直把数学的"自然规律"放在世界的中心，并且自启蒙运动开始，一直把科学理性放在文化的中心。19 世纪 60 年代，因为达尔文，人类成了进化的众多产物之一。"内部观照"（inner view）在欧洲的现象学中，在从克尔凯郭尔经过胡塞尔到海德格尔、梅洛－庞蒂、伽达默尔和维特根斯坦的存在主义和阐释学哲学中，得以存续下来。这一传统并未对人脑的研究或者有机体行为的研究做出什么重大贡献，尽管佩蒂托、瓦雷拉和罗伊（Petito, Varela and Roy 1999）取得了一些进步。如我们将看到的，二阶控制论是接过生物学和认知主义——尽管仍然是功能主义性质的——传统中"内部观照"的少数几个传统之一。

二阶控制论的认识论基本原理将其与进化认识论以及海德格尔现象学中的重要观点联系起来。很大一部分交流和思考并不是我们自己完成的。马图拉那认为，自创生系统与其环境之间有着一种持续的互动，它们通过一种非决定论的"历史漂移"过程而共同进化。生活在一起的有机体相互成为对方的周遭之物，共同调节着内部组织。最终，语言交流通过对行为协调的组织而形成。不过，马图拉那很少谈及其内部生活——自创生系统中感受性、情感和意义的经验。在动物行为学中，洛伦兹——尤其是他在1977年做的研究（Lorenz 1977）——对积极的认识和学习模式做过研究，但是，他也缺乏现象学词汇，这一点我们马上就会看到。

认识和交流背后有一种复杂的心理－生物进化的动态系统的组织。思维的过程可以通过经典逻辑方式建模，关于系统意图、目的和观念如何得以创造，似乎缺乏特别的知识进行解释。此外，组成该系统的基本过程似乎并不是典型的机械主义要素或者信息加工造就，而是由自组织的符号学动态变化而成。

在其对休谟观点的深入描述中，波普（Popper 1972）暗示，无论我们观察和预测到的经验现象"重复"了多少次，我们绝对无法证明普遍自然规律的存在。看见"某物重复它自身"在客观上并不是不受价值观影响，而是基于一种相似性的判断。这种判断始终依赖假设和兴趣。之于我们的重复（repetition－for－us）是建立在之于我们的相似（similarity－for－us）这一经验基础之上的。

我们对普遍性知识孜孜以求。至少这是神学和科学理想的一部分。但是，我们的知识始终是语境性的，因此是限于一部分现实的。在实际的测试和证伪之前，我们甚至不能用任何一种绝对的理论方式，对我们的知识（模式、理论）之中真理内容所受限制提供一种简单的描述。有的领域当中有特定的模式可以决定表述的真伪，这些领域之间的界线并不是一条平滑曲线，而是一条分形曲线。一旦我们试图将知识普泛化，失败几乎是不可避免的。这是人类知识的内在特征。如果我们犯错而不知，我们的知识就不会发展。但是通过我们进行区分的能力，我们能够——通过逻辑的方式——对我们的普遍模式进行证伪（Popper 1972）。

我们知道，我们拥有某些知识并且能够获得更多知识。但是我们也必须承认，我们并没有普遍性知识——科学中没有，神学中也没有。人类知识是关联性的、易于出错的。人类知识产生的过程是一个继续的过程。

100多年前，皮尔斯（Peirce 1992）引入了"溯因推理"——最初被称为"反向推理"——作为第三种"推理"，补充了经典的演绎推理和归纳推理。自休谟以来的大多数哲学家和科学哲学家都认为归纳推理不是严格意义上的逻辑。溯因推理更是如此，因为它是在感知和记忆的混合基础上通过多种经历而得出有意义的解释的一种能力。辛提克（Hintikke 1998：13）非常清楚地描述了溯因推理、演绎推理和归纳推理的相互作用：

> 溯因推理的有效性必须由策略性原则而非起定义作用的规则来判断，策略性原则与其他规则不同，它们惯于把人引向所意欲的目的。如我们将看到的，这对于亚里士多德的知识概念中的"特克尼"（Techne，技艺）和"弗诺内希斯"（Phronesis，实践智慧）而言都是一条重要的原则。溯因推理规则因此在科学、技术和政治中都能够有助于我们理解理性决定的原则，因为溯因推理源自感知，不能拿常规的数学概率作为它的支撑。首先是在形成假设时不能这么做，其次它的观测是在演绎推理的帮助之下做出的。这可以通过归纳推理来验证。因此皮尔斯把溯因推理看成有着在种种假设之间进行检测或做出选择而生成新的假设这一目的的推理过程。按照这种方式，人们选出想要投入时间和金钱进行检测的那个假设。溯因推理为知识获得提供了众多新的可能。

皮尔斯在合并其三个基本而且非常普遍的范畴——第一性、第二性和第三性——的基础之上建立起他的实用主义理论，而且把符号过程的这三个构成要素联系在一起。这里，溯因推理是对作为符号的某物的最初发现，这一发现让对象与一种更为基本的规则性（习惯）相关，这种规则性使确立一种有意义的理解（创造出一个解释项）成为可能（见图2.4）。

波普的大部分科学哲学思想都与皮尔斯的模式吻合。但是，波普虽然承认这一点，却声称自己只是在晚年才了解皮尔斯。他认为，演绎和归纳可以用作对关于现象的假设或观点进行证伪或检测的工具。他将为了对观察——这是人们想要对其进行系统检测的东西——做出解释而创造出来的

第一性	再现体	溯因推理
第二性	对　象	演绎推理
第三性	解释项	归纳推理

图 2.4

　　皮尔斯通过其三个基本范畴和符号的三个方面达成的理解理论。溯因推理与演绎推理和归纳推理关联发挥作用。溯因推理是把一个基本的或首要的差异或品质看作之于某种规则性或样式（对象）的一个符号这种（确立解释项的）能力。因此，它是确立表意活动的基本功能。

　　这些观点或者假设称为"推测性知识"（conjectural knowledge）。因此他争辩说，如此这般的假设的形成过程在科学哲学范围之外，是人类获取知识的基本能力的一个组成部分，同时他宣称，这种能力仍然是基本的神秘之物之一："人类知识这一非凡之物无疑是我们宇宙中最大的奇迹。它构成了一个无法很快得到解决的问题。"（Popper 1972，《前言》）。

　　正是在《前言》部分皮尔斯插入溯因推理这个新概念，作为解释这一符号过程的结果，它依赖于他的三元哲学。今天，似乎人类的认知可能不会化约为分布在单独的大脑模块中那些简单的逻辑和算法系统的产物，或者说，心照不宣的、科学的、与人类存在有关的知识不会被化约为彼此（参见 Deacon 1997、Penrose 1995 中的讨论）。

❋

2.4　从外部现实主义转向内部现实主义

　　"知识范式"——与科学范式相对——这个概念意味着系统化了的、源自他人的、被公开交流的那些类型的知识，与一般作为科学的那些知识并行不悖地存在。宗教系统在历史上与科学对立而存在。它们驾驭着价值观、意义、信仰、奉献和人际关系与人类存在相关的知识。涉及身体和思想运用的实际知识（譬如在医疗和建筑领域中）争议更少一些。这里的部分知识是隐性知识，难以用系统的方式来表达。人们要具备相应的"感觉"、"才干"、"洞察力"或者"技能"。人们"知其然"而不一定"知其所以然"。这种技能性知识对于优秀的医生或者治疗师是极为重要的。此外，艺术和人文中所汇集和系统化的大部分知识，在品质方面也不同于科学中所产生的知识。在这两极之间是诸多系统化的医学和健康实践，譬如家庭治疗、心理治疗、区域治疗、瑜伽、冥想以及灵修，等等。这些经常有用文字记载的传说和理论探讨，涉及为什么这些实践具有意欲的效果，但是它们的形而上学经常不同于标准的科学客观主义形而上学。譬如，治疗知识和与人类存在有关的知识或许最初产生于具有关于身体、思想和现实的明显的形而上学框架的文化。让我们搞不清楚的是，它的某些内容是有效的——如针灸，即使它的"能量"概念和它的身体"经络"图谱只是部分地与我们实际知道的某种东西（如内啡肽）相符。穴位的发现可能是现象学性质的；不管怎么说，这一做法已经通过实验和实践得到了进一步的发展。这凸显了我们所面临的一个问题，该问题与传统科学方法的性质和应用的范围，以及这些方法所产生的知识有关。

本章的主要目的是阐明认识论的"内部转向"能够帮助科学哲学在构建一个新框架的过程中发挥相应的作用，该框架是关于如何看待源自社会和交流实践的人类身体的不同类型或品质的知识。

知识开始于日常的人类知识（体现在日常语言概念中）。从此出发，它拓宽范围，经受（逻辑和经验方面的）考察，并变得精炼。我们没有把科学知识看作抵达"终极真理"这个目标的方法，而是把它看作一个经过尝试的理性所构成的岛屿；它不断地发展着，尽管如库恩（Kuhn 1970）和拉考夫（Lakoff 1987）所暗示的，无知或潜在的知识所构成的汪洋大海环绕在它的周围。我们不知道将去往何方，只知道这个岛屿（我们的知识）变得更大、更具体，对某些目的更具实践性。不过，我们同时也在不断地通过实践发现，我们的知识并不完备，我们的行动具有不可预料的"副作用"，我们在将我们的知识用于新领域的尝试中充满坎坷。

拉考夫（Lakoff 1987：259-60）总结了哲学家普特南关于需要从外部视角移向内部视角的论辩：

> 总结起来，普特南表明，客观主义认识论现有的正式样式是不一致的：不可能有出自上帝视角的客观正确的现实描述。当然，这并不意味着客观现实不存在——只是我们没有从外部视角抵达它的特权路径……

不一致的根源在于普特南所谓的外部视角，即人们能够站在现实之外，找到一条理解现实的独一无二的正确道路。这种理解，从形而上学现实主义的立场看，会涉及一个位于现实其他部分之外的符号系统，一种对符号和现实方面进行配对的指涉关系。这种指涉关系被认定为符号"赋义"。首先，普特南表示，如果不违背我们用"意义"所表示的意思，那么这在逻辑上是不可能的。其次，普特南指出，为了让这样一种理解独一无二而且正确，指涉关系本身必定是现实的一个部分。然后他注意到，这在逻辑上也是不可能的。

和普特南一样，我也不想耽溺于对自然现象的唯我论建构主义中。想象不指向任何对象的符号过程是不可能的。任何语言的前提都是存在某种"外部的"、它所关注的东西。个人和历史起源存在一个"背景问题"。在物理学和心理学（尤其是后者）中，可以在形式上进行描述的东西，有其在并不可以这种方式来描述的东西中的背景：由可预测的东西和规则性东西以及自发的、不可预测的、意图的和个人历史的东西所构成的超复杂现象。我们总是从世界内部的某处来观察和建构知识，无人拥有"上帝之眼"的视角：

> 我们都是其组成部分，身在其中。所需要的不是一种外部视角，而是一种内部视角。这一视角承认我们是作为现实的组成部分而起作用的有机体，我们不可能脱离它存在，不可能采取一个具有完美知识的观察者的立场，一个有着上帝视角的观察者的立场。但这并不意味着知识是不可能的。我们基于我们就是其组成部分而能够从内部知道现实。这并非上帝之眼的绝对的、完美的知识，而是那种无论如何在逻辑方面都不可能的那种知识。可能的是另外一种知识：来自特定视角的知识，包括对知识来自特定视角的意识在内的知识，以及认可其他视角也可以是合法的知识。（1987：261）

让我们一直为其复杂性和自发性而惊奇的，不仅是这个"外部"世界，而且有我们的"内部"世界，有我们行为——包括交流在内——背后的"下意识的"复杂性和自发性。弗洛伊德表示，我们并不能绝对控制产生语言的那些冲动。有意识的"我"在"我说它"这个句子中，只是该语言表达产生背后的"我"的一部分。我们对自我了解的这种不完整性，我们行为的未知动因，我们对于语言缺乏绝对有意识的控制，这些又同时是我们能够言说和认知某种新东西的前提条件。对此的意识，让我们从中间而非从主体或者客体这两极开始，从为生存而进行的日常奋斗中的认知或者表意活动的过程以及交流我们的意图的需求开始。普特南写道（Putnam 1981：52）：

> 按照内部观，符号不会从本质上对应对象，这与这些符号如何使用、由谁使用无关。但是，由特定用户社群以特定方式真实使用的符号，在这些用户的概念框架中，是能够与特定对象对应的。"对象"并不独立于概念框架而存在。当我们引入一个或另一个描述框架之时，我们就是把世界切分成多个对象。既然对象和符号对于描述框架而言都是内部的，那么就可以说某某与某某相配。

维特根斯坦在语言哲学中，皮尔斯在符号学中，都赞同这个实用主义出发点，这个出发点与知识创造和发展的进化的历史实用主义视角是契合的。在其系统科学中，卢曼（Luhmann 1990：132 - 3）指出了相同的观点：本体论是人们为了从事某种科学研究或追寻知识而将之定位为哲学前提的某种东西：

> 干预系统理论产生的后果可以被描述成对现实的去本体化。这并不意味着现实被否认，因为那样的话就不会有被操作的东西了——没有被观察到的东西，也没有能让人们通过种种区分手段获得收益的东西。只有现实的本体论呈现的认识论方面的相关性受到质疑。如果一个认知系统无法进入其外部世界，那么就可以否认这样一个外部世界是存在的。但是，我们也能够——而且是以一种更可信的方式——声称外部世界就是如其所是的那个样子。哪种声称都无法被证实；在它们之间也无法做出决定。不过，这让我们质疑的并不是外部世界，而只会是本体论施于其上的存在/非存在这种简单区分。结果，问题出现了：我们为什么非得恰恰以这一区分开始？为什么我们首先用这一

区分而非其他来伤害这个世界？

有许多论证——即使是在控制论和系统科学之外——支持这种科学哲学及其基本的认识论观念，它们从观察者或者现象学立场出发，因此承认人类是知者，即使我们并不知道为何如此或者如何如此。重要的是承认，对于"知道"是什么以及知识如何而来，我们当下处在无知状态。我们还必须承认，我们与文化和社会中的其他人是共同存在于语言中的观察者。我们在自然和社会世界中的生活，是建立在我们的生物存在基础之上的，我们是具身化的存在，有着内部意识世界——也就是我们的精神，意欲、情感和（前语言的）思想都诞生于其中。

✦

2.5 开发一种框架，以理解科学和其他类型知识之间的关系

对于总体的科学——包括信息和交流科学等种种跨学科的实用科学在内——来说，重要的是认识到人类的认知过程、语言和意义比科学知识更为根本并且"先于"它们。在伽达默尔（Gadamar 1975）、海德格尔（Heidegger 1973）以及维诺格拉德和弗洛里斯（Winograd and Flores 1986）所做研究的基础上，我强调，符号的意义/信息内容是由历史语境中的社会实践所决定的，与之相对的是认为客观信息"就在那里"、以比特组织而成、等待人们获取的那种理性主义观点。这与皮尔斯的实效主义符号学和维特根斯坦（Wittgenstein 1958）的实用主义语言哲学的见解是契合的。

我认为重要的是了解这种哲学识见的重要性，该识见认为科学是以人的通过有意义的区分获取知识，并通过符号创造和交流来表达这些东西的能力为基础的。人类的认知是各种知识系统的源头。所有种类的知识，诸如科学的、现象学的和实用的知识，都是对基本人类知识的专门化，都是以做出区分（并将其解释为有意义的符号）和通过日常语言传播它们的这种能力作为基础的。通常我们会对我们的自然环境、社会环境，以及关于思想、感觉及意志的内部生活进行区分。这些可以被看作现实的三个质性有所不同的方面，或者三个不同的世界。自然拥有一个看上去几乎不依赖

我们的社会和精神活动的现实。社会，作为我们彼此协作与交流的产物，是通过人类解释和实践所创造的人类世界。最后，我们自身由感觉、意欲和有意识的思考所构成的内部世界，尽管它以多种方式依赖自然和社会，却似乎来自一个独立的源头，在当下的世界观中我们要基于科学理解它的性质是非常困难的。且让我用一个图对此做出总结（见图 2.5）。

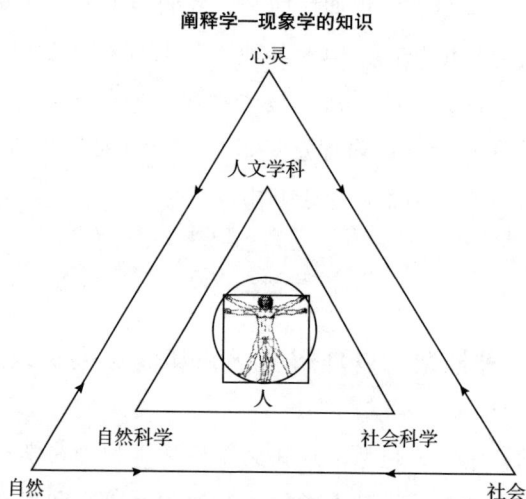

图 2.5

人类认知图示。人作为观察者和交流者被定位在中心位置，对任一系统知识的追求被看作一种社会性事业。现实被分成作为我们物质环境的"自然"，作为我们人文环境并在语言和行为规则领域中呈现自身的"社会"，以及作为我们的思维、被理解成我们对于我们有意识的思想、意志力和感觉等内在体验的"心灵"。此图灵感来自林斯托姆（Lindström 1974）。

我们意识到一个处于用于与其他人交流的语言中的世界，一个我们自身的感觉和倾向（意志、喜好和动机等）构成的世界，以及一些非人类的环境：环境或自然（作为一个单独的话题，我们的生物学概念会很快在讨论中被重新论及）。知识的系统扩张产生出三个主要的、质性有所区别的知识方法：自然科学、艺术和人文学科、社会科学。在大多数文化中，三个分类中的每一个都包含着一个已受到认可的知识系统。

重要的是接受我们由情感、感知、记忆、理论和类比所构成的这个内部世界的独特品质，同时接受这一事实——目前我们无法从自然或社会或它们的组合中推导出这个世界，即便我们的内部世界显然依赖于所有这些世界，而且是由所有这些世界的要素和过程形成的。不过——正如卢曼在胡塞尔的启迪之下所表示的——我们的内部世界和我们的社会交流世界都是自组织系统，而且更有甚者，它们对于彼此是闭合的。对发生在我们精神中的许多东西，我们难以找到可以表达的词。正如拉考夫（Lakoff 1987）令人信服地表示，我们对事件进行排序、理解和预测的主要方式既不是逻辑的，也不是统计式的；我们是通过与身体目的有关的范畴和关联来进行这些活动的。从方法论上说，我们对他人的内部世界无法直接获取。我们只有间接的路径，以生理量度、行为描述和语言描写，通过意义建构的方式来降低内部和外部世界的复杂性（Luhmann 1990），从而获取他人的内部世界。因此，以意志和欲念形式存在的第一人称有意识的体验，在自然科学和社会科学中，都要尽可能避免被当作肇始之因。

对知识系统传统的科学观念进行相对化处理的一种方式是通过哈贝马斯的观点（Habermas 1974），基于法兰克福学派的看法。哈贝马斯认为，自然科学、社会科学和人文学科面对的是极为不同的学科领域——自然、社会以及由情感、意欲和认知构成的我们的内部世界——并且这些系统性知识的目标也各有特色。对自然科学而言，目标是技术的力量/知识；对人文学科而言，是理解；对社会科学而言，是解脱束缚的批判。图 2.6 把观察者的具身化社群放在中心位置，并且注意到，系统可控的知识系统的主要领域呈现的是不同类型的学科领域。

还有其他品质不同的一般性知识和专业技能系统与我们对科学知识的一般区分相互交叉。我将对来自亚里士多德哲学的术语进行扩充，因为我们许多表达的源头在这里。这表明这个问题多么古老，而且我相信亚里士多德有很好的理由来进行这种划分。为了对此做出进一步解释，我建议我们重新思考亚里士多德《尼各马可伦理学》（*The Nicomachean Ethics*，1976）中被广泛使用的三个知识概念：爱彼斯德谟（Episteme）、特克尼（Techne）和弗诺内希斯（Phronesis）。

在如上所提及的英译版中，"爱彼斯德谟"被翻译成"science"（科学，意指经典的机械主义的自然科学范式，及其关于数学规律永恒且不可逆这一理念）；"特克尼"被翻译成"art"（技艺）以及生产性知识（如手艺、技术和窍门，包括审美方面的思考）；"弗诺内希斯"被翻译成"prudence"（实践智慧，被理解成社会事务——如政治、教育、治疗、

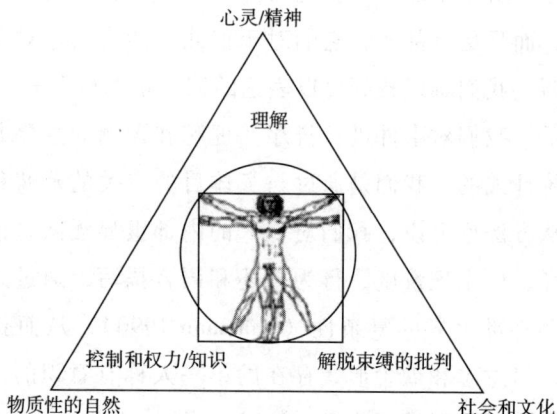

图 2.6

受哈贝马斯研究的启发，自然科学、人文学科和社会科学被看作品质不同的知识系统，它们是以学科领域的品质差异和极为不同的知识兴趣为基础的。自然是客观的，而社会和心灵始终是能提供解释的、总是在寻求着意义。我用了达·芬奇的画作中人的样子（它实际上有两个人）表示我们必须从具有历史与文化的社会协作语境之中的人类语言和实践知识开始。

管理等——当中的实际常识，又被理解成实用或实践哲学，包括伦理方面的思考）。特克尼的目标是外于自身的，弗诺内希斯的目标则在良好的行为以及美好的生活中。且让我们仔细对图 2.7 进行考察。

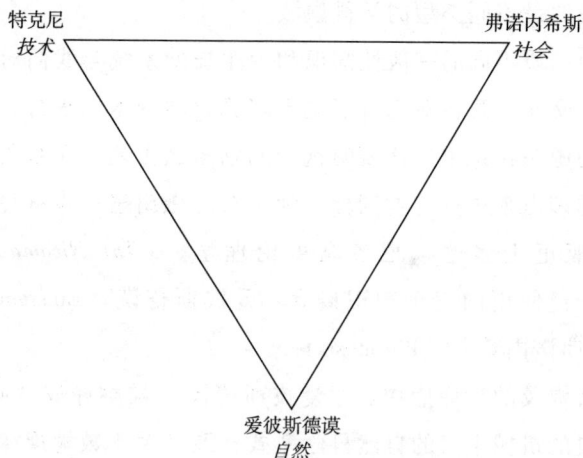

图 2.7

出自《尼各马可伦理学》中的基于手段、目的和学科领域差异的亚里士多德三种品质不同的知识类型。每一知识类型下面对应的是其研究领域的现代名称。

宇宙之下有一个隐藏的数学秩序这一理念来自希腊自然哲学家为寻找"物理学"背后的统一秩序原则所做出的种种尝试。受柏拉图的启发，亚里士多德将这种知识称为"爱彼斯德谟"——关于世界永恒而普遍特征的知识。数学关系可以是其中的一个部分——如对天体的运动而言。关于"爱彼斯德谟"性质的知识，亚里士多德（1976：207）写道："我们都认为，我们所知道的无非是它现在的样子，但如果不是它那样的东西，若其不为我们所见，我们就无法说出究竟它们存在与否。因此科学知识的对象是必须有的。因此它是永恒的……归纳推理让我们见到了最初的原则和普遍性的东西，而演绎推理是从普遍性东西开始的。"

这是自柏拉图就开始有的科学理想，在启蒙时代得到了笛卡尔和康德（Kant 1990）的进一步发展，在现代则通过维特根斯坦和逻辑实证主义得以延续。这一观念认为，科学知识必须：（1）明显抽象（不依赖于具体例子）；（2）普遍且分立（由不依赖于语境的要素构成）；（3）系统（包括整个学科领域并让所有独立要素与规律相关联，并且能够进行精确的预测）。

柏拉图的"爱彼斯德谟"概念扎根于数学之中；他认为宇宙背后那些最高理念中的某一些是数学的。亚里士多德并没有一种有关超验形式的理论，但他仍然相信世界是根据某种基于不动的运动者（the Unmoved Mover）的永恒样式来起作用的——那个纯粹而潜在的理性（Nous）就在宇宙的秩序背后。

"特克尼"常常被翻译成"art"（技艺），是生产手艺或者构建某物所需的知识、需要或者意愿。它依赖理性化知识和窍门、心照不宣的知识以及审美知识的融合。亚里士多德（1976：208）写道："每种技艺都关系到让某物成为能够成为或者不能够成为某物的某种东西……因为技艺所关注的，不是那些会变成必然性的东西，也不是自然之物（因为它们的起源在其自身之中）。"

且想象一个以工程和舞台表演作为两极的系谱。这些是具体、可变而且依赖语境的活动，它们所运用的实践理性受到产生人工的、有用的、审美愉悦的某种东西这个有意识的目标制约。

相比之下，"弗诺内希斯"——常常被翻译成"prudence"（实践智慧）——是实践的、社会的和审美的。它是用在教学、治疗、政治和领导方面的伦理知识。它是一种实用的、交流性的社会知识，在阐释学中令人沉思的那种知识。亚里士多德（1976：209）表示，要理解"弗诺内希斯"的性质，我们可以想想谁会被称为具有实践智慧的人：

> 人们认为，一个具有实践智慧的人的标志是能够正确地思考什么是善，什么是利……但是没人对不可变的东西进行思考……所以……实践智慧不可能是科学或者艺术；不是科学，是因为能够做的事情都是可变的……不是艺术，是因为行动和生产在分类方面是不同的。因为生产的目标不是自身，但对行动而言这是不可能的，因为行动的目标只是把事情做好。那么，剩下的就是，它是一种真实的状态，经过理性思考，针对对人有好处或坏处的东西能够采取行动。

实践智慧的行动和思考的对象是传统的智慧理念。它是一种深刻的人类社会理性，不仅汲取有关科学和实践性质的系统知识，而且汲取伦理方面的成熟意见。正是社会知识的实践智慧性质，使得社会科学如此不同于自然科学。

应用性的"弗诺内希斯"，或者实用哲学，常常让人想到国家机构和私人组织中的领导权问题。但是，实际上，它包括所有种类的社会实践，如医学实践中与病人打交道、关爱临终病人及其亲属所需要的交流技能。它要求审慎、估计和经验，而且它是依赖语境的。亚里士多德（1976：213）写道："实践智慧并不只关注普遍性的东西；它还必须知道特别的东西，因为它关注的是行为，而行为有其特定环境中的界域。这就是为什么一些没有理论知识的人（尤其是如果他们有经验的话），相比其他拥有这种知识的人，在行动中更有效率。"

"弗诺内希斯"涉及人之中的社会性相互作用，因此是人对人的治疗中的一个重要部分。一些医疗和农业实践明显是"特克尼"，因为它们带来某种新的、部分是人工性的东西。如何对待动物，用不用杀虫剂来进行农业种植，家庭生活建立在何种经济基础之上，这些问题则显然涉及实践智慧。但是，我们会希望，为了尽可能达到和谐，这些实践形式必须尽可能地依赖自然科学、社会科学和来自人文学科的知识。

在打破科学知识是关于现实的唯一可能的真理这一观念方面以及把知者放在中间并根据知识兴趣对其周围不同类型加以组织的过程中，尽管这一理论很具启发性，但这一理论并不非常符合我们对自然科学和社会科学的了解。我们知道，一些社会科学，譬如经济学和（有时是）社会学，是工具性的、数学的。许多科学家把"爱彼斯德谟"看作真正的自然规律，如我们在先前关于世界公式的科学章节中所看到的那样。在这一基础之上，我建议我们重新组织图2.7，将其演变成图2.8，这样，技术力量/知识便成为一些自然科学和一些社会科学的特征。在图2.8这幅新图中，解脱束缚的批判成了社会科学和人文学科的一个部分，理解则成了人文学科和自然科学的一个部分[4]，就像在追寻"有关一切的理论"（theory of everything）——以作为对物质、力量和结构进行的根本性理解——那样。的确，这基本上是一种数学的描述，但是，对科学家而言，这也是对宇宙创生、生者的逻辑以及认知科学中思维的结构和形成的一种解释。

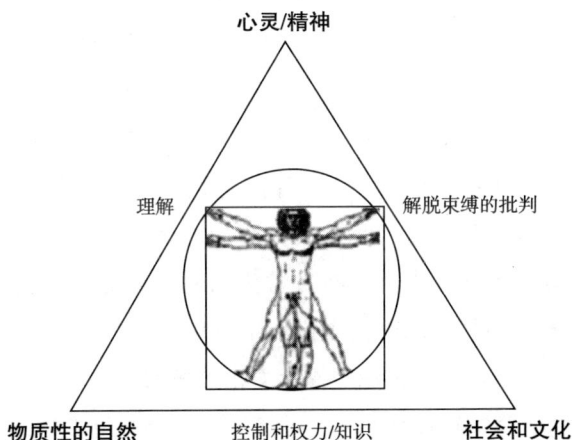

图 2.8

对哈贝马斯关于自然科学、人文学科和社会科学的知识领域的看法进行修正，将它们移到这些区域之间，这样它们就变成了至少两个主要领域的一个方面，但这并不是任何单一知识领域运作的那种方式的本质。

曾经被认为是关于科学的传统理解中最为基础的现实知识那种东西，现在——根据这一视角——可以被看作一种特定的技术权力/知识。系统的算法知识——尤其是如果被组织成计算机模型的话——对于控制和预测某些系统的行为，是一种有力的工具。但是，对非均衡、热力学、分形、混沌理论以及非线性系统的研究都表明，只有一小部分系统可以通过一种状态函数对其做出令人满意的描述。我们的世界观越来越偏离我们在宏观层面看到的复杂性之下有一种简单的数学秩序这一信念。在确定性混沌理论中有一些著名的公式，它们提供了以部分规则的方式进入和逃避混沌的函数。有的等式生成的分形十分复杂，因而人们无法预测，只能对它们进行实证研究。普里高津和斯滕格斯（Prigogine and Stengers 1984）把热力学称为关于复杂性和不可逆性的理论，因为你无法像在经典机械学中那样让时间倒流。他们否认经典机械学是比热力学更为根本的科学。我们在自然和技术领域中碰到的大多数系统都是非线性的，而且经常有奇怪的吸引子，其中一些可能是分形的。因此，在许多自然科学本体论中有一种朝着更为复杂的自然观的偏移。

正如皮尔斯所说，如果我们把混沌——将之理解为一种超复杂的动态连续体——当作基础的现实，我们可以对这些东西进行更有创造性的思考（又参见 Popper 1972：212－14；Mathews 1991）。混沌可以看作被赋予皮尔斯所谓"形成习惯这种倾向"的纯粹偶然。偶然和习惯的形成于是嵌入彼此之中，规则性于是就从混沌中出现了。混沌也能出自秩序，就像在"费根鲍姆树"（Feigenbaum Tree）等各种决定论的混沌中那样。似乎混沌和规则存在一种互补性的包裹。我建议把我们的环境看作超复杂的东西，它反映出难以计数的差异和规则，在日常生活和认知之中，在科学之中，我们只能对几个差异和规则加以概念化和系统化。

生活形式和语言游戏的语境在作为文化组成部分的集体形而上学框架中得到了理解。这一框架可以具有一种神话般的万物有灵性质，如猎人－采集者部落就是如此；或者宇宙观具有此种性质，古希腊哲学家们就是这么认为的；又或者，牛顿的数学机械宇宙也具有此种性质。但这并不重要。上述观念都是人类在特定社会中如何阐述自然的一部分，是人类所提出的各种问题的一部分，也是支撑人类对事物进行划分和归类的那种理性的组成部分。拉考夫（Lakoff 1987）对迪尔巴尔语（Dyirbal，澳洲的一种土著语言）中划分系统的揭示非常令人信服。他的分析表明，该语言中存在神话般的原则和性别排序原则的混合，它们又与相关的实践原则相结合。在迪尔巴尔语中，神话般的排序比性别原则和实践原则更为重要。这很有道理，尽管它并不反映我们所认可的那种内在一致的逻辑或理性。通过这种方式，我们可以看到，不同框架导致人们对自然的不同感知。框架能够随着时间在一种文化中发展和变化。所有框架都与该文化所体验过的现实限制相关。它们对于部分独立的自然样式有着敏感反应。

一个特定文化认为理性的东西部分是由该框架决定的。正是在这样一种特定的（古希腊）理性中，几何学大致上得以确立，并被接受为一种有价值的理性（爱彼斯德谟），这一理性发掘出了物理学中深层而隐蔽的"规律"。但是算法理性只是某个形而上学框架中的一个深层次的真理。我们的科学不得不超越这些框架，因为它们不再能够包容我们所发现的新东西，至少无法让我们满意地包容。因此，我们已经使我们对线性算法模式的看法相对化了，它们已经从深层次的真理变成了控制一个小型系统的有力工具。佩恩洛斯（Penrose 1995：Ⅵ）说，意识显然有与计算无关（non - computational）的品质，同时，为了把意识理解为物理世界的组成部分，我们必须"理解这样一种与计算无关的行动如何出现在通过科学方法可以理解的物理规律之中……我强烈主张，在某个清楚阐明的层次上，在我们当下的量子—机械主义世界观中，需要一种根本性的变化……我的意思是，一种物理的不可计算性——解释我们有意识行动中的不可计算性所需要的那种——必须在这一层面上发挥作用"。

我创建了图 2.9 中的模式，将其作为一个框架来囊括佩恩洛斯的理论，之前（在尼尔斯·波尔研究所举行的一次会议上），我曾与他就他的数学理论作为一种创造性人类努力的形而上学前提条件进行过一些探讨。我希望把自然看作一个超复杂体，由此开辟一条路径，让皮尔斯的符号学形而上学作为一座通往阐释学和社会科学的桥梁。

这也就解释了为什么把观察者和行动者置于图 2.8 的中央会更为现实；从此处，他或她能够创造出种种不同的知识系统，其原因是他或她以一种积极参与的方式"存在于世"（being - in - the - world）。这里，不同学科领域都拥有不同的研究兴趣，正如哈贝马斯在区分自然科学与人文学科和社会科学时所指出的那样。我稍稍修正了他关于自然及对这三个领域的性质及研究方向的模式，不过我依然认为他研究的问题和目标十分重要。

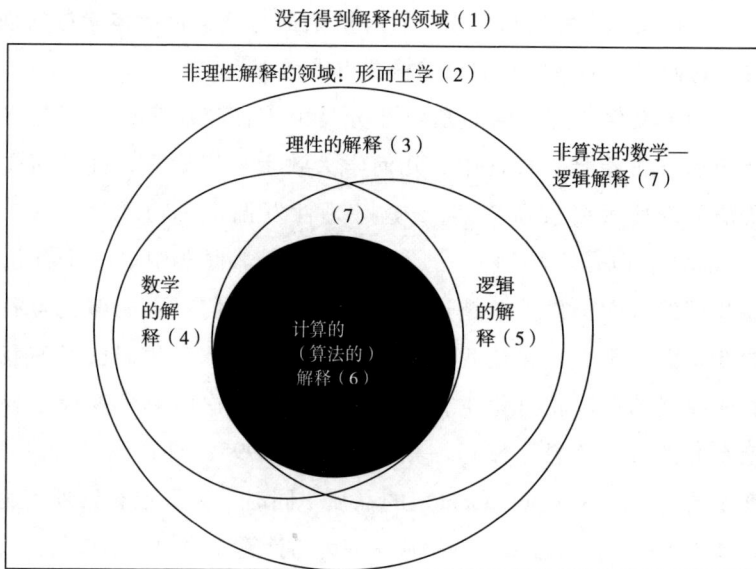

图 2.9

理性的诸文化框架。因为现实作为一个整体是无法用科学方法解释的，解释领域于是只能是（严格意义上）不可解释的现实中的一座岛屿（1）。我们选择通过形而上学的手段——常常是借助神话和其他叙事——来阐述现实（2）。被认为理性的东西，部分是由神话般的/形而上学的框架所决定的（从米索斯［mythos，神话］发展到逻各斯［logos，理性］）（3）。一些解释是数学的（4），一些是逻辑的（5），一些是不可计算的（佩恩洛斯、冯·福尔斯特）（7）。计算的解释领域（6）是数学解释和逻辑解释的叠合部分。它们集中在自然的方方面面，因为我们在与它们打交道的过程中取得了最大的成功，但是它们代表的只是现有系统的很小的一个部分，因此不能指望它们覆盖所有，譬如理解、意识、意义等。

2.6　具身知识的生物学所起的作用

近年来，我们逐渐认识到，有一个质性不同的第四个学科领域。我们的身体存在是认知过程中的一个至关重要的因素，这一事实只是最近才开始得到严肃的对待。譬如，在康拉德·洛伦兹（Konrad Lorenz）所开启的进化认识论中，在二阶控制论中，在自创生理论中，在拉考夫和约翰逊的经验主义中，这都发生过。人们现在认识到，"具身"（embodiment）是精神和社会交流系统的基础，在诸如马图拉那和瓦雷拉关于自创生的研究中，冯·福尔斯特对作为非平凡机器交流产物的认知的研究中，以及（稍有差异的）卢曼有关自创生系统的研究中，均是如此。

　　这一发展让我们开始把生物系统看作与物理、化学和社会科学相分离的东西。就像越来越多的研究者在今天所阐释的那样，生物学意义重大。生命系统使知识具身化的那种能力，是一个独特而且质性上有别于物理或化学的研究领域。拉考夫和约翰逊（Lakoff and Johnson 1999）试图在具身化隐喻基础上建构哲学，这种尝试作为一种重要的后现代工程引人瞩目。生物符号学研究项目（Brier 2006）则试图在符号学和交流研究方法的基础上建构超越机械主义观念的生物符号学。

　　如果我们在创造"科学的"知识系统过程中，通过将不同学科领域构成的知识系统相互关联并使这些知识系统与其知者关联，来继续我们框架建构这一尝试，那么，我们就会看到四个质性不同的主要系统类型，它们构成了四个学科领域以及方法论途径：（1）研究物质、能量和差异的物理—化学系统；（2）生物—自创生的符号生产系统；（3）感觉、思考和意欲所构成的有意识的心理系统；（4）主要基于语言和表征的社会—交流系统（见图 2.10）。

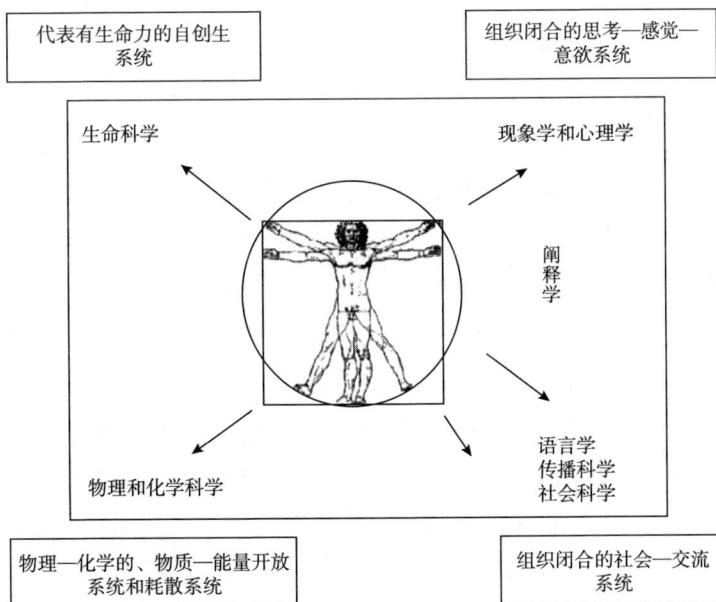

图 2.10

　　质性不同的科学和知识类型如图所示。这些科学和知识类型与我们在寻找社会上认同的为两个或多个主体构建的知识过程中所看到的现实的不同学科领域相关。人们认为这些学科领域在质性方面是相互区别的，因此，经过对人们认为其为学科领域的性质的东西进行研究之后，人们把这些知识系统与这些研究领域关联起来。

我们必须承认，就我们在世界中的观察位置而言，科学是不断发展、不断适应我们需要的，并且我们是通过对经历过的实践的系统化和概念化来理解我们自身和环境的。我们从我们与之相互作用的社会中引申出我们自己的生活世界以及参与其中的这些系统。然后，我们试图把这些系统联系起来，形成一个连贯的整体，我们称之为宇宙。

通过把人类及其世界置于该模式的中心位置，我们只能创造出关于人类内在生活、生理学以及个体和社会行为的种种模式。一切人类行为可以化约为逻辑—数学法则，这种想法是没有任何支撑的。计算机模型以算法为基础，这一事实不代表自然、精神或者社会在本质上就是数学性质的，而且软 AI 观也意识到了这一点（讨论可参见 Searle 1989；Dreyfus and Dreyfus 1995；Lakoff 1987）。

唯一可能建立起来的统一哲学是非宗教激进主义的、以人为中心的、多元的哲学，它认为所有知识系统在超复杂世界观中都是既必要又互补的。按照超复杂世界观，任何知识系统都不能"抵达事物根本"。因此，人们并不指望知识系统之间的种种差异会通过"科学的发展"而消失。我同意皮尔斯的看法（Peirce 1992），我相信对"终极真理"（The Truth）的追寻是科学中最重要的调节性概念（regulative idea），作为获取知识的社会性努力，它也是其精神的一个组成部分，这里所讲的知识总体上是社会—交流性质的、可靠的，足以刺激人们的共同行动。但是，或许在遥远的未来人类才能真正地实现这一理想。

我把人放在图 2.10 的中心位置，所表示的是认知科学中所谓的"亚符号考量"（subsymbolic calculation）（Hofstadter 1983）。这个观点——现在与神经网络相关，即许多认知活动都是亚符号的，在时间上先于任何使用符号和语言的有意识归纳。博兰伊（Polanyi 1973）的"心照不宣的知识"（tacit knowledge），弗洛伊德关于无意识的观点（Andkjær and Køppe 1986），都是非符号（non -）或亚符号（sub -）知识。另一种方式是用"陈述性"（declarative）知识与"程序性"（procedural）知识的对立来描述这种区别，大致接近"知其然"（knowing how）与"知其所以然"（knowing why）之间的区别。陈述性知识背后的想法，是用客观的、原子的、无须语境的事实来描述"宇宙"，并且客观描述这些事实之间的逻辑关联，就像年轻时的维特根斯坦在《逻辑哲学论》（*Tractatus Logico - Philosophicus*）中所表示的那样。但是，"知其所以然"，或者程序性知识，是与人类的"世界"相互关联的。德莱福斯兄弟（*Dreyfus and Dreyfus* 1995：435）提到了海德格尔关于"宇宙"（universe）和"世界"（world）之间的区别："一系列彼此关联的事实可能构成一个'宇宙'，就像物理的宇宙那样，但它无法构成世界。后者，譬如商业世界、戏剧世界或者物理学家的世界，是对象、目的、技能和实践所构成的组合体，在其基础之上人类活动才有意义。要看出这种区别，人们可以把无意义的物理的宇宙和有意义的物理学科构成的世界进行对比。"

人类实践的这些不同领域只有在它们所预设的文化常识这一背景之下才有道理。这些领域是对普遍常识的精加工，它们回馈这种常识，因此为之做出贡献，这也是个体性思维及其世界所做的事情。

正如我已经论述过的，在所有不同的知识领域——思维、身体、文化、自然以及其他，我们的现实只有很小部分会让自己服从算法描述。混乱与秩序交叠在一起。只有秩序极简的"小窗口"，它们在不同层面展现自身，与超复杂性相互交错。在这些领域中，我们能够对差异做出定位，这些差异清楚、稳定而且特色鲜明，足以确立解释项，并由此而奠定符号过程和概念理解。剩下的是各种纠缠和功能关系，它们至今仍游离在精密科学之外，尽管对于它们中的一些，我们能够不使用语言，在生物学和心理学方面与之发生关联、有所作为。按照博兰伊的说法（Planyi 1973），这种知识是"心照不宣的"。

到目前为止，我一直在做的，主要是对纯科学和人文学科进行反思。但是，其他系统性的、侧重于应用的知识形式也是有的。现在我将总结我的观点并形成其可视化模型。正如我已经提及的，在《尼各马可伦理学》中，亚里士多德说过，科学知识（爱彼斯德谟）以真正的普遍性知识为目标，质性上不同于实用的建构性知识（特克尼），后者部分是以手工艺和实际经验为基础的。特克尼是以创造某种实体或事件（如工具或者戏剧演出）为目标的。实践智慧（弗诺内希斯）在质性上不同于爱彼斯德谟和特克尼，因为它关注的是社会之中行动的最高原则。

我们且来看哈贝马斯关于科学知识对于控制和权力的兴趣这一观点。我们使用我们称为算法模型的东西来控制所有线性系统，我们还徒劳地希望我们也能够控制所有非线性系统。但是我们只能在一类很小的系统上获得这种权力性知识。并没有令人信服的理由让我们相信它是某种潜伏在整个复杂自然之下的深刻的普遍数学规律的表现，但它是我们所能拥有的最有力的控制性知识，而且它使得发展技术让这些系统为我们所用成为可能。

最后，且让我们对那种特别的、沉默的、无法用语言表达的知识，也就是博兰伊所谓"心照不宣的知识"，进行整合。如前所述，这指的是生物—心理层面（超越了社会—交流层面）的技能和能力，（如工具或工具操作中的）知识以及直觉的样式辨识就处于这一层面。我们的知识的大部分——譬如以技能形式体现的知识——是无法以语言表达的。正如拉考夫和约翰逊（Lakoff and Johnson 1999）所说，我们大多数推理都是无意识的（就目前所呈现概念的相关理论以及其间关系的图式总览，见图 2.11）。

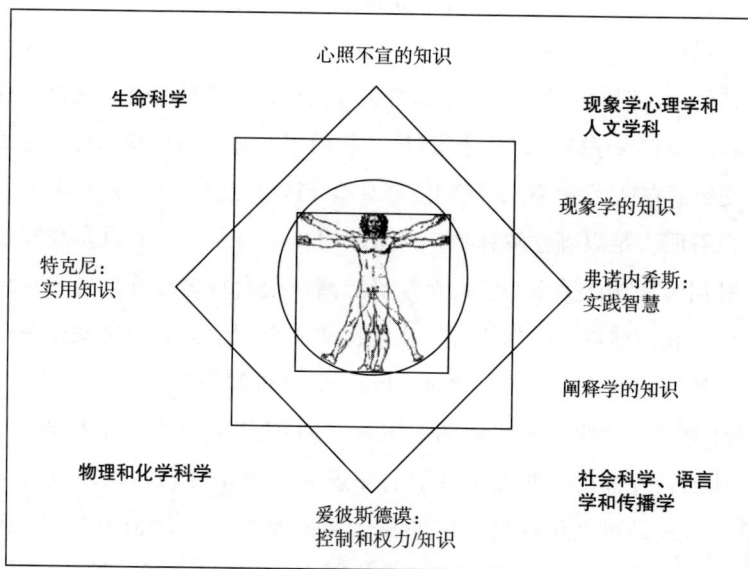

图 2.11

本图是合并了前几个图之后形成的一个总结模型。本图表明，除了科学和艺术，还有其他质性不同的知识领域和类型。该模式提供了一种看待它们之间相互关系的方式。我已经论述过，按照现代观点，爱彼斯德谟就是（以线性为主的）系统的算法模型。

在这个由多个基本知识系统所构成的模型中，我们必须抛开爱彼斯德谟能够揭示绝对原则或规律这一现代机械论观念，并以一种在稳定提升过程中系统的、经过交流的、稳定的知识所构成的有限学科领域的模型取而代之。在这个可交流知识所构成的领域内，海德格尔现象学试图理解在主体和客体之间那种区别被创造出来之前，人类在世界中之位置—存在（*Dasein*）。这一观点意味着抛开胡塞尔关于对我们纯粹感知的现象学分析可以"触及思维中感知的根底"这一看法（Husserl 1977）。我把阐释学置于伽达默尔传统之中（Gadamer 1975），重点关注两个方面：一是从社会和文化的角度对文本的理解；二是不同的"视域"（horizons）如何改变我们的认识——这是社会科学研究方法的一部分。但是我们知道，在生物学和物理—化学科学中，我们还需要对自然有深刻的理解，如此方能弥补我们研究课题的技术方面的不足。

在下一节中，我将推荐一种模式，来描述传统科学、哲学、宗教和政治之间的功能关联，并对 20 世纪末的新发展如何将其改变为"第三种文化"（A Third Culture）生态乌托邦中的新概念和关系做出解释——第三种文化把斯诺（Snow 1993）的科学和人文这两种文化联系在了一起。

如前所述，爱彼斯德谟式知识这一理想知识的概念源自毕达哥拉斯，毕氏相信全部数字都是自然世界的建设砖瓦。柏拉图在其将数学观念当作自然世界创造的基础这一理论中，用到过这一概念（见《蒂迈欧篇》）。伽利略把"作为自然语言的数学"这种观念用作自然科学范式的一大重要哲学基础；后来他的观念成为机械主义范式的一部分。拉普拉斯以及后来的爱因斯坦对此做了进一步发展，该理念在超弦研究、基因研究、对 AI 的愿景以及认知科学的研究乃至大多数当下的经济理论建构中更是登峰造极。在此基础之上，人们试图将人类自然和文化简化为爱彼斯德谟式法则。这样一种研究进路通常被称为化约论（reductionism），根据该研究进路，为人类关于宇宙的知识创制一个精确公式是可能的，因此，这一研究进路在许多方面比柏拉图和亚里士多德更深入。然而，重要的是，必须注意，化约论从图 2.11 的四个角看都是可能的。因为其声称：只有一种真正的知识。在一些例子中，其包括了对精神的研究（主观唯心主义、现象论、唯我论），对社会的研究（惯习理论、把自然作为一种社会建构之物的激进建构主义、庸俗或机械历史唯物主义），以及对自然的研究（科学主义、物理主义以及取消式唯物主义）。

这种观点让人文学科和社会科学中大多数研究者感到震惊，这些研究者习惯于仅仅指责物理学和生物学是化约性质的。我的观点是，那些激进建构主义的相对主义的和理想主义的看法——对任何自然的现实主义观点和科学中真理观念都拒绝接受的那些观点——在其为解释现实复杂性所做出努力方面都同样是化约性的。但是，要解释这种复杂性，我必须声明，一种更为普泛的立场是可能的，该立场并不全然受制于文化建构主义。

对于一种旨在为人类思考奠定某些基本先决条件而非靠胡诌来自圆其说的哲学而言，这是基本的理念。我将其视为一种调节性概念（Kant 1990），一种我们为之而奋斗的理想。作为一个从事科学哲学研究并因此而涉足科学之外的科学家，如果我想要讨论跨学科性的话，这是唯一能让我坚持我的立场之处。

我们不应受图 2.11 角落中的任一特定知识系统所引诱。它们代表着简约和宗教激进主义的强大力量发出的诱导。每一个角落都提供着重要的知识，但它们没有一个能提供囊括所有的解决之道。这并不是让你在这些知识领域中赢得许多朋友的一种观点。我们关于宗教和科学理论以及范式的经验是，它们在一个有限时间段中对特定学科领域是有用的。但是，随着我们经验的延展，各种无法以一致方式进行解释的新现象出现了。于是，我们必须对我们的出发点——哲学基础进行重新思考。

因此，科学就是我们对组织并创造自然事物——包括我们自身的那些可理解的、有用的规则和原则所做出的寻觅。我们通过对语言表达的社会建构、依靠我们借以在我们的世界中进行（前科学的）区分的基本天赋为之孜孜不倦地努力。我们尽可能地使研究的方法论保持一致，因为我们知道不是只有一种而是有许多种科学方法，知道理论和范式重要并因此必须使之明晰。我们努力通过研究者们的集体力量确立客观性。我们尽量让人们对所有相关角度和解释进行讨论，因为我们知道科学并非单独的某位研究者的成果，而是在关于世界的真理的追寻中研究者们集体的批判性过程；预见并建构有用技术，理解世界和人类状况，正是这样一种能力，驱动着这个社会的功能性专门化系统。我们知道，它是人类的，是社会的。它带着每个人类社会系统——宗教、艺术、政治——的缺点和错误前行。这些系统中没有一个是逻辑机器。可是，它是我们所能做到的最好的。因此，为了理解科学，我们必须将其置于更为广阔的知识类型框架之中。那么，我们如何能把大学所教授的一切知识系统置于更为广阔的知识、权力、神话和信念构成的视野中呢？

✦

2.7 一个关于知识概念跨学科框架的建议

且让我以一个建议作为总结，这个建议涉及让观察者进入社会—语言文化中的现实，在以此作为基础的元视角中，我们能够如何对各种有组织的知识系统之间的关系进行建模。我建议采用一种方式，一种理解如其在现代性中所确立起来的（广义上的）科学、艺术、宗教和政治之间传统关系的方式。我将以针对经常融本体论和认识论思考于一体的那些基本的形而上学假说展开反思作为开始。

任何知识系统中最先有的却又常未予反思的形而上学决定，涉及决定什么存在、什么不存在。这是一个关于"在"（being）与"非在"（non-being）的问题（见图2.9中的参照框架）。第二个问题涉及决定可以通过正常感官确定的"在"的部分，以及不可以通过正常感官确定的"在"的部分——显性的显展序（explicate order）以及非显性的（或者，如波姆［Bohm 1983］所说的，隐卷序［implicate order］）。可以参看斯宾诺莎（Spinoza 1996）的解说。文化形成关于何为真、何为非真，何为显性、何为非显性的看法。我把这四个决定放在方框中，这个方框的灵感来自格雷马斯的框图（参见 Nöth 1995）。这样我们可以从实在现象开始，其中一些现象可以直接处理，一些要在现象背后起作用，如自然规律、动物精神以及"不可见的、盲眼的修表匠"（见图2.12）[3]。

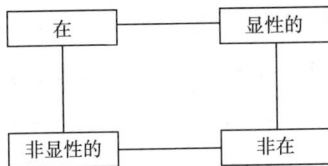

图 2.12 布里尔－克里斯蒂安森多框图

第一框，由格雷马斯符号矩阵发展而来，包括两组合并的对立项。对象的特点可以说是存在和显示。真正的对象两个特点都拥有。虚幻和神话的"在"一个特点都没有。

正如我已经提及的，图 2.12 中的这个第一框中的决定可以产生出诸如古老的北欧神话体系、古希腊神话体系或罗马万神殿神话体系之类的神话框架，来解释世界如何出现（cosmogony，宇宙创生）以及现有的存在，如神祇、灵魂、神秘力量、有生命有意识的语言系统、一般生命系统以及物质系统。所有文化都拥有作为显性之在的对象。但是，并非所有对象都包括灵魂，尽管大多数文化经历过万物有灵论和萨满思想的阶段，而且许多至今还处于这一阶段。西方文化大多放弃了万物有灵论，尽管农耕文化中还常有其残余。在自文艺复兴以来的基督教文化中，教会和各门科学携手，建构出一种关于把自然作为隐藏的数学规律控制下的无目的的机器的观点，对于宗教信徒而言，这或许是上帝的思想（逻各斯）或者创造，对于唯物主义无神论者而言，这是大爆炸（the Big Bang）的产物。

在第二个层面，出现了对象这个概念（见图 2.13）。我们文化中真实的、显性的东西首先被认为是自然的"事物"或者"物体"（res）。非真实的、非显性的东西是"无物"，或一无所有，如上帝、空、空集、零、真空场，或者类似的东西。佛教谈空或无；物理学谈普朗克划分标准之外的真空场；数学研究谈空集。许多宗教谈及超验的上帝（如三位一体的绝对统一）。对于基督教神秘论者梅斯特·埃克哈特来说，形成这种神秘统一的超验领域是不受任何人格化神祇控制的。吠陀传统中的商羯罗（Shankara）的"吠檀多不二论"（Advaita Vedanta），以及道家思想中的"道"（Tao），也是如此。我并不是说，它们谈及的是同一种物或非物，我想要说的是，许多高度发达的知识系统都有关于零、空、无或非物的说法。这里所论的"无物"（nothingness）的几个概念在性质上是千差万别的，而且其中一些相互抵牾。无物是空还是满，是非理性还是超理性，是具有意图还是不具有意图，这些讨论是形而上学的一个重要组成部分。到目前为止，我一直将其当作一种超复杂性提及，这意味着我们不要希望在这里找到任何简单形式的逻各斯（譬如，一个数学性的世界公式）。我们将在后面的章节中回到皮尔斯关于偶然、第一性和超级秩序的看法上来。

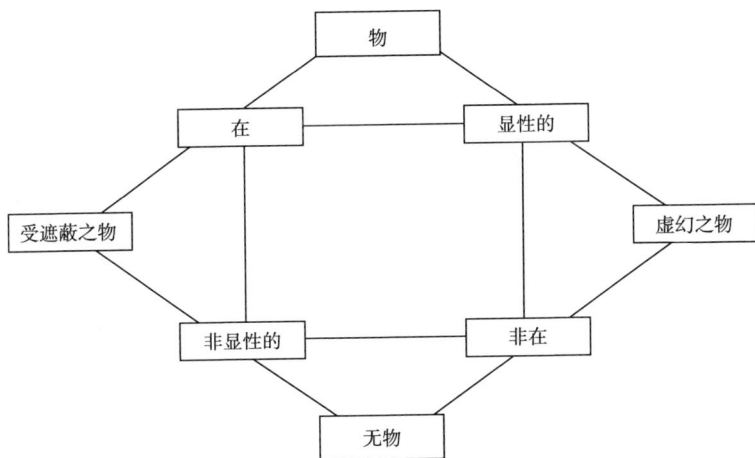

图 2.13　布里尔－克里斯蒂安森多框图

第二框生成我们文化中的基本对象：控制对象过程的真实的、虚幻的、受遮蔽的各种力量，最后成为零的或者一切的否定性基础，也可以将其视为由无数潜在可能所构成的圆满。

　　显性文化对象并不像自然之物那样真实——它们是虚幻的。这适用于艺术作品、建筑物和机器的设计，尽管它们所包含的部件是自然之物或者（某种）"东西"（matter）。真正的非显性现象，譬如自然规律以及生活的意义，则是"受遮蔽的"。它们与其说是对无物的超越，不如说应该被看作是内部固有的。后面我们将更为详细地探讨皮尔斯的形而上学，皮尔斯非常清楚地阐述了这些要点。这里我们将停留在普遍化的层面。

　　存在但并不显现的就是"受遮蔽的"（the hidden）。后者包括自然规律和力量，或者其他文化中的精神力量，根据形而上学框架体系不同而不同。最后，非存在却显性的就是"虚幻之物"（fiction）。虚幻是现实的一个重要组成部分（Deely 1997），无论它是文学、电影、雕塑、舞蹈、对未来的规划、愿景，或者单纯的谎言。在图 2.14 中，我为这一建构增加了我们的基本知识系统。科学处理的是对象及其动态（运动）（kinematics）背后所隐藏的规律。宗教处理的是作为无物的被遮蔽的东西。艺术处理的是虚幻之物，无论其是显性的抑或想象中的。政治处理的是虚幻的无物现象，如民主、人权和自由市场等，这些都是人的社会发明或者建构。

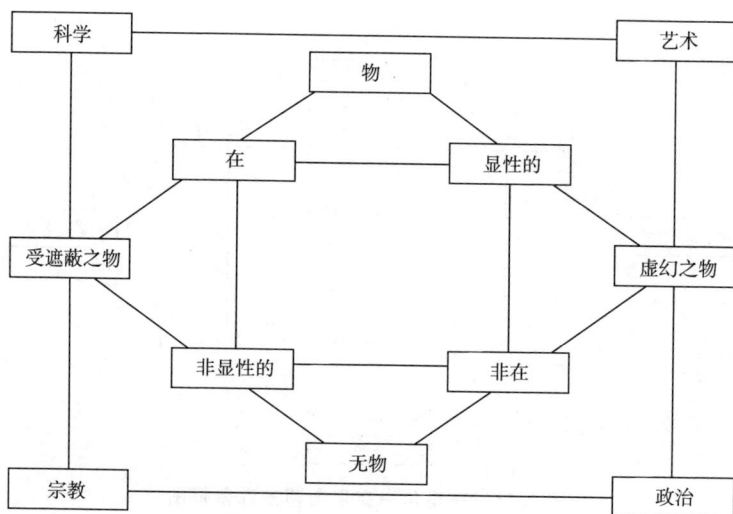

图 2.14 布里尔 - 克里斯蒂安森多框图

第三框解释了与世界上我们的文化所界定的那种对象相关的各种知识类型的突现。一切都必要且不可化约。各门科学都与对象的动态背后那种隐蔽的秩序打交道。宗教关注的是隐蔽的非物质力量和秩序，有人认为，是它们主宰着我们的存在。艺术包括了虚幻物品的生产。政治是诸如民主或者可持续发展的社会之类虚幻目标的非物质性集合所造就的东西。

不同知识生产系统随着这些本体性领域不断演化发展；我们在第三层面可以看到这些系统。正如我所讨论过的，它们是各门科学、艺术、宗教以及政治/意识形态：有着卢曼所称的"符号的一般化媒介"（symbolic generalized media）的功能不同的诸系统。经典机械科学旨在发现物体运动背后所隐藏规律。宗教旨在揭示隐藏在我们的无物或者精神与心灵存在背后那些有意义的关联。政治旨在创造之前从未存在的社会共在愿景，如民主或可持续发展的、注重生态环境的未来。艺术所做的，是利用对象来让前所未见的重要样式和关联物质化。

这些正是启蒙运动以来知识系统的传统组织方式。人们可以说，宗教和科学所做的，分别是揭示主观的和客观的真理。艺术和政治创造虚幻的社会之物，如艺术作品、法令和社会规则等（除非是在宗教激进主义情形下。在此种情形下，要么是宗教为"科学""艺术"和"政治法令"划定框架；要么是政治意识形态为艺术、宗教和科学划定框架；要么是科学统管其他所有知识系统［这常常被称为科学主义］，就像在 B. F. 斯金纳［Skinner］的激进行为主义与 E. O. 威尔森［Wilson］的社会生物学中那样。近年来的进化心理学，尤其是鼓吹"自私的基因"［selfish gene］的多金斯［Daukins］等，有时就被指责是科学主义的）。

这是现代性的传统知识组织方式。不过，在后现代/后工业领域出现了一个新阶层（见图 2.15）。我们正在发展第三种文化，它有望超越科学与技术世界和人文与艺术世界这种基本的划分（Brockman 1995）。这种文化揭示出，科学和艺术共有若干创造性的方面。这就是为什么我们现在越来越多地使用"知识的生产"这个术语而不使用"真相或事实的发现"。从实证主义开始，通过认识到宗教和科学都拥有形而上学假说和框架——也可以称为范式——我们已经在我们的文化中绕了一个大圈又回到原位。

我们持有的与现实和其中的生命存在有关并关注它们（海德格尔称之为 sorge［关怀］）这一基本态度，我们对于意义和伦理的追寻，这些正是一个实体以及一种文化之中有意识的个体存在的根本组成部分。我们通过对图 2.15 中最后一个菱形的详细阐述，来开始论述着我们的这个主题：形而上学。我们已经发现，科学、哲学和宗教都不能根除形而上学（Kuhn 1970），基督教新教也无法做到这一点（Latour 1993；Laszlo 1995，1996，2004；Bateson and Bateson 2005；Bohm 1983；Bohm and Weber 1983）。今天，我们必须以反思的方式对待形而上学，这正是我用这些模型所试图做到的。这在一定程度上使经典机械主义的科学以及我们对建制化了的宗教所持信念变得相对化了。

科学与宗教之间新的联系打开了如"新时代运动"等广义运动和生态思考的新空间。我们可以称之为"精神生活"（spirituality，对待宗教的一种独特方式）：一种超越有组织的宗教和政治意识形态的新方式。我们试图关联我们自身内部世界的基本现实，并由此而找到一条路径，把形而上学、科学、艺术和政治实践联系起来。想想阿尔尼·纳斯的生态哲学（Næss 1973），贝尔塔兰菲（Bertalanffy）的一般系统理论以及其他类型的总体性思考。所有这些都是朝着新乌托邦的努力：反思我们的经历，对我们的形而上学和理想做出概念梳理，我们正在创造关于一个没有饥荒、自然灾害或其他灾难的可持续未来的愿景。最后，政治和艺术在我们对社会乌托邦的文化建构中携起手来。当前，全球的生态社会以及人类和经济可持续发展的社会正是我们的新乌托邦，因为我们所担忧的是我们这个星球

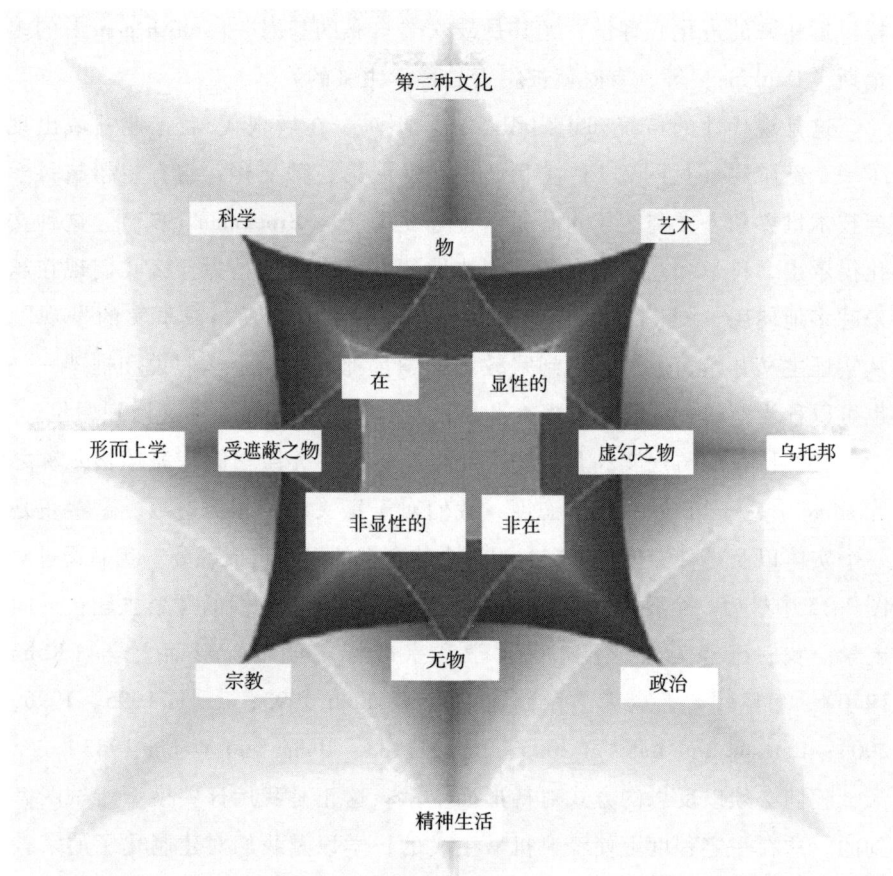

图 2.15　布里尔 – 克里斯蒂安森多框图（简称 BRICHMU）

　　在这个总览不同知识系统的跨学科自组织的图中，我们从内部或第一层面开始，这是关于存在与显性的基本的形而上学思考。第二层面是世界的基本的本体性领域。第三层面是不同知识生产系统的展现。第四层面显示的是某些知识形式，这些知识形式，在我们寻求我们对自身、我们的文化以及我们在自然中的位置的新认识的基础时，也在发展壮大。（感谢皮尔·布内尔［Pille Bunnell］为该图设计提供的帮助。）

能否维系我们生存所需要的诸多条件。

　　我们正在进入第三种文化：利用我们所有的知识和创造性力量，我们有可能创造出艺术和科学在其中协同创造知识的第三种文化，它超越斯诺（Snow 1993）关于一方是科学、技术、权力、金钱，另一方是人文、艺术、社会科学、伦理学和美学这种划分；对此，赫斯在其《玻璃球游戏》中也有过描绘。当我们认识到，我们依赖着形而上学框架以及科学和艺术共同的建构性和创造性的方面，我们就能开始以更具反思性和建设性的方式来研究形而上学、各种方法、各种目标以及创造性之间的相互作用。譬如，在纳斯的"深度生态学"（deep ecology）中，我们关于自然、社会、科学和技术之间相互关系的看法通过精神哲学而得以改变，根据此种哲学主张，我们应该朝着生态乌托邦的方向去发展我们的社会，在这当中，我们方可与自然、其他生物以及我们自身和谐、和平相处。弗里亚·马修斯（Mathews 1991）针对该种主张提出了一种更为温和与科学的样式，我们将在后面对之展开探讨。皮尔斯符号学给人们带来越来越浓厚的兴趣，它深入发展成生物符号学领域（对某些学者而言，已经发展成为泛符号学），同时，它也是思考这些问题的一种新方式。

科学也必须被看作一种集体叙事，它通过在自然范围内生产出新的概念和物品来创造可能的世界。显然——正如冯·福尔斯特所说——科学家和各门科学必须为其创造新物品并将其带入我们的社会现实而承担责任。当他们与社会乌托邦——包括这一乌托邦的伦理和美学——有所关联之时，他们将不得不为它的种种理论而争辩，并且为一种关于人类存在的理论进行争辩。科学——通过它对主题领域、方法和互动的选择——无法逃脱它与工业技术发展深刻的政治纠缠。同卢曼一样，我们可以说，科学是一种普泛化了的媒介，它依照简化的真伪规定行事。通过这种方式，它将其信息广泛地撒播到我们整个社会。通过它与工业和政治-经济力量（两种普泛化的媒介形式）的相互作用，科学使空想变成了现实，其所依赖的基础是各种技术，如核能、AI、基因治疗以及能为我们带来能源、食品和健康（但我们需要为此付出成本或者至少是冒些风险）的转基因技术。这些新的知识模式，在吉本斯及其同事（Gibbons et al. 1994）那里得到了探讨；普泛化媒介与电子媒介这个公共"集合"的相互作用，则在诺沃特尼及其同事（Nowotny et al. 2001）的著作中得到了探讨。

有许多模式能够以跨学科、非化约方式展现，我们文化中各种（可能全部必要的）知识生产系统之间的内部关系以一种跨学科、非化约的方式，以一种不会把这些系统简化为一个基本的知识类型的方式，对我们关于理解和控制的探索起到补充作用，而现有的这个模式只是其中之一。

图 2.15 阐述了一种二阶知识，它源自认为外环很重要并因此使形而上学得以凸显这样一种观点。我有意识地写到人类对于新乌托邦——如生态

乌托邦和系统乌托邦等——的摸索，同时我承认精神生活在第三种文化的发展中是一个重要因素。该图对来自不同角度、方法和学科领域的知识进行了跨学科的整合，以便为下一个千年创造一种可持续发展的文化——一种不会把一切化约为单一原则或规律的文化。

接受各种知识方法和领域之间的巨大差异而不至于（如在激进的后现代主义和建构主义中那样）变成全然的相对主义，与此同时又能迈向一种真正的后现代的立场（例如，Deely［2001b］曾为之辩护；Luntly［1995］也曾以此为目标），办法之一是让超复杂的立场去适应现实。这意味着需要摒弃任何知识系统都具有直接获取任何事物的绝对真相的方法这一观点。抛开这种观点，我们方能避免变成激进相对主义或建构主义，方能开辟进路，获取关于现实的某些方面和领域的一种相当可靠的知识。正如我在后面章节中将进一步探索的那样，理解世界上诸多规则性的办法之一，如皮尔斯所做的那样（Peirce 1992），是将它们视为经由不断演进而发展出来的超复杂自然的惯习（统计数据和运行态势方面的规则性）。在皮尔斯看来，第一性是无法以任何方式进行化约的一个复杂且动态的连续体。人们在这一刻过去之后，利用智力通过溯因推理形成符号、运用第二性和第三性方能在知性方面知道第一性。只有在那时，人们才能使用演绎和归纳推理进行试验设计，探寻规则性。绝对精确是不可能的。所有知识都是以偏颇的方式建构起来的，因为对于类别划分而言，受限的视角和期待一直是带有文化偏见的基础。在试图理解、描绘生活或者现实某个复杂领域或方面或者针对它建模之时，我们一直都需要各种各样的知识领域。皮尔斯提供了一种包括科学在内的新的形而上学框架。我们在讨论生物符号学对信息、认知和交流理论的贡献之时，将再回到这个问题上来。

我们还必须承认，在不同的社会领域，知识的来源、理论知识的类型以及产生知识的实践类型有很多，经典逻辑仅是其中之一。知识类型和形式一直在相互作用。有时，这场对话是建设性的；有时，在决定参照框架方面，如我此刻想要构建的这个，这场对话却是权威与权力的碰撞。这一框架的认识论一直与我们在四个存在域中的人类经验相偏离。在不远的将来，我们不大可能得到对它的科学解释。这个框架还试图包含普特南的内部现实主义（Putnam 1992），后者的理论得到了普里高津和斯滕格斯以及拉考夫和约翰逊的支持。内部现实主义是我们所能拥有的唯一的现实主义。但是，考虑到我们的感知已经存在并发展了数百万年，说我们牢牢地嵌入现实，其实是很合理的。我们的生物学限制了我们可能的感知。

在我的分析背后，这是哲学框架的第一幅建设性蓝图。这种认识论立场的更多细节会在我分析二阶控制论和皮尔斯生物符号学的过程中体现。到目前为止，我的出发点始终是内部的、非机械现实主义的，遵循了尼尔斯·波尔（Niels Bohr）关于互补性的一般理论以及索伦·克尔凯郭尔（Søren Kierkegaard）对每个人内部生活存在独特性的强调。

这一模式要求我们以重构我们的理性——这是生态挑战对我们的要求——为着眼点，对我们自身的形而上学框架及其局限进行反思。我们能够用科学和技术的方法解决这些问题吗？或者，我们是否应该拓展我们的理性观念，把与我们为伴的生命物种、我们的伦理以及自然并不只是机器这种观点，一并纳入呢？

即使基于形而上学这个词最为广泛的意义，我们也无法证明任何一种形而上学是否为真。当然，我们必须要求这些模式不能违背我们认定为真的知识并且符合实践经验。而且，我们不断拓展的概念在包括新的经验领域的同时还要与之前的知识相互兼容。把量子现象纳入我们的科学世界观，和对我们的"内部世界和身体状况"之于信息创造和分享的影响做出解释一样难。二者都改变着我们关于宇宙和世界如何关联的看法。

3

✺

认知的行为学研究方法

✺

3.1　总览

到目前为止，我已经建立起有关知识系统的一种初步的元框架模式，该模式可以用作平台，建立一门可以涵盖自然以及我们内部世界和社会世界的非笛卡尔式的信息科学。这一点已经很清楚，如果我们要实现跨学科这一目标，那么我们将不得不对"信息科学"中的"信息"和"科学"这两个概念进行根本性的改变。为此目标，我们将不得不改变这些术语指向的概念框架。

我认同知识总是源自感觉这种非化约论观点，该观点认为，知识源自自愿用符号表意的生命系统，这一生命系统拥有内部经验世界，并且拥有通过社会交流方式与自然世界和文化环境相关联并与之相区别的身体。

我承认有且必须有全部的四个世界（身体、精神、自然、文化），不过，认为对这四个世界当中任一世界的解释都能从其他三个世界中的任意一个世界找到依据的观点，似乎一开始就过于武断。我无法找到可以解释一切的一种方法，无论这种方法出自没有生气的机械决定论世界，还是出自存在于所有认知系统之前的、全然难以明了的物质世界，抑或出自激进的社会建构主义——其中，我们的"世界"无非是由语言和概念构建而成，所有现象（甚至自然）都无非社会建构而已。

纯粹唯心主义的唯我论是一个什么都无法从中逃逸的黑洞，因此，其中也不可能有任何交流。我想说的是，一个有着某种结构和动态变化的部分独立的现实，尽管超复杂，也必须为内部现实主义所假定。内部现实主义与海德格尔的观点是一致的，海氏认为，我们发现自身"被抛入"（thrown）一个我们对之具有情感依附（*Sorge*）的"世界"（world），我们在语言中领悟到一种部分的自我意识（Heidegger 1973）。此外，我们生活在这个"世界"（world）中，科学这一调节性概念及其精神就是发现"真理"（truth），科学真理的一个重要组成部分是构造"宇宙"（universe），其原因是，认为在这一切当中或"之后"和"之前"必定存在某种统一性似乎是合乎逻辑的。宇宙这个概念就是一个调节性概念（Kant 1990），它尝试的是一惯性的话语和集体受制约的感知实践；但是最终，关于宇宙和我们的终极真理，或许是某种无法用精确的科学语言言说的东西，这是因为它是建立在清晰界定而且可以量度的各种差异基础上的，或者，它不具有通常人们所认为的意义。[1]

但是，且让我们对这种基本现实的性质究竟是什么持一种开放的心态，不要采用有可能限制我们可能得出的结果的各种简单主义模式。我赞成马图拉那的看法，即我们的许多知识系统促使我们对"多重宇宙"（Multiverse）——或者冯·乌克斯库尔所谓的"环境界"（Umwelten）、现象学家所谓的"生活世界"（life worlds）——解释、预判和实施种种活动。我们正是从中对事物进行分辨、命名和归类的。后期的维特根斯坦很好地把握住了这一点，他提出，我们生活在语言游戏之中，语言游戏紧随着我们的生活形式发展——这个观点似乎与马图拉那关于物体显现于语言的观点完全吻合。但我认为这个感知的、语言的多重宇宙并不能作为一个本体性概念单独成立。但我并不相信这个观念的和语言方面的多重宇宙能够单独作为一个本体性概念加以倡导。我仍然认为（或许有些天真），我们都生活在同一宇宙之中。

而且难以否认，从热动力学的角度来看作为物质和文化的存在，我们生活在不可逆的时间之中（Prigogine and Stengers 1984）。当我们承认不可逆的时间的这种根本性质时，我们指的是我们无法避开从进化和历史的角度进行解释。但是，我们还必须记住，只要我们面对的是一个单一的宇宙，这些都是种种不具备绝对解释力的探索性叙述。作为我们拥有的几个世界中的个体以及宇宙中的一个物种，我们似乎被死死地拘囿着。正如维特根斯坦所指出的，唯有神秘论宣称能够觉察到宇宙之前的和之外的，因此也是言词之外的那种状况；因为这个缘故，我们无法清楚地描述此类状况——或许因此而应该尽量不去谈及。若非如此，可以确定的一点就是，关于"生活、宇宙以及一切"的意义都是超言词的。

不过，问题的关键是，可以认为我们的语言和概念一直是在我们努力作为自组织的系统在这个世界上生存的过程中发展，因而它们与这个世界以及这个世界当中的物体有着切实的关联。生物学对我们的隐喻修辞和分类方法具有深刻的影响，对此拉考夫和约翰逊已经充分地指出，而这与行为学以及西比奥克的生物符号学是一致的。但是，同样真实的是，既然我们的思想是由语言形成和传递的，那么，我们要理解语言的范围之外的东西是极为困难的。在一定程度上，我们的思想是拘囿在语言中的。我们通过符号（再现体）获取知识；从中我们获得解释项，以便对我们认为"外在于我们"的世界之中的对象和行为的存在展开设想。但是，我们仍然无法确切地知道"外部的世界"是什么样子；甚至我们对于"我们"是什么、是谁，也不甚明了。但是，要创造一种不断发展变化的符号活动理论，皮尔斯的三范畴似乎很有必要。

我学的是生物学，因此，我是从生命系统广义的中级概念开始对认知信息和交流进行分析的。从这个层次出发，如我们将看到的，我们有可能从系统论和控制论以及西比奥克的生物符号学中获得滋养。我的出发点是洛伦兹、廷伯根和冯·乌克斯库尔的基础理论，是他们创立了行为和认知生物学这个学科，今天人们称之为行为学（ethology）。

在分析这些科学家的研究以及思考他们的理论如何能够"延伸"到人类心理学领域的过程中，我发现自己受到了启发，开始着手分析丹麦行为学家艾文·雷文特洛所提出的、为研究人类和动物认知的学者们所共有的那些悖论。我已经开始思考这个问题：考虑到现象学和行为主义研究方法的巨大差别，一种统合的心理科学是否可能？我将在本书中继续思考这个论题。

单是针对这个视角的纯粹哲学观照，就有可能写出好几部著作。但是，本书并非"纯粹的"哲学书。本书是要落实一种建设性的科学哲学研究，它针对的是哲学和科学交叉领域所碰到的跨学科问题。关于信息科学的种种争论，归根到底，都深深嵌入了认识论和本体论假说。

　　勾勒出问题及一般科学哲学的起点之后，我将举例讨论非笛卡尔式进化科学和各个跨学科研究课题所遭遇的问题，以探讨自己的论题。我想阐明的是，非化约论分析能否在方式方面对我们有所启迪：这些方式能够将两个学科结合起来，为信息、认知及传播研究提供一种崭新的、跨学科的框架，该框架超越了机械主义和功能主义范式的局限。

　　一种关于信息、认知和交流的前后一致的理论，定然乐于包容社会科学和人文学科以及生物学和各门物理—化学科学。如果我们要理解自然之中的，以及有生命的、人工的和社会的系统之中的信息、认知和交流，有必要做到真正的跨学科。关于控制论和系统理论的研究课题试图开发一种跨学科的信息科学，认知科学的"信息加工范式"同样如此；不过，两种跨学科范式都缺乏一种关于符号表意、关于有机体和观察者"内部生命"的理论。因此，必须开发一种把内部现象学视域和关于语言和认识论的理论关联起来的理论。我们不能一边从发展变化的基础出发开展研究，一边却对关于机械主义科学的一种幼稚的现实主义认识论抱残守缺。因此，我们将从行为学及其在成为一门科学的道路上所遇到的种种困难开始，如此我们便能够看到这些问题是如何在生命科学中揭示自身的。

❖

3.2　行为学研究工作

　　动物行为，尤其是人类行为，在何种程度上能够根据科学方法被描述和解释，一直是心理学讨论的核心问题。伽利略式客观科学传统中是否有一种包括了现象学方面的心理学（Lewin 1935）?[2] 这种科学能够建立在一种唯物现实主义及其对客观普遍的数学和决定论规则的伽利略式观点的基础之上吗？或者，它必须采取一种打破机械主义、更具建构主义和有机论性质的现实观吗？

　　我们寻求的是一种既非机械主义亦非主观主义—唯心主义的理论，它也不是生命活力论性质的理论，该理论认为生命拥有某种特殊的精神力量——这种力量使该理论超乎非生命自然的规律。这正是洛伦兹和廷伯根在 20 世纪 20 年代建立行为学学科时的构想，他们的行为学建立在现代生物学的三大基础——进化论、生态学以及（20 世纪 50 年代得到大幅推进的以分子为研究基础的）现代群体遗传学——之上，还结合了应用于研究本能运动的比较解剖学方法。洛伦兹和廷伯根在新的、有关动机的特别的理论基础上，创立了一种关于先天认知和交流的理论。但在我看来，他们没能为这种理论提供一种新的理论基础。不过，洛伦兹引入了进化认识论，他认为康德的范畴在进化论意义上是可以解释的（参见 Lorenz 1970，尤其是他 1943 年的论文《先天形态的可能经验》[Die angeborenen Formen möglicher Erfahrung]）。[3]这是认识论的一个有趣方面，但它带来了进化论是何种知识这个问题。

　　探讨信息的机械主义基础时，有必要对行为学根本问题进行讨论，其原因是该理论以普遍性方式探讨了有机体与其所处的环境之间的认知互动和行为互动。因为该理论是以普遍性方式应对有机体与其环境之间的认知和行为方面的相互作用（参见 Tinbergen 1968，1973）。行为学对有机体及其周围环境之间的互动展开观察。行为学是对行为方面的研究，有着生物—自然历史理论基础。它所研究的是行为在系统发生和个体发生方面是如何发展起来的，它对作为个体同时也作为物种的有机体的生存有何贡献？这是一个在维纳的信息理论中不会碰到的问题。行为学的目标是描述和解释有机体在进化的生态框架之下的认知与行为；它主要关注物种特定的先天行为。此外，行为学也研究不同本能条件可能引发的各种各样的学习形式（参见 Bittermann 1965；Lorenz 1977），这些本能条件在其中部分地表现为"对学习的限制"，部分地表现为"聪明思考"的突然爆发——譬如，老鼠找到走出迷宫之路那种能力。

　　经过对行为内部组织（动机模式）60 年来的研究，人们得出有关行为的反应和释放模式，该模式试图"以简单方式对效果条件、内部动机以及外部可观察行为进行整合"，其基础是"先天释放回应机制"（innate release response mechanism）这个核心概念。行为学家认为该机制处在感知和主要为本性主导的行为之间（Reventlow 1970）。

　　我将通过对丹麦心理学家艾文·雷文特洛的行为主义心理学研究做出评述，来集中关注行为科学中机械主义描述的局限。我之前曾尝试对雷文特洛所做研究进行梳理（Brier 1980），通过对之加以拓展，我将充分展现雷文特洛在库尔特·列文（Kurt Lewin）的伽利略式心理学基础上，为寻找非化约论的行为学和现象心理学的共同基础所做出的探索。[4] 之后，我将对雷文特洛在探寻心理学的基本功能性概念——能够揭示心理学规律的概念——这一过程中的主题进行阐述。雷文特洛的分析表现为对行为分析的认识论思考，表现为在经典的行为学实验——棘鱼实验基础之上所建构的、关于动机的统计学模型。可惜，他的博士学位论文（1970）尚未被译成英语；不过，在曼德森（Madsen 1974）那里有对该模型的英语描述（其研究工作的其他部分可以参见 Reventlow 1959，1961，1970，1972，1973，1977，1980 等著作）。

最后，我将讨论这种研究方法的局限。即便是在最为严谨的呈现中，生物心理学范式都会带来一些根本性的问题：功能认知和信息概念及规律的地位如何？这些规律是否如物理学所常宣称的，是客观的、永恒的、绝对的？心理学必须与唯物主义本体论（该本体论认为使用诸如"意图性"之类的心理概念便于我们讨论各种将来会被计算机还原和复制的现象）相结合吗？雷文特洛试图沿着库尔特·列文的道路（Kurt Lewin 1935），通过对行为学传统中的动物模式进行研究，为一种伽利略式的、规律决定性质的心理学研发基本方法和概念。他的标准模型是雄性棘鱼的护巢行为——棘鱼是部分自我创生世界中的一种小鱼。雷文特洛试图把描述、因果分析和解释限定在行为层面。为此目的，他使用了统计模型，把行为学方法和格式塔理念结合起来，以获取行为心理学中新的根本的、有用的概念。他的最终目标是使用这些结果来分析人的性格和行动。然而，在这一过程中他发现，自己无法把有机体与其环境分开。采用机械主义的或者二元论的观点都行不通。

但是，让我们首先来考察导致人们采用进化生物学范式来解释人类认知的这个发展过程。它揭示出对行为实验的分析是如何把我们带到符号活动的核心的，从而创造了感知"对象"或雷文特洛所谓的"顿悟"（rependium）。因此我们就有了把我们带入生物符号学的扎实的实证研究工作。

***

3.3　对行为学科学研究工作的选择性历史总结

　　直到文艺复兴时期，人们对生命系统的认知及对生命系统所展现的认识论的研究状况进行了科学的探讨，其出发点都是把世界看作上帝和撒旦在其中彼此对抗的有意义形式这样一种基督教观点。为了打击异教信仰，尤其是崇拜自然之神的信仰，基督教日渐把自然看作是"死的"。当生命活力论通过结合自然哲学使有生命的自然再次成为我们的研究对象之时，亚里士多德关于物质和形式的万物有灵论中的泛灵元素不再被强调了。动物不再被看作拥有单个的灵魂。不过它们的确拥有帮助自身存续下去的神圣本性，虽然没有意识到它们都参与到上帝的伟大规划之中。随着自然科学在文艺复兴之后的发展，自然变得越来越机械化。笛卡尔（1596 ~ 1650）最后宣称，植物、动物和人的身体都是机器。他的追随者之一马勒布朗西（Malebranche）通过实验建立了比较心理学，后者不承认动物能够感觉到痛苦。后来，拉·莫特利（La Metrie）和劳埃（Loeb）建立了更详细的基础，以对动物和人类行为进行机械主义解释（Brier 1980）。

　　19世纪，进化观念从社会科学延伸到地理学，最后延伸到生物学。生物科学奠基人之一拉马克（Lamarck，1744 - 1829）把有生命的系统看作是有着共同起源的"生命之流"（stream of life），该生命之流的特质与自然的物理 - 化学性质不一样。在他的研究的基础上形成了"自然史"这一学科，尽管该学科并未成长为一门科学。查尔斯·达尔文（1859）奠定了科学进化论的基础，并以其《人和动物的情感表达》（*The Expression of the Emotions in Man and Animals*，Darwin 1899）为行为学的形成做出了巨大贡献。大致在同一时期，恩斯特·海克尔（Ernest Haeckel，1834 - 1919）确立了生态学这个概念。20世纪上半叶，进化论和生态学思想成为人们从新的行为学角度解释动物行为性质的基础。这一工作得到了日后群体遗传学发展的支撑（Brier 1980）。

　　在19世纪，卡诺特（Carnot，1796 - 1832）、开尔文（Kelvin，1884 - 1907）以及克劳修斯（Clausius，1822 - 1888）发展出热动力学，玻尔兹曼

（Boltzmann，1844 - 1906）后来对之从统计学的角度进行了阐释。在热力学第一定律中，统一能量概念就已经阐明宇宙中的能量总和是恒定的，因此这一概念的形成对这一研究起了重要作用。在热力学第二定律中，在把自由能量转化为熵能的基础上，通过假定熵始终递增，不可逆性和时间这两个概念得以形成。这是一种物理学的进化理论。

热力学启发了洛伦兹和弗洛伊德关于动物和人类精神能量的模型。洛伦兹（Lorenz 1950）关于动机的心理—液压理论（psycho - hydraulic theory）的基础是行为专属的精神能量这个概念，这种能量逐步累积，当压力足够大时，很低强度的刺激就能激发本能的运动，甚至使这一运动自发产生。西格蒙德·弗洛伊德（1856 ~ 1939）在其早期的著作《规划》（Entwurf）中，就认为神经系统类似于蒸汽引擎：精神能量像蒸汽一样，不断累积，直到强力打破对它的限制（Andkjær and Køppe 1986）。弗洛伊德还把能量模型用到了本我上。源自基本的冲动的精神能量，譬如性，是不能被摧毁的，只能被暂时压制。最终它会以强力方式找到"出路"——经常表现为神经质行为。

洛伦兹把动机或者冲动概念描述为"行为特有能量"（action - specific energy），这是神经系统中创造出的一种特殊的精神能量。如我在前面提到的，热力学第一定律认为能量是守恒的。能量无法被摧毁，只能被转化。洛伦兹在此基础之上发展出自己的心理—液压模式，目的是理解每个物种形形色色的动机和情绪，搞清为什么这些驱动力对诸如交配和捕猎等本能行为似乎起着"抑制特定冲动"的作用。

如果重点关注信息概念，我们尤其有必要对内部释放机制进行分析。从人类观察者这个视角看，通常发生在自然中的刺激只有小部分会激发行为。这些部分的特点可以概括为"符号刺激"（sign stimuli）——有机体没有经过之前的学习就能激活特定行为的刺激。符号刺激导致感受，感受和内部激活的条件共同作用，如此便释放出一种基因所决定的行为。

人们为这些符号刺激所产生的行动释放方面的感知总是与特定动机状态相关。冯·弗里希（von Frisch）关于蜜蜂色彩感知的研究出版之时，冯·赫斯（von Hesse）却否认蜜蜂能够分辨颜色。冯·赫斯对蜜蜂逃跑行为的实验表明，无论光为何种颜色，蜜蜂始终朝着最亮的光区飞。近年来的研究表明,冯·赫斯是对的,但是冯·弗里希也没有错,因为蜜蜂的确有色彩感知,它们在寻觅食物的时候就会用到色彩感知;这些表现属于两种不同的先天释放反应机制,分别与飞翔动机和觅食相关(Lorenz 1977)。

从研究现实、感知及信息三者之间的关系的行为学所得出的重要结论是,感知并不是客观信息在其中被被动接收的一个纯粹机械性的过程。相反,感知要有动机。一切关于释放和行为功能性的行为学解释都建立在行为专属的动机这个概念基础之上。

从行为学的角度看,这类过程是人类感知的元初起点。我们对信息的认知是受"兴趣"控制的,而兴趣部分来自感知工具的性质(Lorenz 1977),部分来自我们有机体中内部的释放反应机制。在其对本能和动机概念的发展过程中,洛伦兹曾纠结于有机体的精神经验对行为的释放是否有因果作用(Brier 1980)。最终,1950 年,他认为没有因果作用。

但是,在其后来基于作为有机体学习能力基础和限制的本能结构所提出的学习理论中,洛伦兹再次强调,经验—情感方面对试错过程起到了强化作用。

洛伦兹(Lorenz 1977)讨论了本能、动机和学习之间的关联关系,认识到要有某种以愉悦情感形式出现的现象—逻辑的回报,才会让动物想要重复某个特定行为。他难以明确欲求行为的性质,因为它必须包括情感、对目标的意识以及得到的满足(回报);心理—液压模式因而是不足以解释这一行为的。尽管在 20 世纪 50 年代,他就提出了关于头脑的神经一元论理论,并且承认对冲动现象的生理描述有着心理学的一面,他却并未把因果性归结到精神功能上。然而,把某种因果性归结到超出当时的生理学模式所能描述的心理过程上,是不可避免的事情。一是控制论性质的带反馈的靶向机模型,二是出自现象学的意图性概念,在这二者之间必须做出选择。人们接受了控制论模型,抛弃了现象学的因果模型。

有机体必须迅速适应其环境中的变化,于是,在进化过程中,它们的本能最终向着诸如感知等方面的学习"开启"其"程序"的各个不同部分;这经常发生在"敏感阶段"。在儿童基于文化的成长过程中,基本的人类动机和需要得以发展并彼此区别,同时,感觉与自我意识也一道得以发展。从进化的群体发生角度看,观察者们所记录下的区别在很大程度上是由生物和文化方面所产生的兴趣决定的。在一定程度上，不同物种和不同文化是处于不同的世界中的。

受机械主义思想的影响，多年来行为学家试图为各种不同的动机及其对感知的影响找到生理方面的解释。在题为《冲动的证据》（Evidence for Drive）的文章中，索普（Thorpe 1979：132）有以下一段文字，我认为这段文字可以证明英语学术界与动机概念的本体性地位之间的关联：

> 前面我们已经讲过，特定习惯行为的动机这个问题带来了一个真正的难题。行为学开创者跟随洛伦兹使用了"行为特有能量"（action specific energy）这一名词。这是一个绝对糟透了的术语，后来其慢慢变成了"专门行为潜能"（specific action potentials）。响应度的增加是内部变化的一个外显迹象，多数行为学家（如果不是所有的行为学家）想要为这种变化找到生理学基础。所以，正是特定行为的内部动机这个问题，把我们直接带进了关于"冲动"的一般性问题上。

在对行为学和比较心理学中的动机这个概念所起作用的结论性分析中，辛德（Hinde 1970）表示，这是一个逻辑范畴方面的错误。辛德的结论是，对动机的解释是建立在一个全然不同于关于生理和行为的描述的描述层面基础上的。

可以说动机概念占据着有如生命在生物学中或者万有引力在牛顿经典力学中的那种地位，通过指出这一点，我们可以对辛德的视角做出拓展。换言之，这是一个"神秘的"基本概念，它无法在范式中加以解释，又不能被忽略。

丹麦心理学家 K. B. 曼德森（Madsen 1978：9）曾有文章总结自己多年来对动机这一概念的研究，文章中，他记录了行为研究领域里动机这一概念在行为学以及其他思想流派中所处的位置：

> 在"本能""需要""动机""倾向"等名称之下，动机变量被引入心理学理论，来对行为做出解释。所以，人们在心理学历史或者心理学流派中无法找到动机这一变量，因为在它们之中，心理学任务被认为是对意识做出描述。人们在（费赫勒［Fechner］、沃恩［Wundt］、艾宾

浩斯［Ebbinghaus］等人的）经典实验心理学中找不到动机变量。唯有在弗洛伊德的心理分析和美国的学习理论到来之际，人们才试图通过引入"冲动"等（如弗洛伊德的"本能"［Trieb］和伍德沃斯的"驱策"［drive］）概念来对行为进行解释。动机这个概念从心理分析拓展到人格理论（如穆雷的"需求"［need］）分析。二战之后，动机心理学逐步成为一门独立的学科。（作者的翻译）

因此，动机这个概念看上去是机械主义行为研究中关于意识的古典心理学的"残留"。人们想要把可观察到的行为的发出解释成是依赖于"内部"动机、冲动、倾向或需求的，这似乎在尝试着弱化原初的现象学描述层面的诱因与意图的主观性和人类特点。但是这并不能把关于认知的理论变得更加科学。关于意识的种种概念无法被还原为生理机能。充其量，人们可以宣称心理状态和（神经）生理学状态有着一种一对一的关系。不过，如果宣称它们没有区别，那么，为什么会这样？性质不同的方面如何形成？这些问题的答案尚不明确。

但是，正如延森（Jensen 1973）所表示的那样，我们不能坚持这样一种相关性理论。人类大脑和高等哺乳动物的大脑是如此复杂，以至于很难有什么神经脉冲会以同样方式得以传导，即使是在简单的本能反应中也很难有。这里我们遇到了高度复杂性！神经生理状态的复杂性使我们有必要基于某种研究兴趣或视角对之进行分类。在延森看来，是文化通过语言，通过由儿童周围环境所决定的习俗，对这些概念的指称实施着分类。

卡尔·波普（Popper 1972）按照同一路数发出争议之声，反对通过归纳推理而来的科学假说是从研究者的观察中自发产生这一观点。不管我们对经验性现象有多少次预测和观察，我们都绝对无法证实自然规律的存在，因为对某事物重复出现的体验自身并不是一种不受价值观影响、绝对客观的观察，而是建立在一种相似性判断基础之上的。哲学家休谟之所以有名，就在于他指出归纳推理无法在逻辑上令人信服。波普拓展了休谟的论点，即重复是基于相似性的：我们眼中的重复是基于我们眼中的相似性。也就是说，我们把这些情况看作是一样的。但是，很可能我们所观察到的情况全然不一样——它们实际上数量众多而且在构造和外观方面都大相径庭。这只能是一个相似性的问题。丹麦心理学家 A. F. 彼特森（Petersen 1972：46）在行为学视域中发展了波普的理论，他写道：

> 重复这个问题出现在引入有机体视角那一刻。现象世界无法被证明其本身是重复性的；我们并不知道已经为我们所揭示的自然规律是否在未来适用。现象世界有客观的历史轨道，但是，没人能够保证我们所找到的历史规律会永远适用、在可能出现的任何情形中都适用。这并不意味着有机体所能够拥有的知识必定是主观的。打个比方说，有机体发现自己身处客观现象流之中，通过对这一现象流采取某种态度，有机体或许——从其特定的角度——有能力发现现象在重复自身。这或许表明它本身是理解各种现象之间特定关联关系并且对给定时空区域中每种关联关系做出解释的第一步。

我们可以补充说，事物只能按照——将其置于其与生命系统的需求或兴趣的关系中——这种方式，才能得以分类并变得相似或不同。这一规则不仅适用于动物，也适用于人类（包含科学家们）。因此，信息这个概念并不纯粹是主观的，但它又不能脱离观察者及其动机的选择性关注来界定。如何解决这个问题、心理学如何才能依旧是一门真正的科学——就像现代认知科学的信息加工范式所宣称的那样？

※

3.4　伽利略式心理学的必要性

按照洛伦兹的看法，情感具有功能和存在的价值。贝特森的研究（Bateson 1973）也提到了这一关于情感功能性的进化理论，维默尔（Wimmer 1995）则进一步发展了该理论。但它仍然是一种纯粹的功能性描述，无法解释某些事物和事件何以对生命系统十分重要，以至于此生命系统会将其当作某种生死攸关的符号。雷文特洛对此有过一些有趣而透彻的阐述，从而使我们的分析更深入。

格式塔理论家库尔特·列文的一篇著名文章《当代心理学中亚里士多

德式和伽利略式思想模式之间的冲突》（The Conflict between Aristotelian and Galilean Modes of Thought in Contemporary Psychology）正是雷文特洛关于心理学中复杂概念分析的重要基础。列文在这篇文章中表明，心理学把许多关联甚微的东西归在一起，却把客观上紧密相关的东西区分开来。

亚里士多德相信，只对恒定的或基本恒定的（惯常的）反复出现的现象进行科学研究是可能的。他认为，规律之所以能形成是因为它们在一定历史条件下，在某个地区，经常且定期发生作用。就此着眼，"不那么惯常"和"罕见"就成了偶然的东西，落石的规律不同于环境和谐的规律，现象可以通过几乎始终在场的"属性"进行描述。这些特征经过总结，把各种现象归入"类别"。这些特征再作为"属性"——决定其整个行为的类别的本质——被归到该类别的每个成员身上。这种分类样式的另一特征是，它经常通过诸如"冷/热""干/湿""上行搜索/下行搜索"等两两成组的绝对对立来起作用。下面就是关于心理学中亚里士多德式规律的例子。

1. 常规性的统计学概念，其中，发展心理学认为某些行为规范是儿童发展过程中的特定年龄阶段而不是特定过程所特有的。

2. 心理现象被分成"正常的"和"病态的"。

3. 把理解、记忆、行动（立定志向）的冲动区分开来。

4. 对情感和性格进行归类。

5. 被动因素和主动因素的概念设定。

列文和雷文特洛都试图打破这种过分简单化的分类。根据行为分析中理论可能性模式的运用，雷文特洛（Reventlow 1970：85）在其博士学位论文中写道：

问题在于……这些模式是否可能让心理学产生一种飞跃，就像物理学中伽利略和牛顿开始去寻找规律而不是研究现象时那样。通过这种方式，一条规律足以解释从物体落地到行星运动各种各样的现象……或许把各种因素分成诸如刺激、动机或者学习过程等组别太过原始，或许也只是因为这些因素产生的效果在许多实验中被研究过这种划分法才得以存在吧!

不过,人们仅仅利用这些解释的结论来解释这个特定实验的状况并从中创造出"规律",而很少利用它们从许多实验结果中提取出简单的规律来。

这一倾向与列文在亚里士多德著述中所辨认的某种东西有关:缺乏整个研究领域是受规律决定或控制的这种信念(月下层〔sublunar sphere〕就不受规律决定)。认为自然规律具有适用于一切事物的性质这一看法是精准科学本体论的一大基石,人文学科或社会科学却并非如此。正是这个问题成了雷文特洛研究工作的主题。雷文特洛同意科勒(Köhler)和其他格式塔心理学家的观点,同意把现象数据当作人类研究的充分条件,但他尽可能在其理论和模式中避免使用意图模式和解释。

✦

3.5　雷文特洛的理论和方法论背景

雷文特洛在二战中及之后接受教育。德国占领丹麦期间,他积极参与丹麦的抵抗运动,并于1954年完成其硕士学位论文。在其所有著作中,人们可以清晰地看到,对他来说,心理学主要分为:行为主义心理学、格式塔心理学、与现象学研究相关的心理分析以及哥本哈根学派的现象心理学(尤其以特恩内克雅尔·拉斯穆森〔Tranekjær Rasmussen〕为代表)。而且,通过丹麦心理学家埃德加·鲁宾(Edgar Rubin)的介绍,他对感知实验有所了解。雷文特洛强调实验和方法论,但他始终注重其理论背景的重要性。他对新兴的生物行为科学很感兴趣,这为他的行为学研究增加了一个重要动因。

洛伦兹(Lorenz 1970,1971)与廷伯根(Tinbergen 1973)一道创立了现代欧洲行为学,雷文特洛受后者的影响最大。雷文特洛把格式塔心理学家的视角和实证研究者中少见的统计学结合起来,运用廷伯根的传统,发展出了融合了比较心理学的、具有新的深度的研究方法。

雷文特的目标是精确地考察自然和简化环境中"日常生活"的复杂

现象，找到有意义行为的"基本单位"（basic units），人们可以把这些基本单位当作"固定要点"（fixed points）用以分析人格等更为复杂的心理 – 生物现象。他所受的训练是以感知的心理学为核心；不过，由于他希望在心理学中进行更为精确和客观的研究，所以他从生理生物学的角度进行了行为研究。

从人到动物，这一转换是雷文特洛进行的第一个简化——主要原因是对动物更容易做实验。而且，动物的个性因素（个体性）对于行为的释放和控制并不起主导作用，人则不然；动物具有个体性，但这并不掩盖其行为释放和控制的一般特征，人则不然。我们所研究的有机体复杂程度越低，个体特征对行为的一般特征的主导和"掩盖"就越少。但是，为了保证结果与人类心理学相关，实验中所使用的动物必须拥有个性因素，它需要强到足以在建构行为功能组织一般模型时能够作为一个因素被考虑在内。

在这一点上，人们或许希望雷文特洛全身心投入老鼠和鸽子的实验；因为这在心理—生物行为研究中有着悠久的传统，在美国的比较心理学和行为主义研究中尤其如此。但雷文特洛因为几个理由抛弃了这种方法。首先，他的最大兴趣并非"任意性学习"，而是情感/动机基础，即控制大部分与发展心理学及心理分析/精神病学有关的行为的基本的"无意识"过程。其次，他想要研究的是"日常生活"中的行为以及对于有机体行为系统显得"自然而然的"环境。他认为通常在行为主义范畴中操作的心理学实验无法满足这个条件：

> 行为学者认为，通过让一只猫按压"迷宫盒子"中的按钮，我们就可以确定其行为的重要特征。但是，"没人可以通过观察爱因斯坦的行为就能够理解爱因斯坦的思想，此刻，爱因斯坦两手空空，但他正在试图解决猫所面对的在黑暗中抓老鼠这样一个简单的问题"。（Reventlow 1954：5）

后来他补充说，从生物学方面来说，实验室的小白鼠必须被看作一件人工造就的产品。

> 一个有生命的生理学样本满足以下条件：1）相比野生鼠，在反

应上更不易受情感因素影响；2）在很大程度上缺乏社交行为；3）不太具有攻击性或焦虑程度不高；4）相对而言没有遭受过什么痛苦；5）对移动的需求很小。总体而言，已完全适应环境的实验鼠，可以和其他同类一道被安置在一个很小的空间中，但另一方面，它们与野生鼠的相似之处基本没有。野生鼠具备强大的力量、攻击性和社交行为，而实验鼠只保留了基本的力量、攻击性和社交行为。列文和穆林……得出结论：实验鼠的生长环境太具保护性，因此它们并未发展出完整的内分泌系统。这里，归根到底，相比"野生型"，我们有的是一种情感方面相当钝化的"个性"。（Reventlow 1970：46）

最后，雷文特洛建议说，就揭示心理学基本的功能性规律这一目的来判断，行为学家在简化实验方面的努力导致其研究仅限于屈指可数的几种动机（如饥、渴、避免疼痛）上。仅对如此少的动机进行研究，我们很难了解关于动物行为的个体特征的任何本质性东西。比较心理学家和进行实验设计的行为学家过于简单化的做法，就正常的动机组织和功能组织的研究而言，是犯了一个方向性的错误。为此，雷文特洛选择了护巢的雄性棘鱼作为自己的实验动物。他所用棘鱼是野生品种，并且在实验室中有属于它们自己的自然缩微环境。

要想了解特定有机体行为的个体特征的出现，关于学习过程本身的各种真知灼见是极为重要的。但是，对学习过程并未在其中对行为动机结构产生个体—历史方面过深影响的行为类型进行研究是尤为可取的。这一做法意义重大，因为我们普遍不知道行为的基本结构，而这些结构决定着我们所学到的知识。众所周知，我们所学到的，只是动机驱动我们去学的——或者为了生存而需要去学的。洛伦兹（Lorenz 1977）也认为还有更多类型的学习过程，而并非只有行为学家们常年研究的那些而已。他争辩说，这类学习过程的特征主要是由其出发点的基本结构决定的。

如果人们想要系统地在行为功能组织模型中纳入有机体的"行为个性"，那么就不应该采用同一有机体的几个成员进行的重复性实验，而要将对不同个体进行的所有实验的结果进行计算而取一个平均数，这样，因为单个有机体的重要性不复存在，则作为"普遍"规律的那些实验结果所具有的价值的不确定性便会降低。为此（这只是原因之一），雷文特洛认为，重要的是，最先要分析本能反应的功能组织。他所做实验的理论基础大多是行为学性质的："由于行为学要求人们结合群落生境对动物和人的行为进行考察，并且逐步试图在刺激、动机和行为关系的基础之上去理解精神现象，因此，它成了现有最为广义的心理学理论之一——至少在生态学方面可谓如此。"（Reventlow 1980：90）

行为学解释行为的意义并试图解释行为产生的原因：它描述行为背后的潜在原因。一种方法是行为实验——自然中的和实验室中的行为实验。在这些观察和实验基础上，同时基于行为是从动物"存活机制"（survival machinery）继承而来且是一个相对稳定的组成部分这一理论，人们试图梳理出有关行为内部组织和控制的各种模型。有关行为内部组织所取得的反应模型（一种动机模型），对于行为学家观察和阐释行为极具重要意义。在其博士学位论文中，雷文特洛（Reventlow 1970：21）描述了图 3.1 所示模型。

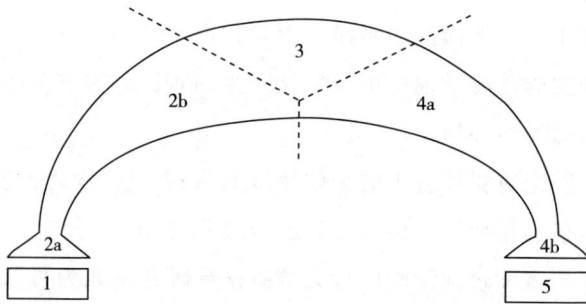

图 3.1　行为学关于释放机制概念的图示

（1）外部世界，其组成成分可能成为刺激；（2a）感觉器官；（2b）神经系统的感知神经，传递来自外部世界的信息；（3）神经系统中起激发动机和协调作用的部分；（4a）神经系统的运动中心；（4b）肌肉运动；（5）外部行为。（2）+（3）组合在一起是释放机制。（4）是效应器，能发出一个或多个固定动作，可能会通过学习获得改进。（2）+（3）+（4）表示先天神经关联，它们与特定激活条件共同作用，产生确定效应——无须先行学习——并导致先天行为倾向的释放。（1）与（2a）之间在长度上的区别，表示有机体从不记录整个物理现实，同时表示，符号刺激这个概念强调的是几种来自复杂现象的有着清晰定义的刺激中的每一种刺激做出的选择（参见 Reventlow 1970）。

作为一种心理学理论，行为学的一大优势是提供一种综合性理论，该理论以一种简单的方式整合了模拟场景、内部动机和外部可观察行为。该理论可以用图 3.1 表示，该图形象地描绘了受基因决定的关联关系（"先天释放机制"〈innate releasing mechanism〉，通常简称为 IRM），行为学家们相信它存在于感知和行为之间。IRM 这种继承而来的关联关系的特点是，行为释放的必要条件是具备某些通常存在于自然界中的刺激情境（stimulus situation）。这些部分被称为"符号刺激"（sign stimuli/Schlüsselreize）。符号刺激带来感官感知，后者与各种内部激活条件共同起作用，如此使得基因决定的行为得以释放。动物行为学用一个简单概念总结了行为学环境、个体和行为之间复杂的关系。

有时，几种 IRM 可以并存于同一系统之中，譬如廷伯根（Tinbergen 1951）曾指出，雄性棘鱼就是这样。

本章中，我不会对雷文特洛在方法论上的结论进行细致的讨论。相反，我将集中探讨他利用概率模型进行研究所得出的更为一般性的心理学结论。他的方法依赖于结合了认识论反思、行为学观察、数学－统计学建模和模型测试以及随后的调试的细致不苟的工作。他运用这一方法让自己的思考跳出寻常心理学概念的束缚。在下一节，我们将阐述这一工作是如何让行为学迈向生物符号学的。

❖

3.6　"顿悟"：尝试在心理学中建构一个根本性的伽利略式概念

1970~1977 年，雷文特洛所做研究的目标是发现新的、更具根本性的心理生物学（后来被称为认知科学）概念。这集中体现在他于 1977 年发表的一篇论文中。他提出了"顿悟"概念：在认知"建构"的过程中，突然意识到某一事物的重要性。这是他为延续列文的努力所做出的第一次尝试，列文致力于通过对表面上属于不同类型的各种现象进行分析来重建心理学概念，从而为新概念的形成创造基础，这些新概念能够反映其纯理论的/功能的特征，我们无须考虑其心理语境。下面我们将举例说明人们何以能找到比现在用到的心理学概念更有用的抽象概念。许多心理学概念都是从日常生活这个概念世界中借过来的（Reventlow 1977：130）。

在这种试图超越一般的表面二元论的努力中，雷文特洛将控制论与系统理论对接。在其1977年的这篇文章中，他对来自行为学、现象心理学和格式塔心理学的种种观察做出了总结。

雷文特洛首先对三个关键理念和相应观察进行了凝练。他比较了符号刺激这一行为学概念和一般的格式塔原则（譬如邻近原则、相似原则和好图原则等）。他从通用的心理学角度把符号刺激解释为物种专属的格式塔原则，他认为这些原则不同于一般格式塔原则，因为要使它们发挥作用必须依赖于动机。因此，如果某动物没有专门的交配动机，就必须有更多、更强烈的符号刺激才能激发其反应行为。

雷文特洛（Reventlow 1972）赞成性符号刺激概念适用于人类。这或许能够解释为什么拥有未被释放的强烈性欲的个体，会体验到通常情况下与性无关联的物体和行为具有性暗示。譬如，心理分析会使用"性象征"（sex symbols）这个术语，把剑或蜡烛看作勃起的阴茎。

雷文特洛所强调的共同要素来自他在研究棘鱼时得到的第三个观察结果。在一条有强烈交配动机的雄鱼面前，放上一条低释放值的（几乎没有符号刺激的）仿真雌鱼，雄鱼会围绕雌鱼游一会儿，然后突然做出典型的求偶泳姿（一种扭来扭去的舞蹈），这种反应会保持较长时间。这一现象——突然、持久的感知变化——在对已取得性象征性质的格式塔图像和现象的体验中也可以看到。

接着，雷文特洛引用了一个来自行为学的例子：康拉德·洛伦兹通过对鹅和鸭的实验发现了所谓的"胚教"（或"印刻"现象）。在实验中洛伦兹使自己成为幼鸭生活中第一个会动的、会发声的东西。于是这就释放出一种行为样式，这一行为样式在经过短时间的重复之后就变得不可逆了。他可以把幼鸭和幼鹅引向任何地方，让它们全然无视"真正的"母亲。雷文特洛写道，"印刻"这一经典概念在五个方面不同于其他学习过程：

1. 发生的速度非常快；
2. 只需要在动物面前暴露一次，只需要动物做出一次反应；

3. 只在个体生活的特定阶段发生；

4. 发生一次之后具有稳定性——可以称之为不可逆；

5. 除了反应本身，没有带来任何其他回报。

"印刻"对于个体后来对性伴侣和"社交圈"的选择非常重要。"印刻"可以比作人们赏画时所发生的一种体验过程：最初我们只看到无意义的点、油彩、线，之后我们突然感知到"有意义的"图像。换言之，感知域突然重建成有意义的图像。（Reventlow 1977：132）

雷文特洛的第三个例子包括所谓的双歧图像，其中一个最为有名的例子是"鲁宾花瓶"（Rubin's vase）。人们从图像中看到的要么是一个花瓶，要么是两幅人的侧影。将这种现象与之前提到过的那些区别开来的，是行为的可逆性。这很像是有两个同样"强大的"、可彼此互换的备选项，尽管——就像在前一例中那样——在特定时刻，一个备选项总会占据优势。

"科勒（Köhler）的猴子"是雷文特洛的第四个例子。灵光乍现，猴子们意识到，自己爬着玩的木杆可以用来取一心想吃的香蕉。于是，猴子们把三种形式的行为——本能行为、"试错"行为和理解行为——合并为一个行动。类似的"原来如此"（aha experiences）这种顿悟在无数动物和人类实验中都可见到。雷文特洛告诉我们："从敦克尔（Duncker）的研究中显然可以发现，一个人一旦形成了自己的理解，与他相关的那些单个要素就会被整合到一个全新的稳定结构中。"（Reventlow 1977：134）

雷文特洛所暗示的，是引发所有这些不同现象的一种共通的"机制"或者心理生物学功能。他的伽利略式结论如下：

上面描述的这些现象有什么共通之处？就我所知，它们在出现时共同拥有这样一个显著的特征：心理学领域中各种不同现象之间的关联关系发生了一个极大的变化。这一变化是一种非连续的且时常是不可逆的过程带来的，这一过程导致一种新的、稳定结构的形成，其中，之前所有要素都被擦除了。（Reventlow 1977：135）

这一过程或功能，正是雷文特洛想要了解的东西。他为这种新心理功能取了一个名字。如下所述：

且让我们……将此现象称为"顿悟"（rependium，这个词来自拉丁文 repente，意为"突如其来的、未曾预料到的"）——这个术语有望让我们更便利地协同操作其他格式塔现象。

基于顿悟这一术语，我们便能明白人们可以通过一个突然的、非连续的过程建构不可预见的、稳定的结构，这一结构与之前存在的结构有着本质的不同，从心理学的观点看，之前存在的那些结构现在已经消亡。（Reventlow 1977：135）

在感知的溯因推理（如皮尔斯［CP 5.184］所称的）的过程中，对可辨结构（对象）的一个组成单位的感知如同一道闪光降临。皮尔斯写道：这是一种洞察行为，但是其极易犯错。感知对象是一种由潜意识而来的假设，来自根据不可控的推导过程所得出的感知判断（Innis 1994：13）。感知判断是一种"完全强加于我的判断，是通过一个我完全无法控制（因此无法对其进行批判）的过程实现的"（CP 5.157）。这是一种潜意识的第三性。这是符号学与行为学交汇之处，因为行为学——还有格式塔心理学——深入考察的就是潜意识溯因推理判断及其通过符号刺激的演变所带来的变化与发展。

"顿悟"这一新概念的提出标志着雷文特洛理论研究工作达到了巅峰，似乎也证明了伽利略式范式的有效性。只要这个范式能使我们开展细致的研究工作，从而推进思考和实证观察以及促进仅适用于简单而明确的情形的概率模型的构建和测试工作，我们就有望见证一种更统一的行为因果观的诞生。雷文特洛正在寻求辨识差异（这种差异能够产生差异，因此从感知的角度来说，它被解释成表示对象的符号）这种根本功能。

在私下讨论这些话题时，雷文特洛不情愿地承认，顿悟功能必须以精神能力为前提——这意味着，即使是棘鱼也必须有意图性和认知经历。这种反应不是机械式的。因此，关于生命和思维的机械性理解存在局限，在有机主义范式中从事研究的那些学者（Gilbert and Sarkar 20000）就指出了这一点。"刺激"在棘鱼"做出反应行动"之前必须被多次呈现。此外，棘鱼必须处于有某种动机的状态。这意味着动机并非一个简单的生理学概念（参见 Hinde 1970）。如前所述，即便其有着生理学特征，我们也无法对之用生理学术语做出解释。雷文特洛似乎处在与洛伦兹同样的困难境地。两人都以二元论方式开始其行为研究，把物质和思维看作两个不同的世界。但是，他们的进化理论迫使他们得出一种关于人类和动物的精神能力之间具有延续性的理论，并把精神意识、情感和意图性看作是有着生存价值的东西。雷文特洛认识到，正如行为学所表明的，生命系统在一定程度上开创了自身的"环境界"（*Umwelt*，这是雅各布·冯·乌克斯库尔对它的称呼，我们后面将谈到这个术语）。

有些人会说，"对象"感知方面的自组织在今天可以通过一种"系统性的方式"被解释成一种阶段跃迁，或者一种从喧嚣到有序的变迁。然而，这些数学、物理和化学原则在什么系统中适用？是在有机体的行为、生理或现象系统中吗？它是作为某种独立客观之物与环境相关，还是系统的一个组成部分，在其中迥然不同？雷文特洛（Reventlow 1970）对这个问题有一些有趣的——而且与控制论和生物符号学极为相关的——方法论方面的讨论，我认为其得出的结论是有说服力的。

✻

3.7 伽利略式心理学的局限

雷文特洛的博士学位论文（Reventlow 1970）是在不考虑生理学或现象学层面的纯行为条件基础之上进行动机研究的一次尝试。结果是得出了一个有关雄性棘鱼在护巢方面行为倾向的概率模型：

$$P\ \{t \geqslant T\}\ = e^{-\omega t^A}$$

在这个行为概率模型中，P 代表特定时间范围（t）内雄性棘鱼接触自己巢穴或者（如果它在巢穴中的话）离开巢穴的概率；A 是所有雄性棘鱼在任何情况下的护巢行为常数；在这个自然对数中 ω 是描述个体特征的参数，与对巢穴的单一类实验操作有关，这种实验操作会随着实验环境的变化而变化。

该模型中，雷文特洛通过两个参数完成了模型建构（参见上面的公式），一个参数（A）是所有情形中所有鱼类共有的，另一个参数（ω）则是单个实验个别鱼所独有的。也就是说，它属于"个体环境因素集合体"（individual environmental factor – combination）这一类型（更多详细内容，可参见 Madsen 1974）。

从客观主义角度看，可以把这样一个因素划分成两类：环境因素和个体因素（用于描述个性和内部动机 – 生理参数）。雷文特洛论文中的关键点之一是，由于心理学的科学考察方法中固有的限制，我们就不可能做出这种区分了。

更深入的研究或许可能做到从个体环境因素中剥离参数层，即便无法彻底拆分这一因素。正如雷文特洛（Reventlow 1970：128）所写的那样，"这或许是我们无法在不观察个体在特定环境中的行为的情况下对之做出观察这一事实所必然产生的一个认知结果。鉴于心理学既未发现其终极概念，又未找到一种方式来衡量这些概念，这看上去是极为重要的"。

且让我对历史和背景做出总结，以便理解这一结论的革命性意义。根据笛卡尔的哲学，伽利略和牛顿的著作引导我们这样理解自然：自然为数学—机械规律掌控。这些规律被认为也适用于动物，动物被当作麻木的机器。按照笛卡尔的看法，只有人体是被永恒的灵魂所控制的。此外，灵魂无法通过数学—机械科学进行描述。拉普拉斯用一个纯唯物—机械模型取代笛卡尔的二元论。伽利略式科学规律概念被认为是无所不能的。伽利略把自己的科学建立在自然全然受着数学规律掌控这一理论的基础之上。自然可以被比作一部用数学语言写就的大书，而在拉普拉斯哲学中，自然这一概念包括了动物和人的思想。雷文特洛和列文表面上也持有这一理念。在我们的私下讨论中雷文特洛甚至宣称，人们无法在拥有自由意志（free will）信念的同时又能真正地成为严谨细致的（伽利略式的）心理学家。这也适用于那些认为我们是只有自由"非意志"（won't）信念的人。行动的冲动来自"内部"，而我们所能做的不过是理性而自觉地不按某些冲动行事而已。

我认为，他在这里已经指出心理学变成伽利略或牛顿式科学这一观念的悖论。因此他也已经指出两个项目——泛信息和认知科学研究项目以及"发展一门有关意识的科学"的研究项目——的共同核心问题，后者召集研究者们所开的国际会议已经有超过十三年的历史（看看《意识研究杂志》［*Journal of Consciousness Studies*］的过刊数量就知道了）。必须要有一种对于知识、科学、真理、规律、信息和意义的崭新的、基本的理解。我想说，只有通过梳理出一种崭新的框架，这种理解才能达成。通过其令人钦佩的实证研究，雷文特洛做出了根本性的发现，为雅各布·冯·乌克斯库尔、胡塞尔、海德格尔、冯·福尔斯特、马图拉那与瓦雷拉、卢曼的著作以及梅洛－庞蒂的《现象学》（生活世界）提供了验证支撑。

从他的研究中我们可以看出，在一定程度上，即使是最低等的有机体也是以自身的方式界定其环境界的。正如马图拉那和瓦雷拉（Maturana and Varela 1980）所指出的，是有机体"带来"世界——环境界。但是，根据雷文特洛的看法，这只在一定程度上发生——这一立场让我们对各种反现实主义形式的激进建构主义保持警惕。他并不是一个唯心主义者，其原因是环境会限制和制约感知——冯·福尔斯特曾仔细考虑过这个问题，对此我们下文将进行分析。

雷文特洛的个体—环境因素让他面临着一种伽利略—笛卡尔心理科学范式无力应对的状况。这里，我们要涉及一个因素。因为根本的认识论方面的理由——这些也因为测量方面的问题（就像在量子机械学中那样）——该因素不得被拆解，因此我们无法对常被称为"主体"和"客体"的单个要素之间的因果关系进行最终的描述。雷文特洛在图 3.2 中对自己的方法论问题进行了总结。

在其对科学观察者的分析中，雷文特洛指出，主要困难不在于确定 1（外部世界）和 5（外部行为）之间的关系（R1，译者按），而在于确定 2a（动物对世界的感知）和 6a（观察者对世界的感知）之间的关系（R2，译者按），以及确定这一关系（R2）与 5 和 6b（观察者对动物行为的感知）之间的关系（R3，译者按）的关联。挑战之一是我们缺乏对 1 和 2a 的终极了解。按照雷文特洛得出的结论，我们在因果决定方面绝对无法获得最终知识。在特定条件的限制下，通过阐释我们会获得一种创造性的建构。

这一结果让我们回头反思 1 和 6a 之间的关系。在特定限制条件下，我们还会建构我们所看到的东西。我们知道，这种现象部分是建构在我们的感知系统中的，部分是我们在孩提时代学习获得的。此外，科学的训练

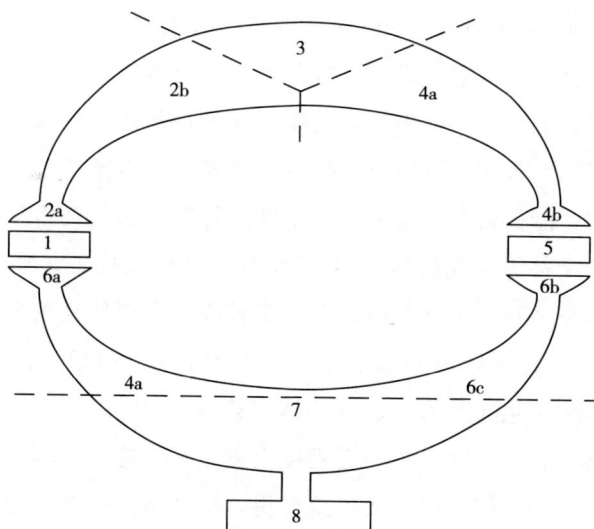

图 3.2

　　该图"阐明了对单个有机体进行观察的各种条件。1 代表外部世界，它刺激/扰动被观察到的个体和观察者。2、3、4 代表被观察个体中的机制（参见图 3.1），它们引发 5，5 代表的是会被引发的整个外部行为。6a 和 6b 代表观察者的感觉器官，6c 代表神经系统的其他感知部件，决定了 7，7 代表的是观察者对被观察行为的体验。8 代表对观察的描述，它是观察者给出的，它变成了科学数据，是进一步科学分析的基础……当 6a 与 2a 不处于对称位置时，那是因为动物有时极可能对刺激做出反应，而我们并不知道刺激的物理特征……尽管我们可以（譬如通过物理测量仪器等）得到有关物理世界表面情况的知识，但这些表面情况对于动物感知而言并无意义。同样地，6b 比 4b 和 5 要小，那是因为动物拥有我们所不知道的行为，甚至一些我们无法感知或测量的行为"。（Reventlow 1970：32）

（各种范式以及诸如此类）强化了这一倾向。通过巨大的（社会方面的）努力，我们能够意识到它并部分地控制它。从科学的观点看，这些处在科学和认识论交界地带的基本考量为客观的科学知识设定了界限，因此也限制了对客观信息概念和信息加工范式的看法。这些限制难以精确或者客观的方式加以明确；它们就像不规则的海岸线一般。从远处看它是线，但我们越是靠近，它就越显得复杂。

　　因此，在伽利略式规律概念和雷文特洛范式中的意图性概念之间，存在一种根本性的对照关系。问题的关键在于动机、意图和感觉与感知的认知层面之间的关系。这尤其可以用来解释行为、感知和交流的任意一种机械主义或功能主义模型，何以能够对动物和人的意志与情感派上用场。必须通过某种方式对规律、意图性和自由意志能共存于其中的本体论和认识论进行描述。这对于讨论信息是什么,对于确定信息科学的基础应该是什么,都是至关重要的。

正如我们分析过的那样,洛伦兹曾对这个问题绞尽脑汁展开思考。我们无法以机械方式对动机建模,因此他在情感能量必须得到释放这个前提下,采用了能量或者心理—液压模型。如前所述,这非常接近于弗洛伊德的思想,在我看来,行为学是对弗洛伊德本我概念的深化,能够更好地解释投射——让人把事物看作象征符号的投射——是如何发生的。但是这些模型都未能深入动机、意图性或情感的本质之中。认知科学中的信息加工范式中的算法有着同样的问题。

部分以一阶控制论作为基础的认知信息科学,在寻找有关理解、信息意义和语言的算法的尝试中,也遭遇到无能为力的情况。这种方法难以对付语境和表意现象以及二者相互作用的方式。他们希望通过算法解决包括意识和意义在内的一切问题。

格里高利·贝特森(Gregory Bateson,1904 - 1980)是第一批控制论专家之一,他推动了控制论的新发展,为诸如自组织理论和二阶控制论等更多的建构主义研究方法铺平了道路,他的创见今天仍然得到了广泛应用。因此,下一章中,我将分析贝特森如何发展这一新型的信息概念——信息是"造成差异的差异"(a difference that makes a difference)。从机械主义到控制论的自组织再到传送差异的回馈环路,他试图打通行为学和控制论信息科学这两个方面。但是,我们仍将继续发问,主体、自由意志、意义、情感、感受性,它们究竟何在?

4

✿

从自创生理论看贝特森的信息概念

✿

4.1　起关联作用的模式

格里高利·贝特森的主要研究课题之一是，在现代科学基础上，既避免笛卡尔的形而上学二元论，又避开拉普拉斯的机械主义，对思维的性质做出解释。通过控制论，贝特森提出了一种信息概念的新的界说，它利用一些概念以一种更加一致的方式把科学的世界观和唯物主义世界观统一起来，这些概念来自控制论的非机械论观点。他（Bateson 1973：428）写道："事实上，我们用信息——信息的基本单位——来表示造成差异的差异。"

但是，如果有人把这错误地当作能运用其自觉的自由意志来做出存在方面的有意义的选择的古希腊哲学中的主体或自我，那么他就没有充分理解到这种控制论框架的激进性。对贝特森和维纳来说，这是一个随机性过程。所发生的是，一连串随机性事件与一种非随机选择过程结合在一起。这种结合使特定组成部分得以延续，或者至少比其他组成部分延续得更久一些。系统或有机体中各种彼此强化的力量，如果协同地都朝同一个方向发挥作用，就会通过回馈机制等增加有机体在特定环境中的稳定性。但是，如果这变成了僵化的、呆板的模式和结构，系统适应环境变化的潜力就会减小。从控制论的角度来看，在几个包容的层面上，递归复杂度不断变化，在这样的复杂状态中，这个"皆大欢喜的中间值"（happy mean）就位于完全稳定与彻底混乱之间。

贝特森的世界观是科学的、唯物主义的。但并不是经典机械主义的，因为他依赖于维纳的控制论。控制论被定义为关于交流和控制的科学；它绘制信息通路，系统沿着这些通路或者自外部得以规范，或者自内部进行自我规范。当消息在系统中循环时，它会以递归方式传递关于整个系统的信息。维纳提出了循环控制（反馈）和目标导向行为的概念。这种递归的循环性为标准的因果解释提供了其他选项，因此我们有可能形成一个与线性的因果思维对立的关于循环因果系统的理论。这在重型数学演示装置那里得到了强有力的支撑。

贝特森相信，在控制论中，隐藏着通过新的关系控制论模式来达成新的或者更具人的特色的观点的方法。这可能是改变我们的控制原理的方法，也是以更广阔的视角看待我们自身谬误的方法。他把控制论看作面向控制、递归和信息等话题的一个整体性的而非线性的系统。

他的研究跨越了控制论、动物交流、人种学、心理学、精神病学、生态学、生物进化学科的边界。他一直在寻找"起关联作用的模式"。尤其是在《思维与自然：必要的统一性》（*Mind and Nature*：*A Necessary Unity*，1980）一书中，他基于控制论原则提出了一种整体观。他试图以此解释世界如何运作、宇宙如何结为一体。通过一种控制论的方式，他把自然和思维看作一个有机体；在这一研究中，他把"思维"定义为从控制论的角度迈向关于思维的递归的生态学的台阶。

因为贝特森跨学科研究的深度和广度，他从来就不是哪一个学科的核心人物；然而，他的工作在跨学科的科学哲学和知识中的价值，在他的百年诞辰之后，却变得越来越值得钦佩。他与女儿玛丽·凯瑟琳（Mary Catherine）在《贝特森夫妇》（*Bateson and Bateson* 2005）中对他的研究工作进行了回顾和反思，此书是对其研究做出分析的一个重要来源。

贝特森的研究假设是，世界的基本构成要素是空间、时间、基本粒子（物质）和能量。他把信息看成一个关系性概念。他相信，如果我们给基本粒子赋予思维品质，科学就会终结（Bateson 1980：103）。他的研究是对作为复杂性和控制论性质的组织的一种功能的思维做出解释。他提出，控制论的力量在于，通过将自己的信息概念结合到普遍的控制论生态哲学中，它就能针对精神性东西是什么提供一种更为深刻的解释。《迈向思维生态学》(*Steps to an Ecology of Mind*, 1973) 和《思维与自然》(*Mind and Nature*, 1980) 是其最具影响力的著作。在书中，贝特森认为，自己的控制论可以提供对思维的理解，思维既不是主观唯心主义的，也不是机械唯物主义的。他对人类学、生物学和心理学兴趣颇浓，与洛伦兹的研究路数相同，但他是从控制论角度走进信息、认知和交流的研究领域的，一直寻觅着"起关联作用的模式"："是什么模式把螃蟹和龙虾、兰花与樱草以及这四种东西和我关联起来？把我和你关联起来？把我们六个与阿米巴虫，与精神分裂患者关联起来？"(Bateson 1980：8) 这就是对其研究工作著名的系统性概括。其研究方法的一个部分，是采取一种变化发展的比较形态学立场。

> 可以发现，总体性剖析展现出描述命题的三个层面或者逻辑类型。1. 生物种群任一成员的组成部分必须与同一个体的其他组成部分比较，才能得出一阶关联关系。2. 螃蟹必须和龙虾比较，或者，人必须和马比较，才能发现组成部分之间的相似关系（即得出二阶关联关系）。3. 螃蟹和龙虾之间的比较，必须与人和马之间的比较进行比较，才能得出三阶关联关系。我们已经建构了一个关于如何思考的梯级——思考什么呢？哦，当然，是那起着关联作用的模式。现在，我的核心论点可以这样来说：起关联作用的模式是一种元模式（metapattern）。它是关于模式的模式。正是元模式界定了这一普泛的概括：是模式在起着关联作用。(Bateson 1980：11)

在对其理论展开探讨之前，且让我对自己如何看待贝特森在开发这一研究领域中的作用、他针对我所归纳问题所给出答案的局限之处，进行简要的说明。通过把控制论带向以一种更具生态性、社会性和人文性的方式看待信息、认知和交流，贝特森为把经典控制论发展成二阶控制论做出了贡献；他之接近于符号学的控制论基础，有如洛伦兹之接近于符号学的生物学基础；他对哥本哈根生物符号学学派，尤其是叶斯柏·霍夫梅尔（Jesper Hoffmeyer），有着重要的启迪作用。按照我的看法，贝特森没能绝对成功有两个原因。(1) 他不能把自己的信息概念从诺伯特·维纳的概念中解放出来。贝特森对信息的定义似乎很适合二阶控制论，但他把它与负熵概念绑在一起，这给了他的理论一种物理主义的意味。（2）他并未发展出一种关于观察者的令人满意的控制论理论。正因如此，他的思维概念是空洞的、纯粹的形式。他写道："思维是空；它是无物。它只存在于其观念之中，而观念是无物。唯有观念是内部固有的，体现在其样例中的。而样例也是无物。譬如，蟹钳并不是物自体（*Ding an sich*）；确切地说，它并非本身即是物。相反，它是思维所认为的它，即某物或他物的一个样例。"（Bateson 1980：11）

但是，关联又是什么呢？"顿悟"和溯因推理的符号形成以及符号解释又来自哪里？且让我们对这个关于思维的信息的、控制论的概念做进一步的考察。

✴

4.2 思维、信息与熵

对贝特森而言，思维是一个控制论现象，一种精神生态学。精神的东西与表达差异这种能力有关。它是内部固有的一种系统特征。基本的、控制论的系统，有其流动着的消息，是最简单的精神单位，即使整个系统并不包括有生命的有机体。每个有生命的系统都有一些我们一般称为精神的特征。他将这些特征总结如下：

1. 系统必须处理各种差异并在各种差异基础之上运作。

2. 系统必须由封闭的环路或通道网络构成，差异和差异变化必须沿着这些路径得以传递（神经元上所传递的东西并非脉冲，而是关于某差异的消息）。

3. 给系统中的许多事件提供能量的是做出回应的那个部分，而不是引起反应的部分。

4. 系统必须在体内朝着稳态（homeostasis）方向以及/或者失控（runaway）方向表现出自我调节性。自我调节性意味着试错。（Bateson 174：458）

思维与控制论性质的系统同义，它包含了一整个能自我调节的单位，该单位能够产生信息。思维是这种整体性内部固有的。当贝特森说思维是内部固有的，他的意思是，精神在整个系统中、在完整的消息环路中是内部固有的。

所以，人们可以说，思维是完整存在于人脑中的环路所固有的。但是，思维也是完整存在于"人脑加人体"这个系统中的更大的环路所固有的。最终，思维甚至是"人加环境"——或者更宽泛地说"有机体加环境"——这个更大的系统所固有的。该系统与进化的基本单位相似，也就是说，它是思考、行动和做出决定的动因：

> 个体的思维是固有的，但它并不只存在于身体之中。它也是身体之外的通路和消息中固有的；同时，存在一个更大的思维，个体只是其一个子系统而已。这个更大的思维好比上帝，或许就是有些人所指的"上帝"，但它仍然是整个彼此关联的社会系统和行星生态学中固有的。弗洛伊德心理学向内拓展了思维这个概念，以之包括身体内部整个交流系统——自主的、惯常的以及范围无比广阔的无意识过程。我要说的是对思维的向外拓展。两个方面的变化都缩小了意识本身的范围。因为受到尊严或者身为某种更大东西的一个部分带来的那种快乐的调适，表现出一点谦逊是合适的。如果愿意，可以说那是上帝的一个部分。（Bateson 1973：436 - 437）

如此可见，贝特森的世界观似乎是生物学的和有机主义的。他把生命和思维看作是共同存在于生态和进化动态机制中的，将其与整个生物界进行整合。贝特森明显赞同行为学家的观点，因为他反对实证主义在语言和思考中搞出来的理性和情感分离，而这种分离对于认知科学极为重要。他承认情感是一个重要的认知过程：

> 试图把智识与情感分开是可怕的做法，我还认为，试图把外部的思维与内部的东西分开，或者说把思维与身体分开，同样可怕，而且危险。布莱克说过，"一滴泪水是一种智识性的东西"，帕斯卡坚持认为，"心有着理智所不了解的理由"。我们不必因为心（或者下丘脑）

的理性作用与悲喜感受相伴就苦恼。这些计算与对哺乳动物至为重要
的东西相关，也就是和各种与关联有关的东西相关，我用它们来指
爱、恨、尊敬、依赖、旁观、表演、主导，等等。这些对于任何动物
生命都是重中之重，我认为把这些计算称为"思想"是没有问题的，
尽管，关联考量的单位与我们用来计算可孤立事物的那些单位是不同
的。(Bateson 1973：439)

因此，似乎很明显，贝特森的"起关联作用的模式"在其对思维的认
识中包括了现象—情感维度。不过，它只能以在控制论性质的环路中循环
的关系差异这种形式出现时才是如此。我想说的是，通过从生态和进化框
架来看它的话，这种控制论立场告诉了我们很多关于动机和情感功能性方
面的东西。它避免了物理主义的解释。尽管贝特森是在这个方向提出自己
的理论的，他却从未再度涉足建立该理论的一阶控制论基础。但是，正如
我们将看到的，人们也会问，二阶控制论——通过分析生物认知系统来跟
随其研究步伐——是否真的打算改变这一基础，使之足以能将有关情感、
感受性、自由意志、表意活动和意义等概念都纳入其中。

✵

4.3　自创生、思维和信息

贝特森的理论在试图成为一种有关信息和认知的普遍理论的过程中，
第一个大障碍与确定造成差异的是谁或造成差异的差异是什么有关。

他的思维—系统概念过于宽泛，涵盖了从机器中最小的反馈回路到盖
亚*的操作控制论性质的系统在内的所有东西，所以无法成为差异能对其
造成差异的动因。如果要说他所谓的思维—系统是什么，那就是每个思维
—系统或观察者都处于另一个观察者内部并且由观察系统构成。如我对它
们的理解，它们似乎更像是信息加工系统。他并未认识到，"当且仅当它

---

　　*　盖亚（Gaia），希腊神话中的众神之母，生物符号学中常用来指代地球这个能进行自我规划
　　与控制的巨大自然体系。——译者注

对有效因果呈闭合态时，一个物质系统才是一个有机体"（Rosen 1991：244）。

要让这种情况发生，要让如此这般的动因出现，闭合性质是必不可少的，而他的理论并没有深刻把握住这一点。尽管斯图亚特·考夫曼（Kauffman 1995）也很早就看到了这一点，却是马图拉那和瓦雷拉[1]通过其自创生概念对闭合做出了最为深刻的梳理。他们多年以来一以贯之地推动这一概念的发展，因此我将转而谈论他们的研究，尽管我认为他们的哲学基础在更广的意义上仍然存在某种不足。

马图拉那和瓦雷拉（Maturana and Varela 1980）关于自创生系统的定义，回答了差异对谁造成了差异这个问题。能够对各种差异（扰动）做出反应的是自创生系统。马图拉那（Maturana 1988：26）就自创生与生命之间的关联写道：

> 首先，一个复合的整体（其组织可以被描述为构成成分生产的闭合网络，这些构成成分通过相互作用建构出生产网络，网络生产这些构成成分并通过建构它在这些成分存在领域中的边界而对它的外延做出界定）是一个自创生系统；其次，一个有生命的系统是一个其构成成分为分子的自创生系统。或者换句话说，我们认为，有生命的系统是分子的自创生系统，而且，正因为如此，它们作为能明确其自身范围的分子生产的闭合网络存在于分子空间中。

自创生系统在客观的物理学意义上并不接收信息，它也不对机械主义范式所理解的刺激或信息做出反应。相反，它是一个闭合的组织，其主要关心的是要有组织，要存活下去。它之所以做到这一点，是因为一旦其连贯性受到"外部的"扰乱或者内部产生的自发行为的威胁，它就会改变其组织。我们把这些看作是生理学反应和行为。通过这种自创生过程，有机体"带来了一个世界"。这与雅各布·冯·乌克斯库尔的"环境界"理论类似，后者我将稍后进行分析。

在该理论发展中的第二步，马图拉那提出这样的假说：这不仅是一个关于知识的科学理论，而且是关于认知的一般性科学。随后，通过在生物学框架中的思考所获得的这一知识理论被他以一种反思方式进行了运用，其目的是形成一种普遍的、自组织的、自足的认识论，该认识论无须涉及现存的、客观的观念和理论世界——自创生的认识论，所谓的"括号中的客观性"（objectivity in parentheses）。

论证如下：当人们意识到对于任何自创生（生物学）系统而言，客观现实是不存在的，因此，对于我们或者对于科学而言，客观现实是不存在的。我们必须将客观性置于括号之中。没有观察者"使之发生"（bring them forth），就没有什么自创生系统。这意味着没有任何理论能够指向客观现实，以使得其关于真理的主张合法化。宇宙是一个"多重宇宙"（Multiverse）（Maturana and Varela 1986；Maturana 1988），我们通过语言交流和社会实践带来了我们的世界。在马图拉那看来，对象只在语言中得以确立（参看下文）。这也是迪利（Deely 1990）的看法，但他补充说，有些对象是事物，而有些（符号性）对象只指向人的观念。

马图拉那的理论为贝特森的信息理论提供了一种更好的基础，因为它标明了核心要点：自创生系统并不接收如此这般的信息，而只是接收对其组织的扰动。这种所谓的反应包括为保持系统内部的组织而进行的的内部调适。实际上，马图拉那和瓦雷拉都不希望在符号学理论语境中使用信息概念或者符号概念。因此，他们走不出迪利的那一步，却似乎丢失了激进建构主义中事物的现实性。

但是，马图拉那和瓦雷拉与贝特森一样，都如此牢固地站在控制论立场上，因此只有一个控制论的思维概念。理论方面，他们的研究局限于生物控制论理论，该理论认为观察者是一个结构决定的系统。情感、意志、意识被当成理所当然的东西，因此严格来说，他们并没有依据自创生理论给它们下定义。这种仍然属于功能主义性质的理论对于理解有机体"内部生活"并没有任何清晰界定的概念。这一理论仍然是功能主义性质的，对此，冯·格拉瑟斯菲尔德（von Glasersfeld 1991：68）就曾指出：

> 哈姆贝托·马图拉那是今天少有的几个仍致力于构建类似柏拉图或莱布尼茨的那种广阔、完整、解释性系统的人之一。他的"自创生"方法把观察者的缘起也包括在内，将之当作为自身提供一种观照世界的方法论上的前提。这里，我尽量遵照马图拉那看待"思想物"

的源起（*res cogitans*，对自己在做什么具有意识的实体）的方式。我想表示，区分不同事物这一基本活动肯定能让我们知道事物之间的差异，通过差异，我们可以把观察者与被观察者区分开来。但是我的结论是，至少对于这位解释者而言，活动性意识的来源仍然是模糊不清的，即什么充当着区分活动的动因仍然模糊不清。

马图拉那和瓦雷拉践行的是一种相当特殊的生物控制论的建构主义。这是在追寻"一种连通思维生态学的模式"的过程中迈出的重要一步，但它也有着内在的局限性。

4.4　"带来主义"的局限

克里彭多夫（Krippendorff 1991）提到，二阶控制论中活跃着许多不同类型的建构主义，其中就有马图拉那和瓦雷拉的"带来主义"（bring-forth-ism）。他并没有选择其中之一，而是对二阶控制论和建构主义的本质性目标进行了总结："建构主义的任务，如我所知，是要用自己的方式，描述系统在其自身描述领域中的操作，说明其身份构成以及其持续条件。换句话说，建构主义者需要找到一种方法，让知者进入一种已知，这已知之所以被如此建构，为的是让知者在实践中能有所为。"这正是二阶控制论和控制论领域中的自创生理论的主要目标之一，正是我想要在第二章中描述的东西。

如果知识总是由某人产生出来，那么我们该如何反思自然和知识的生产？搞明白这一点——正如纳格尔（Nagel 1986：74）所指出的——将是迈向客观性的重要一步："我们倾向于用我们的理性能力去建构理论，却并未同时形成针对这些能力如何起作用的认识论解释。尽管如此，这仍是客观性的重要一步。"

显然，马图拉那和许多控制论建构主义者一样，都掌握了反对物理主义的充分论据。在这一立场背后，是人无法谈论实在性本身这个基本挑战。如果谈论实在性无法让我们获得产生这一结果的操作，那么谈论实在性是毫无意义的（Maturana 1990）。换言之，谈论实在性是虚妄的，因为我们每个人都以为我们知道其他人用这个来指什么。然而这不过是以为而已。更保险的做法是我们根本不要去谈论实在性。不去谈论没有观察者的自创生系统是更为科学的做法。在我与他的多次交流中，马图拉那一直这么说。

通过把语言交流想象成稳定共同特征域的两个或多个自创生系统之间的协同进化，马图拉那似乎执着于一种生物社会性的建构主义，这是二阶控制论专家中的一种普遍思潮。的确，他们中大多数都与社会系统打交道，对于主要是自然现象的东西不感兴趣。但这并不能解释有形之物在我们建构知识"对象"方面所施加的严苛限制。马图拉那（Maturana 1988）意识到生命体存在的热力学条件。这让我们去思考马图拉那那个关于观察者与被观察到的东西之间有何关系的根本问题。

问题是，尽管"带来主义"和建构主义揭示出了与社会观念、信念系统和风俗习惯的相对性方面有关的某种重要东西，要使这种观点和对物质性东西的体验一致仍然是困难的。无论我们是感受到还是忽视了它们，这些似乎都迫使它们自身给我们强加了独立的必要性。只有在神秘（以及魔幻—超自然）传统中，我们才碰到关于如何单单通过精神操作来改变事物以及宣称做到了这一点的若干理论。显然，这并不是马图拉那所想到的东西；尽管如此，他还是写道：对象只在语言中得以建构。马图拉那在几个场合谈到了对象问题：

> 我们让自己的结构联系在不同媒介中——我们一生都浸润在其中——保持恒定，在这一过程中，我们会经历各种状态变化，通过这些状态变化，我们带来一个差异世界，之后，把我们的状态变化用作行为（语言）协调这一社会领域中反复发生的差异，我们带来了一个作为行为协调的对象的世界，用这些对象我们可以描述我们的行为协调。遗憾的是，我们忘记了，通过这种方式出现的对象是对社会领域中多个行为的协调，同时，我们在用语言协调我们的行为过程中所体验到的效率欺骗了我们，于是，我们给予对象一种外部的优先性，并在我们的描述中确认了这一点，仿佛它独立于作为观察者的我们存在一般。（Maturana 1983：Section H）

因此马图拉那这种建构主义（这个概念他既不喜欢也不接受）不仅是社会的，还包括了我们认为属于自然之物的东西，并且是一种关于对象在人类社会世界中如何建构的普遍性的交流理论：

> 对象作为协商一致的行为协调出现在语言中，对于观察者做出的进一步递归的协商一致的行为协调来说，协商一致的行为协调在操作上使得观察者所协调的协商一致的行为协调（差异）模糊不清。对象，在语言使用过程中，是协商一致的行为协调，它们作为表征它们所做出的协商一致的行为协调而起作用。对象并不存在于语言之前。（Maturana 1988：8. II. b）

因此，我们知道，这是一种过程哲学，一种激进的、社会的建构主义。甚至更为有趣的是，他关于对象只在语言中得以建构的主张，得出的结果是动物并没有如此这般的对象认知。它们并不像人一样生活在一个对象的世界中，尽管它们的确是有认知领域的：

> 对象作为协商一致的行为协调出现在语言中，它们在协商一致的差异所构成的领域中代表着更多的基本行为协调，这些行为协调被它们弄得模糊不明。在语言之外，就没有对象，因为对象只作为协商一致的行为协调出现在协商一致的行为协调所构成的递归中，语言使用正是如此。对于不在语言中运作的有生命的系统而言，便不存在什么对象；或者，换言之，对象并不是其认知领域的组成部分。（Maturana 1988b：9. IV）

对于经典物理学以及关于客观性和可证实性的实证主义观念而言，至少在其逻辑经验主义样式中，对象的独立存在是根本性的。事实上，阿尔伯特·爱因斯坦对于对象这个概念就持有一种更具反思而且多少带有建构主义性质的看法。但是，不管怎么说，（不确定性原理、波尔的互补性理论、EPR 悖论*等表明）在量子力学的亚原子世界中要确立与存在于经典物理

---

* EPR 悖论（Einstein – Podolsky – Rosen Paradox，以三位物理学家姓氏的首字母缩写命名）是三位物理学家为论证量子力学的不完备性而提出的一个悖论。——译者注

学的宏观世界中相同的独立的实在性，是非常困难的。我们获得了有关某些自然宏观世界组织模式方面的知识，但是我们也被迫承认，我们通过实验所获得的这种知识——尤其是在量子效应显著的时候——并没有体现不依赖于这些实验中我们对于所观察东西的选择方式的物质机制。关于粒子、波、场的概念与实验测量设定以如此方式相互纠结，以至于前者让我们认为关于基本粒子就是自然简单的物质建筑砖石这种之前的想象变得模糊不清了（Bohr 1954）。

尽管如此，量子力学仍然是客观而精确的，测量设备是基于经典物理学概念的，其并没有恰当的理由否认部分独立的"自然世界"的存在。但是，针对马图拉那的看法，关键的问题仍然是：如果没有机械装置、结构或者有待发现的东西，如果我们的概念是纯粹社会性建构，我们如何能够把握"就在那里"的东西？这个问题比任何关于进化和自然选择的科学理论都重要。如果我们希望为科学哲学带来一种本体论范围中的基础的元物理学，我们必须面对一个不可避免的哲学义务：说出更多关于这个世界的东西，而不是简单地将其定性为多重宇宙就不了了之。如果我们不为包括有生命的、会使用语言的东西在内的"事物"赋予某种独立的实在性（这种实在性是种种基本差异的一个组成部分，这些基本差异是人类认知的先决条件，科学就建立于人类认知之上），那么，整个感知理念就会坍塌。因此我喜欢迪利的对象概念，其中一些对象是事物。科学的最后一个先决条件是语言，并由此而有了有意识进行交流的生物——譬如我们自身——的存在。若接受科学努力给予我们具有生存价值的主体间知识，我们就必须接受具有语言的生命存在就是有意识的存在，他们拥有有意识的思维，这种思维的存在相对独立于我们自身的有意识的思维。正如冯·福尔斯特（von Foerster 1980）所述，这是一个基本的认识论选择，也是被称为科学的游戏的基本选择。

这个基本问题构成了贯穿本书剩余部分的一条线，因为，对于信息理论的讨论，对于关于科学知识性质的科学哲学讨论，它都是根本性的。

这让我们看到贝特森建立一种信息和认知理论尝试中的第二个缺点。和马图拉那一样，他有自身世界观的问题。但是两人并不相同。贝特森是在热力学和信息理论两相结合这一理念基础上提出自己的理论的。且让我们对其理论基础进行一番更细致的考察。

✵

4.5　信息和负熵

在《思维与自然》（Bateson 1980：103）一书中，贝特森进一步提出了对思维进行控制论定义的标准。

1. 思维是相互作用的部分或成分构成的集合体。

2. 思维各个部分之间的相互作用由差异激发，差异是无法在空间或时间中定位的一种非实质性现象；差异与负熵和熵相关，而非与能量相关。

3. 思维过程要求附带的能量。

4. 思维过程需要环形的（或更为复杂的）决定链。

5. 在思维过程中，差异的效果必须被看作对思维过程之前的事件的改变（即经过编码）。这类改变的规则必须相对稳定（即比内容更为稳定），但它们本身须服从改变。

6. 对这些改变过程的描述和分类，揭示出现象内部固有逻辑类型的等级关系。

这些标准很有名，是关于思维的控制论理解的基本内容；正是在贝特森的研究中，它们在控制论领域得到了最为充分的发展。我的批判着重于第二个标准的基础："差异与负熵和熵相关……"问题在于，贝特森秉承维纳的观点，认为"信息"概念同义于"负熵"概念。不仅如此，他的这一见解结合了自然科学和社会科学，最终解决了目的论和身体—思维二分的问题（Ruesch and Bateson 1987［1967］：177）。

在贝特森看来，控制论为思维与交流理论提供了一种激进的崭新基础，同时，给认知科学提供了一种结合了自然科学和社会科学的现代表达方式。心理学本身则未被提及。

香农的信息理论却从来不与消息的语义内容相关。在一段著名的论述中，香农（Shannon and Weaver 1969：31 - 32）采用自己的理论，针对这个问题写道："交流的基本问题是在一个点上准确或大致准确地复制在另一个点上所选择的消息。消息经常是有意义的，也就是说它们指向特定的有形的或观念的实体，或者根据某个系统与之相关。交流的这些语义方面与工程问题无关。重要的是，它们是从一系列可能的消息中被挑选出来。"

因此，人和动物当作信息的东西，与香农和韦弗信息理论中所谈论的东西大相径庭。冯·福尔斯特（von Foerster 1980：20 - 21）的结论是："不过，当我们更仔细地考察这些理论，极为清楚的是，它们真正关注的并非信息，而是信号，以及不可靠信道中信号的可靠传输。"

在对物理科学和信息理论中信息概念多年研究的总结性分析中，克里斯蒂安森（Christiansen 1984）表示，宣称某人的信息理论是建立在熵这一物理概念基础之上，是物质主义化约论。因此，按照克氏的看法，贝特森的理论似乎终结于一种奇怪的功能主义和物质主义的短路（简化）中。众所周知，要确定一个系统中的熵，人们必须预先确定以什么作为宏观状态，此外，人们还必须预先确定每种状态出现的概率。根本就没有空间去容纳全然不可预见的东西。但是贝特森的最初定义却认为，在系统不断的历史漂移过程中，观察系统可以确定是什么差异造成了差异。

有了这一步，不受任何第一人称的"内部世界"和感受性羁绊的控制论的思维概念便被创造出来。在这一基础上，人们如何能够期望对意志、情感和意识——更不用说消息的语义内容——做出解释呢？

为了——如克里彭多夫所说——"找到一种方法，让知者进入一种已知，这已知之所以被如此建构，为的是让知者在实践中能有所为"，我们对实在性和观察者与世界之间的关系——包括进化论在内——应该做出何种基本设定？现在让我们回到这个问题上来。

香农的信息理论是一种与量有关的理论，适用于预先就被认定为有意义的一系列消息。这是一种关于用于社会交流的人类工具的理论。但在韦弗的理论（贝特森发展出自己的"思维"理论的基础）中，他通过将信息与热力学联系起来，将信息尤其指涉为信息的物化（信息就是信息，既不是能量，也不是物质），由此引发了反映科学自身前提条件的根本性的认识论问题（还可参见克沃特拉普［Qvortrup 1993］的分析）。所以，且让我对客观信息理论和科学的现代发展进行更为仔细的分析。

4.6　物理学中的秩序和偶然性问题

在 1865 年前后，克劳修斯引入了"熵"这个概念。它表示热能的耗散度，熵值与分子的热运动在其周围空间的自由度有关。这一过程并不会造成能量丧失，相反，热能被转换成一种无法复原的分散式能量，来完成最初用以界定能量概念的功。于是能量减少。只有所谓的自由能量可以做有用功。基于这种思考，克劳修斯提出了热力学的两个著名断言：

> 1. 世界上能量的总量是恒定的；
> 2. 熵寻求最大值。

通过这种方式（而且与机械主义关于粒子运动由确定的、可以数学描述的、时间不可逆的规则所决定的观念正好相反），时间方向性，并因此还有进化，被引入物理学！

不过很快，关于热力学的认识论地位明显出现了不同观点，并因此研究者对熵这个物理学概念也有了不同看法。热力学在原则上可以被化约为经典机械学吗？或者，它是一门科学（原则上不可化约），而且如此彻底，以至于机械学只是其内部固有的东西吗？在关于物理学中随机性这个概念的本体论地位长达百年的讨论中，它也是一大焦点。通过成为一种以统计为基础的理论——普里高津和斯滕格斯（Prigogine and Stengers 1984）称之为一种关于复杂性的理论，热力学从根本上与决定论和机械学的时间可逆性理论决裂。的确，在经典机械学中，时间的方向并不是一个重要参数，但"时间箭头"被引入热力学——如果人们接受其根本性地位的话。让人相当困惑的是，时间在经典机械物理学中是可逆的，在由热力学而来的宏观物理学中却是不可逆的。

恰恰是在这一点上，普里高津和斯滕格斯（Prigogine and Stengers 1984）插进来一个反证。他们指出，如果没有熵增的不可逆性以及客观随机性的增加，我们对于进化、生命和人类意识的科学理解是不可能的。如果人们相信进化，却坚持认为这种随机性不是客观的，不过是我们有限知识的一种表达，那么，人们实际上就是在坚持认为，我们的肉体不过是我们自身无知的产物！

请注意，机械主义范式与客观唯物主义的信息概念联系非常紧密。拉普拉斯的魔鬼*简明扼要地表达了世界由可以数学描述且可以彻底用尽的信息所构成这一观点。如果它拥有关于所有粒子位置、速度、方向、质量和加速度的知识，那么，它就能计算出过去的一切事件和整个未来的进程。如果这种机械主义世界观是真的，那么，现实便充斥着"就在那里"等候着、独立于观察者的客观信息。譬如，斯通尼埃（Stonier 1980：18；21）就认为："在当下研究中，对于整个分析至关重要的是，信息被认为与解释或者以其他方式加工该信息的系统截然不同。信息是存在的。它无须被人感知就已存在了。它不要求用智力去解释。它的存在不需要有意义。它就是存在而已。"

但是，在热力学的进一步发展中，为了理解热力学向平衡状态的进化，玻尔兹曼不得不放弃粒子运动中存在简单的客观秩序这个观点。拉普拉斯的魔鬼是一种经典物理学理想，但在实践中，从单个粒子的位置、速度等出发来描述粒子总体（系综）是不可能办到的。因此，要在这一基础上建构经典机械计算是不现实的。不过，从这种分子的混沌状态中，人们能够在相位空间这个有着多个维度的复杂数学空间中，对数学方面的密度函数进行定义。来源于吉布斯和其他学者研究的数学模型代表了一个巨大的科学进步，对于维纳的控制论有着重要意义。

玻尔兹曼引入了概率这个基本概念，用以解释大量粒子构成的系统最终如何在各种元素随机混杂的静态条件下"安顿下来"。这一状态被称为"热力均衡状态"，起着总吸引子的作用。换言之，如果包括白色和蓝色粒子的液体被混合，最可能的安顿状态并不是蓝色粒子在瓶子的一边，白色粒子在另一边，而是呈现为随机组合而成的淡蓝色混合物。一旦它获得这

---

　　* 拉普拉斯的魔鬼（Laplace's demon）：拉普拉斯假设有这样一个精神体，它知道世间一切物体未来的去向和过去的来源，而又独立于世界。人们将这一精神体称为"拉普拉斯的魔鬼"。——译者注

种状态,它重回分离状态的概率会无限小。系统"忘记了"自身最初的状态。玻尔兹曼的有序原理认为,系统寻求的状态是这样的:大量微观事件在其中同时发生,并且——从统计数字上说——相互平衡,如此便出现了一个统一的宏观状态。熵因为概率增加而增加(Leff and Rex 1990),于是拉普拉斯的魔鬼便失去了它的长期记忆!

玻尔兹曼的有序原理是基于这一假说:分子在相互渗透、发生碰撞之前是独立行事的。这一状态被称为"分子混沌状态"(molecular chaos),这是明确表示要抛开拉普拉斯的决定论和莱布尼茨的"预稳和谐"(pre-stabilized harmony)。这些都是基于这一理想主义假说:原则上,我们完全能够获得有关每个基本粒子的全部知识(Prigogine and Stengers 1984)。

按照这一看法,克里斯蒂安森(Christiansen 1970)表示,建立物质主义信息概念是不可能的;之所以如此,是因为要记录下特定测量场中所有关联是不可能的。在微观世界的热力混沌中,存在无数的、无法触及的大量潜在信息,因为微观变量数量极为庞大(量级大约是 10 的 23 次方)。标出能确定分子布朗运动的数值须要有相应的信息,而要使人类获得的不只是这种信息的无穷小的一部分,那在原则上是不可能的。

时间更晚一些、更为实际的对物理学的认识,把经典的决定论机械主义及其在量子机械学中的范式运用看作是一种理想主义的世界观,这一世界观为特定类型的系统中的运算提供了有用的模型。但它并非一种关于"现实"的模型。正如普里高津所指出的,我们必须接受,任意性是物理世界的一个基本特征,而不是纯粹无知的结果。

认识到这一点,克里斯蒂安森表示,信息概念的起点必定是现象学的世界观,但它仍属于现实主义的而不一定是机械主义的范畴。在此基础上,贝特森关于信息作为造成差异的差异这一定义仍然是可行的。信息是人们在对问题做出回应的过程中所接收到的东西。人们对问题的边界和测量范围做出了界定。从这一点出发,人们接下去必须努力获得一般人都具备的唯一一种客观性——"主体间性"(intersubjectivity)。这是迈向皮尔斯符号哲学的重要一步;皮尔斯符号哲学同样有着现象学和现实主义的出发点。

我想说,热力学中的混沌可以说是以客观的无知为特征的,因为在试图完全了解它的过程中所消耗的能量和时间会产生出数量如此庞大的熵，以至于即便在计划/项目落实之前世界都会被大大改变。因此它是不可化约的错综复杂的事物。

这是一个让人反思的圈套吗？我们对混沌、不可逆性、时间和进化的逻辑关联做出的论证会让我们声称，人类作为进化的产物，是这种物理学所决定的混沌的结果吗？这在今天仍然是理解新达尔文进化论的物理学基础最常见的方式。不知何故，科学家和哲学家认为生命和意识都出自物理世界。系统科学、控制论和有机体说也都持这一观点。甚至许多二阶控制论学者也用非平衡热力学、耗散结构和自组织来解释思维、情感和感受性的创造。于是，我们再次陷入决定论的和非决定论的世界观在多大程度上可以与它们所依托的科学的认识论基础相互兼容这种讨论。

在试图按照物理主义决定论（我们已经将其排除在外了）解释人类意识的过程中存在不一致性，要弄清这些不一致性并不困难。如果你是这种决定论者，那么，这并非因为它是一种真正的哲学，而是因为物理的因果链预先决定了你是这样。但是，如果真是如此，决定论必然不可避免地失去其逻辑和真理维度，而这些维度被认为是其支柱。决定论者不仅宣称他们是遵循物理科学的，而且还宣称他们的决定论在逻辑上是有效而且真实的。可是，这些说法需要意识和认知，这两者却是物理主义决定论所摒弃的东西。

现实起源于什么？现实的性质是什么？如何理解现实？从逻辑上来讲，我们必然会提出这些问题，但要找到明确的、最终的象征性答案却是不可能的。这些问题似乎总是以自我循环和悖论告终。这一见解对于二阶控制论是基础性的，但是，通过基于这些问题发问，我们可以确定提出这些问题之所以可能的前提。完全摆脱悖论的自我反思似乎在语言中是不可能的。总是存在无法决定的东西，这从哥德尔（Gödel）给数学提出的不完全性定理就可以看出。按照冯·福尔斯特（von Foerster 1992b）的观点，这里正是伦理学和美学进入的位置。下一章我将更为全面地对冯·福尔斯特的理论做出分析。但是，在此之前，我将讨论迈克尔·伦特利（Michael Luntley）对这个问题的看法；这与我们关于物理主义决定论的讨论是契合的。

从启蒙时代起，科学就被定义为对普遍性知识的探求。这是现代哲学和科学的理想，至少在迈克尔·伦特利（Luntley 1995：12）的说法中是这样：

> 这种宏大叙事观念多年以来有过无数标签。有时它被称为关于世界的"绝对观念"（absolute conception）。这一观念的一种更为极端的形式，标签是"乌有乡之见"（view from nowhere）。不管标签是什么，这里讨论的观念是，在探求真理的过程中，我们追寻的是一种对世界的描述，它对一切都给出了完整而统一的描述。它在试图说明这一观念的时候会试图使用自然神论的比喻；因此有所谓"上帝之眼的视角"（God's eye view）。这一标签的世俗样式或许是"世界自身的故事"（the world's own story）。我从这里开始会用到这个词。"世界自身的故事""绝对观念"或者"绝对真理"在我的使用中是可以互换的。
>
> 于是，启蒙时代就是哲学家相信存在诸如"世界自身的故事"这种东西的时代。这是一个宗教故事。他们认为我们正在开始了解这个故事。关于现代性本身，我的看法是：世界自身的故事可以用一种全然非历史的方式来讲述，从传统观念中抽离出来。对于现代主义者而言，世界自身的故事可以仅仅通过纯粹理性和经验基于基本原则拼凑在一起。这意味着，它必定是一个世俗化了的故事，因为宗教传统就像所有传统观念那样，不得不被人们抛弃。

但事实是，我们的知识总是语境性的，因此局限于一部分现实。在我们做出实际考察并尝试证伪之前，我们甚至不能简单地用任何绝对的、理论的方式对我们的知识（模式、理论）的真实内容的局限做出描述（Popper 1960）。用一个现代的形象说法：特定模式在其中得出真或非真论断的各个领域之间的分界线，并不是光滑的曲线，而是不规则的。贝特森说，科学只是探索，而不是证实。关于利奥塔（Lyotard）和罗蒂（Rorty）的基本观点，伦特利（Luntley 1995：12-13）写道：

> 这些后现代哲学家并未把知识的不可及性当作一个怀疑点。他们并没有说知识是不可能获得的。相反，他们说，讲述世界自身的故事——

构建统一的现实图景——这一想法是一种幻觉。并不存在什么完整的真相。关于世界，所能讲述的故事都是地方性的故事，并没有此类故事具有共通之处之类的假设。多种叙事的风格、地方性人类故事中所谈及的那些类型的事情所呈现的或许是把拒绝统一化的各种不同方法拼凑在一起的状况罢了。

当我们想要对知识普泛化时，我们总是会失败。这是我们称为人类认知的这种东西内部固有的。但是，如果我们在自己犯错误时不能看出来，我们的知识就不会增长。正是通过在特定事物中做出区分这种元初的能力，我们才能够——以逻辑的方式——伪造出我们的普遍模式。

我们拥有一些知识，并且我们知道我们能够获得更多的知识。但是，我们必须承认我们不能证明我们拥有普遍性知识：物理科学中不能，哲学中也不能。人类知识是主观（自创生）和客观（部分独立的现实）的交汇点，是通过主体间的东西（语言）形成，因此是相对的和可能有错的。它是一个不断进行的过程。它是人类的知与识活动。伦特利（Luntley 1995：14-15）写道：

> 启蒙运动相信世界有其自身的故事这一观点，并且认为这个故事是神圣的。当世界自身的故事被世俗化，变成了关于世界的科学故事，彻底的现代观点便来临了。认为有世界自身的故事这种东西存在，并且这个故事是用了自然科学的语言讲述出来，或许，这就是在今天世界中占据主导地位的形而上学。后现代对世界自身的故事这一观念发起挑战，因此，这一观念的现代样式是把世界自身的故事等同于科学形象。

所谓的"外部"世界一直不停地因其复杂性和自发性使我们惊讶不已。我们所谓的"内部"世界，也因为我们在世界上的各种行为背后的"下意识的"复杂性和自发性不断让我们惊奇诧异。我们对于自身——我们做出行动的理由——的认知基本上不完整，我们缺乏对于言语绝对的有意识的控制，这两者同时又是我们能够言说并辨识新东西、使我们基本的认知和语言交流活动进行的前提条件。这并不是科学甚至二阶科学的终结，而是其开始。我同意伦特利（Luntley 1995：18）在描述其研究工作目标时所表达的观点：

> 如果我们不用世界自身的故事这一观念就可以让一种有价值的客观真相概念保存下来，那么，我们就可以让真相适用于地方性的人类故事。真相可以适用于我们所喜欢的、我们可借以在世界栖居的观点。如果是这样，那么，这难道不可能表示真相可以适用于我们的道德和政治吗？……如果我们不诉诸世界自身的故事这一观念就可以把真相和理性这些概念合法化，那么，我们就可以有具有不同标准的而不是绝对的信念。如果是这样，我们就可以得出关于自我的概念，而不是从启蒙运动那里继承而来的绝对的、非历史的概念。这就是我们学会更谦逊地接受真相和理性这些概念——而非关于世界自身的故事这种观念——所带来的好处。

从这一角度看，我们做的是同一件事。但是我们通往解决方案的方法有所不同：伦特利是更纯粹的哲学式的方法，而我相信的是，通过哲学（包括科学哲学）以及自然科学和人文学科之间的相互作用，我们能够推动知识的发展。不论如何，他的梳理可谓极为精准。

✦

4.7　对二阶控制论中现实概念的哲学反思

我赞同贝特森（Bateson 1973）和马图拉那（Maturana 1988）的观点，我们必须从认知过程开始来理解信息。如前所述，贝特森把信息定义为造成差异的差异，这一定义是富有成效的；他的问题在于他把几乎每个控制系统都当成了交流者和知者。就像在所有关于控制论的思考中那样，并没有关于感受性和第一人称体验与意识的理论。

马图拉那和瓦雷拉（Maturana and Varela 1980；1986）的主要成就是他们对生存与认知的基本限制——自创生系统——进行了概念化，并且表明生存与认知之间有着一种基本的关联：活就是知（To live is to know）！

但是，我的确认为，当马图拉那和瓦雷拉宣称没有观察者的世界是不存在的、我们生活在一个通过我们观察和行动创造出来的多重宇宙、我们对于如此这般的世界无法说出任何有意义的东西时，他们显得过激了。他们说，我们应该只谈认识论，不谈本体论。他们承认，世界的确是有的，但这世界是一个可以被无限解释的多重宇宙。即便尼古拉·卢曼也不会过激到这种程度。而且，他们同意，生物身体和生命是真实的。遗憾的是，这种外观上的不一致和表达方面的不实在，使他们的理论在包括生物圈子在内的许多科学圈子中得不到认可。

马图拉那说，自创生系统在其依赖于结构的组织中是闭合的。唯有另一个观察者建构周围或者世界。但谁是这位观察者呢？难道它是另一个自创生系统，只通过另一个——或许就是之前提及的那个自创生系统——的观察而存在？难道它是一种普遍的精神？如果是第一种情况，我们会有一个奇怪的建构主义环路，其中，我们通过观察而创造彼此和世界，就像明希豪森男爵*那样，扯着自己的头发就把自己和马拉出了沼泽。因为这听上去是在自我反驳，于是，第一个观察者就只能是伯克利主教所说的上帝了：事物之所以存在，是因为上帝始终看着它们（Berkeley 2000）。斯本塞－布朗（Spencer－Brown 1972）碰到了同样的问题：首先对系统和环境做出区分的是谁？卢曼把这个问题用在了自己的系统理论中，这一点我们将在后面看到。

另外，我们可以采取一种更为纯粹的认识论的观点：对世界上各种现象进行区分、描述和解释，与创造这些现象和对象，二者仍然是有巨大差别的。我看到花园中的苹果树，但我并没有创造出它本身；我仅仅是在我的世界中创造了它，并通过将其嵌入一个经过辨识的分类系统而将社会意义赋予了它。我的确是在符号活动中创造了一个对象；如果我们认识不到这一点，我们就会轻易陷入唯我论的唯心主义。

唯我论的问题在于它是一个黑洞。它把一切都吞进自身，否认其他人的独立存在，而正是有其他人，观察者/科学家才发展出语言和解释。这

---

* 明希豪森（Baron von Münchhausen）：德国男爵，在通俗故事中，因为爱讲情节离奇的逸事而常被人称为"吹牛大王"。——译者注

就好比说每天都是星期一，可当有人问星期一是哪天时，又得解释说它就是星期日和星期二之间的那一天。因此，采用客观唯心主义去解读马图拉那和瓦雷拉的观点或许更为准确，尽管马图拉那会不同意。瓦雷拉后来成了佛教徒，去世之前提出了一种亲历理论（Varela，Thompson and Rosch 1992）。

客观唯心主义者认为思维在其自身领域中是实在的——相对而言，唯物主义认为思维是虚幻的。客观唯心主义者据此认为，思维是现实的基础，是现实的客观存在方面的来源（在二元论中并非如此）。

在吠陀的旧式客观唯心主义理论中，在柏拉图和普罗提诺的著作中，物质世界被看成是从一体性（oneness）"坠落"而成，可以将一体性解释为纯粹的思维或者精神。人的灵魂——具有感觉、体验、获取知识和思考的能力——仍然是精神的一个部分，但被看成是拘囿在物质肉身（soma 或 sema，肉身）之中的，因为物是这种坠落的"底部"（bottom）。世界和主体的创造是对这种元初的统一做出的部分分割。在旧式客观唯心主义中是没有关于物质进化的理论的。但是更为现代的观点被逐渐发展出来，我们如果更仔细考察皮尔斯的进化性客观唯心主义哲学，就能看出这一点。

在 19 世纪之前，物质进化这个观念在我们的文化思考中并没有取得坚实的立足点。但之后，思考变得如此唯物主义，以至于在试图解释思维如何形成的过程中出现了大问题。元初的由"纯粹的"物质所构成的"死的"机械世界，怎么可能衍生出有生命的、有精神的存在或者观察者来？诺贝尔奖获得者、法国分子生物学家雅克·门诺（Monod 1972）通过其机械生物学，始终坚持把我们看作无意义世界中不可解释的陌生人。他的这部著作对本书的写作提供了早期的、重要的启发。

从热力学、系统论、控制论和关于信息理论的生物学观点看，生命力学以一种根本的方式与整体揭示宇宙的奥秘相关（Kauffman 1995）。这正是贝特森在其对起关联作用的模式的追寻中所揭示的东西，对他而言，这种东西仍然是与控制论的信息概念有关，尽管他即将成为符号学家。但是，这一普遍的、唯物的、信息的进化理论仍然不能解释观察者与观察活动（或者，更确切地说，整个认知系统）。这可以说是悖论，因为不管如何，是观察者试图通过语言对起源做出解释。突现、整体性和有机主义这些概念正是在这个位置上作为解释性工具被引入的。

在热力学、控制论，尤其是二阶控制论中，自组织这条原则——它也是自创生概念的基础——对进化和生命与思维等新品质的突现做出解释。但是，理解非平衡热力学耗散结构与理解有生命的自创生系统相隔甚远。我们看到了实验中有机分子的自发创造。我们有曼弗里德·埃根（Manfred Eigen）及其同事（1981）用蛋白质、RNA 和 DNA 模拟出的超循环（hyper-cycle）。我们看到自然中和实验室中类细胞膜结构的自发生成。但是，我们对诸如此类生命过程在质方面的异他性没有做出过解释（Hoffmeyer 1998）。

站在二阶控制论和瓦雷拉后来提出的自创生概念以及亲历理论（Vare-la，Thompson and Rosch 1992）背后的哲学家是斯本塞－布朗。在其 1972 年的著作《形式的规律》（*Laws of Form*）一书中，斯本塞－布朗对逻辑代数进行了一种新的梳理。这一梳理带有清晰的认识论和本体论意图，这一梳理的基础是辨识造成差异的差异的基本过程——按照贝特森的看法，也就是信息的根基。瓦雷拉（Varela 1975：6）对斯本塞－布朗的工作是这样说的："通过成功超越事实，深入其形式的含义和规律，他对共有根基——任一宇宙的逻辑和结构都孕育其中——进行了描述，从而为一种有关普遍系统的真正理论提供了一个基础。"

斯本塞－布朗对知识创造中观察者和知者问题进行过思考，而他思考的方式与生物学及进化并无直接联系。利用自创生这一概念，马图拉那和瓦雷拉通过将这一研究扎根生物学领域，取得了又一个重要进步。

我这样来看待斯本塞－布朗与贝特森两人观点之间的关联：斯本塞－布朗对我们通过区分差异的方式创造知识这一过程提供了一种更为根本的哲学描述。这深化了贝特森信息理论的基础。马图拉那和瓦雷拉的自创生概念，让我们更深刻地从生物学角度理解了知者如何得以确立以及有生命的系统自组织的闭合对于这一认知过程如何重要。贝特森（Bateson 1980：68–69）敏锐地注意到，自己理论的某些哲学前提并没有得到解答。

　　产生差异至少需要两个东西。要产生出有差异的消息，即信息，必须有两个实体（真实的或者想象的），如此二者之间的差异才能是其相互关系中固有的；整个事情必须如此，关于二者差异的新信息才

能作为某个信息加工实体——诸如人脑或者计算机之类——内部的差异得以呈现。关于"至少两个"东西——通过造成差异而成为信息的差异就产生在二者之间——具有什么性质，这个问题非常艰深而且难以回答。显然，单独的每一个——对于思维和感知而言——都是非实体、非存在。与存在并无不同，也与非存在并无不同。一种不可知的东西，一种物自体，一种单手鼓掌发出的声音。

但是，要提出一种关于知识的理论，人们必须敢于说出更多关于这个世界的东西，而不仅仅说它是一个深邃无限、充满喧哗的多重宇宙，我们在其中通过观察或行动来制造结构。这常被称为基于实在论的"开放本体论"。我们必须超越认知和交流在闭合系统的（以及系统与系统之间的）微扰中的基础，进一步对认知和交流的过程加以理论化，迈向一种意义理论。

以其微积分为自指，瓦雷拉（Varela 1975）在更加深刻也更为普遍的哲学层面发展出了二阶控制论和自创生理论。他注意到，在认识论、逻辑学和本体论中确立新的、密切的关联关系是可能的：

> 本研究背后的核心理念可以这样表述：我们选择把表征形式和从此而来的世界看作是包括了由被表征状态和虚无状态构成的两个明显的双重领域，以及不明显却自有特色的第三领域，它由自指性独立状态构成，受其他规律制约，且不为双重领域的规律所简化。如果我们没有将第三个领域明确地纳入我们的视域，我们就会迫使自己想办法避让它（传统做法就是如此）；当其出现之时，在悖论中面对它。（Varela 1975：19）

瓦雷拉抛开了斯本塞－布朗的研究、控制论、贝特森的研究以及马图拉那与瓦雷拉的自创生理论的二元论基础。斯本塞－布朗还缺少一种时间理论。自我指涉成了第三个动力要素，是它使得区分过程开始运作。这种三元动力让自创生理论更靠近皮尔斯的符号活动三元理论。瓦雷拉低估了斯本塞－布朗认识中自我指涉和时间之间关联的重要性，[2]因而在这一范式中得出了一种重要的进化观：

> 的确，细胞既是制造者又是具象化该制造者的被制造者，这种二

元特性只有在我们在时间中为我们再现出一系列循环性过程时才能够描绘得出。显然，我们的认知无法同时把握住闭环的两头；它必定不止不休地穿行于这一圆环。因此，在自我指涉在时间之外无法形成的情况下，以及一旦允许自我指涉时间便会进入的情况下，我们就可以找到时间和自我指涉的特殊对等。（Varela 1975：20）

瓦雷拉探讨了认知、进化与时间之矢之间的联系，他和贝特森最初做的一样，他没有把自己的理论建立在维纳的信息（维纳把信息当作熵）概念基础之上（参见 Ruesch and Bateson 1963）。他因此确立了一种可以与皮尔斯符号学兼容的认知观。

这为什么重要？二阶控制论抛弃了客观主义信息观，却未发展出一种意义和表意活动理论，该理论可以让生物领域与内部世界的建立关联起来，并由此与社会和文化世界关联起来。但是皮尔斯做到了这一点，而且他的理论与二阶控制论有相同的特征：概念广泛，无学科限制；都是根本的、三元的、自反的理论。瓦雷拉和斯本塞-布朗两人都使用符号来进行区分、传播差异。只有通过符号，我们才能思考和交流，如果差异不能被传播，它就很难说是存在的。

把贝特森、雷文特洛、马图拉那、瓦雷拉、斯本塞-布朗、迪利和皮尔斯诸位的观点连通起来阐述就是："一个差异无法成为知识，除非它变得很重要以至于自创生系统的观察者/知者为之赋予一个符号，从而使之成为一个符号的对象。此时，它会变成顿悟，构成造成差异的差异，并因此成为一种特征。"但是，这一理论的本体论基础仍不清楚。

4.8 论作为终极实在性的物质与宇宙

我反对把"实在"一词仅仅用来指"物理的—物质的"东西。我们能对其主体间性进行衡量的只是部分的现实，这意味着它具有一种独立于单个人之外的存在。但是我们不知道这个存在是否完全独立于有意识生命的存在。当科学将这一物质具体化（即宣称它没有生命和思维，只遵循机械的和统计的规律），并形成一种世界观（这种世界观认为一切——包括生命和思维在内——都通过进化由物质的自组织而形成），这一举措显然是自相矛盾的。这会导致实利主义并可能形成自然科学中的基要主义。正如"宇宙"这个词所表明的那样，"宇宙"强烈暗示着有一个单一的现实可能被科学彻底了解——如伦特利所谓的"世界自身的故事"（Luntley 1995）。通过提出"多重宇宙"这一替代性概念，马图拉那对这一倾向提出了质疑。除了需要"观察者"之外，马图拉那不愿意讨论这个多重宇宙的前提条件。我们或许同意，我们并不肯定观察者构成的社会的意识"之外"有一个世界，但是，正如我将在下一章中论及的那样，既然海因茨·冯·福尔斯特提出了相对性原则，那么，我们必须接受作为语言、交流和科学的前提的其他观察者是存在的。一个部分稳定的环境，对于认知的发生以及形成观察者的"观察内容"，也是必要的。什么是观察者的实在性？他们存在其中并凭借其存在的是何种东西？观察者的思维与实在性如何相关？这些都是至关重要的问题。这里，皮尔斯以其三个基本范畴做出了有趣的介入。

100 年前，皮尔斯赋予了旧式客观唯心主义一种与现代的进化的物理、化学和生物学理论相一致的形式。他的符号实在论深入思维、物质、自然规律与宇宙进化之间的种种关系，为斯本塞 - 布朗的理论梳理以及瓦雷拉对自创生理论的后期发展提供了基础。如何解读皮尔斯符号哲学的最后阶段？是否客观唯心主义是概括其特征的适当概念？对于这些问题人们并没有取得完全一致的看法。[3]

皮尔斯把实在的基础看作是混沌的，但相比马图拉那的多重宇宙或者普里高津的热力学混沌，他把自己的混沌概念向前推动了一步。

皮尔斯（Peirce 1891；1892）从理论上阐明，随机性或混沌在进化哲学中必定先于规律性和决定性。按照克里斯蒂安森就定义为负熵的信息所做出的分析（如前所述），皮尔斯表示，人们不能必然地把偶然建立在规律这一物理概念之上，因为这只是对规律或知识匮乏的一种纯粹消极的界定方式。

与现代热力学以及一定程度上与量子场物理学看法一致，皮尔斯认为实在的基本性质是随机性或者混沌。但他从这一观点出发阐明了一些重要的哲学本体论结论：如果混沌是基本的，那么人们不能将其解释为缺乏规律，因为偶然或者随机性是先于规律的。因此，人们必须从随机性出发来解释规律，而不是反过来。

因此，混沌、偶然和随机性不仅必须被理解成空无，而且必须被理解成充实，理解成包含了思维、物质和生命特征在内的超复杂的动态过程。他将此称为纯粹的自发性："通过大胆地说这是因为纯粹的偶然来解释一切，实在是徒劳无功的。但我不会这么做。我使用'偶然'这个词的主要目的，是为描述'普泛化原则'或者'形成习惯的趋势'留出空间，我认为是该原则产生出所有的规则性东西。机械主义哲学家对世界的整个详细情况未加解释，这种做法与大胆地将其归结为偶然几乎同样糟糕。的确，我是将其全然归结为偶然，但我的偶然是自发形式中的偶然，它在一定程度上是规则性的。"（CP 6.63）

为了让这种哲学有意义，我们必须把混沌理解为自然变动的、有形成习惯的趋势的。"打破对称"（symmetry breaking）是用来描述同一种现象的更为现代的科学术语，量子场理论和热力学中都用到它；心理学中用到的是"格式塔"（gestalt），认知科学中用的是（冯·福尔斯特的）"本征值"（*Eigenvalue*）。如果我们同意混沌概念就像自然规律概念一样是根本性的，那么，我们就不应该把混沌理解成规则性匮乏或者欠缺创造结构的能力。相反，我们应该将其看作潜在结构和潜在信息在无限的、有生命的动态中所构成的一种超复杂性质。它应该由此而有可能走出介于决定论和非决定论之间的两难境地。

于是，为了解释规律和结构如何从随机性而来，皮尔斯赋予混沌又一个品质——形成能力的趋势。秩序的进化——秩序的出现——就是这一趋势造成的结果。他避免对超验东西中的虚拟秩序说得过多，但同时他也避免否认这样一种秩序的存在。通过这种方式，他逐步接近了大卫·玻姆（Bohm 1983）的万事万物中的"内蕴秩序"（the implicate order）这个概念，以及超验主义中的"终极内蕴秩序"（ultimate implicate order）概念（Weber 1972）。我们后面会谈到皮尔斯的三元哲学，皮尔斯关于作为感受性和纯粹感觉源泉的第一性概念，与这里的概念相似。

不同于包括普里高津在内的大多数现代科学家，皮尔斯（Peirce 1892）

清楚地认识到，自己的混沌概念并不局限在机械主义关于世界是死的、机械的这类认识之中。人们无法从无所区分的混沌中提取出生命和思维。根本性的混沌并不是缺乏规律；它是规律之母。它不仅是空无，而且也充满无数可能。它不仅是"死的"，而且充满生命和思维。皮尔斯大胆地将此称为纯粹的自发性！这是纯粹的、有生命的感觉的自发性。之后，皮尔斯造出一个术语，来同时解释自然的进化和规则；他写道，混沌拥有"形成习惯"这一趋势。在现代科学中，我们会谈到为种种过程制造"吸引子"甚至"奇特的吸引子"，还有诸如分形结构之类的自我相似过程。

通过皮尔斯，人们能够理解规律作为"自然的习惯"从偶然创造而来。自然规律只在其数学描述中才是准确的；它们建立在度量基础之上，而度量始终会受到不确定性的影响。规律只是对现实进行的简化了的、近似的模型描述，而现实是自发的、有生命的，远比这些模型描述来得丰富和多样。

皮尔斯说，如果混沌是根本性的概念，那么规律就是非比寻常的、不可预料的，因此就是必须加以解释的东西。从香农和韦弗的统计信息观点来看，混沌随机行为中是存在最大信息（maximal information）的。但这并不是皮尔斯的观点。在皮尔斯看来，对随机的偏离很有趣，因为它们提供了关于结构和法则般的行为的知识。这是维纳、薛定谔（Schrödinger 1967）以及贝特森等人的控制论信息科学的基础。

皮尔斯对马图拉那关于世界存在于观察者之前并部分独立于观察者这个问题的解答，是客观唯心主义立场的一个独特变异，而且似乎与斯本塞－布朗的本体论一致："关于宇宙，唯一可以理解的理论是属于客观唯心主义的，物质是贫瘠的思维，根深蒂固的习惯变成了物理规律。"（CP 6.25）但这是一种客观唯心主义样式——如果它真是这样的话，不同于柏拉图、普罗提诺或者黑格尔的唯心主义样式。

皮尔斯所质疑的正是机械主义科学范式关于物理规律的绝对和决定论性质这一观点。他提出了一种理论，该理论介于传统客观唯心主义和物理主义视角下的决定论的机械主义之间，同时也为信息科学提供了一个更好的基础——如果信息科学要成为包括意义和实用语义学在内的更为广泛的交流理论的一个组成部分的话。这里，他有着一种超越时代的极为深刻的洞察。不过，这些现代科学所揭示的话题让我们看到，他对这些基本问题的捕捉何等精准。他写道：

> 习惯规律在其控制性质方面表现出与所有物理规律的显著不同。一方面，物理规律是绝对的。它所需要的是准确的关系。这样，一种物理力量便把需要通过力的平行四边形法则与其余运动分量相互结合的运动分量引入运动中；但是，该运动分量必须完全按力的定律所要求的那样实际发生。另一方面，精神规律不要求实际的协同一致。实际的协同一致会直接与规律发生冲突；因为它立刻就会让思想晶格化，阻止所有进一步的习惯形成。思维规律只是让某个特定感觉更可能（more likely to）发生。因此它就像"非守恒的"（non-conservative）物理学力量，就像黏滞阻尼力之类的力，这些力是上万亿的分子偶然遭遇中的统计方面的均匀性形成的。
>
> 旧的思维与物质二元观，在笛卡尔思想中尤为突出，作为两种极为不同类型的东西，很难在今天找到捍卫者。抛开这一观念，我们被推向某种物活论（hylopathy）——换个说法，就是一元论。（Peirce 1891：321；CP 6.23-24）

皮尔斯认为，规律来自随机，随着世界上各种习惯的形成，宇宙从混沌中形成。通过这一看法，他将宇宙的创生和我们自身世界的创生以一种新控制论和建构主义一段时间以来孜孜不倦追寻的方式融为一体。物活论或者万物有灵论并不把物质看作死的或者惰性的，而是看作具有潜在活力的。如皮尔斯所注意到的那样，人们必须超越唯心主义和唯物主义之间无用的敌对关系。当人们认识到决定论力学并没有得到证实的科学本体论地位，人们就会理解这种关于现实的假设并不是天经地义的，于是通往一种更具综合性观点的道路就会得以开辟："一方面，通过假设因果推理的精确性（我所关心的并不是它多么微不足道，严格地说，我关心的是无限小的一个量而已）我们争取到了把思维放进我们的研究计划之中的空间，并且把它放在需要它在的位置上，把它放在其作为唯一的自我了解的东西有资格占据的位置上——存在之源所在的位置上；在这么做的过程中，我们解决了灵魂与身体联结的问题。"（Peirce 1892a：335）

自笛卡尔以来，机械主义的二元论哲学一直在把思维与世界、世界与思维分割开来，于是，当它努力想要通过各种认知和知识概念将其重新统一起来的时候，便遇到了各种可怕的问题。

皮尔斯为我们提供了一种基本的世界观，它统一了一种实在论和马图拉那与瓦雷拉由生物学启发而来的自创生概念以及知识社会建构理论。他通过这种方式创造了一种意识的神话、一种新的知识框架。皮尔斯认识到，这样一种本体论必须包括一种不与我们现今科学知识相冲突的"世界创生"观点：

> 它会假设，起初——无比久远的时候——存在一种由非人格化感觉构成的混沌，这种感觉因为没有与其他事物关联或没有规律性，因此，确切说来是不存在的。这种感觉，到处随机产生，因而开始了普遍化趋势的萌芽。其他的变化或许倏忽即逝，但这或许有一种不断壮大的品性。于是，形成习惯的趋势或许就得以启动了；从此处开始，伴随其他进化原则，宇宙的所有规则性东西便开始逐渐演化。不过，不管在什么时候，一个纯偶然的要素存活下来，就会一直留存，直到世界变成了一个绝对完美、理性、匀称的系统，在这系统中，思维最终在无限遥远的未来晶格化。（Peirce 1891：170）

这一说法与经典均衡热力学和现代物理宇宙观——大爆炸理论以及超弦理论——是一致的，它们对宇宙自真空场中的随机突变而来做出了理论表述。它开始很小但膨胀迅速，从而打开了"时间—空间"。辐射和物质通过打破对称而形成。通过耗散结构，物质自组织成更加复杂的结构。皮尔斯的观点与现代科学的观点不同。大多数物理学家都认为混沌是无生命的、是非精神的。他们持一种物理主义的世界观（Walter and Heckmann 2003a）。但皮尔斯引入了作为现实基本部分的"有生命的感觉"（living feeling），因为物理主义是一个过于狭隘的框架，难以解决有关表意活动、意识和交流的诸多问题。

因为这一理由，我相信，皮尔斯关于基本现实是具有形成习惯这一趋势的有生命感觉所构成的超级复杂之物这种理论，很好地补充了贝特森、马图拉那以及瓦雷拉等人关于信息、交流、认知和语言使用的诸多理论

（反之亦然）。在这里，我看到二阶控制论与符号学之间的一种理论联系，这种联系对两方面的理论都将起到强化作用。

4.9 结论

我赞成贝特森（Bateson 1973）的看法，我们必须从认知过程开始我们对信息的理解。贝特森关于信息是造成差异的差异这一定义是非常深刻的。他的问题在于，他几乎把每个控制论性质的系统都当成了交流者和知者。

马图拉那（Maturana 1983；1988）以及马图拉那与瓦雷拉（Maturana and Varela 1980；1986）的主要成就，是他们整理出了如下概念：系统要有生命、能认知，就要满足自创生的这一条件。他们强调自创生系统不接收信息，只接收对其组织的干扰，这样他们强调了贝特森信息理论的一个重要方面。所谓的反应，是包含了旨在保存系统内部组织的内部调整。这凸显出差异（潜在的信息）所构成的世界与自组织系统的信息加工二者之间的区别。

马图拉那与瓦雷拉关于自创生和认知的理论并非标准的物理主义、信息主义或者唯心主义。但是，他们对于这个世界以及其中的独立结构少有论及，以至于看上去似乎是观察者通过语言完全凭借自身就创造了这个物理的世界——或者至少创造了物理世界里的所有的对象——尽管这并不能反映他们的真实观点。控制论专家必须对自创生理论的理论基础中这一哲学沟壑进行研究，或者至少对其进行梳理。

与现代热力学、控制论，以及在一定程度上与量子场物理学的观点一致，皮尔斯认为现实的基本品质是随机性或者混沌。人们必须从随机性出发来解释规律，而不是反过来。混沌、偶然和随机性不仅必须被理解为空无，而且必须被理解为丰满，理解为包括思维、物质和生命的特征在内的超复杂动态过程。

因为一开始皮尔斯并没有把思维、生存和认知从现实中排除开来，所以，后来他也没有通过"为了无意义而改变符号"（changing signs for meaninglessness）的方式重新创造它们。因此，他为贝特森、马图拉那、瓦雷拉、冯·福尔斯特的理论，更一般地来说，为二阶控制论创造了一种非化约论的哲学基础。

根据上述分析，我们有可能为贝特森的信息概念勾勒出一个前后一致的、有意义的基础。这就有可能将皮尔斯符号学反思纳入其中；也能够与马图拉那和瓦雷拉对贝特森的思想模型做出的重要拓展相互调和。我们后面还会谈到皮尔斯的三元的、注重实效的符号学——这阐明了他的认识论和认知与交流理论。

且让我从认识论角度做出总结。我们不能说我们所生活的世界没有结构，也不能说我们的认知过程对这些结构没有影响。我们不能宣称世界基本是合乎逻辑的并且/或者是决定论性质的，也不能宣称世界是绝对非理性的和混沌的。我们不能说现实基本是简单的（和合乎逻辑的），也不能说现实足够复杂以至于我们甚至无法对其做部分的理解。我们不能宣称现实基本是"死的"物质，也不能说它基本是"纯粹精神"。我们必须在这些立场之间找到关于知识和认知的理论，之后才能够通过这个理论将知者纳入一个可以把世界、知者和知识过程都囊括在内的框架。

对冯·福尔斯特发展起来的二阶控制论立场做更进一步的考察，将带领我们更深入这些问题领域，使我们对我在此刚开始论及的那些错综复杂的关联做出准确描述。

5

✵

以赛博符号学方式重新进入冯·福尔斯特
对二阶控制论的构建

✵

5.1　绪论

海因茨·冯·福尔斯特在其研究生涯中开启并完成了二阶控制论中的奠基工作，并为其基本理念贡献了重要内容。这些内容之所以必须被结合到我们当下的研究中来，是因为一个更深层次的原因——它们是卢曼系统理论的一个重要组成部分。在本章中，我将深入考察冯·福尔斯特二阶控制论背后的基本哲学假设、它们与自创生理论之间的关系，以及它们在卢曼关于社会交流自创生理论中的运用。最后，我将思考这些理论与皮尔斯符号学中的表意活动这一概念如何相关。

✵

5.2　从一阶控制论到二阶控制论

若干年来，研究者们一直致力于弄清维纳、香农和冯·诺依曼的一阶控制论中知识发展的局限。诺伯特·维纳（Wiener 1961；1988）希望发展出一种关于人类、动物和机械中控制与交流的科学。但是，除了生物学中对内稳态和反馈控制概念有过使用之外，在贝特森之前，控制论实际上从未让自己作为范式从计算机中走出来。人们提出了客观信息这一概念，提出了"比特"（bit）这一信息量单位，研制出计算机以及从洗衣机到洲际火箭的所有人造物中的目标导向控制机制。最终，人们尝试创造出人工智能（AI）和"专家系统"（expert system），但是，在理解动物的——更不用说人的——神经系统如何针对认知起作用方面，却遭遇重重障碍。格尔德·索莫霍夫[1]（Sommerhoff 1991：91）曾对经典或一阶控制论在处理生物系统的独特运行方式时所遇到的困难做出了总结：

> "信息"在目标导向的活动中的意义是促使维纳及其追随者发展出他们称为控制论这一研究分支的因素之一。"控制论"这个名字首先由维纳于 1948 年引入，它来自希腊语，表示"舵手"（steersman）的意思。维纳以及一群聚集在罗森勃吕特（Rosenblueth）* 周围的科学家已经注意到了围绕控制和交流的诸多问题具有本质的统一性。所以，遗憾的是他们未能解析出时空关系（这种统一性就存在于其中）的形式结构，也就是目标导向性的形式结构。因此，正如某人所说，控制论仍然只是"一个寻求统一概念的统一名字"……
>
> 而且，维纳的追随者们止步于一种首先研究机器而对有生命的机体只做衍生性看待的思潮。因此，控制论增强了生物学家对各种工程学方面概念的依赖。如果控制论履行了自己的最初承诺，或许它已做到了这一点。当然，与此同时，控制和通信工程发展成了重要的学科。因此，"控制论"现在经常仅仅用作这些学科的统称，或者在狭义上用于表示关于它们所依赖的基本科学原则的研究。

从生物学的观点看，索莫霍夫明确了一阶控制论的弱点。可以在何种程度上按照各种科学方法对动物行为，尤其是对人类行为，做出让人满意的描述和解释，以前就被提出来并且在关于心理学基础的讨论中一直有着核心地位。譬如，1935 年库尔特·列文就问道，人们是否能够实实在在地

---

* 罗森勃吕特（Arturo Rosenblueth, 1900 – 1970）：神经生理学家、物理学家和控制论先驱，维纳的重要研究合作者。20 世纪 30 年代，罗森勃吕特每个月都会在哈佛大学医学院召集学术研讨会，聚集了包括数学、物理、电子、工程、生理、医学等各行业的专家，为学科协作与学术交流做出了重要贡献。——译者注

谈论（伽利略式客观科学这一传统中的）包括了现象学方面在内的心理学科学。该门科学能够建立在唯物实在论及其伽利略式思想——规律是客观的、普世的、数学的、决定论的——的基础之上吗？今天，我们可以再次发问：认知科学的"信息加工范式"（它暗示着，在所有认知和语言背后，都有深层次的算法符号操控这一本质原因）真就是用于心理学的一种跨学科研究方案吗？或者，我们必须采取一种更有建构主义和有机主义特色的现实观（有别于机械主义）并以此作为二阶控制论和自创生项目的研究进路吗？索莫霍夫（Sommerhoff 1991：92）准确描述了近人类智能研究领域中现有问题的特征，要求我们在新的二阶控制论范围中发展出新的概念来：

> 因为无法从一个统一的概念开始，所以控制论无法通过共同努力解决所有目的性过程中的共通要素，因而无法提出一种能把这些要素在自然中发生的形式和我们在人造机械中实现这些要素的形式都包括在内的普遍理论。从开发能模仿有生命的有机体表现的工具，到从机器推论到生物原型，这些尝试大部分都失败了……我们现在拥有能够展现本能的外在表象、需求和运动的机器，拥有能够做出试错式学习的机器，拥有可以自我纠正和自我优化的机器，还拥有许多其他"与人脑类似的"装置。但是，这项工作的绝大部分仍然停留在行为模仿层面，并未对解释生物原型中这些能力的物理和心理组织有所启发……就像液压系统可以模仿肌肉表现，却无法阐明肌肉组织构造。
>
> 有机体与机器之间的鸿沟是巨大的……有机体的活动特点不是离散的、不相关的系列指令关联，而是指令关联的完整的分级体系式，在这种分级体系中，系统发生的、个体发生的和操作的种种关联共同产生出一个自我规范、自我复制、自我修补、自我维护的稳定而又具有灵活性的实体。人们迄今尚未设计出可以模仿这些有机整合特征的机器来，我们在可见的未来也不可能碰到这样的机器。

这些问题对于二阶控制论最为重要（von Foerster 1984；Maturana and Varela 1980，1986），二阶控制论首先是关于认知、信息和交流如何从有生命系统的自组织行为中而来并由此组织其所经历过的现实或"环境界"的一种研究。这种新控制论把作为一个控制论性质的系统的观察者也纳入研究视野。所持观点是：在生物系统层面上，观察者是通过反馈机制自组织的；此外，有机体的主要目标就是存活下去，这意味着它的目标在个体以及物种层面是内部固有的。自主是生物存在的根本。有机体行为的基本目标是维护其自身的组织，其身份源自系统的存在。从生物方面的基本实体到拥有专门神经系统的多细胞的人类身体，这些系统都是自创生性质的（自我创造并且自我组织）。信息通过重新进入——通过维护系统组织的内部变化——而在系统内部生成。生命就是认知，正如瓦雷拉所表述的那样。冯·福尔斯特对这个问题进行了深入的处理。

✧

5.3　建构主义本体论及其知识概念

在冯·福尔斯特看来，认知的基本问题忽略了科学本身。针对我们自身的认知和交流，科学能够提供何种知识？古典科学对其自身知识的看法有何错误？冯·福尔斯特（Foerster 1981：102）写道：

> 生物学家、脑理论家、社会科学家的根本问题在于，从古典的，或者说从标准的科学观点看，不管愿意与否，理论家或者将对之做出描述的系统描述者其本人就是系统的一个构成要素。社会科学家将自己排斥在他想要对其建构理论的社会之外。这不是一种社会理论，因为他被分离了，他在该理论中无法论及自己。如果他是一位探索大脑运作的脑科学家，他会发现，在关于大脑运作最为标准的描述中，被讨论的始终是其他的大脑，而不是他本人的大脑。通常，建构一种大脑理论是非常简单的：我把别人的头切下来，打开头盖骨，把电极放进去，然后我在他眼前晃动某个东西，然后我就看到大脑在内部做什么，然后我就看到并且知道大脑如何做出反应。遗憾的是，这只是我所观察的别人的大脑。所以，问题是：在大脑理论按照"它自己写自己"的方式写出来时，脑科学家如何能做出大脑理论来？

　　这是对功能主义认知科学核心理念的一个重要批判。最广义的信息和意义仅来源于自组织系统，我们称这些自组织系统是有生命的，它们与生命物的场域有着一种实际的、历史的关联关系。没有思维的信息是不存在的，可是，没有身体的思维、没有自然的身体、没有社会和文化的语言意义也是不存在的。当我们单单将信息和大脑研究作为跨学科的"认知科学"的基础时，就会出现"怪圈悖论"（strange loop paradox）——遮掩其他所提到的基础的悖论。

　　这里，冯·福尔斯特（Foerster 1989：224）指出了这种观点对认知和生物学理论以及认识论造成的后果："当然，我的神经系统，不会也无法告诉我什么'在那里'，这不是因为机械方面的原因，而是因为逻辑—语义的原因。我的神经系统不能告诉我任何东西，这是因为它是'我'：我就是我的神经系统的活动；我的神经系统所谈论的一切都是它自身的感觉—运动活动状态。"

　　承认这种循环性是二阶控制论的认识论核心，这一点可见于冯·福尔斯特的著述中，并由马图拉那与瓦雷拉通过他们的自创生概念做出了进一步发展；冯·福尔斯特在自己的理论中明确地涉及了，却没有明确地加以发展。[2]他关于认知的观点（与马图拉那、瓦雷拉以及其他人的观点相同）是自组织过程创造或者造就现实。它采用这种唯物主义的、突生进化的形式，看上去就像是一种有机主义。

　　他对 AI 和认知科学研究者与实施者提出的挑战是，只要计算机不通过二阶自组织运作，我们连制造有认知能力的或者有记忆和智力的机器都做不到。且让我用几处引用来记录他的观点：

　　　　我们把什么是机器的智力功能想得太浪漫了。我们谈论它们的"记忆"，我们说这些机器储存和检索"信息"，它们"解决问题""证明定理"，等等。表面上，我们这里是在和有智慧的家伙打交道，甚至还试图设计出"人工智能商数"（artificial intelligence quotient，AI. Q.）这种东西，在"人工智能"这个新领域中带来今天仍然在一些杰出行为学家那里非常流行的种种误解。（von Foerster 1970：27–28）

　　AI 领域中的研究者们认识到，冯·福尔斯特的早期警告中有着关于有生命系统和计算机迥然有异的组织原则的很多真理性认识。就像他下面这句评论一样：*机器并非问题解决者，因为就其性质而言它们是没有任何问题的。我们用它们来解决我们的问题，但这并不会让它们变成认知实体。*冯·福尔斯特继续他的批判：

> 它们帮我们解决的是我们的问题，就像其他有用的工具一样，譬如，锤子可以被叫作"问题解决者"，因为它把钉子敲进木板。通过这个微妙的语义转折，行动的责任从人那里转到了机器那里，其中的危险是它让我们看不到认知这个问题。让我们相信如何为某些界定清晰的问题找到解决方法才是关键，我们可能忘记首先应该问问：构成"问题"的是什么？"解决方案"是什么？当问题得到确认的时候我们想要解决的是什么？（von Foerster 1970：30）

这与维诺格拉德与弗洛里斯（Winograd and Flores 1986）在其知名著作《理解计算机和认知》中所提出的观点非常契合。在这部著作中，他们不仅使用了自创生理论，而且使用到海德格尔现象学和塞尔的话语行为理论，来对这些问题做出分析。这一批判对信息概念也有针对性。冯·福尔斯特对认知科学可以建立在客观的信息科学之上这个流行观念给了致命一击。这样一种信息科学会把专注于创造和组织文档检索系统的图书馆与信息科学包含在内。关于客观信息这个观念，他写道：

> 病理语义学的另一个案例是对"信息"这个术语的滥用。这个可怜的东西如今"被加工""被储存""被检索""被压缩""被切分"，等等，它就像汉堡包中的夹层肉。因为这个现代疾病的病案史可以轻松占满一部书的整个篇幅，所以我只拣出所谓的"信息储存和检索系统"来说，它采用的是先进的图书馆搜查和检索系统、基于计算机的数据加工系统、全国范围的教育资源信息中心（Educational Resources Information Center，ERIC），等等。人们认为这些系统可与大脑的运作类比。
>
> 当然，这些系统并不储存信息，它们储存书籍、录像带、缩微胶片或者其他类型的文档，而且，只有被人的头脑所关注，这些被检索

的书籍、录像带、缩微胶片或者其他类型的文档才会产生出人们想要的信息。把这些文档集合称为"信息储存和检索系统",等于把车库称为"运输工具的储存与提取系统"。通过把潜在信息的"载体"混淆为"信息",人们再一次地把认知这个问题漂亮地放入了智力视野的盲区之中,问题也就消失了。(von Foerster 1970:30)

使用"潜在信息"一词来表示从文档中检索出来的东西,在图书馆与信息科学中慢慢站稳了脚跟(Ingwersen 1992;1996),但是,对信息检索和文档检索做出区分仍然不常见,这使得人们不承认与文档数据库中主题检索相关的那些复杂的符号学和社会—语言学问题。冯·福尔斯特在这里着重指出几点:他把这些基本问题看作通往认知过程的一种化约主义的、物理主义的研究进路。他分辨了认知现象背后由于缺乏对生物系统完整性的理解而存在的问题。这成了他的研究重点:

> 另一方面,人们不愿意采纳这样一种概念框架(其中,外表可分离的更高级精神能力,譬如"学习""记忆""感知""回忆""预测"等都被看成认知这个单一的、更具包容性现象的不同展现)是可以理解的。因为这将意味着抛开这些能力能在其中被单独处理并因此被简化为相对平凡的机制的舒适境况。譬如,孤立地来看,记忆可以简化为"记录",学习可以简化为"改变",感知可以简化为"输入",等等,换言之,通过把这些功能与认知过程总体性分隔开来,人们抛开最初的问题,转而寻求执行截然不同功能的机制。马图拉那指出,这些机制作为功能单位,与为维护有机体的统一性服务的某些过程或许有着某种相似之处。(von Foerster 1970:39)

二阶控制论中一个最为根本的特点是,它在其认知和交流理论中是对生物以及社会方面开放的。这是一种生物社会的(biosocial)建构主义,在法国思想家埃德加·莫林(Morin 1992)的研究中,我们也能见到这一点。生物社会建构主义——马图拉那与瓦雷拉称之为"带来主义"——堪称二阶控制论的核心。通过关注观察者的自主性以及其在对话中的存在,新的二阶控制论试图以一种非化约的方式弥合自然科学、艺术和社会科学之间的鸿沟。冯·福尔斯特（von Foerster 1981：104）评论说：

> 我们的控制论本质上是从一种关于观察的理论开始的，我想称之为一阶控制论，它是一种"关于所观察到系统的控制论"（cybernetics of observed system）。我看着整个系统，发出疑问：它在做什么？我能够对它做出阐释吗？我能解释该系统的目的吗？……

> 但是稍后，人们就会自问：我怎么会在观察着这个东西？观察的必要条件是什么？观察的作用是什么？二阶控制论于是变成了"关于观察系统的控制论"（the cybernetics of observing systems）。我这种说法中是存在一个双关语的，因为它可以指两个方面：我的观察对象是那个东西以及那个东西本身是一个观察者。从意义上来看，它是关于观察系统的控制论，那么，关于观察者的理论是什么？

> 我看到的第二个方面是：我有了关于观察的理论，我本人就是观察者，所以我在进行观察，我把我自己包含在循环论证中了。那么，我用什么方法来解决这个问题呢？所以，我在这里的建议是：如果你开始认真地把观察者包括在对其观察的描述中，那么，在控制论发展的第二个阶段，人们就该尝试去配合这些出现的认识论和方法论基本假设。马图拉那的自创生系统第一次出现就给从事该领域研究的这些人带来暗示：第一次，我们可以从一种生物学的自主理论开始，因为，如果我们不对自主做出限定，那么观察就不是一种互动式的或者与之类似的行为，于是观察仅仅是观念的一种转换器，观察这个概念都不会出现，而只有转换器、记录仪之类概念出现。

如大家所见，二阶控制论和自创生理论试图解决的问题是观察者如何科学观察其他观察系统，这是整个行为学、比较心理学以及认知研究的核心。雷文特洛（Reventlow 1970）非常清楚地对这些问题进行了梳理，因为他认为这些问题对于任何关于信息、表意活动和交流的行为与认知科学很重要。

冯·福尔斯特（von Foerster 1984）认为：如果人们坚持认为可以把有机体当成机器并用决定论的方式给有机体行为进行建模，那么人们就会陷入麻烦。有机体并不是平凡的机器——如果它们真是机器，它们也是非平凡的（non‐trivial）机器。这些非平凡的机器每当学会一种计算时都会改变状态（计算方式）。这使得它们在外部观察者（行为学家）看来是超越计算的。人们可以说，二阶控制论或许仍然是功能主义的——马图拉那与瓦雷拉（Maturana and Varela 1980；1986）对自创生系统的结构依赖性进行过充分讨论——但它是一个非平凡的机械系统。换言之，平凡的拉普拉斯式数学决定论是不可能存在的。如果真是如此，那么各门科学还剩下什么可能的策略呢？冯·福尔斯特（von Foerster 1991：71）解释说：

> 一旦被问起，我所有的朋友都认为自己就像非平凡的机器一样，他们中的一些人认为其他人也是这样。这些朋友和所有其他生活在这个世界上的人创造了最为根本的认识论问题，因为这个被看作一个巨大的非平凡的机器的世界如此依赖历史，我们无法用分析的方法确定它，也无法预测它，那么，我们怎么应对它？

> 我看到，缓解这种状况目前有三种办法：忽略这个问题；把世界平凡化；提出一种关于非平凡性的认识论。

> 解决这个问题最受欢迎的方法当然是忽略它，但是普遍平凡化的方法也并没有差得太远。人们可以称之为"拉普拉斯式解决办法"，因为拉普拉斯把所有可能为其理论、其自身、其同代人以及其他非平凡的令人讨厌的东西都从自己的思考中排斥掉了，然后宣称宇宙是一个平凡的机器（La Place 1814）：在一种超人类智能看来，如果宇宙中所有粒子的当下状况被认知为"一切无不确定，未来与过去都呈现在他的眼前。人类思维，尽管能使天文学尽善尽美，也只给我们提供了关于这种智能的一个站不住脚的想法。"

就这样，冯·福尔斯特对古典科学把世界平凡化的做法进行了指责，我对他的观点是赞同的。作为一种替代方式，他提供了有关非平凡的机器的认识论的二阶研究方案。这种认识论和观察者以及被观察的观察系统一样，都是自组织的。这种形而上学与机械唯物主义或者那些认为经典线性逻辑是人类智力本质的那些理论，有着根本的区别。关于其描述，请回顾拉考夫对客观主义的分析。

通过其自创生概念，马图拉那和瓦雷拉（Maturana and Varela 1980）

阐明了为什么平凡性和线性不足以用来理解生命系统。系统组织自身并生产自己的各个组成部分。有生命的东西的自组织能力以及历史维度，对于有机体为什么不是平凡的机器、为什么有机主义世界观是向前迈出了一步，可谓是重要的理由。冯·福尔斯特和马图拉那对关于信息和动态模式的这个问题的回答如下：有机体通过一种自指动力对针对其系统的干扰和扰乱做出反应（如此以保全它当时的那种系统）。客观的"外在"这个观念是不适用的，因为，根据这些理论，"外在"或（客观的）现实这个概念并没有重要的客观意义，因为没有人能够通往那个客观的、实在的现实——可以用其他系统所做的观察与之进行比较。证明了臆想和盲点如何起作用之后，冯·福尔斯特（von Foerster 1988：81）对自己的立场总结如下：

> 在这些实验中，我引用了很多例子，其中，我们看到或听到什么不"在那里"，或者除非感觉和行动协调让我们"捕捉"到什么似乎在那里，我们才能够看到或者听到什么"在那里"。且让我通过引用"无区别编码原则"（principle of undifferentiated encoding）来强调这一观察：
>
>> 神经细胞的反应不对引起其反应的介质的物理性质进行编码。被编码的只是此刻对我身体产生的作用有"多少"，而不是"这一作用是什么"。

这是一个基本的哲学问题，认识论和神经心理学在此交汇：这个问题涉及感受性或者感知品质如何作为经历出现。即使我们剥开某人的头皮并对其神经脉冲做出记录也无法衡量它们之间在品质上的差异，那么，为什么一些神经脉冲让我们能看，其他一些神经脉冲让我们能听？似乎只有大脑皮层中的目标位置决定着我们所经历感知的品质。按照研究这些问题的传统一阶学科，我们目前没有线索，到底是什么把神经系统中的数量和位置变成了关于"在那里"（out there）的世界的品质的感知。冯·福尔斯特（von Foerster 1988：81–82）用一种与伽利略类似的方式对这个认知核心问题做出了总结：

对其他感觉接收器来说同样如此，不论它是味觉、触觉接收器，还是与对气味、冷热、声音等感知有关的所有其他接收器：它们对于其刺激的品质都是"察觉不到的"，只对其量有反应。

尽管的确让人惊讶，但这理应不让人惊讶，因为事实上，"在那里"的并没有光或色，只有电磁波；"在那里"的并没有声音或音乐，只有空气压力的周期变化；"在那里"的并没有热或冷，只有具有约为平均值的动能的运动着的分子，等等。最终，可以肯定的是，"在那里"的并没有痛苦。

因为刺激的物理性质——它的品质——并未被编码入神经活动中，那么根本问题出现了：有时在醒着的时候，有时在梦中，当我们在体验之时，我们的大脑是如何想象这个多彩世界的万千变化的呢？这就是"认知问题"，是对理解认知过程的求索。

提问题的方式决定着找到答案的可能方式。因此，我得以一种让我们今天所用的概念性工具充分派上用场的方式解释"认知问题"。为此目的，我用如下方式来诠释（ᒥ）"认知"：

认知ᒥ对现实进行计算。

似乎冯·福尔斯特在宣称要用客观确定性告诉我们什么不在那里的时候自相矛盾了。因此他把感受性只归到有生命的认知系统上。这种认定在二阶控制论和自创生理论中是核心假设之一，它由冯·福尔斯特贡献[3]，而且它必须与瓦雷拉的"生命＝认知"结合起来。结果就是：*活着就是计算现实*（to be living is to compute a reality）——或者用马图拉那和瓦雷拉的话来说，就是"生产现实"。这一观点（我将在后面的章节中对其做出分析）使得二阶控制论和自创生理论接近雅各布·冯·乌克斯库尔的"环境界"理论，因此也接近从对冯·乌克斯库尔理论的皮尔斯式再阐释中产生的新生物符号学。

但是，冯·福尔斯特的观点只是无数理性主义和功能主义"计算机哲学"中的又一种而已吗？并不尽然。冯·福尔斯特脑海中有一个比通常操控符号的机器更为基本的计算定义。冯·福尔斯特（von Foerster 1988：82）对自己关于计算的基本认识有如下解释：计算是无害的，"计算"（源

自 *com - putare*）的字面意思是协同地（*com*）反映事物并对之做出思考（*putare*），并不明确指向数量的多少。事实上，我是在这个最普遍的意义上使用这个术语的，用它来指对于所观察到的物理实体（"对象"）或其再现物（"符号"）所实施的任何改变、调整、重组、命令等操作（不一定就是数字方面的）。

这是有趣地对计算这个概念做出拓宽和去数学化，把它变成一个先于任何机器的更为基本的术语，该术语甚至早于抽象的图灵机，图灵机常成为人们给计算定义的依据。他的认识论理论超越了机械主义和二元论世界观，把生物学纳入了视野。

于是，冯·福尔斯特提出了一个最基本的哲学和形而上学问题，而这个问题尚未得到回答。他在此做出的选择表明，他的观点如何不同于古典机械主义和二元论科学，与马图拉那在客观性和注释性的客观性之间的选择何等相似。他所问的重要却尚无法得到解答的问题如下：

（1）这是一组问题：
我独立于宇宙吗？
（也就是说，无论我何时看，我都仿佛是透过窥视孔在看着一个正在展开的宇宙。）
或者：
我是宇宙的一个部分吗？
（也就是说，无论我何时行动，我都是在改变着我自己和这个宇宙。）

（2）这是又一组问题：
世界是主要原因吗？
（也就是说，我的经历是结果。）
或者：
我的经历是主要原因吗？
（也就是说，世界是结果。）

为什么这些问题原则上是不可判定的？仅仅是因为如果它们是可

判定的，就必须选择一个它们在其中是可判定的框架。但是，因为选择一个框架本身就是判定一个问题是不是不可判定的，所以，我们可以把对这些问题做出的判定当作产生适当框架的手段。

于是，我们必须自己做出这些基本决定，并且为我们所带来的作为结果的世界承担责任，这就是冯·福尔斯特用二阶控制论来做的事情，也是我用赛博符号学来做的事情。我们选择用以考察这些问题的框架可能对于我们的未来、对于我们将成为的那种存在具有决定性意义。我对已经完成的建立框架的引导性步骤进行回顾。

冯·福尔斯特的形而上学认为，作为认知系统，我们是宇宙的组成部分，我们的特色和经历是主要原因。这是一种建构主义的、认知主义的世界观，并带有一些现象学意味，因为它以事物在意识中的出现方式作为出发点，尽管它在一定程度上的自然主义和科学背景使它与标准的欧陆现象学有所不同。

但有人会反驳说，这种观点不科学。的确，它是不科学，但原因正在于，科学无法解释为什么科学就是真理和现实的唯一定义者。除非从一种功利主义立场出发，否则理性无法解释人们为什么做出追随理性这种选择。这个问题，正如冯·福尔斯特、康德所理解的，是一种形而上学性质的选择：

> 譬如，关于宇宙起源的问题在原则上是不可判定的。这从针对这些问题所给出的众多不同答案就能显而易见。一些人声称宇宙起源是单一的创造行为；其他人说从来就没有什么开端：宇宙是一种永恒动态平衡中的一个永远的自我再生的系统。还有人坚持认为现在向我们显现的宇宙是发生在或许 100 亿或者 200 亿年前"大爆炸"的残留之物。人们认为，它的微弱回声可以通过大型无线电天线"听到"。(von Foerster 1991：64)

因此，冯·福尔斯特并没有把现代科学的宇宙大爆炸和进化理论当作对世界的一种唯一理性的解释。他把握住问题的关键——"宇宙"这个概念与其说是科学的，不如说是形而上学的。这为现实这个概念带来了有趣的结果，冯·福尔斯特在自己的整个研究中不断推进"现实"这个概念。马图拉那抛开了属于客观主义认识论和本体论的现实概念，转而使用多重宇宙（a Multiverse）这个概念；相比之下，冯·福尔斯特——和卢曼一样——继续谈论着一个宇宙（a universe）而不是这个宇宙（the universe），其中，每个认知系统都在对"一个现实"（a reality）进行计算。这种非特指（是 a 而不是 the）的立场与马图拉那创造多重宇宙的注释性的客观性观点非常接近：

> 现在我想捍卫我在"一个现实"（a reality）这个表达中对不定冠词的使用。当然，我可以让自己躲在逻辑论证后面，说不定冠词"a"表示泛指，"the"表示特指。不过，我的动机更为深层。实际上，有一道深深的裂缝把"the"派思想与"a"派思想分开，它们分别用了"确认"（confirmation）和"关联"（correlation）来作为感知的解释范式。"the"派：我的触觉感知是对我的"这是一张桌子"这一视觉感知的"确认"。"a"派：我的触觉感知与我的视觉感知相互"关联"，产生出我可能用"这是一张桌子"来描述的一种经历。
>
> 我站在认识论立场上反对"the"派，因为用这种方式，整个认知问题会被安全地置于人们自身的认知盲区；即使是缺了它也不再会看得出来……
>
> 简言之，我主张，须把认知过程当作永不停止的递归的计算过程来理解。（von Foerster 1988：82–83）

解读冯·福尔斯特的方法之一是，起源问题、现实的性质以及如何理解现实这些在逻辑上是必要的，但是——因为我们在世界上的认识论立场——却不能提供普遍的、明确的、清晰的、符号的、理性的、一致的答案（超复杂性）。他明白，和托马斯·库恩一样，人们必须从选择一个框架开始——或者以斯本塞–布朗式的和卢曼式的方法进行框架建构，并且，人们必须选择一个特色，以之作为观察的基础。康德（Kant 1990）也认识到了这一点，他在哲学和科学哲学中都谈到了"调节性概念"（regulative ideas）。我们部分地从生物学，部分地从我们的文化继承了这个框架（洛伦兹语）。不过，我们有能力从哲学内部对此进行反思。通过提问题，我们勾勒出人们可能提出问题的前提。正如哥德尔关于数学的不完全性定理中所显示的那样，总是有不可判定的东西存在。把不可判定的东西这个数学—逻辑概念推广到认识论和科学哲学领域中，重新把人和文化选择的根本意义引入实在性构成的现实，关于如此做法的重要意义，冯·福尔斯特（von Foerster 1991：64）有如下解释：

> 可判定的问题和原则上不可判定的问题，二者之间的区别现在已经足够清楚，可以让我引入以下定理（von Foerster 1989）：
>
> 只有那些原则上不可判定的问题，我们能够解决。
>
> 为什么？
>
> 简单说来，原因在于，所有可判定的问题，通过选择这些问题在其中被提出的关系框架，以及在这个框架中把一个假设（譬如"问题"）与另一个假设（譬如"答案"）联系起来的那些规则，已经得到解决。

这是一种极为精彩的修辞方式，它不仅体现了超越逻辑和数学可判定性的现实，也明确了机械主义世界观和客观主义是被选中的观点或者观察方式。正如我们已经表明的，框架对于什么被认为是理性的有着重要影响。

除了认知——以及对现实的建构——是一个永不停止的过程这一事实之外，冯·福尔斯特还在暗示什么是一个新框架。他暗示的是一种新的"非本体论"——是否像马图拉那的多重宇宙那样？[4] 尽管二者把伦理学定位在人类对自身现实创造的责任中，冯·福尔斯特（von Foerster 1991：64）的进路稍微不同，但很重要："但是，我们在对原则上不可判定的问题做出决定的时候，我们没有受到任何强制，甚至不受逻辑的强制。不过，虽然有这种自由，我们还是承担起了我们确定的责任。这表明对必然性起补充作用的不是偶然性（Monod 1972），而是选择。"

和普里高津一样，冯·福尔斯特这番言谈针对的是雅克·门诺对于机械主义生物学局限与结果的仔细分析。在发展其关于选择的哲学的过程中，冯·福尔斯特认识到，机械主义形而上学只提供了规律决定论和偶然（定义为缺乏规律）这二者之间的一种选择。和斯本塞－布朗（Spencer－

Brown 1972）与在斯本塞 - 卢曼基础上建构出自己的一套理论的卢曼一样，他选择了思维的一个基本特征——从各种可能性中选定一个特点这种能力——当作自己的奠基性哲学操作。如我们将看到的，这一选择把思维当作既定的东西，而这一选择本身实际上成了一种现象学。

正如米特斯特拉斯（Mittelstrass 1974：75 - 76）所说，科学的前提条件之一是人具有（前科学性质的）分辨和观察这一能力。科学建立在人的感知和获取知识的认知能力基础之上。注意到这一点，可以让我们从中间开始，而不是从两极开始；既不是从主体也不是从客体开始，而是从生活这一工程中的认知过程开始。在我看来，这是一个绝佳的出发点。斯本塞 - 布朗（Spencer - Brown 1972）把分辨这种根本能力称为任一知识过程的起点。斯本塞 - 布朗在自己著作的开头写下了这句话："我们把分辨（distinction）观念和标指（indication）观念当成是既定的，如果不能进行分辨，我们就无法做出任何标指。"

对系统与其环境进行区分是认知的第一行为。这是一个观察行为——或者，用一个更为现代的概念来表示，是一个属于基本认知的行为。该行为产生出指向环境和指向（自创生的）系统这种区别；如果这一区别又被引入系统，当这一差异反映在系统中的时候就会产生出一种自觉的观察意识——这被称为再进入（re - entry）。通过这一操作，系统变成了自体同源的。自体同源（autology）指认知系统通过它而变成自身的观察对象之一的情形。在其论文《致死的疾病》（"Sickness to Death"，1964）中，克尔凯郭尔提到了相同的观念。他说，思维（或者精神）并非关系，而是关系与它自身相关（the relation relates to itself）这一事实。在生物符号学中，我们可以说，这正是人类注意到自己是符号使用者所在。

冯·福尔斯特基于这一立场对控制论进行了梳理。在他的一些文章中，他创造了一个神经系统模型，在这个矩阵中，方框代表神经细胞，其间是充满传送器的突触间隙；左边是感觉器官，右边是为感觉器官提供反馈的运动神经元，如此构成一个闭合的循环网络、一台随着每次操作改变状态的非平凡的机器。荷尔蒙系统进一步改变这个神经系统的状态。这两台非平凡的机器相互作用。[5]冯·福尔斯特从这个模式中提取出一个圆环体，来呈现神经系统及其动态模式（见图 5.1）：

　　谈到感觉运动系统，且让我们思考图中的方框……小黑框代表直接相邻纤维构成的聚合体，它们通过运动系统投射出去。譬如，当你移动手时，透过视网膜，你可以观察到你的变化，这些变化然后通过接收器迅速反馈给系统并通过这种方式回到运动系统。但是还有第二个环路或者闭合，它当然就是通过脑下垂体所分泌的荷尔蒙影响突触的这个环路。脑下垂体受到密集的神经刺激，产生出一定量的荷尔蒙，对突触发生作用，所以存在双重闭合。这种双重环路可以用一个被称为圆环体（甜甜圈）的图像来表现。这里，运动和感官表面之间的突触裂缝用位于前表面中央的条状经线表示，脑下垂体则用点状纬线（最中间的）表示，代表第二个环路。

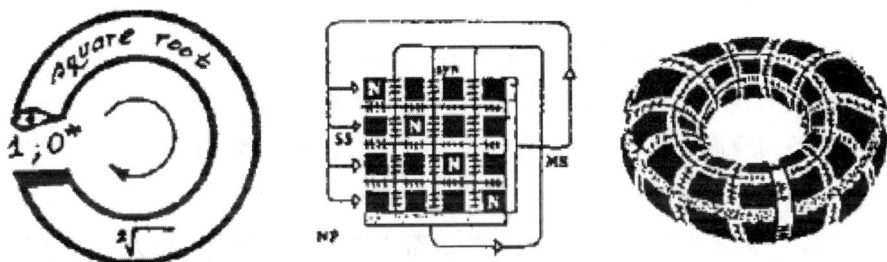

图 5.1　冯·福尔斯特的图 7：自主（von Foerster 1993b：102－103）

　　因此，神经系统反馈到自身，创造出一个闭合系统。这在他的图 7 中表现为中间那个由方框所构成的系统。系统又通过荷尔蒙反馈到自身，形成一个双重闭合。冯·福尔斯特用这个圆环体来解释他关于认知和自主的基本概念以及它们对我们作为自主存在所担负的责任造成的影响：

　　　　这个圆环体中的各种计算都要服从一种非平凡的限制，这一点表现在认知存在内部平衡这个假设之中。

　　　　神经系统是有组织的（或者能对自身进行组织的），因此它能对稳定的现实进行计算。

　　　　这一假设对"自主"也就是"自我调节"进行了约定，对于每个生命有机体而言……"自主"与"对调节的调节"同义。这正是双重闭合、递归计算的圆环体所做的事情：它调节自己的调节……

在这时候对自主进行规定可能会让人觉得奇怪，因为自主意味着责任：如果我是唯一决定我如何行事的人，那么，我为我的行动负责。既然今天最流行的游戏规则是让某个其他人为我的行为负责（这个游戏的名字叫"霸权主义"），那么，我明白，我的说法是特别不受欢迎的。一种隐藏它的办法是把它当作又一种挽救"唯我论"的尝试并打发掉，唯我论认为，这个世界只在我的想象之中，唯一的现实就是正在想象的那个"我"。（von Foerster 1988［1973］：92）

因此，选择和责任成了冯·福尔斯特包括其科学哲学和认知理论在内的哲学中根本的东西。但是，这与传统立场之间如何相关？二阶控制论——在马图拉那所设计的发展最为全面的形式中——似乎一方面有一个与现象学极为相似的认识论立场，另一方面又有经典的（譬如贝特森当作基础的）维纳式信息理论。这就在二阶控制论当中形成了一个悖论，即便在它和冯·福尔斯特的二阶控制论一样与现象学有关的时候。这两个方面在一种前后一致的理论中并不完全契合。在更具反思性地发展自己的意义理论并承认胡塞尔给了自己启发之时，卢曼（Luhmann 1985：101）强烈暗示了这一点。"研究意义的意义，最好的进路或许是采用现象学的方式。这并不等于采取一种主观的甚至一种心理学的立场。相反，现象学意味着：把世界当作其出现的样子，不去问那些本体论的或者形而上学的问题。"

现象学就是如此开始的：胡塞尔、海德格尔以及梅洛 - 庞蒂后来努力要为之建构出一个圆满的哲学框架，但是，在我看来，他们从未完成这项任务——卢曼也没有做到。皮尔斯也是从现象学立场出发的，却致力于从它发展出自己的三元符号学框架。卢曼对现象学立场非常简短和清晰的表述，明确了为什么它对于我的研究进路所体现的这种（传统的？）哲学和科学哲学来说是一个问题。这是因为人们无法避免针对这种研究进路背后的认识论和本体论假设提出问题，这种研究进路相信事物就是它们对我们显现的样子，这实在是太幼稚了，而且，这种研究进路并没有给出更为深刻的理由来说明它为何使我们走向物自身。胡塞尔（Husserl 1977）没有就此发问，并且他用一种超验的唯心主义理论作结，很难说这种理论与自然科学世界的现实有什么关联。后来梅洛 - 庞蒂（Merleau - Ponty 2002）在对现象学与具身化进行研究的一部著作的前言中承认，现象学并不是一种完全成熟的哲学。我同意并且相信——就像迪利（Deely 1997）一样——皮尔斯符号学能够带来缺失中的哲学框架。

因此，身处与现象学哲学立场的冲突中，我不禁要提出与对主要特点的推理有关的本体论问题来。似乎必须认识到，观察者和环境出自某种世界之基（world substratum）。在现象学中，被当作既定现实的是人类体验，但这使得我们难以把外部世界确立为真实的；在控制论中，（如贝特森所说的）形式构成信息世界，按照经典热力学，这个世界从根本上来理解（又一次地）是建立在物质的物理和化学的世界基底上的。正如海耶斯（Hayles 1999）所言，这通向的是一种后人类哲学。主体不见了！这也是卢曼系统理论的结果。很清楚，这些学者中没有一个能够提供一种与社会互动中的具身化实践以及外部自然和人工文化环境中的行动息息相关的意义理论，因为现象学缺乏关于环境的概念，控制论则缺乏关于第一人称体验以及语言如何影响这些体验并使得复馈和自我意识成为可能的概念。

冯·福尔斯特（von Foerster 1986：86）试图解决这一点，就神经系统的组织如何允许所有通过感官输入的信息整合到我们的内部意识之中，他写道："这种组织结构必须允许感觉之间在联系、整合方面都可以有'串扰'（cross talk）。如果这个结构允许耳朵确证眼睛所看到的，眼睛确证耳朵所听到的，那么，又一次地，就会有'共同知识'（conscientiae）这种东西——不过，这里我们称之为'意识'（consciousness）。"

冯·福尔斯特在控制论领域中迈出了最早的、有意思的一步。不过，意识与思维——包括感受性——实际上并不是其框架之中的理论性概念；换言之，这些概念与一阶或者二阶控制论以及（卢曼的）系统理论的形而上学前提条件之间，并没有内在的和/或逻辑的联系。

但是，我对杜威（Dewey 1991）和罗蒂（Rorty 1982）的美国实用主义也持批评态度，因为美国实用主义与现象学一样放弃了本体性问题，只不过这种放弃是基于另一立场——追求人类条件改善的社会实践立场，而它最后探讨的是关于如何界定幸福和人类生活品质这些功利主义伦理问题（Gustavsson 2001：150–151）。我相信，我们必须有勇气建构新的框架——每个框架不过是通向更好框架的一块垫脚石。

当我们看到卢曼的研究时，我们认识到，他的研究方式也是功能主义的，并不真正符合现象学向度。这是因为，正如他喜欢指出的那样，意义是不能从社会学角度看得到的——它只能作为动态被推导。但是功能主义及其各种变体都是进行研究的策略，并不是实实在在的哲学，正像我们可以从艾克斯托姆（Åkerstrøm 2003）和雷德斯多夫（Leydesdorff 2005）那里看到的那样。除非是在形而上学框架之内，我认为一个人不可能是功能主义者。如果这样一个框架没有被弄清楚，功能主义充其量是一种内在固有的战术；换言之，我们没有把它搞清楚、弄明白，因此可以理性地对它做出反思。蒂桑（Thyssen 2006）对卢曼系统理论中缺乏一个哲学方面前后一致的框架进行了分析。如果认真阅读斯本塞－布朗的著作，我们也能从中看到一个尚不完整的框架。

功能主义意义或许可以被描述为用于某些用途的运算符。尽管如此，我要说，意义和价值都源自与人类存在有关的意识——我们是在不可逆的时间中具身化的社会符号存在。我知道，它指出了今天大部分的社会学自我理解的缺陷，因为这种自我理解/认识认为，生物学对于表意活动非常重要，但生物学及其遗传、进化和生态方面的理论，与数学、物理学或者化学一样，都是一门科学。它们都代表着我们去接受现实的本体论层次以及关于时间、不可逆性、进化和自组织问题的种种尝试。而这正是信息概念进入的层面——在物理层面已经是潜在的了，但在全是样式拟合的化学层面更为明显。在这一层面之上，生物学是任何关于意义和表意活动理论的基础。这正是托马斯·A. 西比奥克建立生物符号学的时候注意到的东西！具身化既有科学的一面，又有现象学的一面。梅洛－庞蒂看到了这一点，并且终生对之展开研究。克尔克比（Kirkeby 1994，1997）继续从事这一研究中的部分工作。

简单地说，这就是（知识的）社会学和（包括进化的认识论在内的）进化理论之间一场针对本体论和认识论霸权的有趣的斗争。不过，进化比人类社会的历史和社会学研究重要得多，而且它实实在在地为二者提供了基础。但这并不会威胁到社会学的独立性。正如我们可以从科学社会学中看到的，社会学也能在有关进化理论等科学解释的渊源、作用和局限方面给我们启迪。这并不意味着你可以回避它们，把它们排斥在你的基础之外。所有这些科学都是相互交织的，一个建立在另一个所取得的成果之上，与彼此的形而上学基础相互作用。我不相信什么纯粹的哲学。我相信，哲学和科学都是不完美的，彼此需要处于永远的对话之中；通过这种方式我们才可能创造出这样一种形而上学框架来，它在优化健康、财富、意义和幸福以及使政治"尽可能地为我们所知"的尝试之中，构建起我们当今的文化之网。

澄清了几件事之后，且让我们回头探讨冯·福尔斯特为解决这些控制论中的问题所做的尝试。他试图解决的问题之一是，当你按照兼具科学主义和建构主义特点的模式着手时如何接受其他精神的现实。他将此称为"怕生心理学问题"（das fremdenpsychologische problem），并且建议通过自己的相对性原则来解决这个问题，他在几篇文章中对这一原则的解释略有不同。我认为以下引文（接续前一引文）代表着他最为成功的尝试。他的论证（von Foerster 1988：92 - 94）形成了之前曾被概述过的这一观点：所有对知识的追寻都源于生物学上有意识的观察者们所构成的社会群体，这些观察者有着一种源自某文化的语言交流系统：

"但是，我只是在谈单独的一个有机体。如果有两个，情况就很不同了，对此我将用这位戴着圆顶礼帽的绅士来说明（见图5.2）。"

这位绅士坚持认为，自己是唯一的现实，其他只出现在自己的想象中。然而，他无法否认，自己想象的宇宙充斥着与自己并不相像的幽灵。因此，他不得不承认，他们可能坚持认为自己才是唯一的现实，其他则是他们想象的混合物。这样，他们想象的宇宙就会充斥着幽灵，其中一个可能就是他这位戴着圆顶礼帽的绅士。

根据相对性原则——它拒绝"之于一为真，之于二为假"这种假设（地球人和金星人各自宣称自己是宇宙中心或许并行不悖，但如果二者碰到一起，他们的说法就靠不住了），如果除了我之外，我还创造出另一个自主的有机体，那么，唯我论主张就靠不住了。不过，值得注意的是，因为相对性原则并不是一种逻辑必然——它也不是一个可以被证实或被证伪的假设——所以，这里，必须要承认的重点是，我可以自由选择采纳或者拒绝这一原则。如果我拒绝，那么，我就是

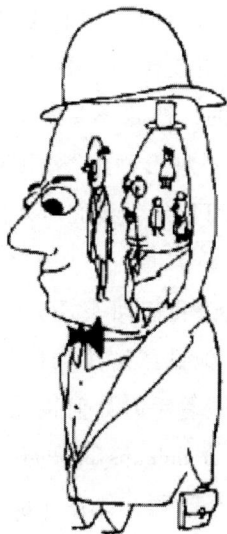

图 5.2　怕生心理学问题

宇宙的中心，我的现实就是我的美梦和噩梦，我的语言是独白，我的逻辑是独白式的。如果我采纳，那么，我或者其他人都不是宇宙的中心。就像在日心说体系中，必须有个第三者作为中心的参照。这是你与我之间的关系，这种关系就是身份/同一性（identity）：

现实 = 社群

因此，我们的世界是在与其他人的交流之中创造而出的，用维特根斯坦的说法就是，其存在于一个有着与其特定生活形式相关的自身语言游戏的话语社群之中。这两个奥地利亲戚的想法之间有着一种有趣的关联[6]，对之应该做进一步深究。维特根斯坦的实用语言游戏理论或许可以用作卢曼和皮尔斯两人的交流理论之间的一条纽带。无论如何，冯·福尔斯特的确确立了我们关于科学哲学的最低要求之一——科学起步于由具身化真实观察者构成的社群之中的这种反思性意识。并且他还继续深入，来到他的第二个重点——这些观察者必定通过符号或者语言游戏彼此相关。

接受了这一思想之后，二阶控制论的认识论立场通过其形而上学选择，迈向了社会建构主义。关于这一要点，克罗斯·冯·克里彭多夫的交流理论（von Krippendorff 1991，1993）阐述得最为充分，并且它以一种特别的方式在卢曼的社会交流理论中被采纳（Lumann 1989，1992，1995）。冯·福尔斯特（von Foerster 1986：84 – 85）把控制论带进了社会世界的现实，并且他阐明，通过选择其他人作为意识中的同类，我们避免了唯我论，获得了实在性："有了这个，矛盾循环就是闭合的，因为如果有人认为自己是唯一的现实，那么，他就是另外某人的想象，渐次地，另外某人则坚持认为自己才是唯一的现实。对这个悖论的解决方案通过规定第二观察者而确立起'环境'。现实就是能够被见证的东西，因此是落脚在'共同知识'（together – knowledge 即 conscientiae）之上的：现实即共同知识。"

回顾之下，人们可以发现，冯·福尔斯特在不晚于 1979 年的时候就认识到，只有承认通过符号的交流（communication through signs），我们才能对共同的世界（a common world）进行计算。他在下面的重要引文中对自己和马图拉那的观点进行了区分。这里，我们可以看到自然科学和社会科学在解释方面的冲突：闭合与具身先于语言吗？或者，语言和文化是建立这些科学所必需的前提吗？他写道（von Foerster 1976：5 –6）：

这是马图拉那的假设，我将恭敬地称之为"翁贝托·马图拉那 1 号定理"：

"一切所说的都是被（by）观察者说出的"……

我想给马图拉那的定理加一个推论，我将谦逊地称之为"海因茨·冯·福尔斯特 1 号推论"：

"一切所说的都是对（to）观察者说出的。"

有了这两个假设，一种并非不重要的关联就可以在三个概念之间确立起来了。"观察者"是能够做出描述的人。这是由定理 1 而来。当然，观察者所说的东西是一种描述。第二个概念是"语言"。定理 1 和推论 1 通过语言把两个观察者联系起来。但是，渐次地，通过这种联系，我们就确立了我想要论及的第三个概念……"社会"：两个观察者构成了社会的基本核心。且让我重复以三元方式彼此关联的三个概念。它们是：第一个，观察者；第二个，他们所使用的语言；第三个，他们通过使用其语言所形成的社会。这种相互关联的关系或许可以比作小鸡、鸡蛋和公鸡之间的相互关系。你不能说哪个是最先出现，哪个是最后出现。三个都需要才能获得所有这三个。

不把语言和文化包含在内，很难就人类进行言说。人意识到自我的存在，这是人类认知的生物系统与其通过语言进行社会交流的能力两相结合的产物——这是一种令人信服的理论。在二阶控制论中，关于观察者的起源和世界的起源通过语言与社会的意义和信息生产而紧密联系这种主张是合理的。不过，科学并不能告诉我们谁先谁后。可是，我们与现实——部分独立于语言中所诞生的人类社会意识——是如何关联的？

正如我在之前一章中所试图表明的，人们无法通过机械唯物主义或者物理的非决定论解决有关进化哲学中的思维和意图性问题。通过纯粹的现象学唯心主义、主观建构主义或者心灵主义也无法办到，它们低估了"外部"世界的相对稳定对于知识、交流和真实的产生具有的重要性。现代——以及在二阶控制论中——人们理解得较为深刻的一点是，我们都是生物的存在，没有这一基础便不可能有人类的存在。

二阶控制论接受这种生物层面的存在，但它如何确立事物的物理性呢？冯·福尔斯特对此有过大量思考，创造了关于我们如何确立我们所谓"事物"的恒常态的一种创新性认识。自希腊人通过思索"事物秩序"（res）而开始他们的哲学研究以来，这就是认识论中的一个重大问题。冯·福尔斯特在多处（von Foerster 1980）采用"本征值"（*Eigenvalues*）这个数学概念（该概念也用于量子力学中），提供了（"关于反应的"）对象在有生命、有感知的自创生系统中得以呈现的一种模型。"本征值"是一个函数的所有值，一旦对之进行操作，它就会自我生产。这是一种循环式因果关系。从一个平方根的例子开始，他得出结论（von Foerster 1980：23，26）：

因此，独立于各初始值，以递归方式运用平方根所产生的 A 和 B 的值收敛为单一的均值 1 这个平方根本征值。

本征值"检测"表明，一个用于其本征值的操作必定产生出该本征值。的确：$\sqrt{1} = 1$

这一见解（或者"解"）有助于我们理解，有机体会按照对"反对"做出限制的方式递归地反复调整其行为（基于其肌动活动进行运作），直到达成稳定行为。

观察整个过程的观察者无法获取有机体对影响其运动的这些限制的感知，他会说，有机体学会了对某个特定对象的操控。有机体自身则可能相信自己现在理解了（或者掌握了如何操控）该对象。然而，因为通过其神经活动，它只对其行为有所了解，因此，严格地说，这些"对象"都是有机体各种各样"特征行为"的符号表征。这意味着，对象并非初始的实体，而是必须被学会的技能，这些技能是依赖于主体的，甚至还会被文化语境所改变。

这些"本征值"和对象出现在马图拉那[7]和卢曼所谓的环境与自创生系统之间的结构耦合中。行为学家把其中一些称作"符号刺激"。雷文特洛（Reventlow 1977）谈道，"顿悟"就是"对认识领域的突然的结构调整"。冯·乌克斯库尔（von Uexküll 1934，1973，1986）在其关于"功能圈"（Funktionskreis）的论述中，同意冯·福尔斯特的看法，认为对象是通过神经系统的知觉系统和运动神经系统之间稳定的相互作用，得以在动物的"环境界"中建构而成。在这一点上，几种生物建构主义研究进路之间有着潜在的关联。后面我将再次谈到冯·乌克斯库尔受二阶控制论启发所采取的研究方法。

人类认知的过程，是我们通过语言运用创造世界与我们自身的差异、自我与非自我的差异，以及在某种程度上通过创造我们自身而创造世界的过程。但我要说的是，我们是通过与先于"世界"和"我们自身"之间的差异造成差异那一刻的共同现实相关，来完成所有这一切的。正如斯本塞－布朗所说，世界分开了。此外，如柏拉图和亚里士多德所见，我们是基于对基本的、潜在的被展开秩序的隐含信念，来做到这一点的。世界完全独立于我们而存在这种论调是毫无意义的。但是，世界纯粹是我们解释的或者有意识想象的产物这种论调同样是毫无意义的。

冯·福尔斯特的立场很有趣，因为他针对"外部世界"性质的主张，比二阶控制论中大多数建构主义者更甚。量子物理学已经表明，科学不能宣称"世界"完全独立于我们的行动而存在。但同样清楚的是，我们不能单单通过我们的经验或者言谈就创造出树木和群山——尽管当马图拉那说对象只在语言之中得以确立，他近乎声称我们的确可以做到这一点。冯·

福尔斯特对于新认识论立场所面对的哲学挑战更为在意：人们必须解决有关唯我论和纯粹社会建构主义的问题。

根据冯·福尔斯特的著述建构起来的立场使我们能够从新的、批判的、反映社会的角度去认识人们的理解和文化知识生产；然而，它既不符合我们关于物质和自然的日常经验，也不符合自然科学家关于自然之物（natural things，一些哲学家称之为"自然之种种"［natural kinds］）的实在性和稳定性方面的体验。本征函数无法只是突然地随机冒出来，必定有着某种与世界的关联，皮尔斯在其关于基本范畴的研究中注意到了这一点；洛伦兹提出进化认识论，通过认知系统的进化这种方式对康德的范畴做出解释，在这一过程中，他也注意到了这一点。通过某些尚未得到清晰理解的方式，自然及自然之"物"的存在与我们作为认知的、有意识的存在的存在，二者以复杂的方式相互交织。冯·福尔斯特（von Foerster 1984：4）认识到，接受观察者生物系统的实在性，导致对周围环境结构的接受："我提出继续使用'自组织的系统'（self-organizing system）这个术语，同时要注意到，如果系统没有与环境的密切接触，这个术语就会失去意义，环境拥有可能获得的能量和秩序，我们的系统与之永远处在相互作用之中，如此才使得它莫名其妙地以牺牲环境为代价努力'活下去'。"

要让这种观点发挥作用，必须赋予自组织的系统和环境的能量与秩序某种客观实在性。冯·福尔斯特在这一点上异常清醒。在二阶控制论中、自创生理论中或者卢曼系统理论中，我都没有发现其他哪位作者提出过下面这个令人信服的论点。在这篇文章后面的部分，在讨论热力学的影响时，冯·福尔斯特解释说（von Foerster 1984：8）：

为了表明我们的环境中存在某种结构……必须指出，我们明显没有处于玻尔兹曼所谓的"热寂"（Heat Death）状态。因此，熵直到今天仍在增长，这意味着必定存在某种秩序——至少是在现在，否则我们就不会失去它。

且让我简要地对我提出的论点进行总结：

（1）我用自组织的系统指从其环境中摄取能量和秩序的那个系统部分。

（2）在接受相对性原则这一意义上，存在一种环境实在性。

（3）环境是有结构的。

　　一旦我们选择摒弃唯我论，接受相对性原则并承认人类的实在性，我们就会接受人类的语言使用、认知能力以及必要的生物自创生结构是真实的。但这些系统，如我们所定义的，除非有能量、秩序和物质结构，否则是无法存在于环境中的。我们必须接受世界/现实的某种结构。皮尔斯（后边我们会再次谈及）论述到习惯和概括这一现实要素特征的第三性。需要有什么程度的秩序和实在性？这是后面将会探讨的一个问题。悖论是，如果不通过为存在假定一个无法解释的前提条件这种方式，对世界做出解释将是困难的。我将此称为"超级复杂性"。

　　冯·福尔斯特对伽利略和笛卡尔的主张进行了思考。他们认为，外部世界是由诸如分子和压力之类可衡量的东西建构起来的。与维纳的看法一致，在热力学和控制论关于秩序的理解之上，他增加了作为秩序的能量、熵和负熵。但他似乎并没有走到普里高津的复杂性科学那么远。我确信，冯·福尔斯特也接受了必须有空间和时间概念，并且——因为他接受了熵和热力学概念——还必须有进化概念。但是我们尚未深入考察以上是哪（几）种进化，我们也尚且没有获得关于感受性的实在性和出现的表征方式。如我所指出的，从机械主义世界观出发，甚至从维纳式信息—热力学控制论世界观出发，要对感觉和第一人称意识所构成的内部世界的出现做出解释，似乎是非常困难的。

　　从现代生物学的角度看，生命的结构根本而言与宇宙的整个展开有关。现代生物学的观点认为基本的原子和分子是在大爆炸之后的某个时间在恒星中创造出来的（重元素更晚一些），随后，正在爆炸的超新星创造出比铁更重的原子并将它们散布到整个星系。但这仍然基本上是宇宙物质进化理论，一种主要基于热力学的理论，无法对观察者和观察活动（或者更确切地说，整个认知系统）做出解释。人们可以称之为解释物质世界结构的一种宏大叙事或形而上学。但是，因为如此，它便要面对植根于创造科学知识的观察者的符号社会—交流实践中的各种理论。我们从冯·福尔斯特那里知道，我们必须做出一个基本选择：我们是将宇宙看作我们的终极起源和环境——作为我们之外和我们之前的东西来理解，还是将其看作通过我们的认知和语言运用计算出来的一种建构之物？我们必须对从哪里开始观察做出区分。

我在这里的关注焦点是"外部现实"在关于自创生的或"观察"系统的行为分析中的作用。尽管"客观现实"概念已经被二阶控制论抛弃，人们却不应该彻底去除部分独立的"外部现实"这一概念。这或许意味着，马图拉那的"注释性的客观性"以及它所构建的多重宇宙必须被看作同一个丰富现实中若干可能的真实方面。要在视角主义和现实主义之间构建这样一种联系，人们必须有一种复杂的现实观（正如普里高津所建议的），甚至必须有一种超级复杂的现实观（正如我所建议的）。这意味着，我们不能指望找到或者能够用一种一致的、普适的方式精确描述它背后、之下或者之上的一种更为简单的秩序。这种秩序将会是超级动态的和超级复杂的，而这些范畴——柏拉图所谓的理念或者亚里士多德所谓的形式——将不得不在起初呈现为模糊的、非显在的。皮尔斯将其当作一种第一性；但是，与柏拉图和亚里士多德不同，他的哲学框架接受了作为一个基本特征的进化。我们不能避免种种本体论考量，但是，我们必须通过批判的认识论探讨和分析一直不断地发展它们。我们必须要对实在性概念在我们认知过程中所起的作用有一种更为细腻和复杂的理解。瓦雷拉曾与冯·福尔斯特共事，他以其关于自我指涉的微积分学在这个方向取得了进步，这是对斯本塞-布朗研究的拓展。瓦雷拉因此确立了一种认知观，冯·福尔斯特在一书的前言中表示了支持，这种认知观与皮尔斯的三元符号学看上去是契合的（关于后者，我们后面会有探讨）。

这为什么重要？二阶控制论抛弃了客观的信息观，却没有发展出联系生物领域和文化领域的意义与表意活动理论。造成差异的差异，除非对观察者或知者产生如此重要的价值，以至于要为之赋予符号以便可以实现交流，否则是无法变成信息的。控制论和系统必须有一个能在其中起作用的符号学框架，这是通过认知和语言建构社会现实的最低要求。马图拉那和冯·福尔斯特都没有发展出一个关于社会或其交流与认知过程的系统性概念，尽管冯·福尔斯特打下了一些基础，马图拉那也对自己的语言使用理论有过详细描述。卢曼对自创生理论和二阶控制论做了进一步的研究，整合了冯·福尔斯特、马图拉那和瓦雷拉的关键要点与建立在自创生概念基础之上的社会交流理论。通过这种方式，卢曼对社会学观点和自己的理论进行了整合，同时还把该研究课题中其他理论整合进一个更大的整体。

❋

5.4　卢曼的社会—交流系统理论

请允许我简要地回顾二阶控制论中信息、感知、交流的发展——可以看到，正是这一发展导向了卢曼的研究。贝特森是第一位偏离客观主义信息概念的人，他把控制论性质的系统中的信息定义为造成差异的差异，发展出一种关于区分性特色的控制论和生态学理论。在马图拉那与瓦雷拉的理论中，信息概念本身并未被接受，而是被当作观察者归结到其他观察系统的某种东西。这里，信息是差异，而这差异是来自被建构的"外部"的干扰在自创生系统内部创造出来的。这种理论带有一定的"唯我论"色彩。克沃特拉普（Qvortrup 1993：12）对这种批判进行了总结：

> 如果观察系统是闭合的，并且如果它们的操作是基于自我指涉的，那么，交流和信息概念就必须被改变。一种可能性是把交流概念化为系统的耦合，如我们所见到的那样。不过，更为彻底的是，人们或许声称，对于一个自指的系统来说，环境只是作为被这个闭合的、"观察的"系统建构而成的某种东西存在，任何观察都是自我观察。那么，在外部世界中信息既不是"东西"也不是"差异"，也不是造成差异的差异。相反，信息变成了一种精神建构。人类建构出精神差异，世界也通过它而被带来。

但是，冯·福尔斯特和卢曼的理论倾向于把信息理解成（内部创造出来的）差异，它在外部找到差异，或者说，它在外部选择出差异，有了这差异，它能够通过"本征值"函数确立一种对应关系。冯·福尔斯特（von Foerster 1984：263）写道："与描述相关联的信息有赖于观察者从该描述中做出推导的能力……环境并不包含信息；环境是它所是的样子。"

因此，观察者根据其从中推导出信息的自身能力选择出差异。当冯·福尔斯特写道（von Foerster 1984：263），本征值就是生物系统在反复以相同方式被干扰时所陷入的那些稳定的动态模式，这是试图表明生物系统中再现是如何发生的。马图拉那和瓦雷拉（Maturana and Varela 1980）将这种本征值可以通过它而得以确立的稳定联系称为结构耦合（structural couplings）。正如前面所指出的，这些概念很好地描述了行为学家称之为符号刺激的现象之下的习惯和动态模式。它们由动物本能活动中的内部反应机制产生。尽管结构决定论仍然是机械主义的，但这仍然是从基因的和生理的结构到有组织的控制论动态模式的一个重大变化。信息的意义取决于系统自身的自创生的组织、历史漂变及其与环境和其周围的其他观察系统的共同进化。进一步的递归式结构耦合也发生在有机体之间。马图拉那和瓦雷拉（Maturana and Varela 1980：20）写道："在这种耦合中，有机体 A 的自创生行为变成有机体 B 产生形变的一个来源，有机体 B 的补偿性行为渐次地成为有机体 A 产生形变的一个来源，有机体 A 的补偿行为又成为有机体 B 产生形变的一个来源，如此递归下去，直到这种耦合被中断为止。"

所以，当进行观察的自创生系统受环境所迫，在进化过程中的很长一段时间里成为彼此环境的组成部分时，相互之间的结构耦合会有所发展。但这——因为通常是从认知或者"语言逻辑"角度来理解它的——并不是一种信息或符码交换："诸如信息的编码和传播等概念不会进入一个具体的自创生系统的实现之中，因为它们并不指向其中的实际过程……编码这个概念是一个认知概念，它代表着观察者的相互作用，而不是在被观察领域中运作的现象。"（Maturana and Varela 1980：90）

我对此的理解是，他们的意思是指，动物并不像人一样意识到编码，所以动物并不像我们，譬如在亚文化中，有意识地制造新的符码。这些有组织的过程进一步发展，便导向马图拉那称为"语言运用"（languaging）那种东西。根据我的理解，这个语言运用过程是任何生物系统之间意义共生的生物学基础——我曾在伦敦经济学院的一次会议上，就他的理论与社会学层面的关系做出总结，当时，他似乎接受了我的阐释。因此，重要的是必须注意，他的理论并不针对语言在文化交流中的作用。这里，卢曼通过其社会交流理论，对冯·福尔斯特的观点以及马图拉那与瓦雷拉的观点进行了拓展。

卢曼（Luhmann 1990：2）通过对自创生概念的普泛化，发展出关于信息的感知、生成和交流的一种普泛化了的二阶控制论理解：

> 如果我们从生活中抽象出来并把自创生定义为采用自指性闭合进行系统建构的一种普遍形式，那么，我们将不得不承认，存在非生命的自创生系统和不同的自创生再生产模式，而且存在关于自创生组织的普遍原则，这些原则物质化为生命，而且存在于其他循环和自我再生产模式之中。换言之，如果我们在我们的世界中找到非生命的自创生系统，那么，有且只有在这种情况下，我们才会需要一种关于自创生的真正的普遍理论，它仔细地避免只适用于生命系统的指涉。

卢曼并未主张计算机是自创生的；相反，他认为系统之所以存在并不首先因为它是生物的，而是因为它是自创生的，如心灵系统和社会—交流系统。但是，据我们所知，这些只有建立在生物的自创生系统基础之上才会起作用。作为生物学家和生物符号学家，我相信，卢曼未能充分严肃地对待这一事实，因此他未能发展出一种有关具身意义的理论。这正是我为什么想要把他的理论与生物符号学结合起来的原因。

卢曼理论的一个重要方面是，他把三个层面定义为朝向彼此的封闭系统。尽管所有三个层面在人类这里是在场的并且同时发挥作用的，但作为系统的它们之间并没有直接的"内部关联"；它们只是通过相互渗透进行交流。这是对自我意识、身体—思维以及通过语言进行的社会交流所构成的自创生系统进行整合这个难题背后的组织方面的理由进行的简明的控制论梳理。譬如，有我不能感觉到的我身体内部的部分器官和过程，还有我无法或者难以用文字表达的感觉。诗人或许有这种能力，但我尚未得出对这些感觉的文化理解，而这种理解让我有可能用众所周知的概念对它们进行分类。如卢曼所理解的，人类的身体和心灵是社会—交流系统的环境。这让我们面对如何确立一个综合的个体主体或自我这种问题，因为这样的人在卢曼的系统理论中是不存在的。在这方面，他面对的是所有控制论都会面对的同类问题，对此我们曾在贝特森的思维生态学中有过分析，尽管贝特森的系统是开放的，而卢曼的是封闭的。

卢曼对这三个系统进行了区分，以便创造出目前为止仅仅在冯·福尔斯特和马图拉那的理论中部分得到发展的东西：一种关于意义与交流的心理和社会理论。卢曼（Luhmann 1990：2）以这种方式对系统之间的差异做了进一步解释："它导向意义与生命之间的显著差异，因为不同种类的自创生组织和意义使用系统，不得不根据其是否把意识或交流用作一种基于意义的再生产模式，又一次地进行区分。因此，一方面，我们不得不发展一种能满足这些要求的关于心理学及社会学的理论；另一方面，自创生这个概念不得不从生物内涵中被抽离出来。"

卢曼想要区分而不是解释自创生的这些不同层面，想要得出这些基本差异在其发挥作用的方式中的特点。他想要强调的是，存在品质各不相同的心灵的和社会—交流的自创生系统。因此，在关于自创生的普遍理论中，他提出了自己的模型（见图5.3）：

它突出了一种关于自指的自创生系统的普遍理论以及一个更为具体的层面，在此层面上，我们可以把生命系统（细胞、大脑、有机体等）、心灵系统和社会系统（社会、组织、相互作用）区分为不同种类的自创生系统。

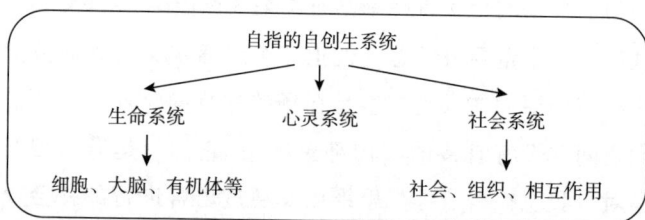

图 5.3 卢曼的自指的自创生系统

这个框架不应该理解成关于内部系统分化的描述。该框架表示的不是系统的操作，而是系统的观察。它区别了不同类型的系统或者自创生实现的不同模式。（Luhmann 1990：29）

所以，重要的是理解，交流系统是自主的并且有着其自身内部固有的闭合组织形式，它们的各个方面超越了生物学、心理学上的自创生。这催生了卢曼关于作为自创生系统的社会交流系统理论："社会系统把交流用作其特定的自创生再生产模式。它们的要素是交流网络以递归方式所生产和再生产的交流，这些交流无法在这样一个网络之外存在。交流并不是'有生命的'单位，不是'有意识的'单位，不是'行动'。"（Luhmann 1990：3）

因此，交流过程单位有其自身的特殊品质。对卢曼而言，重要的是把人类交流现象和意义概念当作对复杂性的简约再现来解释。这使得他把意义定义为一个可以通往所有潜在交流话题的系统品质："交流系统发展出一种特殊方式来处理复杂性，即，把世界复杂性的再现引入系统之中。我称这种对复杂性的再现为'意义'，这样就能避免这个术语所有主观的、心理的或者超验的蕴涵。意义的功能是提供通往所有有关交流的可能话题的路径。"（转引自 Qvortrup 1993：13）

这样，卢曼就能够用一种根本的系统论方法引入意义概念，而无须与超验的主体打交道。相反，意义成了感知、思考和交流中的一种策略："意义是对复杂性的再现。意义并不是有意识的或社会的系统所使用的形象或者复杂性模型，它只是一种在不可避免的被迫选择的条件下处理复杂性的崭新而有力的形式。"（Luhmann 1990：84）

只有在通过社会历史所创造的社会结构耦合之中，才可能拥有有意义的交流。但即使是在这一背景之下，我们也无法谈及信息的交流。更应该说，交流是可以为至少其中一位参与者提供信息的一种意义的共同实现：

> 交流根本不是关于这个概念的普遍看法（以及常常是考虑不周全的科学用法）所认为的那样，即，一个"传递"意义或信息的过程……它是可以为至少其中一位参与者提供信息的一种意义的共同实现……由于认定了被传递的东西的性质，并因此在这一传递发生时采用一定的方式——某种"零和博弈"的方式，因此其所有权被放弃了，这样一种"转移"的概念已经变成问题了。然而，交流中仍然保持不变的东西，不是被经过了传输的东西而是共同的潜在的意义结构，它起着调控的作用，以至于不会使双方形成意想不到的理解。这一意义基础就本质而言是历史的，即，它出现在经验和交流过程的历史之中，全然是另外一种东西，而且并不与我关于交流不传递或传输

意义的论点相矛盾，相反，它要求意义预先就给出并且构成共享的背景，在该背景之下，出人意料的信息得以阐明。（Luhmann 1990：32）

对于卢曼来说（Luhmann 1995），交流是对（1）信息、（2）言谈和（3）理解所做出的一连串的选择。前两个是我们传统上所称的"发送者"（sender）创造出来的，第三个则是由"接收者"（receiver）所创造出来的，由他选择对所产生符号的理解。人们可能争论说，当接收者说出了发送者所选择的理解并以此来确认接收者对原初信息的理解时，消息就产生了。图 5.4 表现的就是关于这三种选择之间相互作用的模型。最终，第四个选择——消息——就与当下的做法关联起来，要么被接受，要么被拒绝（Luhmann 1995：149）。

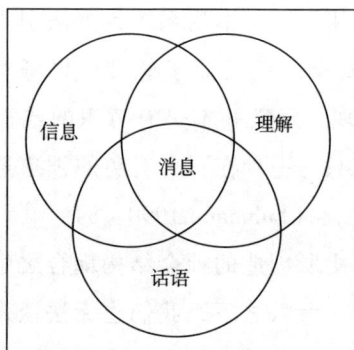

图 5.4

社会—交流：卢曼理解用于交流的消息的各个要素的模型。发送者和接收者必须在所有三个领域中做出选择，如此方能产生出消息。

卢曼的信息观部分基于贝特森的概念，但是，尽管有维纳式基础，卢曼的定义并不针对其本身在人类社会交流之外的适用性。卢曼认为有意义的人类语境中的信息量只是一个量化的惊讶度，他总是把信息概念和话语与理解合并在一起。他强调，发送者和接收者都必须对"信息"（与主题有关）、"话语"（与言说的方式相关）和"理解"（听话人依赖其对人文环境的评估所做出的阐释）做出选择，如此方能产生有意义的消息。信息如果没有意义便不是信息；所以卢曼的信息概念接近麦凯（McKay）的信息概念，他在《社会系统》（*Social Systems*）中对之也有提及。但是，在他进一步的论述中，他使用更多的似乎是他在客观意义上所接受的贝特森的信息概念（Luhmann 1995：46）。

从社会—交流的角度对意义的建构可以把卢曼的理论和符号学联系起来。卢曼（Luhmann 1995：71）说："意义是根本性的东西：符号必须有意义才能发挥其作用，但意义并不是符号。意义关注的核心是所有符号都在其中被决定的语境。"这与皮尔斯的实效主义接近，但我们必须记住，在卢曼的哲学框架中是没有主体、没有感受性和情感本体论的，尽管有时他会把它们都放到自己的理论中来；他对它们的使用是常识意义上的，多少有些不一致。但是，我们如何把从一种认为主体和个体不是真正系统的理论所得出的结果与一个以具有自由意志的、被认为能够为其行为负责的个体为基础的政治和司法系统重新关联起来呢？

卢曼参照胡塞尔（Husserl 1999）的现象学，表示意义这个概念总是发生在由可能的意义所构成的视域中。但在此基础之上，下面的引文却让卢曼（Luhmann 1995：60）更接近于皮尔斯的实效主义：

> 意义现象似乎过多地指向经验和行为的其他众多可能……指涉把自身实际化为现实的立足点。但它不仅指向真（后者以为是真）的东西，而且指向可能（有条件的真）的东西和反面（非真、不可能）的东西。有意义的被意图对象所呈现的指涉总体上提供了更多东西，它们事实上可以在任何时刻成为现实。因此意义形式通过其指涉结构迫使下一步——选择——的出现。选择的这种不可避免性进入意义的意识之中，对社会系统而言，进入关于什么有意义的交流之中。

卢曼清楚地表示，如果有主体这种东西，那么它们并不是他所以为的系统。然而，他似乎接受作为主体感受自我这一现实从现象学观点看是真实的：

> 所以，举一个极端的例子：没有任何系统统一性可以存在于机械操作和意识操作之间、化学操作和那些交流意义的操作之间。有机械系统、化学系统、生命系统、意识系统以及通过意义进行交流的（社会）系统，但是，没有可以一下子把所有这一切都包含在内的系

统联合。人可以作为统一体出现在本人或者观察者面前，但他并不是一个系统……有生命的系统是心灵系统无法触及的；它必须以发痒、刺痛的方式或者以其他某种方式吸引注意，如此方能让另一个层面的系统信息——心灵系统的意识——动起来。（Luhmann 1995：39 - 40）

因此，身体（我们的动物性）并不交流，但会发痒并因此而会感知；心灵也不交流，它们只会思考。与所有其他系统和控制论框架一样，一种基于有意识主体的关于情感、感受性和自由意志的理论似乎无法在这种框架中发展出来。这些东西似乎是被视为当然的或者作为常识性概念而被引入。但是，卢曼的关注焦点首先是作为交流、场景的社会，其中，具身的思维只是被视为当然。尽管如此，他关于意义和主体间性的基本观念似乎是从胡塞尔那里拿来的，虽然这种观念是从胡塞尔的超验哲学中取出，移植到了卢曼的控制论系统科学中，产生出闭合的、部分独立的"主体间性的"社会—交流系统这一观念。卢曼（Luhmann 1995：6）写道，自己的做法是"用系统与环境之间的差异取代传统的整体和部分之间的差异"。但是，他也用生物、心理和交流的自创生系统与其环境之间的差异取代了主体和客体之间的差异。在我看来，他丢失了胡塞尔在意向对象中的意义指涉却并没有提供任何替代之物，或许因为他是通过梅洛 - 庞蒂来解读胡塞尔的，后者把自己的意义理论传递到了社会和具身的个人意识之中。但这不可能是卢曼理论的组成部分，因为它是两个不同的系统。所以，似乎在概念传递中有一种不一致，使得卢曼的意义概念模糊不明——甚至是在基本框架中消失不见。"卢曼倾向于把意义的发展当作是文化给定的。意义不再被当作是在交流中建构起来的，但意义加工不断推进，并控制着作为一个独立变量的交流"（Leydersdorff 2007：1）。正如哈贝马斯（Habermas 1987：385）所指出的，"于是以主体为中心的理性被系统理性所取代"；又正如雷德斯多夫所指出的，通常的主体—客体形而上学被变成了对没有意图性的意义进行加工的一种元生物学话语。这是对意义的一种科学的客体化。它建立在"胡塞尔把交流的外部参照视为各种潜在意义构成的视域"这一事实基础之上（Leydersdorff 2007）。但是，在卢曼把胡塞尔哲学用在其系统科学的过程中，"超验的主体间性"被"交流"所取代，交流是建立在对特定意义领域中的差异进行双重偶然性加工这一基础之上的自创生系统。

此外，很清楚的一点是，卢曼的系统科学，就像所有控制论一样，无法支撑起关于主体作为有着自由意志、意图的观察者这样一种理论。在冯·贝尔塔兰菲（von Bertalanffy）的普遍系统理论中，这作为一种突生现象仍然在理论上是可能的。不过，有趣的是，无论是贝特森的开放的包容性控制论思维系统，还是卢曼的相互之间的系统闭合、相互之间的结构耦合以及阐释，都不能在自己的系统中支撑起有意识的主体这个观念。现代的神经生理学或者脑生理学（如果它是以伽利略式科学为基础，那么它便是与雷文特洛的分析相符的）也办不到。皮尔斯至少有一个主体理论，尽管他把个体看成一个符号或者一种元符号——这在许多人看来仍然不够令人满意。在我看来，公正的做法似乎是把主体看作一个象征，并因此把它看作一个不断发展的解释过程，其符号——从皮尔斯的符号学看——是所有三个自创生系统相互作用的组成部分。皮尔斯的第一性理论还提供了一种本体论框架，不同于控制论与硬核的、以热力学为基础的系统理论。

人们可以宣布，从科学（包括系统科学在内）的角度看，我们自觉的理解（大众心理学）是假的，主体是一种幻觉。但是我承认我没有"足够成熟"到能够接受这一点。我的感觉是与我自身、我的自由意志、我的情感和我的存在选择相关联的，而且，我生活在文化之中，并且支持该文化，因为它是在个体的个人和政治解放（康德语）信念以及个体对自己行为的法律和道德责任基础上确立起来的。我选择把缺乏一种主体的理论看作卢曼研究进路中以及信息理论和科学整体性中的一个局限。但是我认为，冯·福尔斯特和卢曼两人在建构消息的信息方面都取得了进展——尤其是卢曼，他在一种真正的三元功能中将之与阐释和言谈关联起来。我们只需要对作为其基础的意义概念进行解释。

在卢曼的理论中，信息是一种依赖于语境的认识。他把冯·福尔斯特的若干见解用作自己理论的建筑砖瓦，这两个人多年以来一直有着商讨。在一篇纪念卢曼诞辰的论文中，冯·福尔斯特拓展了自己关于作为本征值的认知对象理论，他有过把自己的理论与卢曼的理论联系在一起的如下梳理："交流是一个以递归方式运作的、双重闭合的系统中的本征关系。"

(von Foerster 1993a:84)

这是语言运用方面的"舞蹈",两个闭合的自创生系统通过它变成了彼此的周围环境,程度如此之高,以至于它们形成了一种双向的结构耦合。系统既不能"看见"对方的内在或内部世界和组织,也不能看见自己的整个内部世界。无论如何,我们都无法进入他人思想和情感的内部世界,或者进入他们生物方面的自我感知。通过这种方式,该模式可以清楚地描述人类交流中这些奇怪状况的精妙图画。*我依据我关于自己的不完善模型对着我关于他人的不完善模型言说。我们一起像黑匣子一般相互交流,却没有任何可以就正在发生的事情提供"客观"判断的元语言。我们共同的世界是通过出自这种相互交流的意义创造而来。*在下面的引文中,冯·福尔斯特(von Foerster 1980:27)对自己关于交流的立场做了详细描述,尽管他仍然认可"个体"这个概念:

> 如果我们把这当作关于两个主体的互动的一种暗喻,那么,有且仅有两个中的任何一个都从对方的眼中看见自身,这种互动才会变成交流性的。注意,从交流能力这个角度看,"一致"和"共识"之类的概念是不会出现的,而且也不需要出现(这正是它应该是的样子,因为若要达成"共识"和"一致",交流必定已经占据优势)。不过,这些概念很可能出现在观察者的用语之中,观察者在递归环路之外看着两个主体之间的交流互动,发现没有其他方式可以解释他们的协调行动。但是我们还应该注意到,从这个角度看,其中的意识唯有通过共识(即通过认同自身与对方)方可达成,交流、伦理和爱汇入同一个领域。

通过这种方式,冯·福尔斯特关于在不可决定的、非平凡的机器中进行社会建构、选择和对话的理论阐明了一个观点。根据这一观点,意识、交流、伦理和爱的共同根基在一种以认知和交流的前提条件为关注焦点的自我反思的科学哲学中得到了揭示。这迫使我们去思考认知和交流在形而上学框架中的基本前提条件,这就逐渐把我们带到了皮尔斯符号学的出发点上。这是一种具有积极意义的汇合,因为即便我们将其整合到卢曼的理论复合体之中,冯·福尔斯特的研究仍然存在局限。譬如,我没能看到冯·福尔斯特有关于爱、伦理、责任的理论概念。卢曼写了一部关于这些内容的书，但我依然不明白该理论概念与他的意义和交流理论如何相关。它当然是一个二阶的理论；可是，它需要一阶的形而上学框架来打基础，这一点冯·福尔斯特的确认识到了。

在试图理解卢曼的过程中，重要的是记住他区分了交流和意识。这迫使我们从交流的本征值和本征动态方面去研究交流。在这一点上，他所参考的一方面是胡塞尔的意义现象学，另一方面是诸如吕施和贝特森（Ruesch and Bateson 1987）所提出的范式，对于后者，我们已经就其缺乏一种关于第一人称体验、感受性和意义的理论有过批判。

卢曼认为社会系统是由交流构成的，其属性是行动。交流通过跨时间地关联自身与其他交流而自我再生产。交流是操作，不能被直接观察；从实用方面而言，行动充当着系统的可观察项（Luhmann 1995：164）。因此，人们可以根据可观察到的施为者之间的相互作用而推导出交流的意义，因为交流和施为者在结构方面是耦合的。所以，施为者的状态可以被用作它们之间不断发展变化的交流过程的指示器。但是，卢曼并不是一个简单的实用主义者；毕竟，他的确是从意识方面来定义施为者的，而意识在他的理论中是心灵系统的组成部分，因而与意义相关。施为者的状态不应该等同于行为。这里，卢曼和皮尔斯观点接近，皮尔斯把符号的意义定义为该符号能够在未来导致的所有可能的意义和行为。

卢曼的系统社会学因此以一种激进的方式偏离了主体导向的哲学社会学传统。他的自我指涉理论使得我们一方面必须把特定社会系统与其社会环境（社会）区分开，另一方面必须把它与其心灵的（前语言的意识系统）和生物的（精神的具体化）环境区分开。有趣的是，于是，他的理论的核心关注作为一个系统的交流，这个系统是自组织而且自我区分的。为了加工不断增强的复杂性，交流系统会发展出功能有所不同的系统，如科学、政治、经济、亲密关系、艺术、宗教等，它们会吸收诸如真相、权力、金钱、爱和信念等象征方面普遍化了的交流媒介；这些东西在交流中使用到诸如——就科学而言——真与假之类的特殊符码。

但是，意义是从哪个（如贝特森所精确描述的）能产生造成差异的差异的地方来呢？关于卢曼的想法，雷德斯多夫（Leydesdorff 2005：1.3）

写道：

> 社会层面的相互作用为行动提供了意义。根据卢曼的……社会系统理论，意义加工可以被看作为社会和心灵系统提供了按照期待对系统的实际和可能之间的状态进行区分的能力。意义的交流不是生物现象，而是文化现象……不过，运用卢曼的定义，意义加工系统中不可能存在无意义的信息。按照卢曼的定义，信息……是系统做出的选择而非不确定性……而系统被定义为在其与环境的交界面上的操作。

在卢曼的系统理论中，选择处于意义之中。正如我先前所指出的，贝特森的信息和意义理论是有问题的：他在维纳的泛信息理论基础上建立起自己的理论，其中，信息是负熵，与意义无关，而且他无法在理论上表明，究竟是哪个系统决定了造成差异的差异。自创生理论在这一点上似乎很有帮助，冯·福尔斯特似乎理解到了这一点。贝特森的理论非常契合卢曼的系统，后者增加了意义概念——最初是以胡塞尔为基础——对此，贝特森并未用任何系统的方式进行呈现。在贝特森看来，它是"起关联作用的样式"。但是，我认为他把样式仅仅当作是控制论性质的是失败的，尽管他已经处在符号理论的边缘了。

我在这里看到了一个悖论：任何控制论理论，包括卢曼的在内，都不能支撑起自觉的具身的存在主体，当其试图决定自身在社会、自然和不可逆的时间中的位置的时候，意义和选择会在象征性的相互作用中从它而来。这正是在实践中、哲学中和宗教中的那个主体，正思考着是否生命有着内部固有的意义，或者是否在其上和其外有决定意义和正义的系统，或者是否这些只会通过这样的方式——个体在集会中通过象征性的普泛化的媒介与其他个体进行交流——在社会中得到确立。我的确认为，在这种情况下，意义也是一种社会—交流的自组织的现象或者力量。我同意伽达默尔（Gadamer 1995）的看法，作为一种关于前理解的深厚传统，意义和理解在文化历史中发展，这开创了一个主体将自身作为一个明显的信念放入其中的视域。但我也同意布尔迪厄（Bourdieu 2005a，2005b）的看法，如社会科学所认为的，个体主体或个人能够强化自身的自由意志，能够更加意识到一个人因文化教养而产生的"生存心态"。

　　纯粹的结构主义和纯粹的系统分析，都无法把握住意志、情感、感受性以及它们在这些模式和概念中的动态模式。我仍然认为，自觉具身化的主体才能在理论上把握关于人的意义、行为和交流的重要动态的和实验的方面。因此，我觉得在卢曼关于消息存在于信息、言谈与理解中的理论中，我们很难懂得所用的那个意义概念到底是什么。他写道（Luhmann 1995：157）："我们不能使用意图性和语言性来定义交流概念。相反，我们关注的是差异意识；所有交流中建构的信息和言谈之间的差异。"他接着写道（Luhmann 1995：67－69）：

> 　　我们用信息指一个对系统状态进行选择的事件……信息预设了结构，然而它本身不是结构，而是事件……要素作为时间中的点……基本的过程单位……被固定下来……一条被重复的信息不再是信息。它保留其意义……但失去了它作为信息的价值……它改变了系统的状态并因此而留下了结构方面的影响……所有的意义再生产都通过信息发生……所有信息都有意义。信息对系统而言始终是信息……信息降低了复杂性……作为多种可能的选择出现……一旦意义和信息可以作为进化成果被获取，如此这般的意义的进化就能被启动，检测何种习得和信息加工样式会在其形成关联的品质中证明自身（首先是就预测和行动而言）……意义本身就取得了形式和结构。

　　在其他可能的消息所组成的集合这一语境中选择出消息，对此的观察是由观察者实施的，这是社会学交流理论的起点。人们会说这根本不是通常意义上的社会学。其中没有个体，只有递归的自组织的各种交流样式。卢曼写道（Luhmann 1995：69）："没有任何构成意义的系统可以逃避它自身过程的意义性……这些指涉的环形闭合就像世界一样作为所有意义的终极视域出现在其统一性中。"

　　系统科学根本无法研究个体。这是系统科学的特点，也是它为什么能够产生新知识的理由。交流的环境基础是生物和心理的自创生系统，该系统具有变成人的潜力，婴儿就有这种潜力，但（譬如）黑猩猩没有。不过，如果没有语言的话，人的身体和思维并不构成真正意义上的人。如果系统理论中有人这样一种东西，情况又如何呢？是语言创造了让我们超出动物意识的反思性自觉。如果你接受生物和心理自创生系统如此强烈地耦合，以至于它们变成了一个单一的新系统，那么，我们通过语言为其编程之后就使其具有变成人的潜力的是动物。但是，我不知道系统科学是否会接受这个观点。按照我对其的理解，系统科学中是没有任何个体动物或者人类观察者的，如果看法保持一致，我们在常识中对它的理解会是同样的。卢曼（Luhmann 1995：69）选择把超越现世的主体这个元初观念"（每个人都知道它作为意识存在于自身中）……当作世界的自我描绘"。这与斯本塞－布朗非常接近，似乎指向某种客观唯心主义。卢曼并未完全逃离黑格尔和胡塞尔的影响！另外，机械世界无法产生意义和意识。我已经进一步地阐释过，建立在热力学、薛定谔的客观信息理论和维纳的控制论、复杂性与系统科学基础之上的系统观也做不到，哪怕它拓展到二阶并且把自创生和系统与环境之间的基本区别当作自己的出发点。归根到底，谁在客观的、物质的、死亡的世界中做了最初的区分？在某些方面，卢曼从未把胡塞尔的现象学抛在脑后，尽管他想要让我们相信与之不同的东西。他写道（Luhmann 1995：70）："因此，在每个特定表现中，世界都作为'生活世界'发挥着作用"；就在这一句之前，他还写道："对每一个系统而言，世界是它自身在系统与环境之间的差异构成的统一体。"世界都在有意识的体验之中，甚至是在集合的超验的主体间性的体验之中。信息是造成差异的差异，因为它是以意义为基础的选择，一方面，它来自心理系统；另一方面，它来自在各种有意义的消息之间做出的选择。卢曼的系统对解释意义如何从身体—思维系统中而来并不感兴趣。它只是把它确实出现了视为当然。得到思考的只有进行选择和区分的系统方面，而非意义和观察在其出现时的现象学和存在方面。

正如我们所看到的，有两种层面的意义：前语言的心理学层面；作为可能的其他消息的交流层面，该交流层面与特定的交流相关并赋予其（关系方面的）意义。

我的确认为：要说没有主体也能进行观察、起作用，那是有问题的。人们可能争辩说，正如克沃特拉普（Qvortrup 2004）所建议的，心理和社会—交流系统是如此紧密地通过相互渗透和结构耦合交织在一起，以至于它们就代表着通常被称为主体或个人的东西。但是卢曼并没有这么做。

相反，在解释这种系统的社会学是什么以及它与个体和社会如何相关的时候，他更愿意偷偷地把"常识的具身化个人"（commonsense embodied person）这个缺乏理论分析的说法放入解释系统。

但是，对于意义在精神生物系统中如何被建构我们有行为学方面的不断发展变化的理解，而关于这样的系统如何形成环境界我们有乌克斯库尔的理论。而且，我们还有关于人类如何在另一个框架（生物学和符号学）的基础之上，通过语言取得自觉和自由意志的理论（参见 Deacon 1997）。而且，我们还有关于我们的经验生活世界如何在又一基础之上得以确立的现象学理解。但是，它们都没有被整合到一个框架之中。要整合这些，我建议采用一种因为加入控制论信息理论而应用范围扩大了的生物符号学的方法，我称之为"赛博符号学"。

我的问题是，人际交流和控制系统是否在自觉的、能感觉感受性的主体（载体）这个层面上，以一种指向另一个意义层面的方式，在分析方面区别于载体——卢曼没有论及这个层面，因为他的理论基础不允许他这么做。但是这两个系统可以"在结构方面产生耦合"！因此，我想看看，是否有可能把系统理论与皮尔斯的三元和实效主义符号学结合起来。

为了定义根本的、科学的、可操作的意义和社会交流概念，把自创生系统三分为生物、心灵和社会三个系统似乎是可以得到保证的；但是，这种做法并不会告诉我们关于这些系统如何演变的太多东西。卢曼没有以一种实用的方法对与我们的范畴和感知图式的认知生物学发展有关的进化生态学思想加以整合（这是贝特森、马图拉那与瓦雷拉以及冯·福尔斯特等人都试图去做的事情）。此外，对于系统交流并未传递信息时交流的到底是什么，我们并未了解太多。正是以差异的形式构成的信息、理解和话语的统一性，在意义之前业已确立的领域或视域中造成差异。卢曼写道（Luhmann 1995：71）："对所有意义中内部固有的世界的提及，阻止了人们把意义定义为符号。人们必须仔细对指涉的结构和符号的结构进行区分……意义是根本性的东西：符号必须有意义，方能发挥其作用，但是意义并不是符号。意义构成所有符号都被确定于其中的语境。"卢曼解释说（Luhmann 1995：61），意义"过多地指向经验和行为的其他可能"。他认为（Luhmann 1995：60）：

心灵系统建构在统一系列的（自指的）意识状况基础上，社会系统建构在统一系列的（自指的）交流基础上……心灵系统和社会系统一起发展变化。在任何时候，一种系统都是另一种系统所必要的环境。这种必要性建立在使这些系统类型成为可能的进化的基础上。没有社会系统，个人不能出现，不能继续存在下去。两种系统都根据它而变得有序，而且对双方而言，作为其复杂性和自我指涉的不可或缺、不可否认的形式，它具有约束力。我们把这种进化成果称为"意义"。

这清楚地表明，卢曼需要常识性的"个人"和"符号"概念来确立其理论。卢曼在这里把意义解释成进化的幸存阀，他认为，到目前为止，我们尚未能描述或把握人的情感核心，或者意义、言语和动机的存在方面，或者系统和控制论中符号交流的情感活动。但是，有了关于符号在生命系统中如何起作用以及关于意义如何在具身化思维中得以建构的知识，肯定有可能丰富这种二阶控制理论。之前对冯·福尔斯特理论的引用，也表明他想朝着这个方向前进。

信息和意义，在其最为广泛的意义上，只会出现在自创生系统之中。卢曼（Luhmann 1990）发展出一种普遍的自创生的意义理论，以之作为包括社会系统在内的人类认知和语言交流的前提条件。通过这种方式，他还发展出一种普遍的交流理论，该理论从生物系统层面过渡到心理和社会层面，而且它还是用了有可能与符号学相兼容的方式做到这一点的。[8]我们需要一种关于某种东西的理论，这种东西，依据解释或者社会规约或者此二者能够代表其他东西。简言之，我们要有一种关于表意活动如何在认知和交流中起作用的理论。沃纳（Warner 1990：17）认识到这一点，并且就LIS与符号学的关系有如下论述：

信息科学似乎与符号学有着某些契合。具有符号能力的产品——尤其是书面产品——的储存、检索和传输，一直是其主要的——如果不是统一的——关注内容。在相关领域，书目编者和编目者都表现出一种符号冲动，想要对原本混乱的原始文献赋予秩序，并且已经发展出成熟的符码，把一个系统、文档的标题和其他页面中的符合转换成另一个系统中的符号，使其成为编目或文献中的条目。信息科学的各个方面，诸如信息检索和引文分析等，还涉及概念关系的表达，包括从文字到意义、从引文到其价值的种种关系的表达。

根据现有分析，我们很清楚，LIS 和 IR 的核心主题都是围绕着不同社会语境中各种书面媒介里意义产生、再现和控制的方式。加尔丁（Gardin 1973）从语言学角度对文档分析进行了研究；但是除了他的工作之外，符号学从未真正地在 LIS 中"盛行"。沃纳（Warner 1990：17）分析了为什么符号学没有在 LIS 中得到运用的原因，并且得出结论：

> 信息科学与符号学之间联系的缺乏，可以从来源、语言和学科关联的各种差异中得到解释。信息科学的文献主要源自欧美，是用英语写的。信息科学倾向于把自己和物理科学以及技术划在一个阵营，并且其所使用的研究方法也是以这两个领域的研究方法为范本建立起来的，其部分原因是信息科学的早期发展发生于科学交流和电信领域以及非社会科学研究占优势。

但是，一种与自然科学和自然现象相关的符号学是的确存在的。它以一门包括本体论思考在内的成熟的哲学为基础，并且有对马图拉那、瓦雷拉和冯·福尔斯特所追寻的新基础进行开拓的潜力。

✦

5.5 符号活动与二阶控制论

冯·福尔斯特、卢曼以及马图拉那都随意地使用"符号"这个概念，但是，除了卢曼有关于《作为形式的符号》（"Zeichen als Form"）的一篇简短论文（Luhmann 1993）之外，这几位学者并没有任何有关符号以及它们如何在社会交流中取得意义的思考。但是，即使是卢曼，对于把作为交流载体的符号发展成有待整合到二阶控制论中的理论性概念，也不过走了开头的几步而已，因此，他错过了皮尔斯符号学中一些更为深刻的要点。《控制论与人类认知》（*Cybernetics and Human Knowing*）杂志 1999 年第 6 卷第 3 期发表了卢曼文章的英文版，题为《作为形式的符号》（"Signs as Form"）。文中，卢曼试图表示皮尔斯的符号学散布在自己关于形式与差异的理论之中。在同一期杂志中，这篇文章之后是宁娜·沃特（Nina Ort）和马尔库斯·皮特（Markus Peter）合作写就的一篇批判性分析文章。他们指出，卢曼难以把握皮尔斯的理论，原因正在于这一事实：该理论是三元的，卢曼的理论则不是。此外，在符号学家看来，卢曼关于皮尔斯符号学的知识不够精深。这并不奇怪，因为这里涉及的是一位著述数量超过卢曼本人的理论家。

一百多年前，当其正在发展一种基本的符号学之时，皮尔斯对于主体、符号或再现体、对象之间必要的关系，以及要梳理出关于认知和符号形成的过程模式而必须赋予它们的最低限度的品质，有过根本性的思考。

皮尔斯对符号的定义，在某些方面是控制论性质的和自组织的，也是三元的。它如此具有反思性，以至于它是彻底二阶的，因为符号活动的所有组成部分都是符号。是彼此相关的意义过程结成的符号之网创造了意义。通常，从事自创生理论和二阶控制论的研究者会疏远诸如分析语言哲学、带有空洞逻辑符号的逻辑实证主义指涉理论以及类似的"象征主义"和指涉理论。但皮尔斯的符号学截然不同。

皮尔斯的符号学是三元的、过程导向的，在根本意义上是进化的，而且是建立在对基本现实的一种连续体观点基础上的。皮尔斯，在其部分具有现象学性质的理论中，当他赋予第一性在混沌复杂性中带有形成习惯这一倾向的思维和物质那些基本品质，便超越了胡塞尔和卢曼奠定的基础。再现体起源于此。第二性是与某种其他东西——符号活动中的对象——处于一种二元关系中的力量、意欲和个体存在。第三性具有规则性、习惯、规律，被理解为解释项。这一理论有望足够宽阔和深刻，足以为构建关于意识、意义和交流的一种非物理主义的理论提供一种意义和认知理论。它是一种关系性质的理论。

符号表意活动从不仅仅表现符号与其所指对象之间的关系。符号只能通过阐释过程来表意，因此解释项是符号的一个必需的组成部分。我相信，这就是皮尔斯、冯·福尔斯特和马图拉那理论的交汇之处。皮尔斯提供了有关再现体的一个非常宽泛的定义，因为他强调，解释项不过是潜在的东西。实际上，任何东西都可以被解释成符号。与贝特森一致，*我们或*

许可以说，当差异真正对交流双方造成差异时——也就是说，当它们确立了一个共同意义时——我们把差异解释成符号。

皮尔斯关于解释项的反思性或控制论性质的定义，指向的是文化、历史和从不止步的对真理与知识的追寻（Peirce 1893）。它强调习惯和历史漂移——如马图拉那和瓦雷拉的定义（Maturana and Varela 1980）所强调的那样——是意义建构的关键。但它是一种漂移，并不是因果方面为规律所决定的一个事件。但是，对皮尔斯来说，它像在拉马克的进化理论中那样，是一种形成习惯和规则的倾向，这是他与控制论专家有所不同的地方。

据此可知，表意活动、意义、理性和逻辑并不是诞生之时就已经完全成型，而是通过实践的历史漂移和"语言运用之舞"而从模糊的开端逐步开始晶体化的。我们必须进一步接受，符号和概念就像物质对象一样，是现实根本性的组成部分。用冯·福尔斯特的话说，它们是通过交流而得以确立的本征值。

皮尔斯的习惯概念为系统通过认知对现实进行自组织提供了一个更为坚实的基础。按照对冯·乌克斯库尔的现代符号学再阐释，我把这些环境界（Umwelten）称为表意活动界域（signification spheres）。生命系统存在于它们自身形成的表意活动界域之中、存在于信息世界或现实之中。冯·福尔斯特就生物系统的双重进化以及它所计算的世界提出了一些有趣的想法——这些想法与贝特森的控制论思维生态学非常契合。这正是冯·福尔斯特所奉献的最为精彩的生物学思想中的一些。它接近马图拉那关于自创生系统与其环境共同进化的思想，卢曼接受了这一思想，但是它有了一种有趣的认识论和本体论转向。冯·福尔斯特（von Foerster 1986：82）写道：

> 与其环境相适的有机体通过这种或那种方式拥有探查该环境秩序和规则的手段。或许这种调整涉及的最为根本的原则，是决定环境结构的邻里关系（neighborhood relationship）与被整合在神经关联性中决定某些环境特征"是否"和"在何方"的邻里逻辑（neighborhood logic）这二者之间的对应关系。

这意味着两个"计算"层面。第一个层面的计算即大规模的关于把环境限制整合到神经网络结构中的进化差异的计算；第二个层面的计算即神经网络结构在它们的有用普遍参数的结构时空数量范围内进行的计算。第一个层面指向物种，第二个层面指向样本。"柏拉图理式"（Platonic Ideas）概念就产生在第一个层面。

二阶控制论的这一认识论基础与海德格尔现象学的要点是吻合的。海德格尔（Haidegger 1973）的要点是，作为观察者，当我们开始对世界描述的时候，常常已经是世界的一个部分了。当我们开始描述世界时，我们在一定程度上把我们自己与我们生活实践中的世界的完整性分开了。于是，人们可以从生物和心理角度补充说，我们交流和思考的大部分并不是我们自己的（自觉的）所为；相反，是生物进化和文化历史"观念"和图式通过我们在进行表意。和洛伦兹（Lorenz 1970）一样，冯·福尔斯特认识到，我们的整个组织认知的方式通过进化业已得到了建构，并且让我们成为我们所是的物种。他暗示了认知的"柏拉图理式"的进化来源，遵循的是与洛伦兹用进化认识论对康德的范畴和皮尔斯的自然习惯进行解释的相同推理思路。根据冯·乌克斯库尔的环境界研究（对此我将稍后在本书中进行分析），冯·福尔斯特认为，物种构建其生活和感知世界（我称之为表意活动界域）。按照这一思考，冯·福尔斯特（von Foerster 1986：83）对自己关于现实如何从宇宙中塑造而出的进化思想继续写道：

> 有机体——环境的双重互依使人们能够对进化之树进行双重解释……人们不是把这张图上的点解释成有机体的种类（species of organisms），而是将其解释为环境的种类（species of environments）。这样看来，这张图代表着从物理宇宙中塑造出的环境的进化。这些环境从简单的、几乎是决定论性质的环境开始，进化到复杂的环境，其中，大量限制管控着事件的运行……图5.5简要描述了有机体——环境系统中的信息环流。在环境中，限制产生出结构。结构信息被有机体接收，渐次地，有机体对限制进行计算。这些最终通过有机体的行动针对环境做出检测。

正如我们在关于广义相对论的物理理论中不会谈及绝对的时间或者绝

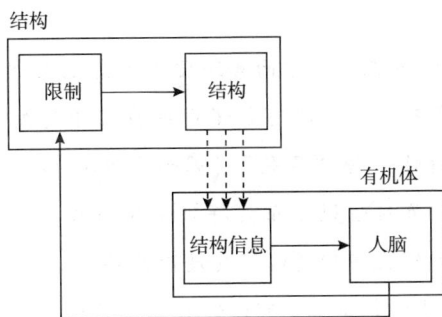

图 5.5　有机体—环境（O－E）系统中的信息环流

对的空间，我们在冯·福尔斯特关于认知系统的生物心理学理论中不会讨论绝对现实或者绝对环境。两种理论都持有世上只有一个宇宙这种观念，尽管它不过是属于康德所谓的"物自体"的某种东西。人们或许得出结论：宇宙理论是一种形而上学的建构，是人们从自己的共同经历和认知理性中推断出来的东西。冯·福尔斯特（von Foerster 1986：87－88）把它描述成通过为交流寻找共同点而发展的一个共同世界；皮尔斯会把这看作科学开创一种有关宇宙的合理理论的长远目标。

　　获得可交流性这一渴望是确立共同环境的前提条件。只有获得稳定行为和交流习惯的系统才能作为一个总体得以存在。这很接近皮尔斯的习惯形成观念。只有通过所确立的结构耦合符号才能获得意义。马图拉那表示，自创生系统与其环境之间有着一种不断的相互作用：它们在非决定论的历史漂移中共同进化。生活在一起的有机体变成彼此的周围环境，协调其内部的组织，最终创造出语言活动，对其行为协调进行协调。

　　所以，在认知和交流之下，存在复杂的心理生物进化的动态系统组织。这个系统的基本过程并不是经典的机械的信息加工或者逻辑推导所构成，而是出自自组织的进化的符号动态变化。雷德斯多夫（Leydesdorff 2005）阐明了卢曼对各种功能有别的系统所做出的区分是如何为社会层面的分析和理解科学的功能带来若干优势的：

　　　　● 对交流进行功能区别的可能性。既然人们认为交流系统不同于
　　　行为承载系统（为了强调意义加工的优先性，卢曼将后者称为"意识
　　　系统"），那么，区别有望为社会系统承载不同于那些针对行动起作用

的功能……

● 这些功能由在符号方面普遍化了的交流媒介承载。这些媒介通过对交流进行符码化来对有可能不同的意义进行处理。于是，使用自然语言可以被看作一种"原始"（因为自然）形式的交流，尤其是一种尚未通过使用象征性媒介而被符码化的形式。譬如，与在市场上议价相比，定价能够让我们的经济发展速度快上一个数量级。

● 因此，对交流和语言可以做进一步的区别。譬如，在科学话语范围内，交流受到决定交流是否能够被认定为"真"的规定所制约。这一交流规定遮蔽了一种科学范式的特殊性，于是能够发展出下一个序列的话语体系……

● 除了功能区别之外，卢曼（Luhmann 1985，2000）还建议在社会交流中对相互作用、组织和社会层面进行系统区别。尽管对整合而言，前两个层面可以被当作特定格式，社会层面则能够进化成一种关于功能区分和意义加工自组织的动态模式。这种功能和组织层面之间的动态模式，在以知识为基础的系统的更高级装置中，对系统起到潜在的驱动作用。

这与维特根斯坦（Wittgenstein 1959）的观点吻合。维氏认为，人类言语起源和独特的意义绝对无法用传统的科学方式做出解释。人类在创造科学之前就有言语、意义和知识。但是，他们在其拥有言语和概念之前就拥有身体。卢曼倾向于绕过我们的具身所产生的结果，并因此绕过表意活动的生物和心理先决条件。但是，动物已经是符号存在。因为动物没有具有句法结构和生成语法的语言，所以我将其所做的事情称为符号游戏（sign games）。通过严肃对待维氏关于生活形式是我们自然历史的组成部分这一主张，我把维氏的"生活形式"（life form）概念延伸到动物王国之中。譬如，交配这一结构耦合创造出关于交配游戏这一生活形式的符号游戏。但是，许多学者会说，这把维氏的观点发挥得过头了点儿，更为准确的概念会是"认知框架"（cognitive frame）或者"概念框架"（conceptual scheme）（Davidson 1984）。不过，我会说，动物的概念框架是从与某些重要场合有关的特殊动机而来——譬如，有关印刻等认知学习场合，有关交配活动等基本的交流场合——于是我进一步看到这些在文化上是有所区别的，对此我后面将会论及。为了能通过把维特根斯坦的理论置于皮尔斯的框架上，以及把维氏的实用主义（pragmatism）变成实效主义（pragmaticism）来合并皮氏和维氏的理论，我进一步强调的是：无限的符号活动意味着符号的解释项，作为物种的历史是通过进化创造而出（物种也是通过进化形成）；同时，它们也是通过文化历史，通过个体的一生创造而出。皮尔斯所谓的习惯，作为其实效主义符号学中的符号意义，在这一语境中与维特根斯坦的生活形式是等同的。从行为学看，二阶控制论和生物符号学解释了符号游戏在我们的自然历史中被创造出来的某些过程。行为学把这些习惯称为本性。这些本性可以在不同程度上与个体学习合并起来从而让交流行为成为可能，就像发生在鸟鸣的过程中那样。

　　二阶控制论给生物符号学带来的是有关闭合、结构耦合和语言运用等观念。为了发展语言运用概念的语义方面，我更愿意将其与维特根斯坦所启发的符号游戏概念进行整合。这强调了语言的生物基础，却并未声称动物实际上拥有语言。符号游戏这个概念也可以与皮尔斯的二阶符号理论相关联。这样，我把二阶控制论和皮尔斯的三元二阶符号学结合起来，形成我所谓的赛博符号学。这个赛博符号学思考框架让我们能够向前迈进，理解在交流系统范围中符号如何获得意义并产生信息。交流是共有符号或语言游戏中实际化了的意义。

　　如之前所提到的，卢曼系统理论中的认识论是以斯本塞－布朗的"形式规律"为基础的，它指涉的是一个逻辑—数学系统，研究的是通过在连续体中造成差异这一基本过程而从虚无中冒出来的任何东西。斯本塞－布朗的研究是所有二阶控制论的逻辑支撑；他的理论也契合自创生理论（Varela 1975）。当我们对卢曼把皮尔斯的三元符号系统整合到自己的二元系统中这一尝试进行分析时发现，即使是这种精妙的系统也有局限。如前所述，沃特和皮特（Ort and Peter 1999）对卢曼理论的诊断是，它的局限在于它的基础在双价逻辑中。这很重要，因为卢曼搜集并整合的是来自贝特森、冯·福尔斯特、马图拉那和瓦雷拉的核心要点。按照我的看法，只有瓦雷拉认识到这个问题的深度，并且——专门通过其关于自我指涉的微积分——与皮尔斯的理论进行了关联。因为斯本塞－布朗是在为整个布尔代数*建构基础，那么，说他的思考可以被看作后来所形成的从冯·福尔斯特到贝特森再到瓦雷拉和卢曼的二阶控制论中所有功能主义区分思考的基础，并不是没有道理。不过，他们中没有一个能像斯本塞－布朗那样，对基本区分进行探讨。贝特森关于信息是造成差异的差异这个定义类似于斯本塞－布朗关于基本区分的思想。控制论和信息科学理论的一切基本是二分的。这或许是它不足以把握"生活的逻辑"（logic of the living）的原因——这，我认为也是符号的。

当把世界看成将自身劈成连续体中的系统和环境以便观察自身之时，斯本塞－布朗哲学的局限是什么呢？正如瓦雷拉在 1975 年所评论的那样，是缺乏跨时间的稳定的自我指涉——或者如皮尔斯所说的，是第三性。是第三性使得确立解释项成为可能，而解释项正是符号活动、理解和中介以及习惯形成的基础。瓦雷拉（Varela 1975）认为，自我指涉在控制论环路中是不明确的，是把时间引入环路加工之中的那个东西。但它不仅如此。正如在自创生理论模型中那样，系统有组织的闭合使得确立个体特征成为可能，因为组织的核心是被保留的。系统于是发展出保留自己结构方面的兴趣，在这样做的过程中，它认为自身存在的价值高于其他存在。有生命的自创生的、符号的系统通过引入个体立场和主观认知而产生意义和价值。这些生命体验了时间、空间和意义如何在其自身表意活动界域中得以创造！

卢曼是否找到了一种在没有本体论差异的基础上进行建构的方式？这个问题对于我关于需要把他的理论与皮尔斯的符号哲学关联起来的观点而言是尤为关键的。卢曼经常说，自己对系统和环境的区分多少是武断的。我们不得不开始对它们进行区分，以对应斯本塞－布朗的命令句："进行区分。"

考察斯本塞－布朗的模式之后，我们认识到，第一个区分已经预设了一种统一性，它回指到难以理解的、初始的视域或者宇宙。尽管在斯

---

* 布尔代数（Boolean algebra），以英国数学家乔治·布尔（George Boole，1815－1864）命名；布尔代数不仅可以在数学领域内实现集合运算，而且可以更广泛地运用于电子学等领域的逻辑运算。——译者注

本塞-布朗的书中，观察者直到第12章才被引入，但在那之前，他/她/它一直都在那里，这对于最初的预区分想要做出分辨的武断的愿望（这种愿望是随意产生的，其目的是要做出分辨）是十分重要的。他写道："对形式的认识存在于要做出分辨这种愿望之中。有了这一愿望，我们便无法逃避形式，尽管我们能以我们所乐意的方式去看待它。"因为其逻辑和形式所构成的抽象宇宙，斯本塞-布朗没有对这个有趣的事实进行讨论。但是，冯·福尔斯特这位行为学家以及马图拉那和瓦雷拉会指向能形成人的身体和神经系统的有生命的系统。尽管微积分是以差异为基础的，当然它预设了一个实体集合——世界，无论它可能是什么样子。斯本塞-布朗在第12章的注释中写道："我们所知的世界是……为了看见它自身而被建构起来的。"

这是一个极为有趣的反思性评论，与人类宇宙学原则相吻合，后者在其最普遍的形式中宣称宇宙是为生命的存在定制出来的。我们如其所是地看待宇宙，因为，如果它是另一个样子，我们就不会在这儿看着它了。有关宇宙的任何有效理论，必须与我们作为碳基人类的存在相适应，如果不是永远保持一致，至少在这个特定时间点上和宇宙的这个位置上必须如此。宇宙似乎经过"适当调整"，允许有如我们所知的生命存在。可以参考霍金（Hawkings 1989）的看法，他问道："究竟是什么让这些等式有了生命力并制造出一个宇宙让它们来描述？……为什么宇宙要这么千辛万苦地存在？"霍金并没有越过他的等式，看到生命、意识、感受性、自由意志和意义如何在"物理宇宙"中出现这个深刻的问题。我发现，怀疑宇宙的存在以及否认思维是真实的不仅无用，而且显示出一种牵连自身的谬误，似乎斯本塞-布朗和皮尔斯两人都没有犯这个错误。但是皮尔斯的第一性理论要远胜斯本塞-布朗的逻辑反思。

我想表示的是，斯本塞-布朗的虚无或者复杂连续体等同于皮尔斯关于可能性和感受性的第一性，甚至等同于其背后的虚无。他在其理论的后期发展中讨论到这一点。我后面将回到这个话题。皮尔斯的第二性被定义为系统与其环境之间的第一区分，由此而成为创造出差异、限制和力量的一个区分。瓦雷拉的自我指涉是皮尔斯关于中介传播、习惯形成和解释的第三性，它确立了系统的自我实现、系统的主观性、自我价值和符号活动。但是，当我们从皮尔斯的形而上学来观察这些理论，对于二阶控制论、自创生理论和卢曼的系统理论如此根本的这些区分乃是观察者做出的。只有当解释项在自创生符号系统中得到确立，对习惯（相对稳定的规律）的观察才会通过符号的世界变得可能。在进化方面和行为学方面，这首先发生在对信号的反思性反应活动中，之后发生在对被激活的符号游戏中的符号的本能反应活动中，最后通过有意识的语言游戏发生在人类社会中。

但是，除了预设了有观察自我愿望的世界之外，这种微积分并没有做出进一步的本体论或形而上学假设。因此，结论就是，卢曼的理论是建立在一种本体论基础之上的（系统与环境之间差异的统一性就是世界的形式），世界上各种形式的社会建构是与该基本现实相符的。但是，我们无法谈论该现实本身；我们只能通过我们的符号建构来谈论它。通过进化，我们在每一时间断面上都有着对世界如何成为自在之世界的信念。我们只能看到，通过系统，通过社会，什么被变得可能。因此，我们不能追随自然科学，像它那样坚持认为基本现实的核心是机械的和死亡的，因为我们无法知道其核心是不是机械的、死亡的。对自然科学而言，在这样一种框架中操作是方便的，但是在生物学中，这种框架显然变得过于狭隘和化约论了。

❖

5.6　赛博符号学

这是我第一次对框架进行概述，其目的是深化我们对所谓信息、认知和交流科学中观察、预判、认知、表意活动和交流之间关系的理解。我希望这会让我们对于认知的性质和有生命的预判系统的结构模式理解得更为深入。我相信，我所呈现的这个实效主义者的、进化的、心理—生物学的框架对于我们在这一领域中取得进步十分必要。且让我用一幅图对所提出的二阶控制论与皮尔斯三元符号活动之间的整合进行总结。在图 5.6 中，我表示的是二阶控制论概念如何契合皮尔斯三元哲学的基本符号活动模式。我还表示了，在一定程度上，皮尔斯从其三元哲学中所推出的符号活动三个基本要素可以在二阶控制论和自创生理论的概念工具中找到。但是皮尔斯是从深刻的哲学和符号过程理论发展出这一模式的，能加深我们对认知和交流的理解。

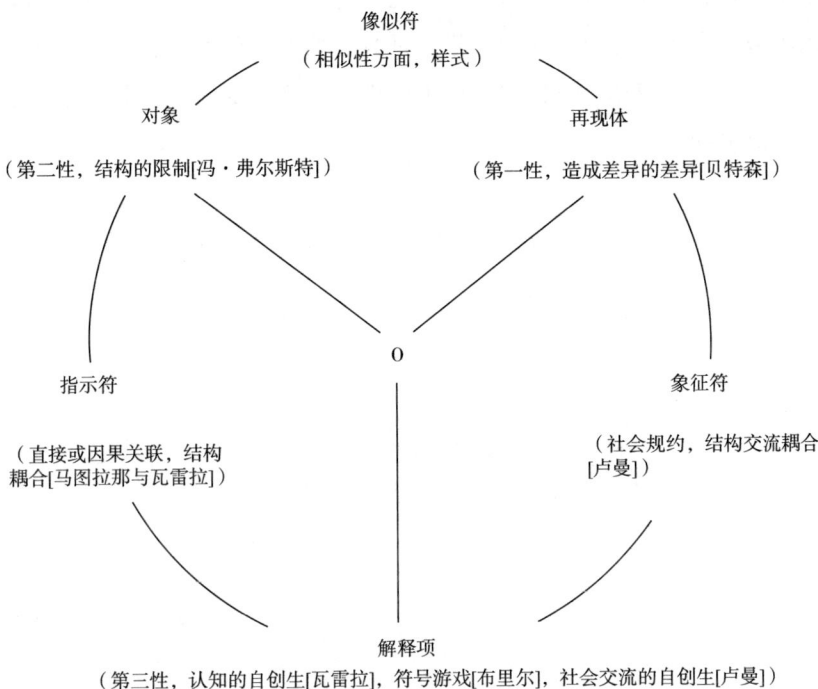

像似符

（相似性方面，样式）

对象

（第二性，结构的限制[冯·弗尔斯特]）

再现体

（第一性，造成差异的差异[贝特森]）

o

指示符

（直接或因果关联，结构耦合[马图拉那与瓦雷拉]）

象征符

（社会规约，结构交流耦合[卢曼]）

解释项

（第三性，认知的自创生[瓦雷拉]，符号游戏[布里尔]，社会交流的自创生[卢曼]）

图 5.6

该模型代表了皮尔斯符号学三元符号过程的基本结构：再现体、对象和解释项。在括号中，皮尔斯哲学中的类别名称之后所列的是二阶控制论中的概念，概念所针对的是现实的同一个方面。概念后面方框中是发明该术语的科学家。我把皮尔斯的像似符、指示符和象征符概念也加了上去，并且暗示二阶控制论与卢曼的系统理论之间具有相似性，如此，我们可以对我们所讨论过的两种理论之间的联系做出总结。

通过把控制论和行为学的最新发展与皮尔斯的跨学科符号学结合，并将它们与维特根斯坦的实用语言游戏理论合并，我们可以形成一个框架，该框架更具有跨学科性质，并且对所有认知的预判模式进行概念化。在所有感知和识别中都有一个主动预判要素，它与生命系统的自组织动态模式有关，也与它们成为个体的特殊能力有关。

弄清楚理解和交流的关键是我们要明白动物和人类都生活在自组织的表意活动界域之中，这些界域不仅投射到其本身周围，而且投射到其系统之中。冯·乌克斯库尔称之为"内部世界"（*Innenwelt*）。它们通过思维和身体习惯所能达成的符号和意义组织严格遵循着二阶控制论原则，因为它们生产它们自身的符号和意义本征值，并由此而创造出它们自身的内部精神组织。这就是我为什么把这个由可能的符号过程所构成的领域称为表意活动界域。在人类这里，这些符号通过社会的自觉的交流被进一步地组织到语言之中，相应地，我们的宇宙也就作为文本和通过文本得以组织。但这并不能解释意义和意识。

6

赛博符号学的基础

6.1 复杂观

许多科学家未能注意到机械主义形而上学无法与基本的进化论观点相契合，这正是人们对普里高津和斯滕格斯（Prigogine and Stengers 1984）的观点极为不满的原因之一。他们二人认为，热力学作为一门有关复杂性和界定物理学中的时间箭头的科学，比经典力学更为根本。力学无法解释热力学，尤其是无法解释非均衡热力学，因为状态函数只对热力均衡中的系统起作用。特殊相对论的时间观和量子力学中的机械主义局限，进一步表明机械主义不再是对整个科学都适合的形而上学了。但是，此刻人们并没有就一个更具综合性的框架达成一致意见。正如我所认为的，当从进化的基础上着手研究时，在认识论方面我们无法再采取逻辑实证主义所期待的天真的现实主义认识论了，于是，逻辑实证主义或许可以与理性主义和原子机械主义合并——拉考夫（Lakoff 1987：9）认为这种观点是客观主义，在此，我们将借鉴他在著作中所表述的观点。

- 意义以真实和指涉作为基础；它涉及符号和世间事物之间的关系。
- 生物学意义上的物种是自然物种，同一个物种具有相同的本质属性。

- 思维与身体分离，独立于身体。
- 情感没有概念性内容。
- 语法是纯粹形式的东西。
- 理性是超验的，因为它超越——超过——人类或其他存在偶然地做出思考的方式。它涉及这个宇宙或任何其他宇宙中所有可能概念之间的推导关系。数学是超验理性的一种形式。
- 存在一种基于上帝视角对世界的观照——关于什么是真以及什么不是真的一种单一的理解方式。
- 所有人都使用相同的概念体系进行思考。

这些观点两千年来一直是西方精神生活中超级结构的组成部分。它们以这种或那种方式与经典的范畴概念绑在一起。一旦那个概念被抛弃，其他的也会同样被抛弃。它们需要被更为精确且更具人性的观念取代。

我对此完全赞同。拉考夫的著作是从认知语义学这一语言学角度对这种范式做出的极为出色的分析和批判。他用到的例子令人信服，确立起一种经验主义替代理论，其中，认知和范畴化最终是建立在身体隐喻基础上的，转喻被拓展到了更为抽象的思想领域。这很接近洛伦兹对进化认识论的思考（Lorenz 1970 – 1）。

普里高津和斯滕格斯（Prigogine and Stengers 1984）强调，我们必须接受偶然和复杂性是科学中的基本概念这一观点。但是，如皮尔斯已经阐述的，人们不能在把偶然理解成纯粹缺乏规律这一基础上建立科学的形而上学。

皮尔斯认为，偶然和混沌包容着所有可能，而且被赋予了形成习惯和规则性行为样式这种倾向性。在科学中我们将后者认定为规律。他的"混沌"（Chaos）——或者"第一性"（Firstness）——还包括感觉和产生品质符（qualisigns）的潜在品质（感受性）。他接受达尔文式的进化属于以随机变化和自然选择为基础的"偶然进化"（Tychastic evolution）的观点。他也接受其他两种形式的进化："必然进化"（Anancastic evolution）和"向往进化"（Agapastic evolution）。"必然进化"是一种在机械方面被决定的必然性，"向往进化"是自然形成习惯的倾向。他又将后者称为"进化的爱"（evolutionary love）或者"爱慕"（agapism）。对进化的这种宽广的理解框架很好地将他的理论框架与关于进化认识论的行为学观点关联起来。

洛伦兹和廷伯根发展出了一种关于基因预设行为和学习的理论，对感知如何依赖受年纪、性别、生理需要和时间制约的那些物种专属的、部分自我充能的动机进行理论化。但是动机这一概念以及它与情感和意识之间的关系却没有得到广泛接受（Hinde 1970；Reventlow 1970；Brier 1980）。

如我先前所述，热力学第一定律认为能量是恒定的。能量不能被摧毁，只能被转变。洛伦兹针对行为专属的心灵能量（动机）发展出自己的心灵液压模型，目的是理解每个物种中许多不同类型的动机或情绪，理解为什么这些驱动力看上去要"筑坝阻挡"如交配或捕猎等本能行为冲动。后来，洛伦兹（Lorenz 1966）启用这一模型来研究"侵犯驱动力"（aggression drive）（Brier 1980），他认为这种驱动力不断增强并有待释放。

在行为学中人们普遍认为，大多数有生命的系统只是按照它们的需要感知它们的环境。吉布森（Gibson 1966）后来引入"能供性"（affordances）对此做出解释。雅各布·冯·乌克斯库尔使用"环境界"（*Umwelt*）来描述动物如何在自己建构的认知世界中生存，如何通过"特性"（tones）感知这个世界。

一方面，我们有香农的信息理论（Shannon and Weaver 1969），当人们将其与维纳的控制论（Wiener 1961）相结合，把信息重新定义为负熵的时候，信息理论便与热力学发生了关联。控制论将计算概念（阿兰·图灵[Allan Turing 1912 - 1954]使之成型）及其他 AI 概念与功能主义的信息概念进行了整合。这种概念的混杂常常被用于认知科学之中。今天，这些趋势在信息加工范式之下得到统一，似乎形成了认知科学的基本框架。

另一方面，我们有存在主义哲学、现象学和阐释学。这些是关于意义、表意活动、解释和文化意识的传统人文学科。它们的概念基础不允许它们囊括科学的各个领域，包括生物学领域。

但是，认知信息科学在揭示有关理解、信息意义和语言的预期算法过程中，碰到了未曾预料到的巨大困难（Winograd and Flores 1986；Dreyfus and Dreyfus 1995）。正如波尔（Bohr 1954）所注意到的那样，当人们遇到科学框架基础中的这些局限时，进一步推动概念基础发展的那一刻便来临了。我提出，皮尔斯的符号学能够形成生物符号学基础（Hoffmeyer 1997），而且它能够确立一种崭新的、跨学科的基础，把来自诸如二阶控制论、认知语义学以及实用语言哲学中的新成果整合到赛博符号学之中。

皮尔斯怀疑，对科学哲学而言，存在一种机械主义基础。他相信，在思维与物质之间，在情感、意志和思考构成的内部世界与物质、能量和规律构成的外部世界之间，存在一个连续体。统一所有这些的过程就是符号活动（semiosis）——这个表意活动过程。皮尔斯写道（CP，7.463）："本文作者认为，在实证知识之前，应该假设宇宙中存在着一个统一体，精神现象和自然现象之间的差异不过是一种程度上的差异。根据假设，二者之中具有相同要素；如果这样，在其辨识性方面则不存在本质性差异。"通过这种方式，皮尔斯把斯诺的两种文化连接起来。我已经说过，皮尔斯似乎是在提出一种二阶的表意活动理论，它可以与二阶控制论、行为学和自创生理论相兼容，即便它就内在而言是现象学性质的。

行为学家从未对他们在理论中所用到的符号概念的基础有过详细阐述。即便如此，我相信，皮尔斯提供了最为适当的模式，因为本能的符号刺激并不是以全然主观臆断的方式得以确立的。符号存在于交流社会之中。生物符号学表明，这包括了诸如蚁堆、蜂巢和鱼群等动物社群。此外，解释项一般是通过随此类交流系统不断发展的动态社会实践创造出来的。霍夫斯塔德（Hofstadter 1983：276）提供了有关社会的有意义实践的复杂性描述："让某物代表其他物需要很强的丰富性。'I（我）'这个字母本身（in and of itself）并不代表我所是的那个人或者自我这个概念。该特性是从这个字母在整个英语语言中被使用的方式而来。它来自由用法、形式、规则所构成的极为复杂的集合，这些必须十分规则，足以让婴儿能够辨认出来，这样他们也能够最终会用'I（我）'来谈论自己。"

霍夫斯塔德在这里指向的是符号网络和符号能够被用于其中的不同方面或语境。符号变成了一个中介者，它被包含在解释项中，因为它只能通过创造出一个解释项才会被辨认为如此这般。

皮尔斯使用的是"动态对象"（dynamical object）——有时又被称为

"终极对象"（ultimate object），它是我们通过解释项（Interpretants）和解释项的解释项（Interpretants' Interpretants）所创造的"直接对象"（immediate objects）的理想极限。解释项是通过特定的"基础"（ground）创造出来的，该基础能决定在特定场合中动态对象的哪方面能产生直接利益。在对符号及其动力起作用的方式进行重要界定时，皮尔斯使用"基础"这个概念来代表符号解释的语境。

符号再现的是直接对象，直接对象包含了受到观察者关注的动态对象的某一方面。直接对象是符号从动态对象中"选择"出来的东西，也是它依据基础传递给解释项的东西。从行为学的观点看，它是内部动机，因此是整个内部的释放机制，决定着基础，在弗洛伊德那里，该动机也正是决定如何对实体或场合加以解释的那种被压抑的驱动力。但是最终存在一个有着某些限制的现实，并且，通过该现实，进化和历史可能导向对该动态对象的最终解释项。

✦

6.2　皮尔斯关于符号学的哲学框架

为了发展出这种符号学理论，皮尔斯对实证科学的理性主义二元论和唯物主义一元论都进行了替代。他结合现实主义和唯心主义，形成一种包括了连续思想、进化观和实用主义认识论的新的客观唯心主义。连续思想（synechism）认为现实的基本"材料"（stuff）是连续的、不衰竭的——就像数字线一样。今天我们会说，这是一种场域的观点（或者"空间"［plenum］的观点），而不是一种原子主义观点。现在，这种场域观已渗透到量子场论和爱因斯坦的广义相对论中，比比皆是，尽管这两个领域不同。譬如，马修（Mathews 1991）就发展出一种关于现实的、现代的、进化的、系统的场域理论。

在皮尔斯的连续哲学中，混沌的存在先于宇宙，偶然先于秩序。但是，偶然不被认为缺乏规律概念。相反，偶然被认为是一个第一性的东西，是纯粹的感觉也身处其中的第一性的一个组成部分。

在现代控制论和系统理论中，我们会谈到自组织的宇宙，其中，现有的复杂系统有被自组织的趋势，有生命的系统倾向于是自创生性质的。按照皮尔斯的观点，宇宙的习惯正是我们在物理学中称为规律的东西。它们从来就不像机械主义物理学所认为的那样是绝对准确的。在皮尔斯看来，规律是突生现象。新的规律会随着宇宙进化出现。规律是被宇宙创造出来的，而不是反过来——除非是对形成习惯这一倾向而言。这与普里高津和斯滕格斯承认复杂性是真实的以及他们宣称热力学是关于复杂性的科学的观点是一致的。与这种自然观相一致，丹麦物理学家霍尔格·贝赫·尼尔森（Nielsen 1989, 1991; Nielsen and Rugh 1992）发展出一种有关"偶然动态"（chance dynamics）的理论，其中，他抛弃了自然就起源而言在数学方面是简单的这一机械主义观点。相反，他提出，我们所知道的规律是随着宇宙的膨胀和冷却从一种基本的超级复杂性而来。

在控制论中，"二阶"意味着一个科学层面，它以自己的方法和概念对观察者和观察过程做出解释，但并不支持主观唯心主义或者天真的现实主义上。哪种世界观能够形成这样一种科学的基础呢？在前一章中我已经表示过，二阶控制论或者自创生理论都无法发展出一个圆满的形而上学框架，但是两个理论的最高级形式能与皮尔斯的基本思想相兼容，我们在后文将对此进行深入讨论。

我们无法逃避符号为了成为符号必须指向某物这个本体论假设。皮尔斯符号学中的对象是一个符号，解释项同样是一个符号。我想说的是，正是这让他成为二阶的理论家。在皮尔斯的对象与我们通常使用的粗糙的"事物"（things）这个现实主义概念之间，我看到了一个重要差异。只有某些符号对象指向事物，但所有对象都指向"某个事物"（some thing）。约翰·迪利（Deely 1990: 54-55）写道：

> 通过实际的再现而存在的任何东西，即作为人们所认识的或者所知道的东西，都是客观的。如果作为人们所知道的东西而存在的东西，在物理意义上，整个地或者部分地存在，即不依赖于这种认识也碰巧存在，那么我们可以说，它除了是一个对象，还是一个事物——一个"物理的对象"（physical object）……在这个最广泛的意义上，事物是我在经验中所经历的任何东西，它不会仅限于我对它的经历，

除此之外，它还有在环境结构中的体现，因此它不仅是思想或想象的臆造，而且除了我对它的思考之外，从它存在这个角度来看，它还具有专属于自己的一种存在，这是一种物理的或者"真实的"存在。简言之，事物有主体……

对象不只是事物，即便在它们也是事物的时候——情况并非始终如此。对象总是涉及所谓"与观察者的关系"，或者更准确地说，与正在进行体验的有机体的关系。

皮尔斯的实效主义观点是一种现实主义的社会建构主义，但它承认第二性的现实是力量、意志和反抗。现实是影响我们社会表意活动世界并对现实自身的自由发展做出限制的东西。规律也是如此。如果某事物如此反复地出现，以至于被我们称为对象或者事物，那么，必定存在支撑其存在的稳定的习惯（规律），这种习惯（规律）使之有能力具备它的那些品质。

在今天的科学中——譬如在量子力学中，唯物主义的原子或场域/空间理论的现实是建立在物质/能量形态之上的。但是皮尔斯的连续思想并不只是唯物主义的，它更多是一种特殊形式的客观唯心主义，其中，物质和思维，以及从终极意义上说，甚至三个范畴都具有同一个来源。第一性是由随机的情感和品质构成，具有形成习惯的倾向，这个场域既在观察系统之外，又在其内。纯粹的感觉、数学品质、关系以及基本的感受性，以非显明的朦胧的形式作为"第一"的种种可能存在，就像尚未在特定实验性的东西中使用特定工具进行度量的各种量子现象一般（Bohr 1954，Bohm 1983）。对象这个概念在皮尔斯的概念中只是第二位的；对他而言，只有一些对象是事物。在某种程度上，感知者必定通过符号活动过程创造对象，这不是无中生有，而是通过第二性和第三性从第一性中创造出来的，这不仅是"在那里（处在于我们）"而且是"在我们内部"。通过这种三元的"飞跃"（leap，或雷文特洛所谓的"顿悟"），我们所经历的客观现实便开始成为符号。这些符号中的一些来自我们之外的部分独立的世界，另一些来自我们的身体，还有一些来自我们的思维。

因此，现实通过某种方式拆分自身，以便能够观察自身；它通过自己观看和形成符号的愿望而创造出我们的世界（斯本塞-布朗在关于第一区分的理由的论述中曾如此说）。在对这个第一性的梳理方面，让人惊讶的是皮尔斯和斯本塞 – 布朗的观点彼此接近，只不过皮尔斯的哲学思想较为成熟一些。皮尔斯说，符号的意义取决于其判定所有可能性的能力，这些可能性与符号观察者将在自己的社会活动中如何解释符号有关。这与卢曼对意义的定义相差不远，但是卢曼缺乏皮尔斯发展得更为充分的形而上学理论（皮尔斯的理论涵盖了感受性、感觉、形成习惯的倾向以及主体或作为符号的人），因此卢曼无法说明他的概念。于是，最终形成信息和推理的才是真实的。所以，人们可能对符号形成误读。肖特（Short 1982：287）写道：

> 因为目标常常只能通过冒险来达成，那么，可能导致错误解释的基础是存在的。那么，就有可能存在不真实的或误导性的符号。它们具有意义或者具有可解释性，但它们所代表的东西则不然。它们的直接对象无法形成它们动态对象的组成部分。如果符号的直接对象无法足够精确地符合其动态对象，相对其解释目标而言，该符号就是不准确的。如果相对其解释目标而言，符号无法做出关于其动态对象的充分传达，该符号就是真实、准确但不完善、不充分的；在这种情况下，直接对象只是动态对象的一个方面。这样，我们就能区分出若干不同类型的误解。其一是不存在让解释合理化的理由：某种不是符号的东西被当成了符号。其二是从表面上解读虚假或不准确的符号。在这种情况下，符号本身的意义应该得到纠正。其三是不充分之处没有被注意到。

因此，这种观点无法支撑"一切都行"。现在，且让我们对符号哲学进行更深入的挖掘。之后，我们将对范畴进行更细致的描述。

✵

6.3 一、二、三……永远

除了其他性质，第一性还有单子的品质和几个谓项：直接的感官品质、简单而非复合的形式和感觉、不指向其他东西的可能性以及存在的和纯粹品质的潜力。一个纯粹单子是本身没有多个组成部分、没有任何特征也没有具体体现的一种品质。第一性是感知；它是潜在的、模糊不清的，因为它本身与其他东西没有关联。通过这种方式，皮尔斯为其哲学确立了一个现象学基础；不过，与胡塞尔、海德格尔和梅洛－庞蒂不同，他是在一个更为经典的哲学框架中将它确立起来的——而这同时又是对这一传统的一种更新（迪利［2001b：614］称他是第一个真正的后现代者）。单子品质如红、苦、硬、高贵等，它们都是事物和事件的品质。第一性因此是包含在世界之中的。溯因推理（abduction）是第一性。人们或许说，它是内在而非超越，因为皮尔斯（CP，6.490）还研究超验的虚无，它在时间、空间和范畴"背后"，从它之中涌现三个基本范畴——他所谓的"世界"。

第二性是一种二元品质，某物通过它而与其他某物发生关联，无须依赖第三个东西。第二性是用于描述对象特点的一个范畴；它是使我们不依赖概念（换言之，通过指着它们，说"这/那"）就能知道和辨识对象成为可能的那种东西。譬如，指示符是代表事物而无须对其进行描述的符号。第二性是逻辑学里的主项。它包含反抗、打破、分隔、数量。第一性是可能性，第二性是必要性，如局部因果关系。演绎推理是第二性。第二性被定义为符号与其对象之间的二元关系。请思考皮尔斯（CP，1.328）对二元关系的定义："在范畴这一意义上，第三性与中介是一样的。为此，纯粹的二元论是一种主观意志或者盲目力量的行为……二元关系是一个单个的事实，从存在而言它就是如此，它当中没有普遍性。单子品质的存在仅仅是一种潜在可能，并不存在。存在是纯粹二元的。"

关系是二元的，即"其他"某物在与某物的二元关系中存在，譬如力量、意愿以及与之对应的不情愿等。第二性是对象品质构成的范畴，它使它们不依赖于概念而可识可辨。第一性和第二性之间是辩证相关的，因为品质自身不能构成事实，更应该说，它是绑缚在事实上的，因此，感觉是第一性，意欲是第二性，而认知是第三性。

第三性是因为第二个和第三个东西被带进彼此的关系中而存在的三元品质。这是有关普遍性和可理解性的范畴、是有关理性和合规律性的范畴，也是有关符号和逻辑推导的范畴。从人的角度看，第一性是感觉，第二性是具体经验。第三性能产生生物、文化或语言习惯，它让我们超越第一性的可能世界和第二性的无数偶然，进入普遍性和理解之中。第三性统一品质和数量，形成一种类似于逻辑推导的关系，就像科学中那样。归纳推理是第三性。

第三性被定义为有关普遍性、可理解性、理性和规则性的范畴。"习惯之力"（force of habit）这个概念对于皮尔斯的理论而言十分关键。他认为，自然规律是自然中习惯形成的表现方式。第三性是第一性和第二性之间的中介者。第三性完成三元关系。三元符号因此不只是一种简单的二元关系；三元关系是非化约的。皮尔斯（CP，1.337）通过下面的方式对第三性与第一性和第二性之间的关系进行了描述：

> 我用第三性的东西来指绝对的第一和最后之间的中介或者关联关系。开始是第一性的东西，结尾是第二性的东西，中间是第三性的东西。结果是第二性的东西，手段是第三性的东西。生命之线是第三性的东西；剪断它的是命运，是第二性的东西。道路的岔口是第三性的东西，它设定了三条道路；只被当作两个地方的联系的一条直路是第二性的东西，但只要它含有穿过中间地带的意思，它就是第三性。位置是第一性的东西，速度或者两个连续位置的联系是第二性的东西，加速度或者三个连续位置的关系是第三性的东西。但是，只要速度是连续的，也会涉及第三性的东西。连续性几乎完美地代表了第三性。每个过程都在这一名头下进行。克制是一种第三性。形容词的原级是第一性的东西，最高级是第二性的东西，比较级是第三性的东西。所有夸张的语言，"极致""绝对""无比""彻头彻尾"等，都是思维在想到第二性的东西却忘掉第三性时所特有的。行动是第二性的东西，但举止是第三性的东西。作为一种有效力量的法律是第二性的东西，但秩序和法律是第三性的东西。同情、肉和血，我以之感受我的邻居感受的东西，是第三性的东西。

符号学中，第三性与符号的解释项相同。要让一个符号具有意义，必须有某种规则性。这种规则性可能是一种社会习惯——对该符号的一种反应——或者，该符号可能代表着自然中的一种规则性。

就大部分人类经验而言，我们只能通过第三性触及第一性和第二性。皮尔斯认为，非概念的直接经历虽然是可能的，却是罕见的。第一性包括我们所知的所有品质，譬如蓝色、坚硬、甜蜜和形状等，但它们只是作为潜在可能。这些品质必须在"物性"（thing-ness）或者差异之中展现自身方可成为存在；为了被人们了解，它们必须被系统所解释，该系统能够将它们辨认为表示习惯或者规则的符号，这些习惯或者规则在自身之中创造出解释项。在我们通常的时间框架之中，我们只知道它在有生命的系统之中发生。马图拉那和瓦雷拉（Maturan and Varela 1980）表示，正是有生命的系统的自创生特点，使它们有可能创造结构耦合的东西。通过这些结构耦合，我们有可能确立冯·福尔斯特（von Foerster 1984）所谓的认知的本征值：在思维中起稳定作用并促使我们去认识事物的稳定递归加工系统。我认为，这就是皮尔斯称为解释项的东西中的一种：我们的思维中让我们把某物看作和辨识作一个对象的那些符号。

结果，皮尔斯既不是唯物主义者，也不是机械主义者或者原子主义者。应该说，他赞同亚里士多德关于现实之物连续不断这一看法。而且他相信，符号和规则是真实的，人类不能把精神的或者情感的东西从基本现实中根本去除，因为我们与之（自然）相连，正如它与我们（思维）相连。但是，与亚里士多德不同，皮尔斯是一个进化论者，不相信经典逻辑可以深入现实的终极深度。正如在古希腊创世神话中那样，皮尔斯相信混沌（第一性）是秩序（第三性）的摇篮，而不是反过来。基本理念和形式只是作为潜能存在于包括情感、基本品质和数学形式在内的自发的复杂动力的海洋中。皮尔斯把类型学看作数学最基本的东西；因此他是一个进化论者、某种程度上的客观唯心主义者，以及非化约派的实效主义者。

通过这种理论结合，我们现在能够为人类语言运用的历史提出一个总括性的进化叙事。我们抛弃了机械主义—原子主义和决定论的本体论，以及它关于总体知识可能性的认识论——又称为"世界公式思维"（world formula thinking）。这与皮尔斯的观点是一致的，皮尔斯把绝对真理看作科学和逻辑理想的却又不可达到的目标。同时，进化科学试图找到相对稳定的样式和动态模式（习惯）。它不是关于永恒规律的科学。它是关于进化习惯和习惯对该过程中所创造的有生命的系统的意义的科学。皮尔斯认为第一性是复杂甚至是混乱的连续性，它包括"内部世界"和"外部世界"的主要的质性方面。他的世界观因此从根本上看是反化约论的、反机械主义的，是真正进化的。在下面的引文中（Peirce 1891：175），他总结了三个范畴是如何与自己的本体论和认识论一道发挥作用的："在心理学中，感觉是第一性，对反应的感知是第二性，总体认识或者中介是第三性。在生物学中，随机突变这一概念是第一性，遗传是第二性，意外变成固定的过程是第三性。偶然是第一性，规律是第二性，形成习惯的倾向是第三性。思维是第一性，物质是第二性，进化是第三性。"

皮尔斯的"思维是第一性"这一观点，与其现实主义相结合，使人们想要把他称为客观的唯心主义者，有时他正是这样自称的。在图 6.1 中，我总结了这种三元哲学与皮尔斯符号学之间的关系，以阐明皮尔斯如何将感情和感受性整合到他的形而上学之中，由此避免科学现在所面对的种种问题。许多科学家受到建立在永恒数学秩序基础之上的这种基本的机械主义现实本体论制约却对之并不了解。从这一角度看，意义、情感和意欲只能被给予功能主义的解释，而且最后，它们定然被影响，从而成为幻觉式的现象学过程。如何把这一意识品质整合到该范式之中是我无法想象的；我发现这一基础之上的各种附生性理论并不一致。从来就没有确立起如下看法：对于总体上的生物学或者专门的行为学，机械主义是一种适合的哲学。

皮尔斯哲学和方法的意涵是，感受性和"内部生活"从一开头就潜在地存在，但是必须有神经系统方可充分展现。有机体及其神经系统并不创造如此这般的思维和感受性。思维的感受性出自有生命的身体所发展出来的神经系统，从而创造出自组织性更强的、外显的形式。皮尔斯的观点是，这种外显通过三元符号活动发生。根据这种新的赛博符号学观点，我们可以补充说，我们通过有生命的系统及其自创生的符号界域的符号发展变得有意识，该符号发展是以符号游戏的形式进行的，符号游戏是以共享信息为目的并最终进化成人类语言游戏。这就是我所建议的新基础，它允许生物符号学和进化认识论对来自行为学、二阶控制论、认知语义学和实用语言学中的最新发展做出整合，从而以一种卓有成效的方式淬炼出关于认知和交流的一种崭新的跨学科的观点。

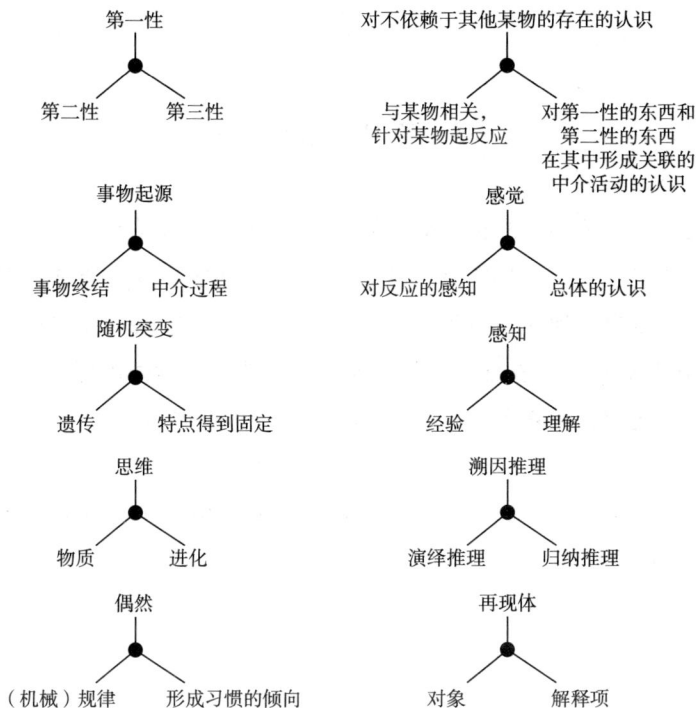

图 6.1

关于皮尔斯的三元哲学在认识论、本体论、进化论、心理学和符号学中的展现。

在结合行为学、自创生理论和符号学的过程中，人们可能会这么说：意义是习惯，被确立为有生命、自创生的系统和我们称为环境（包括其他有生命的系统在内）的超级复杂性之间的结构耦合。"对象"在环境之中（通过溯因推理）因为被赋予同饮食、交配、战斗和抚育等生存活动有关的符号习惯而得到认知，我们将对维特根斯坦的概念加以引申，把这些生存活动称为人类或动物社会中的"生活形式"。有了人类在文化中的反思性的语言意识，于是意义的概念超越了身体及其直接需要。

当我们对作为共同使用的符号或共同参与的语言游戏中被现实化了的意义的表意活动加以理论化，却又不脱离现实主义世界观（科学和社会建构主义洞察所提供的关于世界的知识）时，我们对于理解符号如何在交流系统中获得意义和产生信息，就向前迈出了一步。

6.4 符号三角与类别

对皮尔斯现象学中的符号概念及其哲学基础做出界定之后，现在我们对皮尔斯的实效主义符号学有了理解，其中，符号的意义通常是符号可能产生的社会习惯。现在，我想通过对第一类基本符号以及皮尔斯如何发展出他的 10 类基本符号进行讨论，从而对皮尔斯符号学做出更多阐述。关于符号类型的运用，我将用一个来自 LIS 的例子进行展示[1]。

根据皮尔斯的看法，对于第一性、第二性和第三性这些基本范畴中的每一个，符号都可以分成三个三角（我在图 6.2 中用了一种新的方式来阐明这一点）。

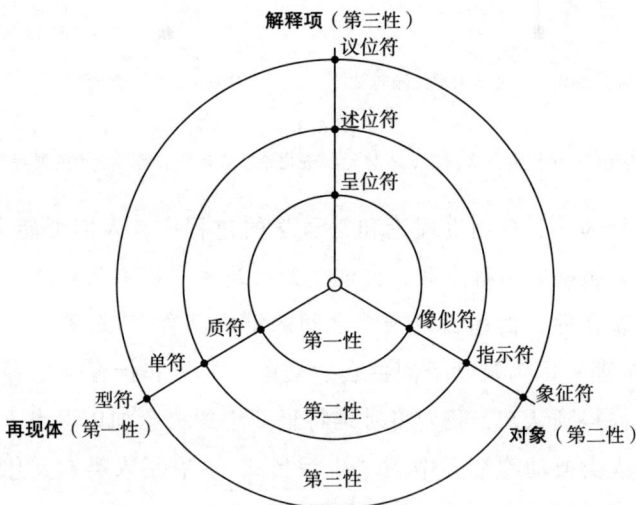

图 6.2

这是我自己画的一幅图，表示基本符号类型与第一性、第二性和第三性如何关联。每条从中心开始的辐射线对应符号关系的几个部分：再现体、对象、解释项。于是在每条线上都进行了三元分析。第一性最接近中心，第二性居中，第三性距离中心最远。

重要的是认识到，这种分类法是理想的、分析型的，这几类符号很少仅在现实中被表现出来，因为它们只是三元性符号的一条边而已。它们在三元关系中的结合产生了符号的基本类型（我们将会看到共有 10 种类型）。皮尔斯（MS，599）写道："它们就像化学元素。在一定程度上人们可以说，化学反应规律让我们无法获得绝对纯度。但是，相对的提纯能让我们对其性质有相对准确的了解，如果它们经常表现出这样的纯度，那么我们可以毫不犹豫地说，这是金，这是银，那是铜。"

下面我将对三个三角形做出简要解释。我从图 6.2 中内圈的第一性三角开始。皮尔斯（CP，2.243）解释了三种三分法的依据，它们分别是："首先，依据符号本身是不是一种单纯的品质，一种实际的存在，或者一条普遍的规律；其次，依据符号与其对象之间的关系是否在于符号本身具有某种特性，或者与该对象存在某种关系，或者与一个解释项有关系；再次，依据其解释项是否将其再现为表示可能性的符号，或者表示事实的符号，或者表示理由的符号"。

皮尔斯谈到的第二条与图 6.2 中的第二个圈有关，他谈到的第三条与图 6.2 中的第三个圈也就是外圈有关。因此，符号三角的第一个分野是在第一性范畴之中，第一性在符号三元关系中是再现体，包括质符（Qualisign）、单符（Sinsign）和型符（Legisign）。质符被定义为符号的品质。在质符得以展现之前，它的品质必须由另一个符号承载，因为它必然是包含在自身之中。因为品质只能通过某种相似或共有元素才能对对象进行描述，所以质符定然是像似符。当品质是一种逻辑上的可能性时，质符只能被解释成一个表示存在的符号，换言之，被解释为一个呈位符。当然，关于蓝色这种颜色的经验，肯定通过事物或者事件（第二性）来传递。

因此，第一种基本的复合符号就是呈位像似性质符（参见图 6.3 关于皮尔斯的 10 种基本符号类型的模式）。这是皮尔斯的 10 种基本符号类型中的第一种，下面我将对其以及作为呈位符和像似符来源的其他三角进行描述。

因此，单符在第一个三角中于质符之后到来。单符是一个作为符号的实际事物或事件。单符只通过其品质存在，因此常常包括并传递几个质符（Peirce 1994：99）。但它也能与同一层次的其他符号类型结合。因此单符有几种结合：呈位像似性单符、呈位指示性单符和述位指示性单符。

型符是第一个三分关系中的第三个类型。皮尔斯把型符定义为规律，它也是一个符号。它的合乎规律性是它的使用者定义和决定的。型符是一种规约性符号。皮尔斯说，型符并不是传递得到一致认可的意义的某个对象，而是一个普遍的类型。这里，我们仍然是在三元符号的再现体范围中。举一个关于质符、单符和型符之间的区别的例子：字母 B 可以被解释为黑色线条（质符），可以解释为排字车间一个成功的文字排版案例（单符），或者可以解释成我们称为"字母 B"的那个类别的代表（型符）。因此，符号类型按照表意活动形式带给我们认知类型的划分。

符号的第二个三角与第二性有关，对象包括像似符（Icon）、指示符（Index）和象征符（Symbol）。这个三角建立在再现体—对象之间关系的基础之上，或者第二性通过像似符、指示符和象征符在符号中得到表现的方式的基础之上。皮尔斯（CP, 2.247）写道，像似符是这样一个符号，"它指向对象，即它仅仅通过自身的特点指示，而且它所拥有的特点与之完全相同，无论这样一个对象实际存在与否"。

像似符是一个与它所代表的对象相像的符号。像似符的常见例子是照片，因为照片与其所描绘的对象（模特）相像。因此照片是像似符，尽管有时它也是指示符——如果照片与其所描绘的对象有着因果关系的话。地图和比喻也是像似符。接收者决定它们与对象的像似的程度。

指示符包括由与其所描述对象有着因果关系的符号所构成的一类。该符号通过符号引起对象这一事实来指向它所描绘的对象，譬如，烟是火的指示符。因此，指示符通过它与对象的直接的因果指涉关系代表其对象，譬如，脚印指向刚刚走过去的某个人。

象征符是指向对象的符号，它通过规律指示对象。皮尔斯对此进行了说明，他说规律是共同观念的结合体，通过这种结合，象征符可以被解释成是指向对象的。因此，象征符是通过规则和规约惯例获得意义的符号。"规约化了的"符号有着受到众多使用者一致认可的意义。字母、文字和数字都是象征符的例子。

第三个符号三角包括呈位符（Rheme）、述位符（Dicent Sign）和议位符（Argument），描述的是符号与解释项/第三性之间的关系。呈位符是"就其解释项而言，是表示质性可能性的符号，即被理解成代表这样那样的一种可能的对象。或许，呈位符能够提供一些信息；但人们并不认为它能这么做"。（CP, 2.250）

呈位符的例子包括指向可能对象的名词。正如翁贝托·艾科（Eco 1979）所写，符号是撒谎的前提条件，因为对象并非必须作为再现体同时在场，因为它们并非必须具有物质真实性，而是像独角兽之类可以是虚构的或者存在于神话中的。所以，被指向的对象只是可能的对象。

述位符是表示实际存在的符号。因为这一原因，述位符不可能也是像似符。像似符并不为解释提供机会。述位符必然包含呈位符，由此方能对解释者认为其指向的那个情形做出描述。述位符的一个例子就是一个完整的句子。

议位符在其作为符号的能力范围中代表其对象——关于该符号的某种东西被陈述。议位符的例子之一是文章的所有段落，即呈位符的有意义的联系。

这些是9种基本纯粹类型符号的复合符。纯粹形式只构成三元符号的一个方面。然而，有生命的符号是以这些复合符之间的关系的品质作为其特点的。

⬖

6.5 10 种基本符号类型

有趣的是，皮尔斯——从 3×3 种符号开始——创造出的符号是 10 类而不是 27 类（3×3×3）。这 10 种类型来自对类别的逻辑排除，这在前面已经解释过。譬如，质符总是呈位像似性符号，象征符总是型符，议位符总是象征性型符。这 10 类符号的每一种都可以说与第一性、第二性、第三性这些范畴之间的独特三元关系相对应。

图 6.3 表示皮尔斯的 10 种基本符号类型。被细线分开的两类共有两个相似之处，譬如，指示性单符（Ⅲ，Ⅳ）可以是呈位的或者述位的。黑色粗线划分类别的地方，譬如Ⅱ和Ⅵ之间、Ⅵ和Ⅸ之间以及Ⅲ和Ⅶ之间，情况则并非如此。为了分清它们，皮尔斯给了这些类别最为精练的名称。这些类别的名称使用了粗体表示。类别如果不相邻则不具有相似性。

区分符号类别是有用的，因为这些类别中的一些会以明确表现指示性用语提供信息的力度的方式指向对象。譬如，相较于呈位指示性型符，述

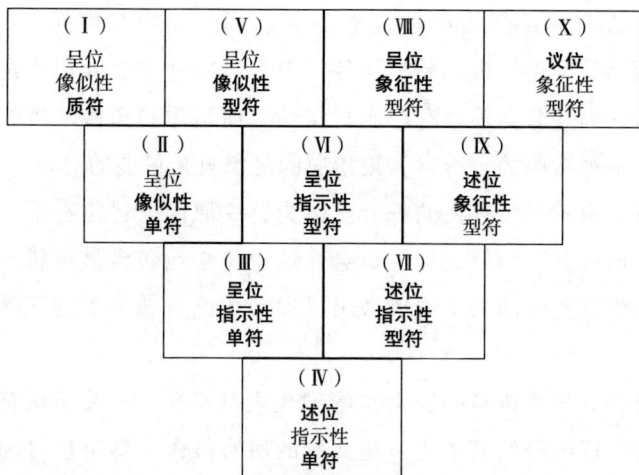

图 6.3　皮尔斯的 10 种基本符号类型（CP，2.264）

位指示性型符所包含的关于它指示对象的信息要多一些。我在下文将会谈到这个问题，下面我将分析图 6.3 中所示不同符号类型的特色。

（Ⅰ）质符是任一品质，该品质也是一个符号。皮尔斯把质符定义为像似性的，因为品质只能通过某种像似性指示对象。此外，皮尔斯写道，品质是纯粹的逻辑可能性——换言之，是一个呈位符。像似符是一个纯粹基于相像而来的符号——因此它只能被解释成一个表示可能的本质的符号，换言之，作为一个体现质符的呈位符。这就是呈位、像似性质符，譬如对红色的感觉。

（Ⅱ）皮尔斯把单符定义为"任一经验对象，因为它的某个品质使它决定着人们对这种对象的看法"（CP，2.255）。因此，这就是呈位、像似性单符——譬如，一幅照片或者一张图表是一个实际存在事物或事件的再现或者与之相像。

（Ⅲ）皮尔斯把呈位指示性单符定义为"任一直接经验对象，因为它把注意力导向一个对象，该对象导致了它的在场。它必须涉及特殊类型的像似性单符，但又与之截然不同，因为它让解释者注意到所指示的那个对象"（CP，2.256）。比如，一声无意识的尖叫，它让人注意到发出尖叫的那个人。

（Ⅳ）皮尔斯说，述位指示性单符只能提供有关实际事实的信息："述位性单符……是任一直接经验的对象，因为它是一个符号，并且，作为如此这般的符号，它提供有关其对象的信息。它只能通过真正受到其对象的影响才能做到这一点。"（CP，2.257）关于述位单符的例子，皮尔斯举的是风向标，风向标通过受到风的因果影响来提供关于风向的信息。因此这实质上是指示性的。

（Ⅴ）皮尔斯把呈位像似性型符定义为："任一普遍规律或类型，因为它要求它的每种情况都体现一个特定品质，这样它就能使人们想到一个与之相似的对象。作为像似符，它必定是呈位符。作为型符，它的存在模式是控制单个副本那种存在模式，每个副本都是一种特殊的像似性单符。"（CP，2.258）

（Ⅵ）皮尔斯把呈位指示性型符定义为把注意力引向对象的任一普遍类型或规律，无论其是如何得以确立起来的（CP，2.259）。皮尔斯给出的例子是指示代词。它的作用是代表它所指的那个名词。因此，"它"可以代表"车"，指向同一文本中此前提到过的一辆车。"它"单独无法提供有关这辆车的进一步信息："呈位指示性型符是任一普遍类型或规律，无论如何得以建立，它要求它的每种情况都以提供有关该对象的特定信息这样一种方式受其对象影响。"（CP，2.260）

（Ⅶ）当讨论呈位指示性型符时，我们对于该符号所指的对象一无所知。"它"可以指任何可想到的名词，但没有提供有关该名词的任何额外信息。述位指示性型符却会提供有关对象的信息——街头的一声叫喊可能是呼救的叫喊，在这个例子中，喊声告诉我们的是，"呼喊者"有可能身处危险："述位象征符或者象征性述位符……是一个通过结合联想普遍观念而与其对象关联的符号，因此其副本会在人的脑海里唤起一个形象，由于这个人的某些习惯或特性，该形象会产生一个普遍概念，于是，这副本便被解释成一个表示作为该概念情形之一的对象的符号。"（CP，2.261）

（Ⅷ）呈位指示性型符和呈位象征性型符之间的区别是，作为呈位指示性型符的符号指示的是一个特定对象。通过对该符号的解释，呈位象征性型符可以指向单独的一类，那就是对象。如果用车的例子来说明呈位象征性型符，那么我们可以发现，当读到有关"车"的内容却不指向特定的某辆车的时候，关于车的这个概念就变成了呈位象征性型符所定义的符号。

（Ⅸ）关于述位象征性型符，皮尔斯写道："述位象征符或者通常的假设，是一个通过普遍观念的结合而与其对象相关的符号，它的作用与呈位象征符一样，只不过它的预期解释项把述位象征符描述为：（就其所象征的东西而言）真正受到其对象的影响，因此它让人脑海中想起的那个存在或者规律必定与所指对象实际相关。"（CP，2.262）

这就是说，解释项把述位象征性型符当作述位指示性型符。二者之间的区别是，述位指示性型符提供有关属于一个更大类别范围中的一个单个情形的信息——人们必须把该符号解释成属于一类符号。这不一定是解释项所认为的那样，因为解释项往往会把述位象征性型符看作述位指示性型符并因此把它看作指向某个特定对象。

（Ⅹ）"议位符是这样一个符号，它的解释项通过规律——'从所有如此这般的前提到如此这般的结论这种过程有可能为真'这一规律——把其对象表现为一个潜藏的符号。那么，显而易见，它的对象必定是普遍的；也就是说，议位符必定是象征符。进而言之，作为象征符，它必定是型符。它的副本是述位单符。"（CP，2.263）

议位符是对构成一个文本的若干句子进行有意义的合并的结果。议位符总是象征符，因为对象中的意义是规约化的，而且它总是型符，因为它的意义是由规律决定的。因此第 10 类是议位符、象征符和型符。

10 种符号类型是皮尔斯概括和区分符号不同品质的基本工具。分类表示如下：

Ⅰ. 质符对应"第一性——第一性——第一性"的关系；

Ⅱ. 像似性单符对应"第一性——第一性——第二性"的关系；

Ⅲ. 呈位指示性单符对应"第一性——第二性——第二性"的关系；

Ⅳ. 述位单符对应"第二性——第二性——第二性"的关系；

Ⅴ. 像似性型符对应"第一性——第一性——第三性"的关系；

Ⅵ. 呈位指示性型符对应"第一性——第二性——第三性"的

关系；

Ⅶ. 述位指示性型符对应"第二性——第二性——第三性"的
关系；

Ⅷ. 呈位象征符对应"第一性——第三性——第三性"的关系；

Ⅸ. 述位象征符对应"第二性——第三性——第三性"的关系；

Ⅹ. 议位符对应"第三性——第三性——第三性"的关系。

对皮尔斯而言，符号总是由原初符号（再现体）、被指向的对象（对象）与联系生活和文化历史过程对符号进行解释的解释者（解释项）三者构成的单位。解释项并不是解释者；更应该说，它是在特定内部/外部语境中对符号进行解释的个体脑海中所形成的符号。对象并非康德式对象——"物自体"，而是再现体在特定场合中所关注的那个现实的一个方面。所以，我们发现，符号活动是由符号而来，但对象可能指向事物！换言之，符号学是一种与二阶控制论相兼容的二阶理论。但是，不同于二阶控制论，皮尔斯从来就没有放弃对现实的关注。在其第二性中，动态对象是三元符号活动中不可被忽视的组成部分。

三元性的符号是网络的组成部分，因此，如果我们在讨论指示性用语的意思，那么一个符号中的再现体可以是另外一个三合一的符号中的对象。解释项也可能成为另一个三元关系的再现体。使用者对一个指示性用语（再现体）的理解（解释项），对于一个对特定系统中信息检索（IR）过程进行分析的 LIS 研究者而言，可以是再现体。在图书管理员看来，使用者使用特定词语的方式，可以是用来理解一个系统或者一个知识领域或者二者的再现体。符号必定是三元的，而且它们只存在于符号关系所构成的网络之中，这一网络即符号网络（the semiotic net）。这个意义网络是符号理论给有关认知科学的知识结构理论所提供的又一个选择。人类解释行为（解释项）本身可以被看作一类符号，于是它必须通过文化及其知识领域所构成的"符号网络"理解自身。譬如，人类尝试对"我"这个再现体所代表的东西做出解释已有几千年之久。

✦

6.6 皮尔斯研究方法在 LIS 中的效用

效用是个非常抽象的概念。因此，为了阐明这种概念化在一种实践（我们已经有过介绍）中对我们产生的帮助，且让我们思考一下它在 LIS 中的效用。根据符号学的观点，解释过程从来不可能完成，寻求"真理"的科学知识同样如此。皮尔斯将此称为无限的符号活动。符号被编织成意义，意义与社会—文化交流实践和历史相关。词的指示意义并不界定符号的意义；它们由它们在社会生活中的用法界定，譬如在语言游戏中。布莱尔（Blair 1990：137 - 138）指出了 LIS 对符号表意过程进行这种根本理解的意义：

> 就查询而言，无限符号活动这个概念对于文本的再现起着重要的作用。首先，不可能有必然的、充分的（完整的）文本（而非整个文本，而且，即使是如此，这对检索而言仍是不够的……）再现。其次，用于判断特定文本描述的有用性的标准，并不是"正确"，而是"适合"。换言之，文本无法从正确或不正确的角度来描述，而应从其针对一特定任务和场合的不同适合程度来描述。

布莱尔的"适合性"（appropriateness）与格拉瑟斯菲尔德（Glasersfeld）的"可行性"（viability）之间的兼容性是显而易见的。格拉瑟斯菲尔德也根据社会中的不同任务进行思考；这与英格沃森（Ingwersen）的"工作任务/兴趣"（work task/interest）以及约朗和阿尔布雷克森（Hjørland and Albrechtsen 1995）的界域（domains）有关。词语的意义是通过语言的文化—历史背景和个体之间的社会—交流实践创造出来的，每个个体都有通往符号意义的独特的主观的历史途径。人们从未对词语或概念所有意义有完全一致的看法，但是通过习俗的发展，他们可能对词或者概念在人们所共同经历的场合中的意义达成一致。这在自然科学和人文学科的不同领域中意义深远，在这些领域中，长期的传统使得特定概念的意义固定下来，并且在法律实践中，人们还发展出这一领域特有的术语。实用主义—符号学的研究方法之所以重要，是因为正是这些关联构成了个体的理解力和如下能力：

1. 解码文档符号的能力；
2. 解码本身作为一个符号的文档的能力；
3. 评价该符号在实际场合中的关系和价值的能力。

正如布莱尔（Blair 1990：137）所指出的，人们必须把作为中介传播文档的系统的组织建立在对概念的规约性使用基础上：

> 简言之，皮尔斯指出，关于符号/表达的意义，绝不存在必然的、充分的解释或描述。就我们这里所探讨的意义而言，这意味着，针对所给表达的各种可允许用法，不可能有完全的描述。但这并非一个让人沮丧的评价；实际上，该评价将我们的分析置于一个更让人深思的语境之中。我们能够做的，不是关心表达的有限用法，而是承认意义/表意活动的这种无限递归，专注于明辨表达的规约性用法，认识到这些表达的新的、创造性的用法不可避免……于是，重要的不是表达的用法，而是表达与身边特定场合或任务相关的规约性用法。

皮尔斯既是现象学家又是现实主义者。他的理论修辞学是关于符号在永远处在发展变化中的历史和社会语境中（其中没有什么最终参照物）如何变得有效的科学。布莱尔（Blair 1990：169）从这种符号学意义观出发，针对理解 LIS 中的索引工作，得出了如下结论：

> 首先，虽然有无数个独一无二的文档，但我们可以仅用一个主题描述来代表它们。其次，有无限多的主题描述，它们可以合理地用于任何一个文档。传统的索引理论，尽管注意到主题描述划分中的不清楚、不一致，却从未展现出对这个问题的严重性有充分的意识；它们宁可把这些困难当作暂时的异常现象，也不愿意把这些困难看成不断上涨的"困难潮"中的前几波。

这为几百年来分类学家和索引学家面临的无数实际问题提供了一种基于理论意义的理解。不断发展变化的表意活动向所有作为中介传播文档的系统提出了一个大难题。每个分类系统都暗地试图界定语词的特定意义，而几年之后这变成了所有动态知识系统面对的问题。LIS 的核心是有能力迅速调整分类和索引系统以跟上语言意义的变化，同时对过去的记录进行跟踪。因为这些调整是语义的调整，并且与社会实践相关，但我们还没有一种机械方式来完成这项工作。理想的做法是，我们应该每 5 年对任何一个使用词语作为分类和索引术语的文档数据库的文档重编索引，如此方能依据词语的当下意义进行信息搜索。此外，理想的做法是，由于不同用户群体对关键词的解释不同，因此应给他们提供特定的分类和索引，如此方能说明这些用户群体的不同教育背景、所属学科及惯常做法。在今天，从经济学的角度来看，这是不可行的，也是不可能以自动化方式做到的。

一些人会说，皮尔斯的符号学并未告诉我们有关文本和语言太多的东西。但是正如布莱尔所注意到的，皮尔斯总体上与维特根斯坦的观点一致，后者在其《哲学研究》（*Philosophical Investigations* 1958）的第 43 章说："大多数情况下，尽管不是所有情况下，我们使用'意义'这个词的时候，可以这样来理解，一个词的意义是它在语言中的用途。"这意味着词的意义等同于它在先前所说的"生活形式"（*Lebensform*）范围内的特定"语言游戏"中的用法。语言游戏、生活形式，以及随之而来的规则，塑造了每个词的意义。它关系到我们在社会实践中用语言来做什么的问题。它不是隐藏在任何一个人的思维或大脑中的东西。词语、姿态和表达只在语言游戏、文化、生活形式中才会鲜活起来。譬如，如果一幅图画意味着某种东西，那么它的意义并不是这幅图画的实际尺寸和形状所表现出来的客观性质，而是它对某人意味着某种东西。精神图画同样如此。人类生活在文化社群或者生活形式之中，这些东西是自我维系、自我合法化的，并且，在某种程度上，逻辑上，就规范性而言，它们也是不可改变的（实际上，在解释为什么——如果狮子会说话——我们也不理解它们说的"话"时，维特根斯坦曾提到，"做一头狮子"也是一种生活形式）。

布莱尔尝试对来自皮尔斯符号学的至关重要的见解与维特根斯坦的实用主义语言哲学进行整合，以便采用一种新眼光来考察 IR 和 LIS 的诸多问题。他说，意义的语义及社会语用基础是皮尔斯"无限符号活动"的一个根本方面；并且他还阐明，对于 LIS，本质要义是认识到，如果要理解一个概念的意义，索引工作者和分类工作者必须理解其对于特定创造者、特定专门知识领域以及特定用户群体的用法。我认为，这种根本的符号和"社会—语言"知识是约朗和阿尔布雷克森（Hjørland and Albrechtsen，1995）的界域分析背后，也是使用"有关性"（about‑ness）这一概念的这种认知观点背后的理论基础。

但是这并不足以让我们理解文档从中诞生的那个知识领域的语言游戏。人们还必须理解 IR 过程是其组成部分的语言游戏。它的一个方面是使用者从中而来的那个知识领域，但同样重要的是使用者对系统的意图和社会期待，这些是由他们自身对其任务的理解决定的。布莱尔（Blair 1990：158）写道：

> 各种不同的活动（生活形式）可以作为主题材料检索的语境。诸如在诉讼中起诉或辩护、进行专利检索、搞科研、做商业决策等，我们使用主题搜索的时间和强度可能不同。我们所从事活动的性质在两个重要方面影响着主题检索。第一个方面，活动中使用的语言——行话或者术语，决定我们会用什么词来描述及查询主题。一些活动中我们拥有或者使用的信息易于被分解到各个学科领域，譬如各个学科（尤其是"更硬核的"或者更正式的那些），而其他活动中我们拥有或者使用的信息并不那么容易划分（且想想处理新的或革新性产品或过程——譬如新的营销、工程或医学技能——的那些活动）。活动的性质影响检索的另一种方式是，活动的性质能决定令人满意的检索结果对检索所要求的全面程度。专利检索、诉讼辩护或者为支撑原创性研究而进行的检索，所有的这些活动都要求对其起支撑作用的信息检索尽可能全面。如果只是为了了解某个领域的动态、浏览某个领域的信息、初步了解某个新的领域等，那么对检索要求达到的全面程度则低一些。

如我们将看到的，甚至有更多的语言游戏实际上是在 IR 过程中进行的；由于认知观对"有关性"概念的多重使用，因此，可以说，人们已经从认知的角度对其进行了理解。按照我的看法，语言游戏概念为理解有关性提供了理论的和实用的框架，而且，在这一观念和对于 LIS 十分重要的有关语言和认知的更为广泛的"社会—实用"理论之间，它提供了一种重要的联系。

语言游戏不仅与用户对文档的检索有关，而且与系统的总体设计和维护、与文档生产背后的意图有关。图 6.4 说明了一些语言游戏系统，这些系统是作为中介传播文档的系统的 IR 所涉及的。

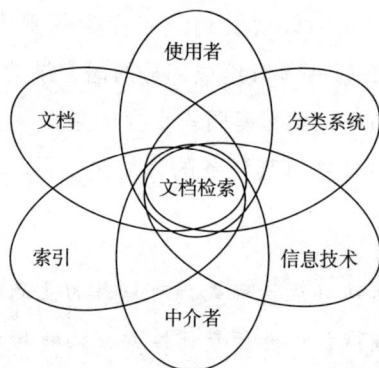

图 6.4
就作为中介传播文档的系统而言，IR 中所涉及的不同语言游戏。LIS 所面对的众多挑战与其说是技术方面的，不如说是"社会—语言"方面的：如何才能在不同类型的语言游戏之中或之间使用同样的概念？用户有其自身的语言游戏，但还必须处理有着自身语言游戏的文档，这些文档由其作者决定，由分类系统的语言游戏发出指示，按照索引者的语言游戏被索引，在搜索语言的语言游戏中被搜索。如果用户需要有人帮忙，那么，这个问题还要进一步地由中介者（通常是图书管理员或者文档学家）的语言游戏来解释。

在科学中，人们在某些知识领域（譬如专业领域、学术领域或者其他集体性知识领域）尝试通过明晰定义来确定关键概念的意义。因为科学是复杂的、动态的，这些努力从未完全成功；历史不断地发展。对专业知识领域交流模式的研究（Gardin 1973；Hjørland and Albrechtsen 1995）与信息科学有特殊的关联而且应该是文献研究和实践的关键，确切地说，这是因为专门知识领域的话语社群一直在积极地制定用于其领域的那些概念的规约。科学哲学对于范式和彼此竞争的子群体的准范式的分析，以及对这些（准）范式如何改变概念意义的分析，可能是非常重要的工具。如空间和时间概念，在日常语言中，在经典牛顿力学中，在广义相对论物理学中，的确意味着不同的东西。关于不同话语社群中交流模式以及运用概念的方式的社会学研究成了一种重要工具，这一点我将在下文做进一步讨论。正如沃纳（Warner 1991：18）写道的，"求助知识社会学是有道理的，因为人们承认，业已确立的信息科学领域是社会的而非自然的。信息交流通常涉及个体与个体或者个体与社会建构的信息系统在社会框架之内的相互作用。要么通过明确的引申，要么作为业已接受的传承，在物理科学和技术基础上建构起来的调查的方法论，因此是极度错位的，而且没有创造力"。

其中托马斯·库恩（Kuhn 1970）以及其他研究人员阐明了科学社群的共同实践如何形成对方法的认识及科学概念。确立专门的概念的功能单位不是个体，而是科学群体。在任一阐释学表达中，专业群体形成一种前理解；所有与该专业群体进行交流的人都必须尊重这一前理解，而且处理该群体的专业知识的所有信息系统都必须与之相适应。把这些理解融入信息系统中那些很少能够跟上时代的领域专属概念，成了中介（通常是图书管理员）承担的职能。语言游戏的概念和概念的规约性意义表面上看是简单的东西，因为用户能够同时参与或者切换于几种语言游戏。此外，划分语言游戏的界线是复杂的和动态的，就像家庭关系——维特根斯坦如是说。

图书管理员在不同语言游戏之间担任中介，这个任务是复杂的，而且每年都在变得愈加复杂。因为文档和用户的数量在以指数级增长，出于成本考虑我们不得不寻找对这些问题的自动化解决方法。在机器和人的技能之间达成最高效的整合至关重要。但是为使用机器而提出的经济方面的要求不应该遮蔽这一事实：人类实施的社会语用方面的语言处理与计算机对符号载体实施的逻辑或算法处理之间存在相互联系，LIS 面对的主要挑战常常与这一联系有关。

✧

6.7　符号学视野中的索引工作

索引工作对于信息存储和检索至关重要。索引者允许一个叙词再现其他某物——譬如一份文档，这样它就能基于这些实体在某些方面共有相同内容或观念，通过其他某物被找到。这一描述与对符号的描述类似。

为了把这些关系作为符号来理解，我们必须辨认叙词与文档之间的符号关系，必须承认这些符号能够改变符号范畴——换言之，符号根据解释它的人而改变性质。图书管理员已经知道这一点，同时，皮尔斯的符号范畴提供了基于理论的概念，我们可以用它们来描述这些区别，并由此以一种系统的方式把理论和实践关联起来。

现在我可以强调这一见解：符号范畴为在索引范畴之间进行区分提供了新的方法。且让我们更仔细地看看叙词与文档之间的关系。

当人们在 IR 系统中把叙词分配给一份文档时，这些叙词之所以被选中，是因为从某个角度来看，这些词语（符号）描述了该文档的观点或者内容，这样我们就可以检索到文档。叙词变成了一个符号——代表其他某物的某物——一个该文档的符号，或者它所指的那个类别的符号。这里我们可以使用皮尔斯的符号范畴。

叙词的再现体不可能是一个质符，因为这仅指符号的纯粹品质。单符指实际的事物或事件，但是我们这里正在处理的是相似对象构成的类别，因此叙词的再现体只可能是型符。正如之前所讨论过的，型符是规约化了的。[2]叙词是语言，语言是规约化了的，因此叙词必定是型符。

相对于对象，叙词不可能是像似符。对象与再现体之间没有相似性。叙词通过修辞方式无法与其所指的观念相似。索引术语不是指示性的，因为虽然它指向文档，但与对象没有任何物理意义上的关联关系。叙词大多数是象征性质的，因为对索引术语的解释是建立在社会和文化规约基础之上的。

再来谈解释项。叙词不可能是议位符。议位符是构成一个文本的若干句子的有意义关联；我们不能说叙词是一个文本。叙词是呈位性质的，因为它提供了有关其对象的一定数量的信息，因此它定然需要解释。呈位符预设了最少量的信息，以便创造出解释。

如果叙词本身有意义，并不只是指向它的对象，那么，叙词也可能是述位符。这意味着叙词是呈位指示性型符（Ⅵ），或者述位指示性型符（Ⅶ），或者呈位象征性型符（Ⅷ），或者述位象征性型符（Ⅸ）。

当叙词是呈位指示性型符时，它把用户的注意力导向许多文档，并不提供有关其内容的任何信息。譬如，十进制分类法的14.8这个编码指向一个文档分组，但对外行而言，它对该分组的内容没有提供任何信息。

如果用户是图书管理员或者索引专家，那么，十进制分类法的14.8这个编码的确通过用户的专业知识为用户提供了信息，因此他们能够解释这个符号。对图书管理员而言，这个叙词就变成了一个述位指示性型符，通过一种规则的、可描述的方式表达了一个文档分组的特点。因此，这个述位指示性型符通过标识指向文档。叙词只为知道该叙词指向什么的那些人提供专门信息，没有提供任何有关单个文档内容的信息。皮尔斯的分类法于是提供了一种在解释中区分这些差别的理论。

总结起来，大多数情况下，叙词都是述位指示性型符，因为它们提供了属于一个更大类别的单一对象的有关信息。索引者把文档看成一类文档中的一个例子，索引者已经把该文档归为这一类。用户在自己的语义/符号网络基础之上解释叙词，他们的语义/符号网络并不一定等于索引者的语义/符号网络。

不过，有意思的是，符号能够根据使用者或者索引者所拥有的关于主题的知识改变符号范畴。如果使用者对特定分类编码鲜有了解，十进制分类法编码就从呈位指示性型符变成述位指示性型符，而如果使用者、图书管理员或者索引者对分类法编码有专门知识，后者则会变成前者。

拓展对符号范畴的讨论，把普通叙词（而不仅仅是十进制编码）纳入其中，我认为这是索引工作中最大的困难。可能的情况是，叙词通过指向包含相似观点的一类文档为使用者提供了信息，但是，如果文献库想要变得普遍可得——譬如通过互联网，那么，作为符号，叙词就会脱离其语境/话语，该话语/语境包括了文档中的话语以及索引者作为其中一个组成部分并在其中实施操作的语境。通过这种方式，符号与其基础被分开了，允许有形形色色、相互冲突的解释——文档搜索结果产生出无数后果。

在索引编制过程中这并不明显。尽管如此，使用者必须把叙词解释成一个符号，并且使用自己的知识来解释这个符号，哪怕文档中所锚定的观点会消失。如果相反，使用者对这些叙词和由这些文档构成其组成部分的话语都了解——我脑海中对此有一个知识领域——那么，对使用者而言，这些叙词会包含更大的信息价值，而且符号指向会更加清楚。当然，如果图书管理员对使用者知识被锚定于其中的、他们的问题由之而来的话语知之甚少，问题就会出现。

在这场相当抽象的关于分析和索引的符号学讨论中，我的希望是澄清并强调这一事实：如果我们想要弄清索引和检索中发生了什么，那么，理解叙词与文档之间的关系就是重中之重。通过对这一关系的符号学探讨，我们有可能从使用者的知识层面对叙词的性质做出描述。我们把使用者包括在了"叙词—文档"关系之中。不过，我们已经看到，"使用者—叙词—文档"关系之中还涉及其他符号网络——索引者符号网络和作者符号网络。如果信息检索要取得成功，这些符号网络就必须彼此接近。我们如何能使得这些符号网络在实践中变得更为同一，这个问题将在对拉考夫认知语义学的两个概念——"基础层面"（basic level）和"表意活动—效果层面"（signification – effect level）——的探讨中做出探索。我将在下一章对认知语义学的核心概念进行界定，之后，我将证明认知语义学与索引工作面临的挑战之间的必然联系。

7

✣

认知语义学：具身化暗喻、基础层面和动机

✣

7.1　认知语义学

认知语义学产生于传统认知研究及其对认知进行跨文化、跨物种和跨机器的科学描述的设想。它常常伴随着这一认识：在人脑和机器中都可以找到基于算法的信息处理程序或模块，这将解释本书中先前讨论过的认知行为。拉考夫（Lakoff 1997：XII）对这种客观主义的"作为计算机的思维范式"（mind－as－computer paradigm）做出了精要的描述。

　　以下所列的是其中一些具体的客观主义观点：
　　思想是对抽象符号的机械操作。
　　思维是抽象的机器，本质上是采取计算机操控符号的方式，即通过算法来操作符号。
　　符号（譬如词语和精神再现）通过与外部世界事物的对应关系获得其意义。所有意义都具有这一性质。
　　对应外部世界的符号是对外部现实的内部再现。
　　抽象符号可能与世上事物对应，不依赖于任何有机体的特殊属性。
　　因为人的思维能对外部现实进行内部再现，所以，思维是自然的镜子，正确的推理反映出外部世界的逻辑。

因此，人类拥有其所拥有的身体并在其环境中如其所为地发挥作用，这一观点是有意义的概念和推理自然而然地得出的。人类身体可能会在选择人类实际使用何种概念和何种模式的超验理由方面起作用，但是它们在描述构成概念的和构成理由的东西所具有的特征方面起不到本质性作用。

拉考夫并不是从符号基础出发的，因此他的符号概念不如皮尔斯的那么具体而明确。但是这并不否认他和约翰逊对于具身在范畴化和概念化（或者从符号学观点出发，我们可以将其标识为表意活动）之中所起作用的研究。拉考夫（Lakoff 1997：XIII）对"作为计算机的思维范式"继续描述道：

> 思想是抽象的、非具身的，因为它独立于对人类身体、人类感知系统以及人类神经系统的任何限制。
>
> 机器所做的只不过是用机械的方式操控与世上事物对应的符号，它们能够进行有意义的思考和推理。
>
> 思想是基于原子主义的，因为它可以被完全分解成简单的"建筑砖瓦"——思想中所使用的符号，它们被合并成复合体并被规则控制。
>
> 从思想被哲学家、逻辑学家使用这一狭义的技术角度来讲，它是逻辑的；也就是说，它可以被数学逻辑中所使用的那种系统精确地建模。这些是抽象符号系统，定义它们的是按照"世界模型"（models of the world）来解释这些符号的那些有关符号控制的普遍原则和机制。

这描述了为人工智能（AI）奠定基础的 20 世纪哲学和语言学中的强大"逻辑形式"。不过，拉考夫让我们注意到这个事实：就有生命的系统的表意活动和交流而言，如果要表达某种深刻的东西，整个认知研究领域不可能在先前所提到的范式性理论背景中得到确定。尽管如此，对认知研究的主体和 AI 与 IR 的发展而言，它却是人们所宣称的理论上的认识论背景。

这种范式的主要局限是它的意识基础或多或少地植根在非具身化的理

性主义世界观中，按照这种世界观，所有思考都符合一些自然种类——不论它们是超验的柏拉图的理式还是亚里士多德的形式，但这种世界观处于一种看上去属于机械主义的本体论中，并未真正考虑到进化。这种观点缺乏借鉴现代生物学的贡献，尤其是生态学和进化研究领域的贡献——生命存在根据几十亿年来在自然界中所累积的体验在自创生系统之中展示知识。但是，皮尔斯、行为学家以及二阶控制论和自创生理论研究者们却推崇这种生物学观点。在语言学中，拉考夫和约翰逊是认知语义学中持这种生物学观点的先锋。然而他们并没有汲取来自行为学、符号学或自创生理论的知识和概念。我想说，这些结果实际上可以与更广阔的赛博符号学基础整合，因为赛博符号学的基础既不是笛卡尔式的，也不把重点放在一种纯粹的或者泛信息加工的范式上。

拉考夫（Lakoff 1997：XIV）的思维范式与上述作为计算机的思维范式不同，他主张：推理，因此交流，是具身的和比喻的，而且具有生态结构：

> 思想是具身的，即用来组合我们的概念系统的结构从身体经验中发展而来并根据它而有意义；此外，我们的概念系统的核心直接建立在对物理和社会性质的感知、身体运动以及经验的基础之上。

> 思想是想象性的，因为那些并不直接基于经验的概念运用到暗喻、转喻和精神象喻——所有这些都超过了对外部现实的字面反映或者再现。正是这种想象能力，容许有"抽象的"思想并且让思维超越我们所看到和感觉到的东西。这种想象能力也是——间接地——具身的，因为暗喻、转喻和意象都是基于经验的，常常是基于身体的经验。思想的想象性也可以以一种不太明显的方式显现出来：每次我们以一种不反映自然的方式对某物归类，我们都是在使用普遍的人类想象能力。

显然，拉考夫和约翰逊认为思想远超过逻辑认知，且起源于身体的那些隐含的情感体验。他们的研究广为人知，所以我只提及他们的几个核心思想来说明他们的理论多么符合赛博符号学的观点：

> 思想具有格式塔特性，因此不是原子主义的；概念具有总体结

构，远不是通过普遍规则对概念的“建筑砖瓦”进行简单组合。

思想具有生态结构。认知加工的效率——譬如在学习和记忆中，取决于概念系统的总体结构，取决于概念是什么。思想因此不只是对抽象符号的机械操作。

概念结构可以用具有上述特性的认知模型加以描述。

认知模型理论结合了关于范畴化、意义和理性的传统观点，同时对范畴化的经验数据做出了解释并在总体上契合了这个新观点。（Lakoff 1997：XV）

在这一基础上，具身化认知语义学从根本上突破了客观主义传统。

具身化认知语义学是一种普遍的人类认识论，因此它肯定可以用于分类和索引，因为这些概念表达了人的自我理解以及人在其世界中的位置（Lakoff and Johnson 1980，1999）。此外，具身化认知语义学不同于认为句法是意义的主要和决定性层面这一观点——乔姆斯基（Chomsky 1994）的生成语法就是持这一观点。具身化认知语义学认为，语言的内容是认知问题产生的结果，因此，存在一个语言、思想和感知交汇的共同层面。于是，语言必须作为认知能力来研究。语言被看作认知研究的一个特别的来源，因为它展现出那些人们只能通过内省才能进入的认知结构。

拉考夫认知语义学中的一个核心概念是基本层面范畴化，这为具身化认知语义学增加了一个实用的方面。这是其具身概念的一个重要组成部分，其中，思考被理解为是建立在我们身体的关系和体验基础上的，是在我们的自我理解中是被当成生物存在的。从一种现象学的观点看，有意思的是，具身被看作既是前概念的又是前语言的，因此对于体验、推理和对范畴的理解起着决定性作用。梅洛－庞蒂（Merleau－Ponty 2002）以同样方式看待它，尽管是从现象学的生活世界这一角度。且让我们对拉考夫观点的影响进行探索，看看它在 LIS 中如何起作用。

7.2 基本层面范畴化

当人们将叙词分配给某物，该叙词的分配总是与其他某物相关。这个

"其他某物"是概念之间所创生的关系，是对拉考夫所谓格式塔感知合成——身体运动的能力以及形成丰富精神意象的能力——的展现。在符号学中，这被称为符号关系：通过创造语境而把一个或多个对象与一个符号关联起来的能力。人们把意义从一个结构（所谓叙词）传递到另一个结构（诸如一份文档），是为了创造关联——使用者的解释。

精神空间的意象常常被用于表达暗喻把意义从一个结构传递到另一个结构的能力。这里，有用的是洛施和拉考夫所提出的"基本层面性"（basic levelness）这个概念（Lakoff 1987：46）。洛施的基本层面范畴由以下方面所定义：

> 范畴成员对整体形状有相似感知的最高层面。
>
> 单个精神意象能够反映整个范畴的最高层面。
>
> 人使用类似的肌体动作来与范畴成员互动的最高层面。
>
> 主体分辨范畴成员最快的层面。
>
> 有着范畴成员最常用标签的层面。
>
> 被儿童命名和理解的第一个层面。
>
> 进入一种语言的语汇的第一个层面。
>
> 有着最短主要词素的层面。
>
> 词语在中性语境中使用的层面。譬如，"走廊上有只狗"可以在中性语境中使用，而"走廊上有只哺乳动物"或者"走廊上有只毛发粗硬的狼犬"则需要特殊语境。
>
> 我们大多数知识得以组织的层面。

"狗"和"椅子"的概念符合上述定义，而诸如"哺乳动物"和"家具"等概念更难以概念化，因为在这个较高的（上义词的）层面，它们不能产生能够把这个上义词层面整合成一个精神意象的精神意象。相反，人们会选择一件典型的家具，譬如一把椅子，来代表这个"上义词的"层面。与之类似，当一个符号能够代表众多对象或者众多文档时，那么，在较低的（下义词的）层面，要形成一个（譬如一把摇椅的）精神意象，便要有更为专门的知识。斯文德·奥斯特加尔德（Østergård 1997：178）对这一观察有过清晰的阐述："假设我和另外一个人看到地平线上有一个模糊的影子，他问我看见了什么。如果我回答说，'那是一只狗'，那么，显然，我的答案为我感知的特定细节加上了括号。经验中的狗（the empirical dog）仍然能够有无数的具体形式，但'狗'并不指向它们中的任何一个单体，'狗'这一词素则通过一个具体形式的出现而被说出口来。"

皮尔斯会说，眼前的这只狗（the present dog）是狗这类东西的型符。奥斯特加尔德用清晰而精确的方式描述了该基本层面概念，此外，他把基本层面概念与符号学关联起来。

一旦我们对这只狗（譬如一只腊肠犬）按照血统而不是物种加以分类，那么它就不再是一个基本层面概念，而是一个下义词概念。基本层面范畴化要求解释者拥有关于该符号的知识；没有这种知识，"狗"这个概念就无法在解释者的生活世界中作为一个基本层面概念存在。

拉考夫沿用了洛施的基本层面概念，但是加上了这一点：基本层面所划分的对象具有共同的最自然的属性，这一事实并非来自所划分对象本身，而是划分（范畴化）造成的结果。在很大程度上是人类的范畴化过程——而非本质性品质——决定了这些共同的品质。范畴化是认知机制的一个组成部分。

洛施表示，对世界的理解首先是通过对基本层面的理解和"额外加工"的帮助而获得的。正如人们在一个内部的词的分类汇编（符号结构）中去查询一个词，接着在人们知识水平所决定的语境中对概念进行分类。

我们与对象（椅子、桌子、床等）的互动方式是由对对象的使用决定的。严格地说，我们并不把床用作桌子，把椅子用作床。每种家具都要求一种不同序列的身体运动。洛施（Rosch 1978：33）写道："当实施坐在椅子上这一行为时，一个人所做出的一系列身体和肌肉运动通常与椅腿、椅子的座部、椅背等属性的性质不可分割。"

洛施做过实验，她让一个人详细描述自己在椅子上坐下时自己的肌肉运动。洛施发现，"对于一般性的家具使用我们所执行的肌肉运动程序很少，对于坐椅子而言，所执行的肌肉运动程序也只有特定的几个，而且我们坐厨房里的椅子和坐客厅里的椅子所使用的肌肉运动程序基本相同"。

这表明，许多共同品质并不来自所划分的对象，而更多来自范畴化过程本身。这就是为什么从身体的角度看，我们是从基本层面来理解周围的世界的；为什么与对象的互动也发生在基本层面；为什么我们在同一范畴的各种家具之间传递肌肉运动。在这一基础上我们能够做出合理论断：基本层面的范畴化渗透到了我们从身体思考方面针对我们的生活世界采取行动的方式。

如果我们对周围世界的理解，乃至于我们对之的范畴化发生在基本层面，那么，我们"编排"（arrange）世界所用的语言必定也是来自这个基本层面。于是，范畴化便可以通过我们与周围世界的交流得以表达。拉考夫强调，基本层面是儿童所首先理解和使用的层面；此外，这也是我们开始学习一种语言的层面。拉考夫（Lakoff 1987：47）对基本层面范畴的特点总结如下：

1. 感知：整个感知到的形状；单个的精神意象；快速辨识。
2. 功能：一般性肌肉运动程序。
3. 交流：最短暂的，首先被儿童学会并首先进入语汇的最短、最常用和语境中性的词语。
4. 知识组织：范畴成员的大多数属性都储存在这个层面。

运用基本层面范畴，拉考夫和洛施阐述了我们在该层面如何体验概念的关系，在日常的生活过程中，我们正是从该层面出发对世界进行范畴化。我提出以下假设：既然图书馆系统的使用者一般是从基本层面去经历、编排和组织世界，那么，文档的索引工作也定然要从基本层面来做，因为索引工作就是对"世界"进行范畴化和分类的一种方式。从符号学角度来说，索引工作允许某物代表其他某物。索引者因此必定是脑海中带着对潜在用户的基本层面理解来从事索引工作的。

拉考夫做了另外一个有趣的观察。所有人都配备了相同的认知工具，都以相同的具身化起步，但是周围的世界决定着基本层面，因为是周围决定着一种文化把什么东西定义为根本。对于什么是基本层面，渔夫的理解不同于农夫。来自不同知识领域的研究者对于相同概念有着不同的基本层面的理解。因此，即使是"信息"这个概念，在跨知识领域中也有着不同的理解和运用，正如在人文学科中和自然科学中。在同一知识领域中，对于同一概念的理解仍然可能存在不同。我们或许可以称这些不同为"方言"。意图性在认知上是与生活世界相关联的，而不仅仅是与知识领域中的概念语境相关。意图性还形成知识领域的组成部分，概念就被编织在这一知识领域之中，并且概念的意义也来自这一知识领域。

在其研究之中，洛施引入了"原型效应"（prototype effect）这个概念来解释同一种类——譬如动物——中的某些成员对于其种类而言比其他成员更为典型。对于鸟类而言，画眉比鸵鸟或者企鹅更为典型。不过，洛施很快就抛弃了范畴是由典型出发组织起来的、分类中的其他成分从其推导而来这个观点。按照洛施和拉考夫的看法，原型效应并不是范畴的基本品质，而应该是语言建立在混合且不一定统一的生活经历基础之上这一事实所造成的结果。典型性因此本身就是一个范畴化符号。

❈

7.3 动觉意象图式

具身化概念的第二个组成部分是有关动觉意象图式的理论。动觉意象图式应该被理解为格式塔图式，通过它，人们对基本层面范畴所定义的世界做出感知，对自身相应地在这个生活世界中如何行动做出感知。基本层面概念是基于具身化的；动觉意象图式从身体方面来理解，并通过暗喻、转喻以及放射性结构进行传递。拉考夫的认知语义学在引入动觉意象图式之后发生了强烈的生物学转向："动觉意象图式结构：意象图式是相对简单的结构，它们反复发生在我们的日常身体经验中：容器—路径、纽带、力量、平衡，在各种各样的方向和关系中：上—下、前—后、部分—整体、中心—边缘，等等。"（Lakoff 1987：267）。

动觉意象图式用作前概念性原型，它们可以用来理解复杂却尚未得到充分理解的现象性事件，它们很多时候具有空间性质。我们通过身体在其中的运动来理解现象性世界，我们运用动觉意象图式来对世界系统化和范畴化，将其变成基本层面的对象。

于是，从符号学角度我们可以说，动觉意象图式是我们基于智力来理解符号与对象之间关系的工具。它们构成基本机制，我们通过该机制创造出我们的解释项。所以，该机制能够通过暗喻、转喻和放射性结构的概念传递意义，它们都是动觉意象图式的中介。

❋

7.4 暗喻、转喻和放射性结构

根据我们对暗喻概念的一般运用和理解，这个词与现实中的基本层面再现并没有直接关系。符号与现实之间的关联是规约性的。白色的鸽子是对和平的暗喻性表达，即便人们知道鸽子彼此之间也会有打斗。

拉考夫把暗喻理解成思考的核心工具。思考把结构从一个精神空间投射到另一个精神空间。暗喻是被实施的思考，之后能够被解读到语言之中。这是我们了解思考如何工作的关键。

拉考夫所假设的精神空间是实施暗喻的能力——把所感知的现象性世界通过动觉意象图式传递到人的认知结构之中的能力。暗喻不再是简单地对诗性幻想或纯粹文体学的表达；它是极具重要性的认知活动。理解这种新功能尤为关键，因为暗喻传递我们感觉到的东西并根据我们个体的符号之网对其重新创造。我们通过世界和具身化的自我之间的动觉意象图式的中介作用，经由暗喻、转喻和放射性结构而在之前所述的精神空间范围中理解和概念化世界。这也适用于我们在数据库中对信息的分类、索引和检索。从符号学角度来说，所有这一切都在告诉我们这种象征性功能是如何形成的。

和暗喻一样，转喻也拥有把意义从部分传递到整体的中介品质，因此能让我们辨识出整体中的部分和部分中的整体。传递发生在明确转喻就是符号学中所谓指示性符号的那个认知活动中。作为一个符号，转喻包含象征性、象似性和指示性品质。拉考夫强调，暗喻也能把结构的一些部分从一个精神意象传递到另一个精神意象。考虑到这一点，拉考夫似乎有理由将自己的观点与皮尔斯的符号学观点进行比较，但拉考夫并不打算这么做。

拉考夫讨论了第三个重要的传递结构：基于暗喻和转喻品质的放射性结构。根据拉考夫的看法（Lakoff 1987：84），放射性结构就是"有一个核心个案，并且该核心个案基础之上有无法用一般性规则预测的诸多规约化变异这样一种结构"。

放射性结构只在核心位置包含该范畴的理想成员。其他成员只有通过社会规则、规约以及暗喻和转喻动机才能得到辨识。这意味着放射性结构是规约化的，是必须通过学习得到的：它们是文化现象。放射性结构的一个典型例子是"母亲"这个概念。拉考夫（Lakoff 1987：83）对这个结构中的核心、理想内容描述如下："所有典型都汇聚其中的核心个案，包括一位身为女性且一直作为女性的母亲，她生出孩子，嫁给孩子的父亲，比孩子长一辈，是孩子的法定监护人。"

拉考夫提供了大量不同层面的母亲身份：继母、养母、生母、未婚母亲，等等——所有的都与理想内容有所差别，但无疑都属于母亲类别。定义清晰属类的存在，使得"母亲"这个概念成为一个放射性结构。不过，拉考夫指出，并非所有可能的变异都作为范畴存在："没有这样一个身为孩子的法定监护人但并不亲自哺育孩子，而是雇他人哺育孩子的母亲范畴。没有那种生下孩子之后就做变性手术的变性者范畴。"（Lakoff 1987：83）

基本层面范畴与动觉意象图式的综合，是拉考夫调和语言与现实的根本工具。拉考夫把这样一种综合称为理想化认知模式（Idealized Cognitive Model，ICM），它与皮尔斯的基础和内部释放反应机制（IRM）有相同品质。行为学家认为，后者决定了与狩猎和交配等基本生物生活形式相关的意义认知。我这样来看它：我们部分的内部世界是由所有 ICM 的纠葛组成的，它们对作为个体的我们做出定义。在这些背后是生物心理学的 IRM 以及与之相关的驱动和情感。发展起自己的符号类型划分理论之后，皮尔斯很少再使用"基础"（ground）这个概念了，因为类型已经明确规定我们通过基础概念提及的符号活动方面。

7.5　理想化认知模式

所生活过的人类语境（lived human context）指概念通过它得以界定并从中取得意义的实践社会语境。这些语境之间的相遇界定了意义——如其所被体验的。从符号学角度看，这意味着人们按照第二性所描述的前提与世界相遇，并且与一个人的符号之网在生物方面、心理方面和文化方面的构建方式一致。我后面将会回过头来探讨当这些层面与卢曼的自创生理论相结合时该如何描述。

这表明人们对概念的理解和区分有所不同，因为人们会根据自己的场景感知、意图和动机而采取多种方式使用概念。不过，我相信，在特定文化中，意义是人赋予的，对于能控制意义的发展的概念，存在一种主体间的理解。这保证了认知语义学和实用符号学不会变成纯粹精神性理论。不过，没有任何两个个体在概念的所有运用中都会以完全相同的方式去理解同一个概念。

个体通过了解相应的 ICM 去界定和理解符号。ICM 概念由文化和具身决定。拉考夫关于 ICM 的最典型的例子是对有关"单身汉"概念的理解。人们无法回答教皇是不是单身汉这个问题，因为单身汉这个概念的定义与一个 ICM 有关，该 ICM 设定了一个人类社会，（通常是一夫一妻制的）婚姻及通常的适婚年龄。该理想的模型并未提及牧师、"长期的未婚性行为"、同性恋、允许有 4 位妻子却只有 3 位妻子的穆斯林的存在（Lakoff 1987：70）。

单身汉概念与寻找合适伴侣并与之建立家庭的女性尤为相关。生物上的性和繁殖冲动在单身汉 ICM 的动机驱动中起着重要的作用。一个男人走过青春期，有了求偶能力，受过教育并有了稳定的工作和能够供养一个家庭的收入之后才应该结婚生子。当他进入生命中的这个时期——这种结合了生物的和文化的状态的时期——却又没有结婚，他就是单身汉。因为这些社会期待不适用于教皇，所以教皇不可能是单身汉。单身汉 ICM 必定启动单身汉范畴的运用。

拉考夫表示，ICM 结构是一个无法被分解成更小意义成分却不失其整体性的格式塔。整体性这个观点对于理解 ICM 场景哲学的复杂性十分重要。场景并不都相同，场景是关于同一主题的变奏；主题是 ICM，变奏是从 ICM 引申出来的不同认知结构。因为我们正在讨论与主题相似的变奏，所以，我们能够辨识场景，并因此能够把它们记作关于这个主题的变奏。

当我们思考主题变奏时，似乎 ICM 并不总是精准地贴合现实。它的背景假设过于简单化了。然而，人们在面对单身汉话题时立刻知道它是什么意思。意义是在两个语境相遇时创造出来的。一个语境是对该概念的前理解（Preunderstanding），另一个语境则是该概念所属的那个语境。

这与皮尔斯的符号类似。命题是一个具有三元关系的符号，它包含了三个构件：概念或符号（单身汉这个词）、所想象的对象（被认为属于该范畴的那个）以及把该符号解释成对象的一种品质的解释项。在符号和对象之间的关系通过解释项创造出来之前，人们必须知道对象，否则就没有逻辑关系了。从 1910 年起，皮尔斯给出了关于符号关系的若干定义，在其中一个定义里，这一点得到了特别强调（MS，654，8）："我用符号指任何东西，无论它是真实的还是虚拟的，只要它具有可感知到的形式、可用来指代除其本身之外的某物；它是已经为人所知的，并且能够用我称为解释项的另一个符号来如此解释，以便传递有关其对象可能之前并不为人所知的东西。因此，符号、对象和解释项之间存在着一种三元关系。"

我在之前曾经提到，有不止一个 ICM 同时起作用的可能。拉考夫称之为"集群模式"（cluster models）。这属于把一连串单个认知模式合并起来形成一个集群的复杂模式。在集群中，不存在放射性结构在其中形成从属范畴的中心模式。

需要注意的是，一个概念可以通过多个 ICM 来定义。这与皮尔斯的符号之网和符号在其中创造意义并不断变化的无限符号活动类似。符号之网不断发展，概念的意义没有终极答案。

<hr>

7.6　具身认知语义学理论中的动机概念

认知语义学中，尤其是在拉考夫和约翰逊的研究中，有这样一种理解：语义学是建立在具身化隐喻基础之上的。拉考夫（Lakoff 1987：XI）阐述了认知语义学中这一新研究导向与以往的不同之处：

传统说法主张，有意义的思考与推理的能力是抽象的，不一定具身化在某个有机体之中。因此，有意义的概念和理性是超验的，因为它们超越或者超出任何有机体的物理限制。有意义的概念和抽象的理性可能碰巧具身在人类或者机器或者其他有机体之中——但是它们抽象地存在，独立于任何特定的具身。按照这一新观点，意义是关乎对于会思考的、起作用的存在而言有意义的东西是什么的问题。会思考的有机体的性质以及它在其环境中起作用的方式是理性研究所关注的核心内容。

这对于生物符号学研究进路极为适合。拉考夫和约翰逊把认知功能的根基定在词语、概念和范畴的具身化中，因为他们相信，我们的大部分思考——包括我们在口头语言中对概念的选择——都是无意识的。他们的理论与现象学一致。但是，与胡塞尔相反，[1]他们相信，我们对范畴性概念的感知和选择以及用于理解符号的暗喻，是由我们感知的身体结构和文化划分（譬如对颜色的划分）所构成的联合体驱动的：

> 凯伊—迈克丹尼尔理论（the Kay – McDaniel theory）对一般性的人类范畴化有着重要影响。该理论声称，颜色并非独立于任何存在、客观地"就在世界的那里"。颜色概念是具身的，因为核心颜色部分是由人类生物学决定的。颜色范畴化运用了人类生物学，但是颜色范畴远不止是世界的性质加上人类生物学的结果。颜色范畴来自世界加上人类生物学，再加上具有模糊集合理论某些特征的认知机制，再加上基本颜色范畴所属的文化专属选择。（Lakoff 1987：29）

接着，拉考夫表示，我们感知场景的方式是由我们无意识地对那个场景中的事件或事物进行分类的方式决定的。生物习性、社会规约和期待的混合，在我们日常思考中变成了无意识的。

ICM 经常是社会期待的产物，它们决定着概念在其中获取意义的框架和语言游戏。但是 ICM 是基于具身的，并且——作为结果——是基于动机的本能形式的。从进化的角度看，显然我们可以把两种动机关联起来，并且认定具身化语言暗喻动机的部分基础是通过进化过程在有生命的系统中发展起来的动机过程。这些对于生命系统创造表意活动的能力是根本性的。拉考夫（Lakoff 1987：291）用一种我只能称为符号学性质的方式把语言和认知绑在一起：

> 总结而言，语言表达获得其意义，是通过（a）直接与 ICM 相关联，和（b）让 ICM 的构成要素要么按照前概念结构在经验中直接被理解，要么按照直接被理解的概念加上结构关系的结果间接被理解。
>
> 语言因此是基于认知的。语言结构使用的手段与用于建构认知模式（意象图式）的手段相同，人们是按照身体功能来理解这些手段的。语言之所以变得有意义，是因为它直接与有意义的思想绑在一起并且依赖思想的性质。思想通过两种与前概念身体作用的直接关联而变得有意义，这一过程因此受限于（但绝不是完全受限于）我们在其中起作用的世界的性质。

从符号学的角度看，拉考夫说的是：认知是符号活动。他还认为，在有生命的系统的环境中，生物性身体在对象和事件的概念化方面起着重大作用。生物符号学家的主要观点之一就是，符号活动对于有生命的系统发挥作用的方式而言具有基础性的作用，正是通过解释项的创造，有机体的感知世界才得以建构起来。有生命的系统生活在我所谓的表意活动界域之中。稍后我将仔细分析这一现象。

拉考夫（Lakoff 1987：267 - 268）对自己与约翰逊的有关具身范畴化的经验性理论做出了总结。

1. 我们的前概念经历中至少存在两种结构。

A. 基本层面结构：基本层面范畴由我们的格式塔感知、我们的身体运动能力以及我们形成丰富精神意象的能力的汇合来界定。

B. 动觉意象图式结构：意象图式是相对简单的结构，它们反复发生在我们的日常身体经验中：容器—路径、纽带、力量、平衡，在各种各样的方向和关系中：上—下、前—后、部分—整体、中心—边缘，等等。

这些结构具有直接的意义，首先，因为它们由于身体的性质以及身体在我们环境中起作用的模式而直接并反复被经历……

2. 抽象概念结构从基本层面和意象图式结构中出现的方式有

两种。

  A. 通过从物质领域到抽象领域的暗喻投射。

  B. 通过从基本层面范畴到上义词和下义词范畴的投射。

拉考夫和约翰逊[2]对暗喻和转喻的理据性进行了拓展，以便依靠基于具身的（通常）无意识的ICM。在此，我在生物符号学解释中插进了关于激励的行为学知识。拉考夫和约翰逊研究的基本理论主张之一（Lakoff 1987；Lakoff and Johnson 1999）就是，*暗喻的使用既不是逻辑的，也不是可能主义的，而是受激发的*：

  我们将把核心模式的拓展描述成是受核心模式和某些一般性拓展原则激发的（motivated）。本书的剩余部分大多会关注激励（motivation）这个概念以及控制放射性范畴结构的各种一般性拓展原则……

  在这些原则中，激励可能是最不明显而又最值得讨论的。给出激发或者理解系统的原则，与给出产生或者预测系统的原则，二者之间相去甚远……

  最后，从范畴中心而来的诸多拓展既不可预计，也并非主观臆断，相反，它们是受激发的，这一事实表明了人类思维的生态学特征。我是在一个有着总体结构的系统这一意义上使用"生态学的"这个术语的，在这个系统中，各种效果无法被局部化——位于系统一个部分中的某物影响到系统中别处的东西。激励依赖于概念系统的总体特征，而不只是身边那个范畴的局部特征。（Lakoff 1987：91-113）

拉考夫（Lakoff 1987）和拉考夫与约翰逊（Lakoff and Johnson 1999）的研究未曾使用行为学中发展起来的那些模式，却与生物学思考——尤其是与行为学思考——如此接近，让人印象深刻。当我第一次读到他们关于具身化范畴的研究，关于核心激励如何包含在范畴类别结构中，关于范畴化如何作为暗喻用在其他领域，我立刻运用了行为学的方式展开思考。

后来我认识到，他们对激励概念的使用是纯粹语言学性质的。在语言学和符号学中，就像人们认可象似性的不同类型一样，人们认可理据类型的多种多样。语音理据（如拟声词）是理据中的一种；它反对关于语音与词语的意义之间的任意关系的主张。语义理据出现在修辞性语言（尤其是暗喻和转喻）中，暗喻和转喻的理据基础是相似性和毗邻性。从根本上看，它们——从符号学角度而言——是以象似性功能为基础的。参见图7.1 的说明。

从进化的角度看，似乎显而易见的是，理据在范畴化中的语言运用、暗喻的运用以及动机在认知行为科学中的行为学运用三者有着关联关系。这有助于解释动物如何选择性地对其环境中我们称为符号刺激的那些部分做出反应。

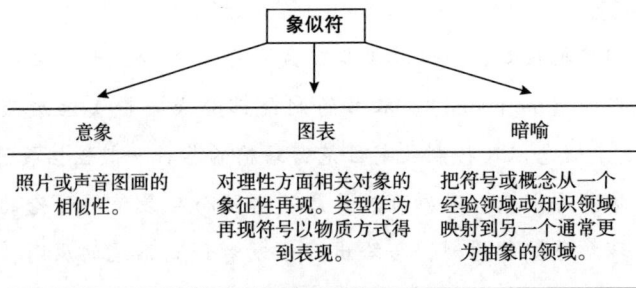

图 7.1

象似性大多数时候通过三个渠道发挥作用：意象、图表和暗喻。所有符号中都有象似性内容。正因如此，象似性是一种强有力的符号学的动机类型。

基于行为学和生物符号学，我认为，我们的认知把自身展现为受生物学、心理学和社会兴趣激发的具身化符号活动，它们是我们表意活动界域中强有力的结构和意义生成器。就像我们的语言范畴化和对暗喻的使用一样，大多数动物行为被认为是无意识的。不过，行为学家认识到，动机并不是一个生理学概念（Hinde 1970）。在赛博符号学中，人们现在对概念的理解是［由马图拉那与瓦雷拉的自创生理论（Maturana and Varela 1980）和冯·乌克斯库尔的环境界观点（von Uexküll 1957）所带来的启发］它来自当有生命系统感知、趋向和回应其环境中的"对象"时，生命系统中所发生的那些符号过程的相互作用所构成的空间。因为这是行为学的最重要基础之一，我将对行为学的表意活动、认知和动机模式进行简要揭示，并阐述它是如何通过二阶控制论、自创生理论以及冯·乌克斯库尔的现象学生物学，被整合到生物符号学之中的。

8

❋

赛博符号学对环境界理论、行为学、自创生理论、二阶控制论和皮尔斯生物符号学的整合

❋

8.1　机械主义对基本秩序的追求

如果我们回到自然哲学和科学的根底，我们发现，希腊自然哲学家和经典（机械主义）物理学的奠基之父都认为，世界是以人类思维所能理解的数学形式构成的自然规律作为基础的，这些自然规律要么是超验的，要么是先天固有的。柏拉图和亚里士多德都认为，世界的"逻辑—数学"结构也是人类理性（nous）的基础，它解释了人类如何能够单独通过理性或者通过感知与理性的结合获得关于世界的真正知识这个认识论谜题。不过，亚里士多德基于万物有灵论的观念看待物质，视之为一个连续体，其内部充满生命和各种类似思维的品质。亚里士多德相信，事物朝着其"自然之位"发展，有生命之物的运动和成长——如种子长成大树——倾向于达成其内部的先天固有形式。一切事物都试图找到自己在神圣秩序中的位置并占据它。[1]

文艺复兴时期，伽利略相信，通过科学考察，人类思维可以对上帝关于宇宙的数学规律进行沉思。后来，笛卡尔相信，动物和人类身体都是机械系统，但只有人类理性思维具有神圣观念——这个观点与柏拉图的观点

类似。笛卡尔因此宣称，有灵的世界及其系统——诸如人类身体——是没有意图的机械，并且正因为如此，也是易于接受伽利略的观点。这种理性主义思考盛行于法国；同时，在英国，经验主义者认为，只有感官经验可以导向真正的知识，尽管思维仍然带有一种基于经典逻辑的普遍理性。牛顿的系统让大多数科学家相信，所有运动都可以由一个机械主义框架充分解释；这与笛卡尔和天主教关于动物没有灵魂的主张结合在一起。对于动物行为和认知机械主义模式的追求在比较心理学和行为主义中成了占主导地位的研究课题（Jaynes 1969）。当康德（Kant 1990）抛开科学中的绝对真理观念，转而通过宣扬空间、时间和有关感知与思考的 12 个范畴——诸如因果性、现实性、否定性和必要性——是认知的内部固有工具，把经验主义与理性主义结合起来时，现代认识论和科学哲学就开始形成了。康德还说，我们总是与如我们所见的事物打交道，我们从未抵达事物的本身。他认识到，有生命的系统是自组织的系统，不过，他从未把这一点与他自己的认识论加以整合。但是康拉德·洛伦兹这么做了。

✦

8.2 从"生物学—进化论"观点看认知根基

1941 年，康拉德·洛伦兹（行为学之父）提出，如果人类利用康德的感知和思考范畴，那么他们必定通过作为其生存系统一个组成部分的进化对它们做出发展。通过这种方式，进化认识论得以诞生。今天，感知范畴通过有生命的系统的进化而发展这一信念正在影响着关于人类区分"自然种类"这一能力的认识论讨论（Bird 1998）。这不可能直接证明世界实际就像我们所以为的那样是分割开来的。但是，从进化的观点来看，人们可以说，感知工具具有某种现实主义，因为这是共有环境中自然选择的产物。正如之前所讨论过的，因为不能梳理出一个能够把有生命的系统的现象学和情感方面都包括在内的理论基础，洛伦兹对进化的生物学认识论的使用受到了阻碍。而且，他陷入了笛卡尔式的二元论之中。有趣的是，洛伦兹早期受到雅各布·冯·乌克斯库尔的影响，后来却抛弃了他的许多观点。关联行为学和更广阔的皮尔斯式符号学框架的关键，或许就在这里。

西比奥克就曾试图通过自己对冯·乌克斯库尔的生物符号学再概念化来打造这一联系。（Sebeok 1972，1989）

洛伦兹[2]在《鸟类环境中的伙伴因素》（"The Companions as Factors in the Bird's Environment"，1935）这篇文章中提到了冯·乌克斯库尔的"环境界"，并强调了他对这一概念的使用。其更具历史价值的论文《行为问题的若干研究方法》（"Methods of Approach to the Problem of Behavior"，1958）则阐述了冯·乌克斯库尔对行为学范式的影响。在这篇文章中，洛伦兹用了一章来介绍冯·乌克斯库尔，却将其称为"彻头彻尾的活力论者"。但是，洛伦兹也承认，尽管他们有着哲学上的分歧，冯·乌克斯库尔仍然是其最重要的老师之一。他写道（Lorenz 1970-1：274）：

> 最先有意使用"在广阔的前沿展开分析"这种方法的人是冯·乌克斯库尔，尽管与其有着根本的哲学上的分歧，我却仍然将他当作我最重要的老师之一。他的所有研究的出发点是一个由观察的、经验的事实构成的复合体，它代表着一个系统，其中，有机体及其环境被发现处在一种多重的、彼此的互动关系之中。分析总是不得不从这个问题开始：在众多环境数据中，哪些数据一方面对动物的某些行为样式具有释放效果，另一方面被如此释放出的行动影响和改变，且所采用的方式能使它们的变化反过来对有机体的反应也造成影响？

无疑，冯·乌克斯库尔对早期的行为发展，尤其是第二次世界大战之前的发展产生了巨大影响。但是，既然双方在哲学世界观上相去甚远，洛伦兹又是如何使用冯·乌克斯库尔的理论呢？下面的引文出自洛伦兹献给冯·乌克斯库尔的《鸟类环境中的伙伴因素》一文，洛伦兹对冯·乌克斯库尔的对象概念之着迷，从中可见一斑：

> 我们环境中的对象这个概念来自对一个特定事物发出的各种刺激的收集过程，通过这一过程我们把所汇聚的刺激与那个特定的刺激来源（那个"事物"）关联起来。这还涉及所感知到的刺激向外朝着我们周围空间中投射，如此便能定位对象。通过瞳孔在人眼视网膜上所形成的太阳形象，并不像通过放大镜投射在我们皮肤上的太阳形象被

我们感知为"热"，而是简单地被感知为"光"。实际上，我们看到的是，太阳高高挂在天空，距离我们的身体相当遥远。这种本地化效果是我们感知机制的产物，并不是依赖某个意识过程所达到的结果。

因此，要觉察对象在我们环境中的存在，我们得依赖一些感官，这些感官的感知机制能让我们在周围空间中找到东西的位置。只有通过这种方式，我们才能辨识单个刺激的内部空间的对应关系，这种对应关系是对象具体统一性的特点，并为冯·乌克斯库尔关于对象的简单定义——"对象就是作为一个统一整体运动的东西"——提供了基础。(Lorenz 1970 – 1：101)

洛伦兹已经是在与冯·乌克斯库尔交锋了。冯·乌克斯库尔关于感觉器官把形象投射到空间中这一能力的主要主张是，这清楚表明它们的功能不是机械性的。这个根本要点在冯·乌克斯库尔的许多著述中都得到了强调。对象在"环境界"中的主体性与"现实的"对象有关，但这些绝非它们的整个现实：

因此，纯粹主观的现实在环境界理论中是存在的；即使是环境中客观存在的事物也从未作为其客观自我出现在那里。它们总是被变成感知线索或者感知形象并带有一种功能特性（tone）。单是这一点就让它们变成了现实的对象，尽管实际上在刺激中不存在功能特性的任何成分。

最后，简单的功能循环告诉我们，感受器官和效应器官线索都是主体的呈现，包括在功能循环中那些对象品质只能被看成它们的承载者。因此我们最终得出这样的结论：每个主体都生活在只由主观现实构成的世界之中，即使是环境界本身再现的也只是主观的现实。

任何否认这种主观现实存在的人，都无法辨识其所处的环境界的基础。(von Uexküll 1957：72)

这里，人们想到的是皮尔斯对直接对象和动态对象的区分。洛伦兹把冯·乌克斯库尔的"特性"概念改成自己的"动机"概念。这两个概念都很契合皮尔斯早期的符号学概念"基础"（ground），它凸显出皮尔斯对于其中只有对象的特定特征被解释项挑选出来的感知充满兴趣。它们功能上的多样化后来通过符号类型概念得以描述。

阅读洛伦兹的论文时，人们会产生这样的印象：奥斯卡·海恩罗斯（Oscar Heinroth，1871－1945）是洛伦兹最重要的前辈。但是，在阅读冯·乌克斯库尔的著作时，人们发现，他就像海恩罗斯一样是行为学的重要奠基人，尽管或许只是在概念方面如此。关于冯·乌克斯库尔的研究，洛伦兹（Lorenz 1970－1：275－276）在《行为问题的若干研究方法》一文中承认："冯·乌克斯库尔工作中所体现的研究课题与行为学的研究课题几乎相同，许多关于器官功能的假定的、多少有点操作性质的概念都一样，即使语义上有不同点……尽管他思考的起点和参照框架始终是以动物作为主体，他的研究方法是极其客观主义的。"

冯·乌克斯库尔的"环境界"概念对于洛伦兹关于动物认知与行为的行为学模型发展以及对于从它开始的进化认识论，有着重要影响（参见Franck 1999）。与冯·乌克斯库尔一样，洛伦兹想要避开机械主义和活力论。许多人认为冯·乌克斯库尔是活力论者，但在我看来，认为动物是主体的观点不足以给他贴上这样的标签。从他的其他著述来看，他是生物学的柏拉图式唯心主义者。关于动物的主体性，冯·乌克斯库尔（von Uexküll 1957：6）写道：

> 现在，我们或许能够假设，动物不过是感知和效应器具构成的集合，这些工具通过一种集成装置得以关联，尽管这一装置仍然是一种机械装置，但它能够执行生命功能。这的确是所有机械主义理论家的立场，无论他们的类比是从严格的力学角度还是从更具弹性的动力学角度来进行。他们把动物仅仅看作对象。提倡这些理论的人忘记了，从一开始，他们就忽略了最重要的事情，使用工具的主体是在工具的帮助下感知和实施功能的。

与冯·乌克斯库尔一样，洛伦兹认识到，动物是有感觉的存在；不过，他不想把灵魂或者精神力量用作解释原则。因此，他不得不发展出一种关于动物内部世界的行为和生理学模型。他对寒鸦的考察——冯·乌克斯库尔也对寒鸦进行过考察——清楚表明，动物对于其环境有着物种专属的认识，它们按照其功能和动机而有所分别。他受到冯·乌克斯库尔"功能圈"（*Funktionskreis*）的启发。关于这个概念，冯·乌克斯库尔本人（von Uexküll 1957：10–11）是这样描述的：

> 对象只在它必须拥有某些品质的情况下才能参与行动，这些品质一方面可以用作感知线索承载者，另一方面可以用作功能型线索承载者。这些品质必须通过关联反结构（counterstructure）才能被关联起来。主体与客体之间的关系在功能圈图（图 8.1）中可以得到完美呈现。该图表明主体和客体如何彼此契合构成一个系统性的整体。如果我们进一步思考，主体通过若干功能圈与相同或者不同客体相关，那么，我们对于环境界理论的第一条原则就会有所洞见：所有动物，从最简单的到最复杂的，都以同等的完备性契合进它们独特的世界。简单的世界对应简单的动物，缜密的世界对应复杂的动物。

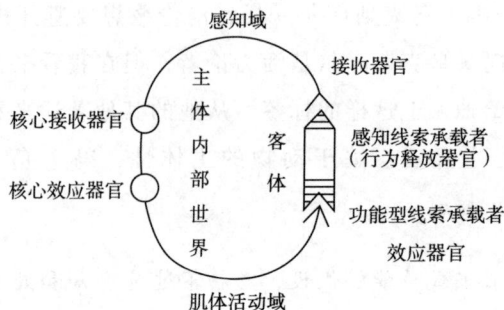

图 8.1 冯·乌克斯库尔的功能圈

冯·乌克斯库尔引入了意义深远的关于感知与认知的控制论观点，类似于贝特森、马图拉那与瓦雷拉以及冯·福尔斯特等人的理念。我将自己的框架称为"赛博符号学"，一个理由就是，控制论研究者们在这些必须被融入现代生物符号学的观念上取得了重大进步。洛伦兹与冯·乌克斯库尔的最大分歧在于他拒绝接受进化理论。冯·乌克斯库尔认为，所有有机体在之前存在且业已奠定的有机的、环境的结构和功能蓝图基础上，都同样很好地适应了环境。这些前成型（preformational）观点——与莱布尼茨的单子论不谋而合——以及冯·乌克斯库尔拒绝承认有生命的系统的环境界之外有超主观的现实，使得洛伦兹与这些理论分道扬镳。今天，马图拉那与瓦雷拉的自创生系统理论采取的是建立在进化基础之上的相同单子论观点。因此，它否认宇宙的存在，提出了多重宇宙的理论。

洛伦兹认为，功能圈必须接受某种存在于环境界之外、让环境界内的符号成为可能的东西。他举出来自冯·乌克斯库尔、现在已经非常著名的关于"壁虱环境界"的例子，壁虱必须与另一物种的外部世界协调共处，即便可以使用人工方式创造出效应器官线索。不过，洛伦兹（Lorenz 1970-1: 277）承认，"行为学这门年轻的科学从他的教导中所受益处，肯定远胜过从其他任何行为研究流派所受益处"，并且，他第一个表述如下观点：

　　（1）行为的因果关系和生存功能是两个不仅可以而且不得不同时加以考虑的观点；

　　（2）对行为的主观解释和生理分析是可以兼容的，尽管两个方面绝不应该混为一谈；

　　（3）有机体及其行为和它们的环境一起构成"整体"或系统，这种认识对于试图在自然规律基础上对该系统做出解释根本不是一种阻碍。

冯·乌克斯库尔提出了他所谓的"理论生物学"，托马斯·A. 西比奥克和冯·乌克斯库尔（von Uexküll）后来将其当作生物符号学的基础。洛伦兹则与廷伯根展开合作，有意识地让自己的研究迈入主流生物学。洛伦兹和廷伯根最终与从事蜜蜂行为研究的卡尔·冯·弗里希（Karl von Frisch）一道，在1973年荣获诺贝尔医学奖。

在冯·乌克斯库尔的著述中，人们可以看到蓝图（*Bauplan*）概念的重要性。这个概念由库维耶（Cuvier）与乔弗里-圣-希利尔（Geoffrey-Saint-Hilliare）于18世纪提出，对于林奈（Linnaeus）后来提出的分类系统至关重要。可能是受到莱布尼茨哲学的启发，冯·乌克斯库尔把蓝图带到了一个与洛伦兹理论视角相去甚远的唯心主义背景之中。洛伦兹（Lorenz 1970-1: 108）清楚表明自己的成就应归功于冯·乌克斯库尔：

　　对大多数鸟类而言，我们可以充满信心地认为，同一种鸟，通过它作为一个往复式对象出现于其中的每个功能系统（在冯·乌克斯库尔的术语中被称为"功能圈"），代表着主体环境中的一个单独的对象。因此，同一种鸟在鸟类环境中所起的那种特定作用可以干脆利落地被冯·乌克斯库尔描述为"同伴"的作用。我们所理解的"同伴"当然是我们只会因为单一的功能系统纽带与之绑缚在一起的人类同伴，他们自身与更高级的情感冲动没有太大关系，就像喝酒或者（户外）打猎的同伴那样。

鸟类环境中的"同伴"很有趣，这不仅是从如这里所做的环境研究这个立场来说，而且因为它具有特殊的社会学方面的重要性，我相信这值得更加深入地进行研究。

正是雅各布·冯·乌克斯库尔的鼓励，给了我必需的勇气，让我尝试着对下面段落中所包含的极为复杂的问题展开研究。

在冯·乌克斯库尔的著述中，人们可以发现符号刺激、内部固有释放机制以及动机等重要概念的根基，这些概念后来被洛伦兹用在了自己的行为学研究课题之中。如前所述，冯·乌克斯库尔的"特性"变成了洛伦兹的"动机"，"由主观决定的对象"变成了行为学中的"符号刺激"，"接收器官与效应器官之间的功能关系"变成了"IRM"。但是，显然，冯·乌克斯库尔的概念，与洛伦兹与廷伯根自大概1950年以来的论文的理论基础所涉及的生物控制论以及带有部分机械主义的框架，是有所区别的。就"特性"而言，冯·乌克斯库尔（von Uexküll 1957：49）写道："如果我们把功能特性包括在我们对它的思考之中，环境界只获取它对动物的慷慨保证。我们可以说，动物在自身世界中所能分辨的对象数量等于它能实施的功能的数量。如果它拥有的功能很少，它拥有的功能意象就会很少，它的世界也就会由很少的对象构成。因此，它的世界的确更为贫乏，但也会更为安全。"

冯·乌克斯库尔关于"特性"的观点——动物根据其意向性行为以不同的方式看待事物——是洛伦兹专用的"动机"概念的根基。不过，似乎它与吉布森的"能供"（affordances）关系更为密切，尽管不清楚吉布森是否阅读过冯·乌克斯库尔的著述。

洛伦兹采用更注重能量因果的解释模式，创造了如"心理—液压模型"（psycho - hydraulic models）中的"行为专属心理能量"（action - specific psychological energy）等伪物理学概念，来解释有关物种专属认知和本能反应的所谓行为学解释"力学"。参见图 8.2。

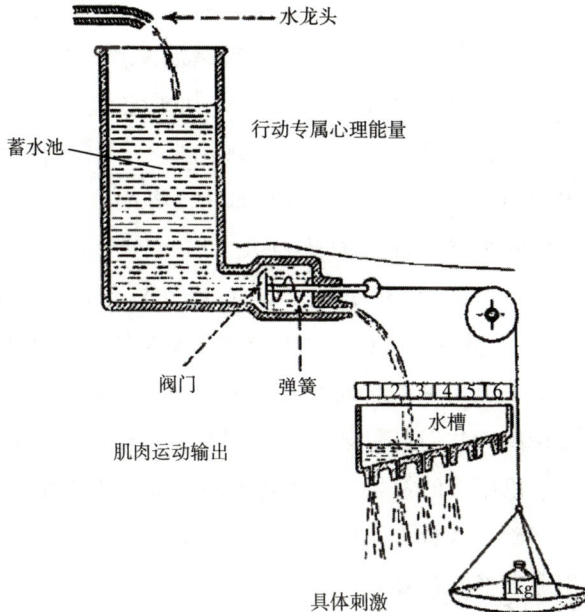

图 8.2　洛伦兹的心理—液压模型

　　水龙头提供不断流动的液体代表行为专属心理能量的内部生产；蓄水池中累积的液体代表这种能量的总量，供有机体在特定时刻使用；上层水位上升的高度与反应的临时阈值呈反比。锤形阀代表释放机制，更高级（神经）中心的抑制功能以弹簧表示。通过在滑轮上运动的细绳与阀杆相连的天平盘代表释放机制的感知部分，砝码对应刺激（Lorenz 1970 - 1：26）。出水口表示行动。喷嘴喷出的距离表示反应的强度。带孔的水槽代表从纯粹意图性运动到完全本能反应不同行动的强度："当然，该项设计不过是它所代表的真正过程的一个非常粗糙的简化样式，但是经验告诉我们，即使是最为粗糙的简约也常常被证明是激发人们深入调查研究的宝贵契机。"（Lorenz 1970 - 1：28）

　　动物有实施交配、捕食、捍卫领地和阶层等特定的保护物种的、预先程序化的行为的冲动，在这里，我们可以通过积累行为专属心理能量（它能使刺激阈值降至一个水平——在这个水平上，最小的诱因刺激都能引发该行为）对这些冲动进行解释。

　　洛伦兹与弗洛伊德都受到热力学的启发，认为身体能量转化成了精神能量，然后能量流遍各个精神隔室，而隔室中的基本驱动和情感需要为思维提供刺激。洛伦兹以功能主义的方式对待冲动在动物认知中的作用，弗洛伊德则在情感语境中看待冲动。换言之，人们可能说洛伦兹研究的是弗洛伊德的"本我"的动物性方面。两人都受各自医学背景的影响。与弗洛伊德一样，洛伦兹对"能量—热力学范式"这个概念甚为迷恋，相信本能冲动产生特定神经能量。行为专属心理动机能量的累积必须被释放，这正如弗洛伊德所认为的，人的基本冲动，尤其是性冲动，必须被释放。像身体能量一样，精神能量不能被摧毁，而且，如果它无法以自然方式被释放，它就会以非自然的、毁灭性的方式表现出来——譬如神经质行为。正如雷文特洛（Reventlow 1972）所强调的那样，洛伦兹关于动物"生存原则"（Lehrlaufen）的观点（动机如此强大，以至于动物把几乎任何东西都感知为相关刺激）与弗洛伊德关于"心理分析象征"（psychoanalytic symbols）的观点非常相似，他认为病人会把不相关的东西看作象征（譬如性象征）——如果其内心冲动长期以来得不到满足的话。似乎很清楚的一点是，动物拥有情感，它们也对某些内部固有符号——譬如有关发情的伴侣、种内的攻击、臣服等的符号——进行解释，并且本能地为之创造出解释项，而且在此基础上（或许不假思索地）采取行动。这是由被激发的本能感知和行为创造出来的符号解释。

在《动物有主观经验吗?》（"Do Animals Have Subjective Experience?"）这篇写于 1963 年的论文中，洛伦兹承认，动物可能是有主观经验的，但它们的大多数本能行为都可以被理解为基于潜意识的计算。因此他避免了对"身体—思维"问题给出一个最终答案。洛伦兹（Lorenz 1973）后来提出了这个问题：动物行为——尤其是欲求行为——中的情感，对于完成对物种生存至关重要的内部固有行为的有生命的系统，如何形成一种内部回馈？他认识到，动物为释放自己累积已久的性或侵犯冲动而在其中寻找刺激的欲求行为，本身必然是某种回馈，这样才会让动物想要重复这一行为。对于人而言，经常是简单的生物行为——如吃、狩猎、某种侵略行为——给我们提供了最多的乐趣。这是人在欲求行为方面运用理解力去发现适当刺激所带来的回馈。因此理解力是受"心理—生物"方面的动机需求所驱使的。洛伦兹并不是在基于其行为学理论来提出一种中性的一元论的"思维—身体"理论；不过，他的确让感觉在行为的认知和实施中发挥了作用。尽管如此，在把这一点融合到他的理论框架的过程中，他还是遇到了麻烦，他的理论框架应该既不是机械主义的，也不是活力论的，而是生物学的。问题在于，这样一个框架当时并不存在。现在，生物符号学使之成为可能。

人们对"机械主义—控制论—功能主义"解释和现象学解释之间的冲突进行思考时，会发现这些冲突似乎是无法避免的。人们读到冯·乌克斯库尔的哲学和方法论阐述时，会清楚地发现他的现象学视角决定了他是行为科学中生物符号学相关观点的先驱，而不是机械主义的拥趸。

即使是在提出控制论图形模式的地方，他也是试图站在动物的立场上"看待"经验世界。他与洛伦兹之间之所以有着丰富的研究互动，正是因为两人都对生物学基础持有一种反机械主义的观点。所以，在一定程度上，洛伦兹同意冯·乌克斯库尔的如下表述（von Uexküll 1957：6）："我们不再把动物看作简单的机器，而是看作其本质行为由感知和行动构成的主体。我们于是就打开了通往其他领域的大门，因为主体所感知的一切都变成他的感知世界，他所做的一切都变成了他的效应器世界。感知的世界和效应器世界一道构成了一个闭合的单位，即'环境界'。"

但是，在冯·乌克斯库尔想要让动物的现象学意义上的环境界成为一种独立存在的地方，洛伦兹却在寻找更具功能主义性质的解释，创造出"精神能量"和"符号刺激"等术语来解释进化的、生态的、生理学的和基因的框架中的现代的本能概念（Lorenz 1970－1；Brier 1980）。洛伦兹与廷伯根的行为科学在新的进化理论基础之上创造了一种有关先天认知和交流的生物学理论。该理论认为，特定动机为内部固有的"释放—反应"机制提供了刺激，然后该机制对作为符号刺激的特定环境特征做出反应。尽管洛伦兹试图避免，但他的理论还是变成了物理学和机械主义性质的，因为他无法为自己的理论提供一个非机械主义的哲学基础。冯·乌克斯库尔则没有唯物主义进化理论，因此不能与生物学框架中的基本要素发生关联。

整个20世纪70年代，洛伦兹都在继续发展自己的关于动物身上固有的释放机制理论及其对于人类认知的重大意义。然而，把自己部分基于控制论理念的功能主义解释与研究感觉和意欲如何起作用的现象学进路关联起来，却困难重重（Lorenz 1977）。他认识到，"欲求行为"能促使有机体完成其先天行为，在实施"欲求行为"时，动物会学习使用智能，而动物学习使用智能之后，必须得到情感回馈。但是，他不能像冯·乌克斯库尔那样在理论上对情绪和表意活动做出解释，尽管冯·乌克斯库尔在唯心主义和反进化论方向走过了头。

在行为科学中，冯·乌克斯库尔和后来的雷文特洛（Revetlow 1970）都提出，有生命的系统的认知通过接收器和效应器的发展，部分地创造出他们所生活的"现实"。换言之，认知系统将其感知投射到环境上，由此创造出感知对象。冯·乌克斯库尔（von Uexküll 1957：9 - 10）这样对其做出了描述：

> 很多群接收器细胞充满大脑的"接收器官"（*Merkorgan*），很多群效应器细胞构成大脑"效应器官"（*Wirkorgan*）的内容。
>
> 感知器官的单个细胞，无论它们活性如何，在空间上始终是分隔的单位。如果它们无法融入不受接收器官空间特性影响的新单位，它们各自传递的信息单位始终也会是孤立的。实际上，这种可能性是存在的。一组接收器官细胞的接收器官符号在接收器官之外——实际上是在动物之外——被合并成变成外部对象特性的单位。这种感官印象投射是一个不证自明的事实。代表我们特定接收器官符号的所有人类感觉组合成构成外部对象属性并充当我们行动的真正基础的感知线索（*Merkmal*）。"蓝色"这一感觉变成天空的"蓝色性"，"绿色"的感觉变成了草坪的"绿色性"。这些都是我们借以辨识对象的线索：蓝色的是天空；绿色的是草坪。
>
> 类似过程发生在效应器官中。孤立的效应器官细胞根据其效应器官符号或冲动被组织成周密的群组。孤立的冲动被组织成单元，这些自足的运动冲动或者富有节奏的冲动韵律对听从它们命令的肌肉起作用。由各自肌肉激活的四肢或其他器官给外部对象留下它们的效应器官线索或者功能性表意活动（*Wirkmal*）……
>
> 打个比方说，接收器官和效应器官就像每个动物都用来"把握"对象的钳子的两个钳柄。有了这把钳子，它就为对象赋予了接收器官线索或者感知的意义。但是，因为对象的所有特性在结构方面都是彼此关联的，被赋予操作意义的特性必定通过对象影响承载感知意义的

那些特性，并因此会改变对象本身。

接收器官和效应器官这种密切关系在生命系统的"表意活动域"中创造出了对象。雷文特洛通过经过检验的行为的统计学模式，以棘鱼为例对此做出了描述。洛伦兹认识到，动物只对其环境中的某些特征或差异产生反应并随后做出解释，这些解释使它们发出一些求生行为。在思考生命系统的认知的现象学的建构主义方面时，他从未抛弃这种淳朴的、现实主义的世界观。

雷文特洛（Reventlow 1977）在研究本能反应时注意到，在适当条件下，环境会突然把有机体的认知场域重组成一个"顿悟经验"（aha - experience），允许它把自己周围的环境看作是有意义的。他说，一般性认知现象似乎会发生，印刻和智能学习都属于一般性认知现象。环境中的差异突然被看作他称为"顿悟"的某种东西。正是在这一刻，解释项通过表意活动过程被创造出来，某种东西被"辨识出来"。这个"特征值"如何作为既定对象出现在"身体—思维"中呢？对此我们并不知道。冯·乌克斯库尔（von Uexküll 1973：71）强调，每个对象作为其环境界的一个部分都属于主体："每个对象……从一个环境界到另一个环境界不仅改变其意义品质，而且由其所有物质的和形式的特征所构成的结构也发生改变。主体的恒定性被证明要远高于对象的恒定性。"

洛伦兹专注于对象恒定性的创造，冯·乌克斯库尔则强调我们在冯·福尔斯特的二级控制论那种现代建构主义的、认知的生物学中以及在马图拉那与瓦雷拉的自创生系统理论中所理解的"观察者"的作用。他们的研究——如冯·乌克斯库尔的研究——所提出的问题是：非预计事物和对象的感知如何会发生？在下面的小故事中，冯·乌克斯库尔（von Uexküll 1957：62）阐明了我们要看到未曾预判到的某种东西是多么困难：

又一次，我从两个个人经历开始，它们可以很好地阐明搜索意象（the search image）——一个在环境界中非常重要的因素——意味着什么。有一段时间，我在朋友家住，午餐时我的座位前过去常常放着一个陶制水罐。一天，管家把陶罐打碎了，于是在那个位置上放上了一个玻璃水瓶。吃饭时，当我找陶罐时，我并未看到这个玻璃水瓶。当我的朋友明确告诉我水瓶就放在陶罐平时放的位置时，我才发现，照在餐刀和餐盘上的各种明亮光线穿过空气汇聚在一起，才使这个水瓶的形状显现出来。

冯·乌克斯库尔进一步写道：搜索意象可以消灭感知意象。搜索意象已经成了理解捕猎动物行为的一个重要的行为学概念。马图拉那与瓦雷拉（Maturana and Varela 1980）创造了"结构耦合"这个术语，用以强调，任何东西想要让其被系统性地感受，就必须在系统及其环境之间创造出独特的关联关系。

从语言哲学的角度，维特根斯坦（Wittgenstein 1958）研究了同样的问题，他强调"语言游戏"必须与"生活形式"密切整合方能让意义出现。他说，哪怕狮子会说话，我们也无法理解它，因为我们无法共享它的生活形式或者环境界。他的说法强调了生活实践对于现象学的意义概念极其重要。我的理论（基于行为学、冯·乌克斯库尔的观察、马图拉那与瓦雷拉以及冯·福尔斯特的二阶控制论）认为，有生命的系统具有为干扰其自组织的差异赋予意义的语义容量（semantic capacity），这种语义容量是交流、语言和意识现象的前提条件。这与卢曼的看法一致，卢曼认为，合起来的生物和心理自创生系统构成了环境本身这个超复杂结构中的人类"社会—交流"系统的环境。

✧

8.3　关于信息和认知的控制理论

格里高利·贝特森的新控制论认为"信息就是造成差异的差异"（Bateson 1973），由他的这一新控制论发展而成了马图拉那与瓦雷拉的自创生系统、冯·福尔斯特关于认知和"非平凡的机器"的"二阶控制论"、卢曼的系统理论，这些，对于我们找到新概念来研究"真正客体"的主观性这个悖论问题，对于让行为学离开洛伦兹在与冯·乌克斯库尔分道扬镳之后所建立起来的机械主义研究进路，是非常有用的。在这种新的二级控制论中，信息被当作外部观察者会将其当成有生命的系统内部创造的东西而加以强调的某种东西，这种东西会在自创生系统创造"结构耦合"来回应来自环境的不断干扰之时得以创造。

显然，这是抛弃关于信息和语言的客观主义的外延的逻辑理论，转向超越社会建构主义的建构主义理论，转向生物学，从而进入元生物学。我将之称为"生物—建构主义"（bio - constructivism），因为这一理论包容了所有有生命的系统、心理系统和社会系统，尽管它们的概念有所不同。二阶控制论和自创生理论与冯·乌克斯库尔的环境界概念十分吻合，这里，我们可以通过他关于动物对于走熟悉的路有着内部固有方式这一现实的例子（von Uexküll 1957：70）来说明："对于不知情的观察者而言，陌生环境界中的熟悉道路就像内部固有的道路一般是不可见的。如果我们假设熟悉的道路对于处在自己环境界中的陌生主体变得显而易见了，那么我们没有理由否认内部固有道路这个现象，因为构成它的是相同的要素、被投射的感知和功能符号。一种情况是它们被感官刺激引发；另一种情况是它们和谐地不断鸣响，发出的旋律就像是与生俱来的。"

控制论和自创生理论无法阐明感知和认知（尤其是动物的感知和认知）的现象学实在性。因此冯·乌克斯库尔用了上面的例子来凸显机械主义和现象学对关于生命系统的行为科学在研究方面的差异。

20 世纪 60 年代，格里高利·贝特森（Bateson 1973）提出理论认为，人是控制论的"思维—生态学"系统，朝着与他们已经成为其中居民的环境——信息世界——相适应的关系发展。贝特森说，物质和能量构成的物质世界与生命系统的信息世界之间仅通过以下方式发生关联：对生命系统的生存产生重要意义时，信息世界会对具有差异性的物质世界做出反应。信息只包括那些对系统产生冲击的差异。这一观点与冯·乌克斯库尔的看法（von Uexküll 1957：13）非常相似："我们想要深入考察的任何动物的环境界只是从我们所看到的、遍布其周围的环境中划分出来的一个部分——这个环境正是我们自己的人类世界。环境界研究的第一要务是辨别每个动物在其环境中的所有刺激里的感知线索并用它们建构该动物的专属世界。"

行为学家试图从进化和生态学角度通过制作行为图谱（ethogram）来辨识所有动物的感知线索。马图拉那与瓦雷拉的自创生系统理论常常被认为持续发展了贝特森对维纳控制论的反思，尽管马图拉那私下告诉我，他在形成自己的理论之前并未阅读过贝特森的著述。马图拉那与瓦雷拉说，信息这个概念与观察之下的有机体无关，因为有机体不从环境中提炼信息。有机体的环境只把自己展现为干扰，对此它们必须为了生存做出调适。马图拉那与瓦雷拉把对常规环境干扰的不断调适称作"结构耦合"。只有发生在结构耦合中的干扰和差异才能影响有机体。从外部观察者的角度看，这变成了自创生系统中的信息。值得注意的是，他们反对环境中的客观信息通过感官知觉客观地被传递到思维/大脑之中这种观念。贝特森的信息概念更接近他们的认识。

如前所述，洛伦兹在20世纪70年代认识到，如果他要理解使动物反复寻求相同的专门符号刺激的动物的欲求行为和反应，他需要一个情感概念。但是他从未成功地把自己的唯物主义进化理论与有机体的现象学观点联系起来。贝特森认识到情感的生存价值是一种"关系逻辑"，但他未曾对它们的非机械的感受性方面做出理论化。马图拉那与瓦雷拉认可有机体的生物现象学观点的有用性，但他们从未发展出关于表意活动的真正现象学概念。

马图拉那与瓦雷拉的认识论如下：科学家和哲学家对系统及其范围和世界进行观察，将其看作像自己一样是有感觉的存在。作为科学家，他们选择了生物学，用一种功能主义的方式来对有生命的系统做出描述。他们是观察者社会的成员，但是他们也是"社会—交流"系统（或者用维特根斯坦的实用主义概念来说是语言游戏）的重要组成部分。马图拉那与瓦雷拉理论的缺点之一是，他们想当然地对待意识——感知、认知、情感和意欲等构成的内部世界，并且只是用一种生物唯物主义方式对其加以理论化。马图拉那后来发展出一种关于爱和情感表达的生物学理论，来描述社会的生物学基础，但是，他未能像皮尔斯对待进化的爱和"第一性"概念那样采取一种深刻的方式把这些概念整合到他的理论基础中去。

马图拉那与瓦雷拉尝试过对观察者和观察行为做出反思，但他们只提供了关于观察者的生物行为学的解释。他们的出发点与冯·乌克斯库尔的出发点有所类似；不过，他们的范式在特征值上，甚至在精神的特征起源上，缺乏一种现象学立场。相比之下，冯·乌克斯库尔的框架似乎涉及精神中的某种柏拉图式的客观唯心主义,这与现代自然科学和社会科学并不合拍。尽管马图拉那与瓦雷拉采取的是生物的实用主义立场,但是他们的立场使他们无法发展出一种关于心理和文化意义的理论(该理论可以用作表意活动的实用主义理论的基础)。但是,在其关于生物的、心理的和社会的系统中有关自创生系统的一般理论中,卢曼(Luhmann 1995)把意义用作一种削弱复杂性的工具,在一定程度上弥补了这一点。

8.4 卢曼对自创生系统理论的泛化

二阶控制论和自创生系统理论是基于对差异的逻辑区分与计算的。根据斯本塞 - 布朗的《形式规律》(*Laws of Form*,1972),二阶控制论和自创生理论对系统和环境以及结构与组织进行区分。带着这种二值逻辑,卢曼(Luhmann 1990,1995)通过导入关于认知的二阶控制论和自创生理论以及胡塞尔关于主体间性的现象学理论,发展出一种关于社会交流系统的理论模型。随后,他将它们移植到自己的"社会—交流"自创生系统之中,从而将其从最初的胡塞尔式超验现象学框架变成了某种其他的东西——确切地说,变成了从科学哲学的观点看不太清楚的东西。他不是在建构现象社会学。他对自创生系统加以泛化,把精神和"社会—交流"系统(包括语言)都囊括在内。卢曼把关于信息的感知、生成和交流的一种泛化样式的二阶生物控制论发展成了他所谓的"系统理论"。

卢曼认为,系统——尤其是心理和社会—交流系统——之所以存在,主要不是因为它们是生物系统,而是因为它们是自创生的系统。他想要区分(尽管不是要解释)这些不同层次的自创生系统并找出它们基本运作方式的特征。他强调,心理和"社会—交流"自创生系统在品质方面是不同的。图8.3是我用来阐明赛博符号学框架以及在其之下可以发展出的模型的系列图表或模型中的第一个。

把自创生系统三分成生物、心理和社会系统似乎是有必要的,因为我们要给一个关于意义和社会交流的根本性的、科学的、操作性的概念下定义。不过,卢曼并未以一种深刻的理论方式对进化生态学思考进行

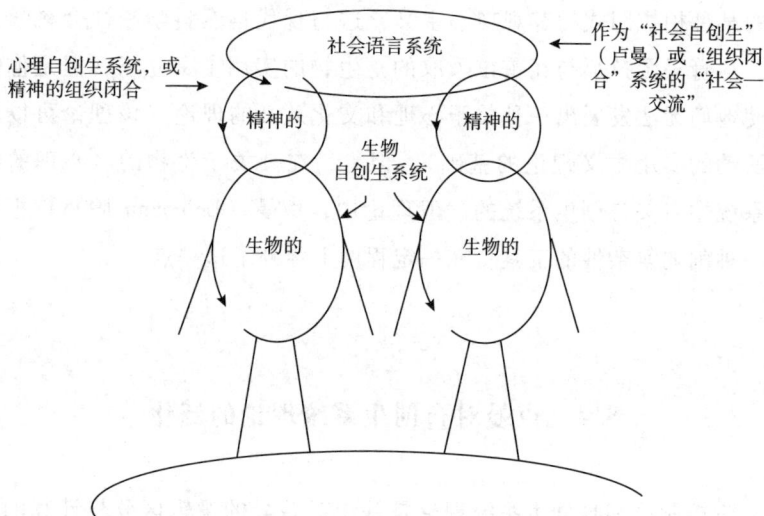

图 8.3

图 8.3 阐明了卢曼的三个自创生系统，其中，沉默无声的生物和心理系统构成"社会—交流"自创生系统的基础。对于是否可以把精神和"社会—交流"系统标记为真正自创生的我们是存疑的，因为它们并不创造自身的限界。除了这一点，它们在组织上的确是闭合的，这是导致人们存疑的最重要的因素。

整合，因为这个不是他主要关注的层面。不过，他的思考非常具有"历史—进化"特色。

马图拉那与瓦雷拉提出理论说，自创生的有生命的系统在空间和时间的组织和再生产方面是闭合的，它们只通过结构耦合向世界开放。多细胞有机体是细胞之间的二阶耦合，社会是有机体之间的三阶耦合。卢曼把其改造成一种关于自创生系统通过交流所创造的社会组织的理论。交流系统有一种内在形式的组织——尽管建立在有着组织方面闭合的心理系统的生物个体之上，这种组织却有着超越生物界的方面。根据我们目前的理解，它们只能在生物自创生系统基础上起作用。

作为生物学家，我认为卢曼对待这个问题的态度并不够严肃，许多研究艺术和社会科学的学者也感到卢曼并没有足够认真地对待作为个体的人及其对语言使用的独特性。的确，卢曼并未发展出一种有关认知、意义和表意活动的现象学理论（Keller 1999）。正如弗格·克尔克比（Kirkeby 1997）所说，在卢曼的研究中，并没有一个关于表意的理论真正地从现象学的角度对自我及其存在状态、意志和情感进行反思性的论说。

　　尽管卢曼的理论部分地以胡塞尔的理论为基础，它却排斥后者关于超验自我的观点，而且，从海德格尔、萨特、维特根斯坦或者梅洛-庞蒂等人的角度来看，它只是部分现象学的。尽管弗格·克尔克比批判卢曼缺乏一种现象学哲学基础，他还是同意卢曼关于精神本身是沉默无声的这一看法。精神——包括弗洛伊德的无意识在内——只在它自身的闭合系统范围内生产非语言文字的思想。正是在这个系统和生活世界中，它生产出冯·乌克斯库尔坚持认为必须加以理论化的东西，这正是生物符号学的出发点。

　　人们可能说，语言是传染病，是精神系统环境界上的"寄生虫"。语言猎取现象世界的主要情感、感知和动机品质，由此把意义和意图赋予符号、词语和句子。语言有其自身的句法和语义闭合系统，该系统与符号、意义和社会实践之网相关，而符号、意义和社会实践与文化发展相关。作为"心理—生物"的存在，我们与创造文化和主体间知识系统的闭合的"社会—交流"系统共生。

　　重要的是，卢曼把生物、心理和"社会—交流"层面在概念上当作闭合系统。尽管在人身上所有一切都在场并且同时起作用，它们之间却没有直接的"内部关联"。它们只有通过相互渗透才能进行交流。这是从控制论的角度对通过语言整合自我意识和"身体—思维"所遇到的组织方面的困难的一种简明表述。

　　后来那些有关瓦雷拉的讨论，在明格斯（Mingers 1995）那里得到了总结，这让我确信，正因为神经或"社会—交流"系统都不生产它们的限界（不像细胞有膜），它们并不是真正自创生的，而只是在组织方面是闭合的。闭合是冯·乌克斯库尔作为环境界中秩序的一个要素而大加强调的一个方面，这使得他的观点与卢曼的理论相互兼容：

　　　身体结构按照规划（*Planmässigkeit*）构建起来，这一事实似乎与环境界结构也按照规划（*Planmässigkeit*）构建起来这一观点相矛盾。

　　　人们不应该幻想，环境界结构所服从的规划在系统性方面不如身体结构所服从的规划完整。

　　　每个环境界都会在自身形成一个闭合单位，它的所有组成部分都由它对主体所具有的意义所控制。根据它对于动物的意义，它发挥其生命作用的舞台（*Lebensbühne*）有着一个或宽或窄的空间。（von Uexküll 1982：30）

马图拉那与瓦雷拉两人似乎都相信一种更宏大的生命、认知和交流理论是可能的，却没有包括关于感受性、自由意志和情感的第一人称视角在内的、关于表意活动如何创造出来的理论。但皮尔斯却有。

8.5 作为生物符号学框架的皮尔斯符号学的相关性

为了形成关于符号活动的基本的全面理论，皮尔斯设计了另外一种哲学来代替理性主义二元论和大多数经验科学所持有的唯物主义一元论。他把现实主义和唯心主义合并成一种进化的客观唯心主义，不过，这种客观唯心主义仍然不同于黑格尔和卢曼的唯心主义，因为他又把它与连续论（synechism）——认为现实的基本"材料"是连续的这种观念——和实用主义认识论结合起来。如前文所述，我们今天可以说，这是一种场的视野而非原子的视野。这种场的视野现在在诸如量子场理论和爱因斯坦的广义相对论等特色鲜明的理论中屡见不鲜。普里高津和斯滕格斯（Prigogine and Stengers 1984）强调，偶然和复杂是科学中的基本概念——但是，正如皮尔斯所强调的，人们无法通过把偶然理解成简单的规律缺位来建构一种科学的形而上学。

相反，皮尔斯把偶然或混沌解释成基本的潜在品质构成的一种第一性，它被赋予了通过第二性形成习惯和规则行为样式的倾向，在第三性中我们将其理解为规律。在皮尔斯的连续论哲学中，混沌先于宇宙，正如偶然先于秩序。但是，偶然并不被认为是规律概念的缺位，而是被当成是第一性的东西。混沌——或者第一性——也是自发的感觉和潜在的基本品质（感受性）。皮尔斯同意达尔文式的进化是进化的一种，但是还提出了两种其他形式：偶然变异与创造的爱（Peirce 1992：352 - 371）。他将其称为"偶然论"（Tychasm）、"必然论"（Anancasm）和"爱慕论"（Agapasm）。

这样，皮尔斯给出了冯·乌克斯库尔的科学哲学和洛伦兹的行为学所缺失的要素，提供了一种后机械主义的和后现代的解释。且让我做进一步说明。

现代控制论和系统理论中，我们现在谈到自组织的宇宙（Jantsch 1980）时会说，现有的复杂系统倾向于变成自组织的，有生命的系统倾向于变成自创生的。在皮尔斯看来，宇宙的习惯就是我们现在在物理学中称为规律的东西。它们从来就不像机械主义物理学中所以为的那样是非常准确的。皮尔斯把规律看作突生现象：新的规律随着宇宙进化而出现。宇宙产生规律——而不是反过来。有趣的是，冯·乌克斯库尔[3]与皮尔斯一样，相信规律是自然的规划，散布在整个主观的环境界中：

> 如果我们把自然的规划与主体的目标进行对比，我们不必去讨论本能问题，因为它无法真正地让人达成结果。橡子需要本能来长成橡树吗？一大堆形成骨头的细胞需要本能来形成骨头吗？如果我们的回答是否定的，认为作为制约因素的自然规划才是真正的原因，那么，自然的企图也会被认为影响织蜘蛛网或者建鸟巢，因为两种情况都不涉及主观目标。本能不过是困惑的产物，如果我们反驳自然的超个体规划，那么本能这个概念就一定是合适的答案。人们之所以否认这些规划的存在，是因为难以认识规划的性质，因为它肯定不是物质也不是力量。不过，如果人们记住具体的例子，对规划有所了解倒也并不困难……没有规划，也就是说，没有自然至高无上的发号施令，自然中就没有秩序，唯有混沌。每种晶体都是自然规划的产物，当物理学家拿出玻尔美丽的原子模型，他们举例证明了他们所寻求的无生命的自然的规划是存在的。
>
> 自然生机勃勃的规划的至高无上性，最为清楚地表现在环境界研究之中。追踪它们是最让人心醉的求索之一。
>
> 因此我们不应该让自己被抛在一边，而是要沉着冷静地通过环境界继续大步前进。（von Uexküll 1957：42–47）

按照皮尔斯的看法，规律是在发展变化中通过第一性、第二性之间的相互作用和第三性的中介作用创造出来的现象。于是规律和理解成了同一硬币的两面。存在于任何语言理解之前和之外的前语言现实不能被化约成简单的"物质的"或者"数学的"东西。皮尔斯的目标不是把复杂性化约成某种它所不是的东西。他的诸多范畴只是对复杂性的认识。第一性是所有我们认知为蓝色、坚硬、甜蜜、形状等的那些品质，不过它们都是潜在的品质。它们必须在"物性"（thing‐ness）或差异中展现自身，方能显现为各种力量、限制和对象；要为人所知，它们必须被有生命的系统解释，这个有生命的系统能够将它们看成为规则性符号，由此在它自身中创造出一个解释项来。

马图拉那与瓦雷拉论述了两个方面，一是有生命的系统的自创生性质使得它们能够制造结构耦合；二是他们能确立冯·福尔斯特所谓的认知特征值——在思维中稳定下来并让我们（重新）认识事物的递归操作系统。我相信这就是皮尔斯所谓的解释项——我们在思维中让我们看见并将某物辨识为对象的那个符号。这是尝试对冯·乌克斯库尔从有生命的系统的世界"内部"描述的东西建模，因为冯·乌克斯库尔坚持认为，对象只能与主体的环境界联系起来理解。

皮尔斯符号学中的直接对象和解释项都是符号。按照我的理解方式，这正是让他的理论成为一种二阶理论的东西。"东西"是一个普通的现实主义概念，皮尔斯的对象与"东西"之间有着重大区别，在冯·乌克斯库尔、马图拉那与瓦雷拉的理论中，在认为对象是控制论中的感知运动所建构的行为学理论中，同样是如此。只有某些对象指向事物，但是所有对象都指向"某物"。

在科学文化中，我们通常认为物理的、化学的和生物的东西更加客观真实，社会方面的东西是一种建构。如与婚姻、法庭或者拍卖等有关的社会制度，其现实性取决于我们的行动。在科学话语中，自然对象不依赖人的感知和行为建构；相反，科学相信，我们是自然对象或者"真实东西"建构而成的，或者通过对真正的"东西"——如原子或分子——进行组织而建构出"我们自身"。自然和技术科学中有一种倾向表现为：仿佛现实的物理方面比现象的、心理的或者社会学方面来得"更为真实"；同时，自然和技术科学倾向于认为情感和语义是对客观现实的主观阐释。

皮尔斯对人与自然之间关系的思考预设了人类思考和自然的"思考"

习惯是类似的。这些类似建立在使事情发生的力量的共通性基础之上。自然过程是基于时间的、不可逆的。自然过程中使事情发生的进化力量——如前所述——被分成三个进化范畴：偶然论、必然论和爱慕论。它们共同存在并施加不同力度的强制作用。这个层面总是暗含着轻微的变异。在进化的世界中，个体是典型的，但并不相同。总结起来，自然进化中有三条并存的原则，它们一起导致了稳定习惯的形成。

在任何一种唯物主义原子主义或者场/全局理论中，现实都是从"物质—能量"形式开始建构的。但是皮尔斯的全局理论并不仅仅是唯物主义的。他的真空场——偶然的、必然的和连续的第一性——包含随机的情感和带有形成习惯倾向的品质，而这似乎就是"既在自然之内又在自然之外"那种情形。事物/对象这个概念在皮尔斯的理论中只是第二性。所以，人类必定通过符号活动过程为自身部分地创造对象，不是无中生有，而是通过第二性和第三性从第一性中创造，符号活动不仅是"在那里"，而且是"在我们内部"。通过我所谓的"符号活动三元跳跃"（the triadic leap of semiosis），我们的现实作为符号开始形成。这是对贝特森的关联样式从符号学的角度重新进行的梳理。我们出现在——并且/或者牢牢被绑缚在——符号世界中。如果我正确理解了皮尔斯的话，那么，事物本身不仅在自然中"外在"于我们，而且在我们自身之内。按照这种认识，他为理解冯·乌克斯库尔视之为我们现实"建筑砖瓦"的生物现象学过程提供了最具成果的概念和哲学基础，从而让我们能够创造一种皮尔斯式生物符号学，来重新解释冯·乌克斯库尔的基础工作。

于是，按照皮尔斯的看法，从人类历史角度看，真实就是信息和推理最终会带来的那种东西。这属于人类认知研究，因为人的身体由物质组成，因此也是由控制物质的规律组成。但是皮尔斯不把自然看作根据绝对的、可逆的和机械的原则相互作用的种种事物的集合；他的自然观是建立在连续的、万物有灵的物质观基础之上的。这意味着物质中存在一种内部有生命的、情感的、像思维一般的品质。我相信，一旦今天承认了进化论，冯·乌克斯库尔会同意用它来替代机械主义基础，同意它是一种比他自己提出的柏拉图式愿景更好的基础。

今天的大多数研究者都认为，符号只能在观察者、符号表示者和交流者构成的社群中才能得到解释。符号需要生物和文化行动构成的符号之网方能获得其意义。语言由符号网络或者"社会—文化"交流自创生系统成员之间的彼此结构耦合构成，对此卢曼会表示赞同。我们在这个现实之中不断创造和重新创造意义与我们自身，只有通过符号，这个现实才能一目了然。符号活动中的对象只是直接的对象，并不是最终的动态对象。

我们为自己建构一个"表意活动域"，我们生活在其中，并且如果它以某种让我们对其感兴趣或受威胁的方式干扰我们，我们就会对其加以调整。正如莱布尼茨在其单子论中所表示的那样，在某一方面我们是单子——我们每个人都处在一个独立的自组织的世界之中。冯·乌克斯库尔和有着多重宇宙和认知域理论的自创生系统理论都接受这一观点。我们每个人都包含若干闭合系统，如生物自创生系统、心理组织闭合系统以及"社会—交流"组织闭合系统（Luhmann 1990）等，它们彼此渗透。

我们大多数人没有反思或意识到我们最深刻的生物需求或者最隐秘的思想和情感。我们甚至不能完全控制从我们嘴里出来的词语。作为一个组织方面闭合的系统，卢曼的"社会—交流"系统提供了一种用于理解为什么人作为有意识的主体无法完全控制语言的模型。如弗洛伊德所阐明的那样，我们的许多冲动来自我们精神（或许还有生物）的各个部分，对此我们没有意识到。此外，语言是一个社会（权力）游戏，它深深地影响着我们——如布尔迪厄（Bourdieu 2005b）所指出的那样，它会因为"惯习"（habitus）影响着我们对我们自己在社会中的作用和责任的理解方式。如前所述，人们可能会说语言那些通过文化形成的概念就像病毒一样感染我们的精神，并且通过共生惯习创造出一个走出动物领域的新的有生命的系统：自觉使用语言、受社会和文化影响的人类，在一定程度上被其语言环境界所塑造。

只有通过生物方面受到控制的思维的感知特征值——结构耦合——所发挥的作用，解释项才能被建构成符合规律的、稳定的、惯常的第三性现象。现实随后通过这种三元的符号活动出现在我们面前。品质通过诸如事物和概念等对象展现自身，个体则在"现实"的超复杂性中行动。我们所感觉到的东西就在那里，但它只是部分真实——它是对我们的意愿、情感和意识都是其有机组成部分的真正复杂性的简化。

这为冯·乌克斯库尔的理论提供了一种深厚的哲学基础，并在洛伦兹、廷伯根、雷文特洛等人的行为学思考调和下确立起生物符号学的根基。这里，符号和有生命的系统的经历是现实的基本构成要素，而非作为独立存在的"东西"或者由原子或基本粒子建立起来的实体的对象。

澳大利亚哲学家弗里雅·马修斯（Freya Mathews）在《生态自我》（*The Ecological Self*, 1991）一书中发展出一种基于现代科学的哲学，为有生命的系统的表意活动是现实的基本的、建构性的部分这一观点提供了支撑。接下来我将简要概括她的理论，因为她把冯·乌克斯库尔的最初意图置于一个可以与皮尔斯的符号哲学兼容的现代生态学框架之中。

8.6 作为世界真正个体的有生命的系统

马修斯研究了科学、宇宙学和神话之间的关联，以及这些关联如何影响我们看待我们作为人、作为文化在"万物构架之中"以及在我们与自然的关系中所处的位置。以广义相对论和认为时空结构形成世界的实质的几何动力学宇宙论作为基础，她发展出一种替代性的宇宙学。她的发现不如皮尔斯的第一性连续体论说那么丰富，但两者相互兼容。

根据 20 世纪自然科学的发展，马修斯对广义相对论的全局理论进行了分析。她的分析就像用系统理论进行的分析一样，结果显示一切都以一种有组织的方式彼此关联。物质——像在量子理论中那样——能够运动，能够创造规则的样式，实质和过程因此在内部是彼此关联的。广义相对论的几何动力学在理论上发展得很充分，但在经验上没有得到很好的验证。但是，从科学的角度来看，它仍然是一种合理的世界观，是从亚里士多德以来的最为缜密的全局理论——亚里士多德认为，物质是连续体，而形状构成了单个事物和有机体。在几何动力学中，实质（substance）不是物质（matter），而更多的是四维的弯曲时空，物质的所有力量和形式都是从它发展而来。这种弯曲产生出牛顿无法解释的重力，时空曲率最大的部分是我们所谓的物质，物质不过是场的内部能量的另一种体现罢了。

斯宾诺莎认为宇宙论的一种基本实质（斯宾诺莎认为应该是上帝）具

有先验要求，马修斯对这些要求进行了讨论。当我们试图（如斯宾诺莎所要求的）"通过它本身去理解实质"时，标准是显而易见的：自我实现性、无限性和不可分割性。实质必须能够自我显示；它必须是在那里的——没有边界，否则它就不是实质。根据同样的思路，它必须是验证一切的东西。这明显导向全局理论——如马修斯所表示的。这符合皮尔斯关于第一性、第二性和第三性的理论，以及偶然论、必然论、爱慕论和皮尔斯在对其理论的后期发展中对其进行理论阐述的、前述三种理论"背后"的空无，对此我们后面将进行论述。

全局理论是向着亚里士多德实体观的有趣回归，但是在现代全局理论中，进化是实体内部固有的。因此，必须找到关于形式、本质和自然种类的新概念。正如我所分析过的，这正是皮尔斯通过其三元的、实用的、微观的符号学所研究的东西。因为，如马修斯所指出的，全局理论中的一切都是关联的，我们不能仅仅因为表面上它们似乎都在时间和空间方面被物理界限隔开就把任何东西当作不相联系的个体。我们需要更多的东西。马修斯认为系统科学和控制论中的系统这个基本概念正是我们所需要的一种原则。通过毕尔、贝尔塔兰菲、贝特森和阿什比的著作，马修斯发展出一种认为世界上基本的、原初的、真正的系统是生命系统的观点，这与冯·乌克斯库尔所提出的观点相似，尽管冯·乌克斯库尔的理论不如马修斯的理论新式和科学。马修斯的分析结论是，基本的个性化系统是有机系统，因为只有这些系统是为自己、靠自己而存在，并且有着内部的目标和存在价值。原子、分子和事物没有这种构成世界的特性。只有有生命的系统是自我实现并有着自我兴趣、自我评价并因此而有着个性和价值，对此皮尔斯会表示赞同。她将此称为"自然倾向"（conatus），这个概念借引自斯宾诺莎，并对其进一步有所发展。如我所见，冯·乌克斯库尔（von Uexküll 1986：244）本着同样的精神谈到了主体性和环境界，不过其出发点是他本人的柏拉图式世界观。

事实一直就是，我们被我们所不能看透的更高级的现实包围。我们必须承认……使鸡蛋变成母鸡，不停地延伸其有目的的建构过程、形成一连串对象而自己却未变成对象的那个东西确实存在，而它的存在不需要我们能够辨识出它。我们只是被我们的感知能力无法到达的无数个现实包围。它们一直是不可感知的，因为它们超越了感知。所有有机体，包括植物和动物，都属于这里。对于它们，我们只拥有关于它们暂时表现出来的形象。我们无法为我们自身制造任何关于它们的存在的、从萌芽到长成的、一连串不间断的形象，对此我们知道它有一种统一的符合规律性。所有植物和动物种类——我们都能操控，就像它们的数量是我们知道的一样——是超越感知的现实。实际上，我们自身建构了如此的一个现实，以至于我们无法看透，因为我们只能时不时地观察自我。

这是一种与过去、现在和未来相关联的关于有生命的系统的宏大理论，并且从这些有生命的系统的"蓝图"中，该理论以环境界或者我所谓的表意活动域的形式，创造出了现实中的结构。生命而不是物质、能量或者信息成了基本现实。这些"生物—建构主义"理论是层层台阶，通向控制论的、系统的和生物符号学的现实观——简言之，通向赛博符号学。

✤

8.7 二阶控制论、认知生物学（自创生系统理论）以及生物符号学的整合

因此，我的观点是，二阶控制论、认知生物学（自创生系统理论）和西比奥克的皮尔斯式生物符号学之间有着一些有趣的共通之处。但是，也存在一些有趣的区别，这些区别让我得出这些理论彼此需要这个结论。我在冯·福尔斯特的二阶控制论、马图拉那与瓦雷拉关于自创生系统的认知生物学理论以及西比奥克在冯·乌克斯库尔和皮尔斯符号学基础上建立起来的生物符号学中，所看到的相似之处如下。

1. 通过把观察者包括在内，二阶控制论把系统科学和控制论带到了一个新的水准；类似地，通过把所有有生命的系统包括在符号活动

之中，生物符号学把符号学带到了一个新的水准。

2. 第1点中所列的成果是通过生物建构主义实现的——它们看到了建构着自身"生活世界"的每一个有生命的系统。在生物符号学中，这个生活世界经常用出自冯·乌克斯库尔的"环境界"来称呼。我将这些称为"表意活动域"。马图拉那称其为有机体的"认知领域"。冯·福尔斯特则认为它是一个由神经系统认知过程的"特征值"所构造的认知世界。"特征值"是稳定的递归处理系统，这些系统在思维中稳定下来，让我们（重新）辨识事物，雷文特洛称之为"顿悟"。

3. 在所有这些思维系统中，生物建构主义观点导向"闭合"这一观念。这个术语经常与自创生系统关联使用，但是，冯·福尔斯特和冯·乌克斯库尔都清楚表示，"表意活动域"对于有机体而言就是存在的一切。

4. 所有这些研究者都同意，不存在从环境直接进入有机体认知系统、可以被搜集到并由此而提供有关"真实环境"或多或少"客观的"情况的"信息"流。

5. 但是，所有研究者都承认，"现实"或者"环境"必须被看作某种限制，它对有机体可能作为个体存在的方式施加了"限制措施"。冯·福尔斯特明确同意环境必定有能量和结构。冯·乌克斯库尔似乎也接受许多环境界之外的某种真实世界，因为他称这些为"主观世界"。卢曼接受并非系统的宇宙或者世界。

6. 所有人都同意生活与认知是同一硬币的两面。皮尔斯和西比奥克使用"符号活动"和"表意活动"来理解认知。但是从广义上说，他们所有人都在讨论感知与认知。

7. 马图拉那、冯·乌克斯库尔和冯·福尔斯特都讨论过特定情景背后的体验类型，他们重点关注的是观看这一情景。譬如，马图拉那的文章《看什么？》（"What Is It to See?"）以及《蛙的大脑显示蛙的思维什么东西？》（"What the Frog's Brain Tells the Frog's Mind?"），冯·福尔斯特的文章《透过他者的眼睛》（"Through the Eyes of the Others"）。但是他们都没有提出关于有机体第一人称现象体验起源或者神经系统中经验与过程之间差异起源的明确理论。

8. 在生物符号学中，冯·乌克斯库尔的静态世界观被转换成了皮尔斯的进化世界观。通过这个转变，三种观点共同具有关于有机体起源、有机体的认知以及有机体的生态"位置"的进化的建构主义观点——或者流程观。

9. 他们中没有人把有机体看作决定论性质的机器。冯·福尔斯特把它们（包括人类在内）称为并非平凡的机器。

10. 冯·乌克斯库尔明显有一种关于有机体的现象学观点，然而，无论是他还是冯·福尔斯特或者马图拉那（或者西比奥克），都没有"关于思维的理论"或者关于第一人称体验在物理世界中如何出现的理论。相比之下，皮尔斯对于符号学中"纯粹感觉"、感受性、思维、意识和"进化的爱"的作用则有一种深刻的哲学理论。

11. 所有三种观点似乎都或多或少地把生命当作现实的基本方面或者构成现实的一个方面，而不是把生命看成是从决定论的物质世界中偶然创造出来的东西，正如莫诺（Monod 1972）所洞察到的，这种观点产生的原因是：生物学变成了"分子"生物学并因此把化学和物理学当作了基本的平台。如我们将看到的那样，皮尔斯的生物符号学与其他的不同在于：显然他用形而上学支撑起他的研究项目。

12. 如前所述，瓦雷拉的二阶和自创生控制论伴随着其生物认知的发展（参见他 1975 年的论文《自我指涉的微积分》["Calculus for Self - Reference"]），非常接近皮尔斯的三元关系范畴理论。这是他英年早逝之前的一项伟大成就。

下面是我眼中的、这些系统之间的重大差别，这些差别使赛博符号学的建立成为一个必要的科研项目。

1. "结构耦合"这个概念是自创生系统独有的。即便如此，结构耦合似乎是产生让认知对象成为可能的认知"特征值"的前提条件。结构耦合对于"顿悟"——在感知领域中获得意义的模式的迅速构建——是必需的。例子包括关于动物认知、交流和行为的行为学范式中的"符号刺激"。它是一个对于生物符号学很有用的概念。

2. 马图拉那与瓦雷拉指出，有生命的系统的自创生的特征是能让生命系统形成结构耦合的那种东西。这些耦合有可能确立冯·福尔斯特的认知"特征值"。我认为，这就是皮尔斯所谓的解释项——我们思维中让我们把某物看作/认作一个对象的那个符号，尽管他实际上没有描述这个动态的自组织过程。

3. 皮尔斯的生物符号学建立在皮尔斯独特的三元符号活动概念基础上，其中，解释项是有机体思维中的符号概念，是他对外部符号载体所"代表"东西的解释——如举起的拳头表示"威胁"。对符号、表意活动和符号活动的彻底理解，在系统论和控制论中是缺失的。

4. 皮尔斯把符号活动的对象划分为直接对象和动态对象——我们通过历史渐渐对其有所了解的那个对象。这是一个逐渐发展的解决方案，可以解决控制论中没有出现的一个问题，即有机体的表意活动域（或"生活世界"）和有机体的外部"环境"（或者"宇宙"）之间的关系问题。这一观点现在成了生物符号学的组成部分。

5. 皮尔斯式生物符号学建立在皮尔斯关于思维是（第一性中）现实的基本组成部分这一理论基础之上，它作为"物质的内部方面"（万物有灵论）存在于（第二性中）现实的物质方面之中，它将自己在动物那里展现为警觉和体验，最终在人那里展现为意识。当我们把这一点与关于突生、自组织和闭合/自创生的一般性系统理论结合起来，我们就能形成一种关于有机体内部世界如何建构以及第一人称观点如何可能而且像物质一样真实的明确理论。

6. 通过符号活动的这一基础，一种包括思维——至少在自然中是与生俱来的——在内的关于意义和解释的理论成为可能，而且控制论的信息观以及自创生系统的语言使用观能够与生物符号学观点中的实用语言理论结合起来。

上面这一切，正是西比奥克、霍夫梅尔和埃默谢在建构皮尔斯式生物符号学方面所做的工作，对于二阶控制论尤其是对于自创生系统理论如此重要的原因。生物符号学让我们有可能给认知观增加一种有关思维、意义和表意的理论。我的理论就是我所谓的赛博符号学，其他人或许会提出不同的认识。

✳

8.8 作为预判环境界的表意活动域

总结而言，如果动机可以使某种东西因为特定的方式（符号的基础）可能代表其他某种东西或者某人，皮尔斯的符号活动可以被延伸到动物。维特根斯坦（Wittgenstein 1958）同样表示，表意活动是通过特定生活形式发展起来的语言游戏所创造的。因为动物没有真正的语言，我通过引入"符号游戏"这个概念把维特根斯坦的概念延伸到行为学和生物符号学中，符号游戏与特定动机和 IRMs 有关，因为它们都被行为学描述。按照类似的思路，皮尔斯写道，解释性的符号网络是意义解释的发生之处，意义解释是以历史语境中符号使用的社会习惯作为基础的。维特根斯坦讨论了生活形式和语言游戏如何产生词语的社会意义。不过，卢曼还声称，人类通过意义降低"社会—交流"系统中干扰的复杂性。这些实用主义思想家都对表意过程的不同方面做出了概念化，但从未像皮尔斯一样瞄准综合性学科这一目标。

有生命的系统为干扰系统自组织的差异赋予意义的语义容量，似乎是产生认知、交流、语言和意识等现象的必备前提。有生命的系统的预判能力与其观察的能力和其同类相关，由此通过表意活动、通过创造表意活动域而降低了复杂性。

生命似乎是一个预判函数（Rosen 1991）。正如洛伦兹所说，它通过进化产生期待，它产生了开放式基因程序中的结构耦合。印刻这一现象是程序化预判的标准例子。预判是对意义和秩序的期待，与有机体作为其个体世界所建构的"表意活动域"相关。干扰有生命的自创生系统的事件被"化约为意义"（Luhmann 1990）；但是，如皮尔斯所看到的那样，活动通过表意过程，在生物方面与"进化的爱"中单个有生命的系统的生存与繁衍有关。当动物试图协调其行为实践以适应其各种各样的表意活动域，它们就是在参与"符号游戏"。

我们不应该忘记，生物学——不必说物理学或数学——科学思考的基础是我们是使用语言的、有自我意识的、能感知的、生产知识的系统/自我。按照现象学的说法，除了科学，我们的存在和认知还有另外的一面。人类的状况绝对无法通过科学穷尽地描述（Merleau - Ponty 202）。通过某些方式，我们对于世界上的存在的意识，是"先于""高于""超越"科学的。它又是前语言的，并（最终）可能无法用处于我们的表意活动域里的言语表达，因为该表意活动域通过时空和感知物质在不断地进行历史漂移。

当冯·乌克斯库尔的环境界被整合到皮尔斯式符号框架之中，并进一步通过从现代生物学和控制论所获得的新的知识得以发展，它打开了通往非化约主义生物现象学和生物符号学的通路。在皮尔斯的符号学中，自然中的一切都是潜在的符号（再现体）。这是与贝特森控制论的交汇之处，按照贝特森的控制论，一切都是潜在的信息，因为对于自组织控制论性质的思维功能而言，信息就是造成差异的差异。但实际上这种情况只能在创造出有意义的符号的前提下才会发生。遵循皮尔斯的看法，我们可以说，当解释者把它们看作符号的时候，差异就变成了信息。

在人类这里，这些符号通过社会和自觉的交流被组织成语言；因此我们的宇宙在很大程度上是作为文本并通过文本（Kirkeby 1997）和符号网络而得以组织的。皮尔斯关于解释项的反思性控制论定义指向的是文化、历史和永无休止的对真理和知识的寻求。

我认为，符号的意义是在社会符号网络中被创造出来的，这一看法是对皮尔斯观念的生物学发展。为了整合皮尔斯和维特根斯坦的观点，我强调，无限符号活动发生在符号解释项通过生物进化和通过文化历史得以产生之时，拉考夫对这一点特别重视（Lakoff 1987）。皮尔斯的生物、精神和社会的习惯就是符号意义，等同于维特根斯坦理论中与"生活形式"相关的语言游戏。维特根斯坦对生物学不太关心。但是，从行为学、二阶控制论和生物符号学来看，人类生活形式和语言游戏的基础就是我们自然历史中的符号游戏。这些习惯就是行为学家称为本能的东西。本能可以与不同程度的个体学习相结合来实施某个交流行为——如鸟的"歌唱"，并最终导向在人类语言习得过程中所发生的那种学习类型的"敏感阶段"。

这种跨学科的赛博符号学研究方法为理解表意活动提供了一个"生物—

心理—社会"框架，它能对之前有关动物认知的行为学模型提供补充。我认为，感知、认知、预判、表意活动和交流在自创生系统中与它们自己的"表意活动域"相互交织，这些表意活动域相互之间也在进行历史漂移，我们对于意义在这个生态、进化和社会过程中如何产生还理解甚少。正如拉考夫（Lakoff 1987：XV）所表示的那样，范畴概念之间的关系并不是逻辑的；它们更多是动机的。它们起源于基本生活形式的动机化了的语言游戏："按照经验主义者的观点，理性因为身体而变得可能——理性包括了抽象和创造性的理性，以及对具体事物的推理。人类理性并不是一种超验理性的示例；它来自有机体的性质以及为其个体的和集体的经验做出贡献的所有东西：它的基因遗传、它所生活的环境的性质、它在该环境中发挥作用的方式、它的社会功能作用的性质，如此等等。"

有生命的系统是自组织起来的认知、预判、自创生的系统。我同意斯宾诺莎的看法，它们有着"自然倾向"，意味着一个生命系统的个体性是有价值的，因为它支撑着该系统不断努力地保存其自身的内部组织。我相信，通过提供更为深刻的动机概念和更为不同的经验主义生物学框架观，行为学和二阶控制论中所发展出的知识深化并完善了拉考夫和约翰逊的研究成果。

8.9　基于感觉理论的动机化认知的行为学模型

洛伦兹（Lorenz 1970－1）发现，当我们超过条件反射层次，感知、行为和关于神经系统的结构与过程方面的知识三者之间就没有清晰的关联关系了。更高级动物即便缺乏自觉的警醒以及语言能力，复杂程度和因果关系也会抵达一个新的层次。

洛伦兹的行为学模型和冯·乌克斯库尔的生物现象学与生物符号学模型都指向动机（或者冯·乌克斯库尔所用的术语"特性"）在感知和行为对象建构中的重要意义，有生命的系统可以用这样一种方式把自己的行为导向动机，以便增加自己的生存机会。动机对于判定所确立的解释项的类别至关重要。对于学习而言，某种情感回馈似乎是必要的（Lorenz 1977）。

动机似乎就是在意识层面之下的意图。人们不能说，冯·乌克斯库尔提供了一种界定情感的理论框架。他的"特性"是否具有情感或意识成分尚不清楚。伊尼斯（Innis 1944：14）非常清楚地阐明皮尔斯是如何通过将其形而上学与其对表意活动的分析相结合来处理这个问题的：

> 皮尔斯承认，有一种感觉，里边有"内省"存在，这种感觉是对将自身呈现为外部感知的现象的解释。感知，也就是感觉的整体，是我们的逻辑数据。作为意识的内容，它们涉及三种物理要素：感觉的品质、它们对感知者的意愿的反应以及它们的普遍化或者联想成分。但是这些都是我们后来才发现的（CP, 8.144）。这三种物理要素对应最重要的皮尔斯的范畴三元结构，形成其形而上学的基础，而且它们都存在于感知对象的意识之中。

常常有人说，进化过程中，情感能力的出现位于两栖动物出现之后爬行动物出现之前的某个时间点上。动物行为的纯粹物理因果性这个概念只有有限的解释价值。控制论和符号学类型的信息与符号学类型的因果性提供了一种极为必要的补充。如果我们要理解感知、预判和做决定，我们就必须认识并整合情感要素。这在对高等动物和人类意识的现代研究中变得更为明显。埃里斯和牛顿（Ellis and Newton 1998：431）几年前写就了一篇论文，清楚地说明了承认动物也具备行为观中的现象性或第一人称意识所带来的结果。他们在这篇论文中写道：

> 是有机体的情感使它对其环境采取行动，而不仅仅是做出反应；有意识的体验的现象学方面要求有机体依据所感知的世界采取受情感激发的行动，尤其是在其对选定关注重点表现出兴趣时。如果有机体对其环境的了解要涉及一个"被感觉"的维度，在存在"某种感觉像是"有一种意识状态的东西这一意义上，有意识的加工必须首先从有机体内的情感过程（这先于任何特定输入而存在）开始并且给每个被选择的输入都烙印上它的品质。
> 我们认为，经历的"被感觉到的"方面是与这一事实不可分的，即有机体受情感激发，要"寻找"就有机体的动机目的而言意义重大

的环境要素；有机体按照提前选择要关注的动机范畴来"预判"体验；引导这种预判和选择过程的情感，对获取关于"对如此这般的对象的感觉是什么样的"的有意识的感觉起到了主要的作用。

埃里斯和牛顿直接对准洛伦兹在处理行为学中的动机概念时碰到的主要困难。他们看到，动物的预判思维与其在思维中形成形象的（后来发展出来的）能力有着清晰的关联，生物系统后来也注意到了这种关联，无论这些系统是动物还是人类。埃里斯和牛顿都十分强调被感觉到的维度的重要性，皮尔斯将其作为纯粹感觉引入了第一性。按照我的看法，如果我们要让关于它们的理论描述合法化，皮尔斯的框架是必需的。这种现象学的方法类似于冯·乌克斯库尔最初的理论生物学，但是加上了皮尔斯的三个进化范畴和类型。伊尼斯（Innis 1994：15）写道："通过时间构成的符号活动网络限定了意识的生命，它作为一连串思想符号和解释项的意义就是它随后在另一个思想中被理解成的东西。"

以上观点承认了动物的内部世界是感知和认知中的一个因果因素。此外，他们把行为学的和语言的动机概念通过动物的现象学世界联系起来，丰富了洛伦兹的研究。这一理论还契合皮尔斯关于感觉是原生质的一个基本方面的观点——在他那个时代人们就是这么理解的（Santaella Braga 1999）。皮尔斯把其用作自己的第一性这个基本范畴的组成部分。他提供了一种经过拓展的形而上学，解决了洛伦兹在活力论和机械主义之外寻找第三条（生物学）道路时的困难。我认为，这也为拉考夫和约翰逊的研究提供了一个更为坚实的基础。在下面的引文中，皮尔斯（Peirce 1992：42）把这一切与他的连续论和进化论观点绑缚在一起："认知或再现不是在一个时间点存在于我的思维状态中，却在许多不同时刻存在于我的不同的思维状态的关系中。简言之，即刻的东西（因此其本身是不受中介行为影响的——不可分析的、不可解释的、没有智力的东西）源源不断地出现在我们的生活中；它是意识的总和，它的中介活动——它的延续性——由意识背后的真正影响力带来。"

这条无限且不断的意识之流在任何特定时刻都是产生符号活动的力量。符号活动产生于意识的瞬时性，因为这就是意识瞬时性的方面在自组织的过程中随着时间的推移彼此相关的方式，恰如瓦雷拉在对斯本塞－布朗的微积分所做拓展中对自我反思过程的分析。皮尔斯（CP，1.306）对感觉（和第一性）在这一过程中的作用进行了阐述：

> 我用感觉来指那种意识的一个例子，那种意识不涉及分析、比较或者不管是什么的过程，也不整体或部分包括把这段与那段意识区分开来的任何行为，它有它自身真实的品质，这些品质不存在于其他任何东西中，并且它自发地就是它所是的样子，不管它是如何产生的；因此，如果这种感觉在时间流逝过程中在场，它在那个时间的每一刻就都整个地、平等地在场。为了把这种描述简化成一个简单的定义，我会说，感觉就是意识的那种要素中的一个例子，不管别的，它绝对地存在于其本身。

因此，对皮尔斯而言，感觉是"当前意识"的一种品质，它有自身的特征，它独立于思想的任何其他状态，完全简单地自我存在。[4]这与拉考夫和约翰逊关于大多数精神过程——甚至在人类这里——都是无意识的这种观点并不矛盾。埃里斯和牛顿（Ellis and Newton 1998：434）捡起洛伦兹抛开的动机和情感问题，开辟出意识研究中的新路线。他们认为情感和目标性是真实的，但是他们并未像皮尔斯那样拿出一个哲学框架来，因此，他们也需要这种东西：

> 情感和动机的特点是：它们是有目的。自然中，尤其是在生物有机体中，似乎的确存在一些无意识的（non－conscious）却带着目的的（purposive）现象。人类有机体有目的地做出控制心跳和血压所要做的事情，不过一般情况下并不是有意识地这么做。梅洛－庞蒂把"有目的的有机体"定义为因为需要维持或者强化整个有机体功能而改变、替代或重新调整其自身组成部分功能的有机体。雅克·莫诺（Monod 1972）与斯图亚特·考夫曼（Kaufmann 1993）把这一定义用作主导概念，试图揭示生物过程在对其构成要素的多重可实现替代中是如何倾向于维系其活动模式的。

这似乎与拉考夫和约翰逊关于身体的观点是两相协调的。拉考夫与约翰逊既未深入研究动物认知也没有深入研究关于它与人类认知和范畴化的发展之间的关联的进化观。但是，论及通过意象延伸身体隐喻，以机械主义方式模仿大脑功能来建构模型是不可能的。埃里斯和牛顿（Ellis and Newton 1998：435）支持我对此的看法：

> 情感只在我们形成对它们有关什么以及它们在我们身体中如何展现的某种再现这一程度上是有意识的。通常，这包含某种意象，尤其是当我们把象征性言谈当作一种意象的时候，因为……对于现象性意识而言，情感和再现都是需要的。没有情感，我们的信息加工可能是无意识的，就像数字计算机、恒温器或者数字式热水瓶中的信息加工一样；没有再现，我们的情感可能是无意识的，就像人们有"希望"充满或者清空各种各样的生物系统中原子的外部电子层，以便恢复化学上的内部稳定状态的想法，但不会有意识地希望得到这一结果。但是，现象性体验若要发生，必须有"情感"和"再现"的在场。

埃里斯和牛顿充分地说明了需要超越"物理—化学"解释，将现象学的（和社会的）符号学观点包括在内，以此作为解释认知和符号活动的基础。这一基础对于理解自觉的存在如何能够掌握人类符号和语言是十分必要的。再一次，我要说，如果不接受皮尔斯的更为广泛的基础，在这里是不可能做到前后一致的，因为皮尔斯的基础提供了对机械主义的替代方案。很难想象，如果没有情感动机驱动的"身体—思维"，暗喻驱动的、有目的的范畴化分类何以可能："对感知对象的预判中，我们是在对它们可能会或者可能不会与我们的起激励作用的有机体目的相互作用的那种方式进行预判。没有不关注动机的关注，没有不带有情感目的的动机。此外，行动计划中的部分预判结果正是有机体接下去所期待或者所恐惧的情感状态。"（Ellis and Newton 1998：438－439）

人类和动物总是对与其生活形式有关的有意义语境进行预判。这也是人类让语言表达和范畴化契合他们的感知和思想的方式，无论是为了把某物看作某物，还是为了与另外一个语言存在交流知识或者意图。皮尔斯（CP，1.377）将其三个基本范畴用作其关于感觉和意识的基础，并通过这种方式将它们与自己的形而上学关联起来，我们所分析过的其他理论，没有一个是以如此贯通一致的方式完成的："第一，感觉，可以包括一瞬间的意识，对品质的被动意识——没有经过辨识或分析；第二，对干扰意识域的行为的意识，对抵抗、外部事实以及另外一个某物的意识；第三，合成意识——把时间合在一起，学习的意识，思想。"

我之前建议过使用"表意活动域"这个概念来表示环境中那个部分：生命系统与那个部分形成符号关系，因此能够产生出被感觉到的感知、反应和超出条件反射层面的行动。这样，我把行为学对本能认知的理解与自创生系统理论中固有的控制论理解合并起来了，并且加上了重新出现在洛伦兹的研究之中并被埃里斯和牛顿进一步阐明的冯·乌克斯库尔的现象学立场。我把这与拉考夫和约翰逊的具身化认知语义学结合起来，并最终与西比奥克、霍夫梅尔、埃默谢和库尔的符号研究结合起来，把冯·乌克斯库尔的模型当作生物符号学的基础。诺特进一步发展出一种当其不与交流相关时的表意理论并称之为"生态符号学"。

※

8.10　生态符号学视角

在其对生态符号学这个新领域的介绍中，温弗里德·诺特（Nöth 2001a：107）对作为生物符号学的一种拓展的生态符号学写道：

> 生态符号学处在符号学与生态学的交接之处，它研究的是环境符号活动，即，把有机体与其自然环境关联起来的符号过程。生态符号学（ecosemiotics 或 ecological semiotics）与生态行为学、人类生态学、哲学生态学、生态心理学、生态历史学等许多其他生态科学有关。这些学科研究的是人类或动物与其环境界之间的关系的各种其他方面，而生态符号学则不同，它关注的是符号是如何在这种关系中起中介作用的。
>
> 总体上，在符号学领域，生态符号学处在文化符号学和自然符号学这二者之间的位置……因此生态符号学领域与生物符号学或动物符号学有所重叠，但是，生态符号学与自然符号学的其他领域有着重大区别，

> 这可以从交流符号学与表意符号学之间的差别来说明……因此不仅文化符号学关注交流过程，生物符号学和动物符号学也关注交流过程。相比之下，表意活动与没有发送者的符号过程相关，在生态符号学中占据主导地位。在生态符号学中对于发出解释行为的有机体而言，自然环境并不是有意图的消息发送者，有机体就是与这样的自然环境相互作用。

我同意诺特的看法，表意符号学对于生物符号学和赛博符号学的基础至关重要。我已经在我对行为学和冯·乌克斯库尔的环境界理论的分析中阐述过这一点。皮尔斯式符号学与其他符号学范式的不同在于它不只研究交流中的有意图的符号，而且研究非意图性符号，如身体表征和无生命的自然中的各种样式。皮尔斯式符号学偏离了一阶科学的传统的二元的认识论问题，因为它是在三元符号哲学中形成其基本的表意活动概念的。

三元符号学与思维的进化理论（爱慕论）以及关于思维和物质之间的连续性的理论（连续论）相结合，其中，三个基本范畴（第一性、第二性和第三性）不仅是在感知者的思维之内，而且在其周围的自然之内。这与皮尔斯哲学中的第三个重要的本体论性质的信念——偶然论——相关，偶然论认为偶然和混沌是第一性的基本特征。第一性的混沌并不是像在机械主义或者理性主义中那样缺乏规律；相反，它充满需要个别地在第二性中得到展现的潜在品质，并且通过爱慕论，它成了普遍习惯和对第三性的符号活动与动态对象的了解（实效主义）（Peirce 1992）。

贝尔塔兰菲、卢曼以及皮尔斯都明显受到黑格尔的影响，尽管他们对其有所批判。三人都关注自然存在的新层级通过进化过程而得以创造的方式，这个过程可以描述成有限数量的基本动态范畴的有规律相互作用。皮尔斯的天才之处在于其发现了这些范畴在我们的感知、思考和交流中的简化形式，所以，这些显然也在自然中起作用，尽管这种作用并不是独立于思维的。思维与自然之间深刻的、基本的联系于是得以确立，这也是人们试图用控制论泛信息范式建立的联系。譬如，利用这一范式，斯通尼埃（Stonier 1997）把"信息素"看作通过进化推动自然组织起来的一种基本"粒子"。但是斯通尼埃缺少皮尔斯的第一性、第二性和第三性理念，皮尔斯的理念即使是在进化层面也有符号品质，通过一个易受影响的、有目的的过程指引着自然规律的进化发展，运作于如此巨大的时空以至于它们远超人类理解（Deely 1994，1998，2001a）。这把我们带向符号学中而不只是生物符号学中的临界值问题。

9

✳

关于符号活动与信息交换之间临界值的
进化论观点

✳

9.1 绪论

从目前已进行的分析和得出的结论可以得出，我们有条件在更广泛的语境中探讨符号学和信息科学中的临界值问题，该语境是对发展关于信息、认知和交流的总体性科学理论的尝试。这个问题涉及物理主义、泛信息主义、系统理论和泛符号学以及活力论和各种各样的唯心主义，它们都想为跨学科框架发挥些作用。这些跨学科理论的目的是帮我们做两件事情：（a）通过澄清关于数字机器的工作方式与生命系统对自然中有生命的和无生命的部分的认知的运作方式之间的差异的认识论问题，框定理解人机界面以及语言交流或交互的过程中存在的固有问题；（b）理解交流的生物、心理和社会基础。

我尤其想在知识系统形而上学的更广泛的认知论和本体论语境中，在从生物学、控制论和信息科学中出现的科学哲学语境中，对临界值问题进行讨论。之前的讨论已经使与信息有关的研究方法和符号学方法之间的关系和冲突成为关注焦点。后面我将回过来谈及关于符号学临界值的讨论——这个讨论与关于客观信息在自然中是否存在的讨论极其相似，泛信息范式就是这样主张的。

我认为这个关于临界值的讨论汇集了科学世界观、认识论和各种认知和表意理论。正是在这个讨论中，我们对自然/现实、认知以及知识性质的认识与我们对人类思维以及思维与物质之间关系的理解相遇在一起。这一讨论在信息范式语境中已有时日。信息范式和皮尔斯式符号学范式都具有跨学科性质，这意味着科学问题的解决之道在于为自然、认知和思维创造出一个统一的框架。从两个框架中都可以发现，无论采取哪种形式，唯物主义对于理解思维、意义和交流而言，并不足以作为基础。因此两个框架都认为，思维、文化与自然三者之间的关联关系要么是信息的，要么是符号的，这意味着，信息功能主义的过程和/或符号表意的过程存在于我们的思维中，也存在于自然中。此外，两个框架都认为，为理解我们如何获得关于自然的知识那些过去付出的努力——无论是在实践层面还是在理论层面，尤其是关于无生命的系统和有生命的系统之间、有生命的系统和"社会—语言"系统之间以及"社会—语言"、机械主义和控制论的信息数字系统之间那些差别和连续性的努力，并没有为我们的问题提供令人满意的答案。目前，我能够找出五种基本的重要模式，它们曾试图解释从无生命的自然的基本样式、规律和力量到生命和意识现象的所有问题。我将在这里对这五种模式进行简要概述并在本章对它们做出进一步讨论。

1. 机械唯物主义或热动力物理主义（Mechanical materialistic or thermodynamic physicalism）拒绝研究自然中的（包括动物界中的）信息和符号。这种模式常常认为人类通过有意义的符号进行思考的现象与意识无关，有时甚至与意图也无关。这类物理主义理解经常基于这些现象都是虚幻的（这是取消式唯物主义）这一观点，按照这一观点，意图、自由意志和意识对于物质/真实世界中包括人体在内的东西不可能产生真正的因果效应（Churchland 2004）。组织层面的差异只能通过现实的物理、化学和生物层面得到观察。[1]

2. 泛信息形而上学（Pan-informational metaphysics）认为，就像物质和能量一样，信息是自然和文化的一个客观组成部分。1929 年，西拉德参考玻尔兹曼的热动力学（又称为统计力学），提出了信息和熵之间有一种逆向关系。香农和韦弗（Shannon and Weaver 1969）在其著作中提到了熵，主要因为处理热动力学的等式和处理统计事件的等式——后者的出现最初为了描述博弈结果——之间具有相似性。但是，诺伯特·维纳（Wiener

1961）宣称信息既不是物质也不是能量，热动力学的熵是被定义为负熵的统计学上的信息概念的反面。这种研究方法得到了薛定谔（在《什么是生命?》［Schrödinger 1967］中）和洛施与贝特森（Ruesch and Bateson 1987）以及后来的汤姆·斯通尼埃（Stonier 1997）等的支持。结果是，信息作为熵的反面可以被理解为面对无序的秩序建构（Prigogine and Stengers 1984）。自组织的、耗散性的结构在组织能量和信息的同时耗散着熵。

　　因此，一方面是能量、秩序和信息；另一方面是熵、无序和信息损耗，这些概念通过如此方式变得彼此相关，以至于我们把信息看作与模式化的组织和降低不确定性有关（Combs and Brier 2001）。信息于是成了自然的组织方面。斯通尼埃（Stonier 1997）甚至同意"信息素"是自然的基本构成。

　　这种研究方法通常在一阶控制论形而上学中得到发展，该学说假设世界形成时是一个自组织的系统，由若干其他自组织的系统构成。对维纳而言，把信息理论和玻尔兹曼的热动力学解释统一起来——并由此解决笛卡尔的思维与物质二元性——是一种突破，即便他不能将其发展成一种成熟的形而上学。贝特森能够把维纳的工作整合到一种生态和进化理论视角之下，该视角还被延伸到人类学之中。

　　其他许多采用这种一般模式的控制论专家在博塔兰菲的一般系统理论中找到了灵感。他的反二元论观点建立在有机体的进化世界观基础之上，这种世界观包括了突生理论和整体论，并且相信经过若干的突生步骤，在思维和物质之间具有一种连续性。这个形而上学的方面被斯通尼埃等许多现代理论家所忽略，但是扬奇（Jantsch 1980）、拉斯洛（Laszlo 1995）或戈尔纳（Goerner 1993）等人并没有忽略，他们发展起一种新的生态系统精神主义或者客观唯心主义，以之作为对现代科学在宇宙论和量子场理论中的发现的整体性解释。但是这样一种形式创造观念如何能够告诉我们关于话语性质的有趣东西呢？

　　3. 卢曼的二阶控制论研究方法（The Luhmanian second – order cybernetics approach）把自然看作由无数差异的来源，其中，控制论系统决定什么会对系统造成差异并决定什么会在有机体之中以及在其与社会的交流之中变成信息。控制论自创生系统通过区分系统与其周围事物得出了第一个区别。卢曼（Luhmann 1995）与皮尔斯不一样，卢曼从未对第一个区别之前的第一性的性质做出解释。卢曼的观点基于斯本塞－布朗的研究，斯本塞－布朗似乎是用一种关于虚无或空的神秘客观唯心主义理论进行研究，该研究涉及了思维和物质的可能性，在这一点上，它与皮尔斯学说很相似（Brent 1998：208－212）。这个方面似乎在卢曼的理论中是缺失的。受胡塞尔及其主体间性理论的影响，卢曼接受了意图性和意义概念，但他也把胡塞尔的概念改造成了一种"社会—交流"功能主义框架。卢曼的范式与皮尔斯式符号学的相似之处在于集中关注交流和意义，但它缺乏关于符号载体的三元理论，也没有关于具有生物性动机的情感系统对意义产生所做贡献的理论。

4. 皮尔斯式（生物）符号学（Peircean［bio］semiotics）有别于其他符号学范式之处在于，它不仅研究交流的意图性符号，而且研究身体表征和无生命自然中的样式等非意图性符号。皮尔斯式符号学，通过在三元符号哲学中框定其有关认知、通过溯因推理表意的基本概念，打破了一阶科学传统的、二元的认识论问题。继而，这被整合进了关于思维与物质之间的连续性理论（连续论），依据连续论三个基本范畴（第一性、第二性和第三性）不仅在感知者的思维之中，而且在所感知的自然之中。这与皮尔斯哲学中第二个重要的本体论观点，即偶然论相关，偶然论认为偶然和混沌作为第一性的基本特征具有形成习惯的趋势。这形成了思维的进化论（爱慕论），依据这一理论思维具有形成自然中的习惯的趋势。混沌和偶然都被看作无须（譬如，通过规则之类）进一步解释的第一性的东西。这是习惯形成和进化的基础。第一性的混沌并不被看作缺乏规律（机械主义和理性主义则认为它是缺乏规律的），而是被看作某种充满潜在品质的东西，这些品质会分别地在第二性中得到展现，并且在第三性中作为动态对象和符号活动中的普遍习惯和知识（Perice 1992）。物质和思维统一在第一性的连续体之中并通过"进化规律"发展成第二性的展现形式——抵抗、力量、二元的具体化以及对象的不可理解性。第二性提供了二阶控制论所视为的对感知和认知的限制，这些感知和认知发生在这个真正的三元符号过程的第三性中，这是皮尔斯实效主义的深厚基础。作为托马斯·西比奥克创新工作的结果，皮尔斯的符号学现在被解释成覆盖了生物符号学中的所有有生命的表意系统。

　　生物符号学研究表意活动、交流和生命的过程中的习惯形成。有生命的系统的核心特征之一是它们的物理和化学过程具有高度组织化的特点，这一特点部分地建立在与信息和分子有关的特征基础之上。这些特征也被解释成符号系统。这种视角上的转变在于，它让我们不仅从化学角度看待生命，而且根据所传递的符号看待生命。因此，生物符号学试图从一种更为统一的符号学角度来处理生活世界的核心现象，从核蛋白到生态系统，从生命的开端到它的终极意义。所以，它考察的是自然符号学，譬如，它考察为宇宙的根本过程中的符号过程打基础的部分——诸如达尔文主义的基本原则的形成，解释项在集群智能中的出现，以及集体现象符号学。生物符号学是运用（主要是）皮尔斯式符号学概念来回答有关意义、意图性和精神世界出现的诸多问题（这些问题是从生物学角度和进化论的角度提出的）的一种尝试。

　　生物符号学的核心之一，是关于免疫系统和大脑中的细胞通讯的符号学。另一个核心是物理的、生物的和虚拟的宇宙中的符号作用——譬如，关于预判系统的符号学和关于复杂系统和人工生命的符号学。在哪种意义上，符号活动始终是一个有生命的过程？在哪种程度上，生物过程是符号的？是否像霍夫梅尔在众多地方宣扬的那样，生命的基本单元是符号而不是分子？霍夫梅尔（Hoffmeyer 1997：61）还写道："有机进化的最突出特征并不是创造了令人惊讶的形态结构的多重性，而是'符号自由'的普遍扩展，即可进行交流的意义在丰富度或'深度'方面的增长。"

　　符号自由变成了有生命的系统进化中的一个关键概念。有生命的系统在确立真正的符号活动中所发挥的确切作用在皮尔斯理论中是不清楚的，不过，皮尔斯把细胞质看作一个形成第一性的地方，因此是能产生偶然性和感觉的地方，这样，内部世界有可能出现在有生命的系统之中。皮尔斯对让这发生的特定生物品质知之不多。然而，他的确持有神经细胞中的"偶然性—自发性"是"在其内部有感觉的那个东西的外在方面"这种观点（CP，7.265；Santaella Braga 1999）。之所以有"准符号对象"（quasi-semiotic objects）这个术语（Nöth 2002），是因为自然和文化中的系统常常采取编码形式而不是通过有形的因果关系或者有意义的符号活动来处理差异。第二性的系统在自然的能量和因果层面之上确立一个信息层面。从符号学角度看，这个层面是经典一阶控制论所考虑的主题领域的一个组成部分：目标导向的机器和自然中基于信息的样式形成，自组织过程。

5. 泛符号的形而上学（Pan‐semiotic metaphysics）认为，所有环境现象最终都是符号的。宇宙充满符号，皮尔斯的这一说法众所周知。

有一种泛符号学是建构主义的。符号活动无处不在，要么因为一切就其性质而言都是符号活动，要么因为我们能够知道任何东西的唯一方式是通过符号活动。泛符号建构主义研究文化也研究自然。现实是共同生活的人类社会通过语言建构的。这是一种激进建构主义。因此，这几乎要变成一种以人类为中心的形而上学，这是一种主观唯心主义，它对于自然本身会是什么样的（或者，换句话说，自然符号的外部来源是什么样的）没有明确的概念。符号就是所有这一切现在的样子。

另一种泛符号学认为，符号与原子和能量一样真实并且原子和能量也是符号。符号是世界的基本构成要素。这些符号是自发出现的，就像梅瑞尔（Merrell）在《符号生长：生命过程的符号活动》（*Signs Grow：Semiosis of Life Processes*，1996）一书中所表明的那样。阅读梅瑞尔以及埃默谢对他的批判（Emmeche 2000）可以发现，梅瑞尔显然是把符号看作自发生长的独立的生命存在。泛符号学的解释认为，皮尔斯因果性中的目的性以及充满符号的宇宙意味着在无生命的自然中存在第三性并因此存在符号活动。因此，符号过程被看成自然界固有的。这种解释在诸如如下对皮尔斯的引用中找到了支撑："唯名论引入了这一观念：意识，即，感知，并不是真正的事物，而是真正事物的符号。但是……这些符号的确是真正的事物。真实事物就是符号。剥掉符号去触及真实事物，就像剥掉洋葱皮去触及洋葱本身一样。"（1905 年 7 月 3 日《致 F.C. 鲁瑟尔的信》，见 Brent 1998：357）

生物符号学解释和泛符号学解释之间的区别在于，前者把真正符号活动的能力限定在有生命的系统，因此把符号临界值放在了无生命自然——包括机器在内——和有生命的系统之间。生物符号学把机器过程和自然中的样式/信号互动只看作准符号过程，而不是真正三元的。

9.2 科学在宗教失势之后的解释追寻

正如我们可以从对这五种基本观点的简短描述中看到的那样，有待讨论的核心特点是有生命的自然与“死亡的”自然之间、有生命的系统与机械系统之间以及信息和意义之间的临界值。该讨论的其他重要部分会涉及现代科学对意义和现实现象部分的研究进路，以及对独立现实的进行正确的解释科学应达到的要求。自从我们的宗教和神话框架受到经典机械科学的世界观、启蒙运动的理性和历史思考、达尔文的进化论、现代性心理学，最后还有语言转向的挑战以来，这些要求就不断增加。那么，且让我从对科学的历史和哲学的简要讨论开始。

作为一个有意义世界的拥护者，伽利略通过实验和地球科学理论对宗教发起了挑战；他将自己的实验和科学理论与哥白尼的天体观结合，形成了一种与天主教世界观相矛盾的观点。经典机械物理科学有通用的机械主义自然规律概念，是打破教会世界观垄断地位的关键。天主教世界观对个人而言是文化建构意义性的基础之一：例如，它告诉人们，他们源自何处？他们会去向何方？他们的生活意味着什么。

启蒙时代的哲学家以及后来的马克思和恩格斯对作为“上天所赐”的社会秩序观发起挑战，进一步动摇了我们社会秩序中的一切都“如其所应该拥有的样子被一劳永逸地”创造出来这种信念。达尔文对人类源自一个更为高级、更有意义、被赋予有意义的命运的地方，人类灵魂从“神圣的上天”降临于身体这种信念发起质疑。弗洛伊德摧毁了人类是掌控自身和动机的完全有意识、理性的存在这种观念。尼采与其他哲学家最终宣布上帝“死了”，只剩下一个没有普遍意义或者价值观念的虚无的真空：我们将不得不自己去创造秩序和意义。

从那之后，人类越来越多地求助于科学，以便为自己寻找新的解释。这就产生了普里高津和斯滕格斯所谓的“世界公式思考”，也就是这样一种信念：最终解释可以通过科学，尤其是通过如人工智能领域中的算法、基因领域中“生命之书”（the book of life）中的算法以及诸如超弦理论的大一统物理学理论之中所运用的那些算法找到。

笛卡尔的二元论试图把人类灵魂从机械论对科学的影响中拯救出来，但他本人的追随者们的"鸽子脑损伤实验"、神经科学的发展以及行为科学中的"调节"理论，让人类思维和行为成了科学领域的组成部分。

控制论、信息理论和科学以及 AI 理论都拿出了理解认知和交流的功能主义研究方法。这些方法现在被整合在认知科学中关于信息加工范式的跨学科计划中。这样的计划催生出一种认识范式，把认知的第一人称方面当作以大脑神经硬件中各种算法为基础的软件程序（功能主义）。同时，量子力学的场理论，作为可能解释不断发展变化的意识特征的工具，已经变得越来越让人觉得有趣（Penrose 1995）。

通过科学，我们学会了对做出太多解释的系统——诸如宗教的、"神话—魔幻的"、"意识形态—政治"的信念和权力系统——有所怀疑。不过，到 20 世纪末为止，现代科学已经做出各种各样的尝试，把有关环境、活体、个体良知、"社会—文化"语言意义和价值观的种种进化的、历史的和发展的理论整合成一个包罗万象的科学叙事，完全忽略关于宏大叙事具有欺骗性的后现代警告。

大进化论（Grand Evolutionary Theories，简称 GETs）试图把关于能量自组织为物质的大爆炸宇宙论与关于生命的进化理论结合起来。运用物理学和化学，现代科学试图通过计算机模拟生命并调节基因和其他化学元素的方式来解释生命。这样一种理论的最终方向可能是通过独立合成大分子并将其合并到细胞的细胞器和细胞膜中来人工创造生命。

人们期望我们能利用科学对作为一种具体的能量形式或组织的物质做出解释。于是人们期望能量可以提供一个基础，把生命解释为物质的一种特殊组织。大进化故事试图解释一切。它以能量从量子真空变成物质、时间和空间作为开始，然后解释自组织、生命突生，接着解释中央神经系统、社会组织、符号活动、交流、语言、文化和意识。

现代大爆炸宇宙论与统一场和超弦理论结合后为我们提供了一个关于我们所身处的现实——我们称之为宇宙——的唯物主义故事。它还讲述了从辐射到亚原子粒子的进化，原子如何从恒星的核聚变过程和超新星的爆炸中产生并进而创造出作为分子组成部分的基本元素和最终有了作为生命系统基本要素的大分子。此外，还附有各种客观信息理论，这些理论认为，能量把自身组织成不断膨胀的宇宙中的物质样式和系统，后来又组织成有生命的系统、认知系统和文化中的语言和意识系统。这一范式之极致是多金斯关于自私基因和关于文化是自私模因集合的理论（Dawkins 1999）。儿童的思维在文化中成长，并且受到该文化模因和世界观的影响，这些因素通过意义和因果关系的特定范式为其思维编订程序（关于该理论的发展，又参见 Blackmore 1999）。但是，我怀疑：

1. 这样一个宏大叙事在科学上是否可能；
2. 科学的真正本质是否是建构这样一种解释；
3. 我们有共同的语言，是否就能提供人们普遍接受的、放之四海而皆准的解释，这些解释可以把人类存在四个基本构成要素——能量/物质、生命、语言和有意识的内部生活——合并在一个讨论之中。

但是，我的确认为，要理解自然科学、社会科学、艺术、人文、实践科学、哲学以及展开对有意义的、合理的、真正的公共知识的其他的系统性追寻，我们开始的前提必须是这样的，即人类是：

1. 具身化的、是生物——我们的身体是展现的生命和认知的主要系统；
2. 有意识和意图的——意识是认知、意欲、感觉和感知品质（感受性）等内部生活的源泉；
3. 在文化实践中——通过语言，在有着由其他有生命的、语言的、有意识的系统所构成的网络的社会和文化活动中是有意义支撑的；
4. 处在环境里的——在部分独立于我们感知和存在的自然或者宇宙中。

人类因此是具身化的，是用语言感知文化存在的。参看图 9.1 "符号之星"。所以，正如梅洛-庞蒂（Merleau-Ponty 2002）所说，我们生活在四个不同的世界之中：

1. 我们的身体状态（bodyhood）和我们与其他有生命的物种都有

身体状态；

2. 我们的内部情感和思想世界，它们将自身展现为思维和意识；

3. 自然世界的"物理—化学"环境；

4. 语言、意义和权力构成的文化世界。

图 9.1　符号之星

图 9.1 表现的是具身化思维四个主要知识领域的社会交流系统如何出现。物理的自然通常被解释成起源于能量和物质，有生命的系统被解释源自生命过程的发展（譬如，源自第一个细胞）。社会文化被解释成建立在语言和实践习惯中的意义发展基础上的。最后，我们内部的精神世界被解释成自我们个体生活世界和意识的发展衍生而来。

这四个世界当中的每一个世界都要求有其自身那个类型的叙事。物理学家和化学家倾向于把宇宙看作由物质和能量构成的，维纳的控制论解释增加了无意义的客观信息。试图在能量、物质和信息基础上对宇宙、生命、意识、语言和文化进行的解释是一个有效的方式，我们已经在前面对其进行过分析。

生物学家倾向于把生物界当作由所有有生命的系统构成，甚至认为生物界是由一个有生命的系统构成，就像在盖亚理论中描述的那样。一些人甚至认为整个宇宙都是有生命的，因为它产生有生命的系统。这是一个自组织的宇宙（Jantsch 1980）！这种观点与博塔兰菲的一般系统理论和有机主义哲学兼容。

　　社会和文化科学倾向于把世界看作由对社会、人类和语言的解释构造而成，或者，按照"自然—文化"二元本体论来看，社会和文化科学是支持二元论的，二元本体论认为自然是科学对其所描述的样子，只有文化是由人类建构的。而且，大多数具有社会科学背景的研究者都认为，科学深受价值观、权力和范式的影响。

　　研究我们人类存在的现象学方面的学者倾向于持反科学主义和反现实主义的立场，常常把世界看作人类思维的产物，而意识不过是语言系统的一个组成部分而已。

　　同皮尔斯一样，我在所有四个世界的中心看待符号思维和社会企业。皮尔斯符号哲学的优势之一是感受性和思维——作为符号活动——从一开始就被置入形而上学。它们不能解释成如此这般，因为它们只能作为生产我们想要讨论的那种知识的必要前提被推导出来！

　　我在建立标准唯物主义科学进化范式时面临的主要困难在于，我看不出物理学——作为基于物质、能量和决定性规律现有定义的外部科学——如何能够独立地为我们提供关于我们内部生活和意识出现的全面理解。如果从结合了大爆炸理论、自组织热力学、化学和达尔文主义的进化观点入手并利用关于人类发展和语言与文化历史的唯物主义理论进行研究，要把意识解释成关于我们都体验过的感知、感觉、意欲和认知的内部品质，不啻为一个严峻挑战。我看不出量子力学、相对论或者建立在信息和负熵基础上的非均衡热力学或泛信息的信息科学，如何能够帮助我们解决这个问题，尽管所有这些可能在解释意识的物理方面都不无裨益。

　　这一标准观点现在把进化论和基于能量（正如在量子物理学、广义相对论和热力学中那样）的唯物主义本体论结合起来，把生命解释成"化学—组织"现象。当大家发现这还不够时，常常就寻求某种客观主义的信息概念作为补充。但是大多数生物学家都拒绝承认，自己对与DNA和基因有关的信息概念的运用意味着产生非常新的受本体论影响的东西，这也是生物符号学家希望他们看到的结果（Emmeche 1999）。这可能是因为这给这种不属于生物学的基本的形而上学认识的范式增加了新的根本性概念、实体和组织理念。这里我要做的，是揭开隐藏的形而上学假设，以便对它们进行公开讨论。其他研究者——常常是数学家和物理学家，愿意迈出本体论研究的最后一步，因为他们认识到自己这么做是在鼓动科学——如果科学想把信息科学包含在内的话——把宇宙看作数字化了的，因此基本上把它看作一台大型计算机。蔡庭（Chaitin 2005）是提倡这一观点的著名数学家之一。但是我不禁要问：按照这种观点，感受性、情感、意义和意志出现在哪里？根本就没有令人满意的关于生命和第一人称经历构成的内部世界的理论。

图9.1中所体现的符号认识论转向避开了化约论主流科学在解释说明方面的负担，化约论主流科学试图从关于能量和数学的力学规律这些相同的基本假设出发来解释生命和意识。赛博符号学的观点认为科学的解释是从自组织的自创生系统中基于"社会—语言"的有意识符号活动的当下状态而来，并将使我们更好地理解语言和自觉存在的前提条件。在四个方向中任何一个方向的简化，都必须与处于中心的出发点保持一致。

科学只在一定程度上对世界以及我们在其中所处位置做出解释。但是我们的关于存在的问题不止于此。知识——在符号活动中被定义为感受性、对象和解释项的结合——是世界上最大的谜团之一。存在于世界、语言使用、身体状态、有意义的社会语境之中，我们始终是"直入本题"（*in medisa res*）地开始。我们注定基于我们现有理解进行形而上学的推测——这种理解的局限性只有后来才会被认识到。但是皮尔斯的符号学是可以从其开始的一个很好的非化约论框架，因为它以符号思维作为自己的出发点（参看图9.1符号之星的中心）。

不管怎样，如果我们想在科学与现实和关于意义的经历的现象学方面之间形成联系，我们就必须扩大我们在其中进行科学研究的认识框架。我们追求的是解释和理解我们现实的所有四个方面；我们从图9.1的所有角落的任何一个出发做出的解释都只能是这个更为广泛解释的一个方面。我建议科学努力和其他解释系统都从中间开始并向外推向四个角落。从任何一个角落出发来解释一切都会是化约论的，会导致与物理主义、科学主义和泛能量范式与泛信息范式相同的化约论极权主义。皮尔斯坚持认为，第二性是一种独立的存在，它最终揭示自己是最终解释项的动态对象，这一坚持避免了他的理论沦为那种因无法把握现实而要么变成主观唯心主义，要么变成集体唯心主义的过于激进的建构主义。

解决这个悖论性问题的办法之一，是为了解释事物的宏大架构对科学提出的要求不要那么高。皮尔斯在符号活动中对科学和哲学的深度整合就体现出这一点。科学提供了对某些过程的充分了解，常常允许有特定条件的精确预测。但是科学并不能提供关于现实、能量、信息、生命、意义、思维或意识构造的普遍解释。它也不能提供关于世界或者我们在其中所处位置的全面解释。

符号学从知识过程开始：表意活动如何在有生命的系统之中发生，让感知和认知变得可能？皮尔斯的符号学通过符号活动过程中的溯因推理把我们的归纳推理和演绎推理解释框架结合起来。皮尔斯建议我们把三元符号活动看作现实根本过程。意识是从符号过程建立起来的。生物符号学承认，符号活动是所有有生命的系统的本质部分，应该把对所有有生命的系统的符号游戏的研究包含在内。但是，总体解释这个问题又一次冒了出来：我们能够转向泛符号观点，又不会想要解释得太多吗？我相信我们不能，除非就现代自然科学中所举出的知识还有客观的信息科学而言，我们真正有资格走出这一步。

我表示过，接受这一点并且在自然中五个不同的相互作用层面展开工作将会带来丰硕成果，同时，不要认为它们之间有着什么进化的因果关联，因为这会表示，人们以为是一个层面产生出另一个层面，或者以为有一种简单的线性因果关系。

1. 以超复杂或无序的相互作用为特征的非外显层面。量子场理论中的真空概念是科学对描述这一状态做出的一种尝试，尽管缺乏一个连续性框架。

2. 以自然力量推动的、基于能量的因果互动为特征的能量层面。

3. 以信号和/或样式拟合（形式的）因果为特征的信息层面。

4. 以符号游戏因果关系为特征的符号层面，这种因果关系发生在基于动机化潜意识目的（意图性）和意义的生命系统内部和这些系统之间。

5. 以语言游戏因果关系为特征的语言层面，这种因果关系以有意识社会系统之间的自我意识的目的和意义为基础。

且让我用一个暗喻来对我们如何理解这一点做出引导。在所谓"费根鲍姆树"（Feigenbaum's tree，以发明者命名）的决定论的混沌分形函数中，我们有一个数学函数，它在规则性发展之后步入混沌，之后变得规则，之后再度步入混沌。如果人们从左往右"阅读"，就会发现它看上去就像一株长有树枝和树叶的树；右边是树立足的根基。参见图9.2。

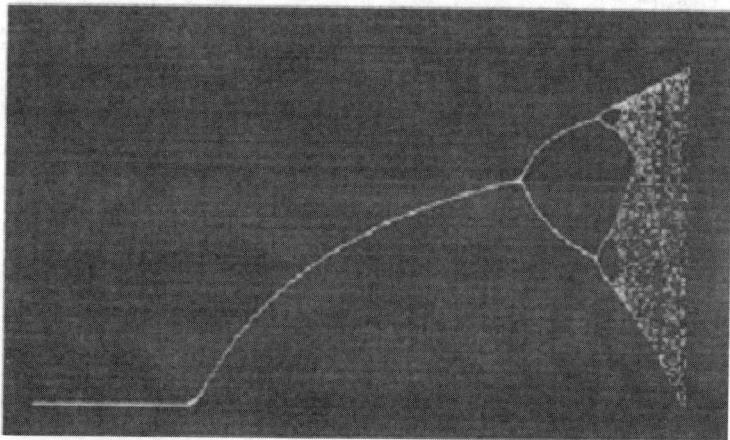

图9.2　费根鲍姆树的计算机图像示例
注：从左往右阅读，可以看出时间和复杂性方面的发展。

这个分形和混沌函数的进化创造出一个有着秩序和混沌层的"三明治"，各层以我们尚且无法以数学方式解释或理解的（超）复杂方式相关。无论我们为了揭示原子的细节怎样增强这个图形，各层就是在那儿。参见图9.3。

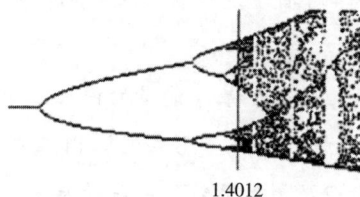

1.4012

图9.3
注：费根鲍姆树的进一步发展，显示了从函数转为混沌的费根鲍姆数值。

我们知道它们在一端开始，但我们不知道，是什么把一层秩序与另一层秩序关联起来，相位差和对称性破缺的情况亦是如此。它们作为混沌中的秩序出现（这正是普里高津和斯滕格斯著作的标题）。但是，在这个函数中，有一个我们所知道的有秩序的开端。现实中我们是与那个部分隔绝的，在图 9.3 中，那个部分就是在 1.4012 这个标出的数字之前向下倾斜的东西。我们看到的只有混沌和秩序的动态样式，随着时间的推移它们在某种进化中发生内在的关联。或许这就是世界从超复杂混沌中出现的方式——超越任何语言中的任何精确的科学、哲学和宗教描述，只不过它有形成习惯和构成样式和动态规则这种趋势。

9.3 对当下研究方法的批判

对这些层面的描述的确存在于现代科学的不同领域，但是，它们从未被整合进一个理论或范式框架。主流的消除性的机械论科学试图完成这一个任务，但是其哲学背景并不充分。更确切地说，过去和现在为统一范式框架所做的一致努力都面对着许多问题和不一致。

在整部著作中，普里高津和斯滕格斯都指出，尽管经典机械论物理学可以在数学上描述自然中的某些关联、力量和规则，并且——在量子力学的帮助下——描述物质的稳定性，但是，从有着一成不变的决定论的普遍规律和牛顿式可逆时间的机械论世界观出发对进化做出思考却是非常困难的。

解决这个问题的是基于真正偶然和复杂性、自组织的耗散结构以及不可逆时间的热动力学原子主义观。但它仍然难以理解信息和认知是如何出现并基于纯粹物理物质和能量组织自身的。

在泛信息范式中，信息作为一种组织性力量——与能量相关或作为能量的一个方面——从一开始就是在场的。这使得自组织和认知的出现更易于理解，尤其是在带有进化世界观（这种世界观是有机体的，因此也是突生的）的一般的系统理论为其提供架构时。但难以理解的是有生命的系统如何能作为个体存在出现，它们如何能以不同于机械控制系统的方式处理信息，以及，最后，自觉的、语言的、具身的存在的符号创造性具有何种特殊品质。贝特森的局限之一在于，在其理论的创建过程中，他从未真正避免对世界的这种一阶控制论的信息观（参见 Bateson and Bateson 2005）。

在二阶控制论和自创生系统理论中，生物、心理和社会交流层面的闭合这个概念，如自创生（自我组织、自我维系、自我生产的能力）这个概念所解释的那样，使我们更容易理解这种特色的自我维护能力以及个体主义视角。这一认识——如马图拉那与瓦雷拉和冯·福尔斯特所阐明的——与冯·乌克斯库尔的环境界理论具有某些相似之处。这是一种生物建构主义——对冯·乌克斯库尔而言是一种"柏拉图式"世界观，对其他人而言是一种进化的世界观。冯·乌克斯库尔自称是一个活力论者，他把有生命的系统看作物种，并通过永恒时间对"环境界—蓝图"（*Umwelt - Bauplan*）进行了延伸。简言之，他是一个反达尔文主义者。但是洛伦兹运用冯·乌克斯库尔理论的要素来创立行为学；他把这些要素嵌入新达尔文主义范式，然后在感受性和意义基础上努力把感觉和表意活动整合到自己的描述中。从根本上说，他做了这一切却最终未能确立如此这般的一种理论。我同意马修斯的看法，我建议我们把有生命的系统看作表意活动域的真正"建筑砖瓦"，认为它们在世界上制造具有一种崭新品质的符号。因此，物理学处理的只是某种物质的普遍特征罢了。

显然，我选择把所分析的这些理论看作必要的理论发展，之所以有这些发展，是因为之前的理论无法充分解释诸如生命、认知和意识等各种复杂和动态形式的进化，因而实际上受到人们的抵制。

在皮尔斯式符号哲学中，这些层面能够通过连续论、偶然论和爱慕论绑在一起，并与关于第一性、第二性和第三性之间相互作用的进化观点相结合。第一性是思维和物质的品质的混合（这些物质包含着感受性、有生命的感觉并且具有形成习惯的趋势）这种观点——如果我们要理解自然的自组织能力以及看上去"死亡"的物质如何能够通过进化的自组织变成自创生的并具有认知/符号和感觉能力——至关重要。当我们在这一基础上重新解释冯·乌克斯库尔的观点，我们就抵达了生物符号学的彼岸，它更适宜于研究生命和认知的现象学方面，现在这些方面被看成表意活动。不过，语言中具身和意义发展的各个方面仍然部分缺失，这些是冯·乌克斯库尔未曾考虑到的。关于闭合、自组织以及生物、心理和社会系统的区别的概念在二阶控制论和自创生系统理论中进一步发展起来。

上面我们已对一些缺点进行了分析，这部分解释了我为什么对诸如缺乏临界值的机械主义、泛信息范式和泛符号范式，以及无法解释非语言性现实的各种激进的建构主义等极权的、化约论的解释范式充满怀疑。

自从翁贝托·艾科（Eco 1979）对"符号临界值"这个问题做出梳理以来，符号学——尤其是皮尔斯式符号学——一直在朝着生物学领域不断渗透。托马斯·西比奥克（Sebeok 1976，1989，2000）是《符号学》（*Semiotica*）和《符号网络》（*Semiotic Web*）两本刊登生物符号学专题杂志的编辑，他的努力使一种囊括作为符号使用者的所有有生命的系统（植物和微观有机体包括在内）的生物符号学得以建立。正如埃默谢（Emmeche 1992：78）所写道：

> 生物符号学专门针对自然中所有维度的符号过程，包括：（1）自然中符号活动的出现，它可能先于生命细胞或者与生命细胞同时出现；（2）符号的自然历史；（3）有机体个体发生学中、植物和动物交流中以及免疫和神经系统中的内部符号功能中符号活动的"水平"方面；以及（4）认知和语言符号学……生物符号学可以被看作对一般进化论的一种贡献，与不同学科的综合有关。它是一般符号学的一个分支，但是不一定可以预设符号在其主题中的存在，因为宇宙中符号活动的起源是一个有待解决的谜题。

这种符号学甚至被用于描述内部符号学（endosemiotics）——身体细胞之间及其内部的符号活动（T. von Uexküll et al. 1993）。

此刻关于跨学科的信息或者表意科学可能性的讨论的本质问题是，把冯·乌克斯库尔的理论生物学包括在内并重新梳理的生物符号学的皮尔斯式框架，是否能够涵盖未经解释的"自然对象"、自动催化的和耗散的结构以及秩序和其他作为符号在自然中自发产生的秩序和样式。这些对象之前曾从"物理—化学"的角度被描述过。现在，一些泛信息的范式的拥趸者，如斯通尼埃，正在努力从纯粹信息的角度对它们做出解释。

从皮尔斯的观点看，这些现象相对有生命的系统的符号活动而言，都是原型符号的（protosemiotic）或者准符号的，因为它们——如果我按照诺特（Nöth 2002）的说法来表述——只是第二性的展现。这种观点会把我们带到一种兼容现代科学成就的温和型符号学，根据这种符号学，有生命的系统的符号被认为是第一种成熟的或真正的三元符号。当被有生命的系统放在一个有意义的语境当中时，这并不是一个关于"自然之物能否变成符号"的讨论，而是关乎对象及其过程本身。皮尔斯（CP，5.473）对两个方面——医生眼中作为实体的温度计所起的作用及其起作用的方式——进行了清晰的区分："脉搏加快可能是发烧的症状（symptom），一般温度计中的水银柱上升……是气温升高的标识（index），不过这是以一种纯粹粗暴的、二元的方式作用其上的。不过，在这些情形中产生出这一标识的一种精神再现，这一精神再现被称为该符号的直接对象（immediate object）；并且，通过另一个精神符号，该对象以三元方式产生出该符号所意图的或专门的效果。"

与之类似的问题是：机器，如计算机，在没有人对其做出解释的时候在加工什么？这些是符号还是只是信号？我们知道，我们对这些信号进行编码，这样它们可以在我们的语境中为我们传输信息；所以它们对我们而言是符号，从实用观点看，传递这些符号的意义就是这些信号所做的事情。但是，这必须发生在有生命的语境（通过具身化思维的存在，意义已经被引入其中）中吗？关于计算机器的符号性，诺特（Nöth 2002：8）解释了皮尔斯是如何创造出"准符号活动"（quasi-semiosis）这个术语来处理这个问题的："准符号这个术语意味着对在皮尔斯所知道的那种机器中是否存在符号活动这个问题给出了一个答案。准符号只是在某些方面像符号罢了，但它不满足符号活动的所有标准。尽管机器中可能存在某些符号活动标准，其他标准则是缺失的。准符号这个概念因此意味着程度不同的符号性。准符号活动并不是只从计算机器开始。在更简单的工具参与其中的过程中也能够找到。"

皮尔斯并不接受思维与物质这种严格的二元主义划分。他的思维概念极为宽泛，并不包括作为核心要素的意识或者意图性，只包括目标导向性。根据诺特的看法（Nöth 2002：9），使用准符号活动这个术语来表示接近于机器中第二性与生物符号学中的符号游戏的第三性之间的转换的"退化了的"（degenerated）符号活动，主要是因为缺乏一种三元的对象关系。

数据加工的准符号性质的证据，来自有关符号的二元性质。计算机中的符号加工是基于二元关系这个观点，在认为计算机只能对信号——产生自动反应之前的机械刺激——进行加工这个人们广泛持有的理论中，是含混不清的。譬如，维诺格拉德与弗洛斯（Winograd and Flores 1987）就曾论及信号处理，他们写道："人们可以把数字计算机的运作仅仅描述成流经一个电子元素构成的复杂网络的一连串电子脉冲，不用把这些脉冲看作表示什么的符号。"……要从二元发展到三元，这些符号所缺少的是一种对象关系。二元关系只是表意活动的二元关系，但没有指示内容，没有让符号与体验对象关联起来的"世界之窗"（window to the world）……计算机在人机交互界面中所产生的消息要么是人类发送者传递并由计算机在其中起中介作用的消息，要么是人类符号活动自动的、决定论性质的延伸所产生的准符号。

这把我们带回到控制论，尤其是贝特森的控制论。这里，信息对于控制论定义的"思维"而言是造成差异的差异。此思维主要通过以能量为基础的回馈环路对差异起作用。能量对于编码过程本身并不重要，但对控制论的信息和意义概念的批判强调，这种基于信息理论的系统是功能主义的并且不能涵盖生物（更不必说人类）视角中的意义。这两种跨学科信息和表意活动范式之间的差异来自这一事实：它们的消息理论源自从科学到人文的连续体的对立两端。卢曼试图通过运用一种贝特森式信息概念，并将其与自己新的社会交流样式的胡塞尔主体间性框架相结合，来解决这个问题。但是，他从未去构建起自己完整、一致的哲学框架，以支撑起他把现象学与二阶控制论、自创生系统和功能主义社会学结合起来的尝试。

如果我们所希望的不只是接受这两种不可兼容的范式确实存在的事实，那么我们必须抛开普遍主义的观点。如果秉承尼尔斯·玻尔的互补性理论精神，我们必须后退一步，丢掉我们的部分野心以便通过科学方法"触及包括规律和因果在内的事物根底"。

我们必须通过把观察者和施为者进行整合的方式（还有其他方式）来拓宽我们的概念框架。因此，且让我们对皮尔斯在其最后研究阶段所建立的框架展开更深入的考察。

✦

9.4 皮尔斯的思维理论

尽管对一些人而言，泛符号学似乎兼容皮尔斯的三元哲学（其中，三个范畴以及它们的内部动态是基础性的），然而，赛博符号学建议的是涵盖物理学和信息科学的一种更为温和的样式。在皮尔斯哲学中，范畴按照"思维规律"运作，在物质中存在第一性（纯粹感觉）的内在方面。但是，人们必须注意皮尔斯关于思维和意识的特别认识。皮尔斯（CP，7.364）写道：

> 还未能确立一个以其特殊性在某个瞬间能与物质的动态认识铢两相称并得到广泛认可的思维观念。几乎所有心理学家现在仍然告诉我们，思维就是意识。但是……无意识的思维是存在的。意识所意味的东西，本身不是其他而是感觉……可能，也许真的，几乎到处都存在具有感觉的一般性质的某种东西，但是，在任何可以确定的程度上，感觉都只是原生质的一种属性——可能仅仅是神经物质的一种属性。既然它如此发生，那么，生物有机体尤其是神经系统，就可以得到适当调整，把思维现象也展现出来。因此，思维和感觉被混淆并不让人惊讶……感觉不过是事物内部的方面，思维则相反，本质上是外在的现象。

因此，意识的本质是感觉，第一性的一个重要方面是纯粹感觉。从皮尔斯的框架出发，并利用连续论进行解释，人们不得不承认，宇宙充满第一性的纯粹感觉，但这并不是与人类意识相同的东西（尽管前者是后者的源头）；意识不过是感觉罢了。皮尔斯（CP，7.365）写道：

> 心理学家所研究的是思维，而不单是意识……意识是一种非常简单的东西……并非……自我意识……意识不过是感觉罢了，总体而言——不是德语意义中的感觉，而更为普遍地，是普遍化到极致的体验的直接成分。相反，思维是一种极其难以分析的东西。我说的不是

灵魂——思维的形而上学的子层面（如果说它有这一层面的话），而是在说现象方面所理解的思维。像动力科学对物质或客观事件的认识一样，对思维或精神现象的认识，是一件只能通过不断的科学调查才能完成的事情。

皮尔斯所谈的不是人类自我意识，而是意识的本质——以其最普遍化形式存在的体验的直接要素，是一种在自然中发展的现象，以种种新的、经过更精心组织的形式出现在生命体、神经系统和以语言为基础的文化之中。因此，纯粹感觉，作为最普遍化的体验能力，是世界的一种基本潜质。它是其做出区别的基本能力，该区别包括斯本塞－布朗和卢曼的系统与环境之间的第一区别。皮尔斯的哲学为系统和控制论增加了它们缺失的成分。它还与贝特森哲学和卢曼"社会—交流"系统中所发展起来的普遍化思想概念契合。思想这个概念被理解成思维和符号活动的一种功能，皮尔斯（CP 4.551）就其写道：

> 思想不一定与大脑相关。它出现在蜜蜂、晶体的产生过程中，出现在整个纯物理世界；人们不能否认它的确在那里，也不能否认物体的颜色、形状等的确在那里。思想不仅处于有机世界之中，而且它发展于其中。但是，正如总体不可能脱离体现总体的个体而存在，没有符号的思维是不可能存在的。无疑，这里我们必须赋予"符号"一种非常宽泛的含义，但是不要宽泛到无法纳入我们定义的地步。

因此，进化中的习惯形成是遵循思维规律的。所创造的规则和系统都是宇宙中的一种思考。不过，这种思考并不是冰冷的逻辑，而是在纯粹感觉或普遍化经验这个领域中所经历的符号活动。

这里，皮尔斯拓宽了符号活动概念，把化学的样式创造过程作为自然的思考包括了进来。我更愿意把这些称为原型符号过程或准符号过程，以避免因这个概念意义过于宽泛而走向泛符号形而上学。尽管如此，皮尔斯的形而上学处理的是物质自然的"内部"。他写道："无论'偶然—自发性'是在哪里找到的，那里都存在着同样比例的感觉。实际上，偶然不过是其内部是感觉的那种东西的外部方面。"（CP，6.265）

偶然、自发性和感觉与构成所有事物之间基本而模糊联系的第一性相关。不过，从生物符号学的观点看，第一性在被组织成有生命的细胞之前，并不发展成真正的符号。人们可以认为：对于宇宙而言，习惯或自然规律本身就是符号。但是，作为感觉和体验的"主体"，宇宙是如此抽象，以至于它远远超过普通人对于主体和符号的理性理解。对于普通人而言，没有意义的极端抽象的符号，或许这就是为什么我们要与诸如规律、常数和规则等概念打交道的原因。

基本哲学问题是——如前所述——在皮尔斯框架中我们是否能够得到没有符号品质的第三性？如果我们想让宇宙本身成为解释者，那么，以上问题的答案是不能。但是，从生物学的角度，我们称为符号和符号活动的那些东西是在不同空间和时间框架中起作用。皮尔斯写道："宇宙充满符号"，他把物质看作"衰竭的思维"（effete mind），他的连续论学说把思维和物质关联在一起，并且把思维看作连续性和符号活动（Santaella Braga 2001：59）。此外，他认为"初始规律须是将要得到公认的思维规律，联想规律，其中的物质规律被认为不过是特殊的结果罢了"（CP 6.227）。皮尔斯（CP 6.268）的以下文字可以看作他对思维理论所做贡献的核心部分。

> 因此，把物质的精神方面和物质方面当作绝对不同的两个方面是一个错误。从外部看一个东西，思考它的行动和反应与其他东西的关系，它便作为物质出现。从内部看它，把它的直接特点看作感觉，它便作为意识出现……须记住，机械规律不过是业已获得的习惯罢了，就像所有的思维的规则方面，包括形成习惯的趋势、它本身，等等，这种习惯行为不过是普遍化罢了，普遍化不过是感觉的延伸罢了。

因此，宇宙的以及宇宙中的习惯和规则方面都是纯粹感觉延伸的结果。

我不想以任何超验的方式对自然规律这一理念进行概念化。除了思维规律之外，皮尔斯把这类规律都看作内部固有的。用现代科学语言来表述的话，人们会说，它们出自宇宙变冷所产生的对称性破缺，与尼尔森（Nielsen 1989，1991）的随机力学理论中所建议的方式大致相同。尼尔森的物理学思考也是根本的、偶然论的。在以下引文中，皮尔斯（CP 6.202）总结了自己对偶然论的看法，这也照亮了他关于第一性和第二性独立存在的观点。

> 请允许我走上前来表示，我反对把作为整体的我的形而上学系统叫作偶然论。因为，尽管偶然论的确进入其中，但它只是作为——我所认为的——我的学说中特色东西的辅助部分进入罢了，我主要坚持的是连续性，或者第三性，并且，为了保证对第三性真正起到统领作用，我发现必须充分认识到它是第三性的东西，而第一性或者偶然，与第二性或者原始反应，是其他要素，没有它们的独立，第三性就不会有任何用武之地。

换言之，第一性（或偶然）与第二性（或原始反应）是其他要素，没有它们的独立，第三性就不会有用武之地。显然，皮尔斯是在告诉我们，第一性和第二性必须独立存在，他的形而上学方能运作。但是，符号活动的确从这些原型符号的双重关系的进一步进化中发展而来。这个结论与诺特的分析是一致的（Nöth 2001a，2001b）。

赛博符号学关于信息和符号活动之间关系的观点是，信息是可以被认定为对生命系统造成差异的差异或者区别。（这对贝特森的观点稍有修改，以便使之契合到符号学框架之中。）所以，信息属于第二性并且必须被认为是原型符号的。当我们进入第三性，解释项可能出现，正如皮尔斯所强调的和瓦雷拉在其关于自我指涉的演算中所显示的那样。但是，让系统在我们的空间和时间框架中创造出解释项，必须要有某些条件。其中之一是有生命的系统中自创生系统的闭合和自组织，如此方能在我们的空间和时间框架中创造出解释项。但是我们可能需要增加更多的标准。霍夫梅尔（Hoffmeyer 1998）描述了他认为对于有生命的系统的创造所必须具备的四个额外步骤。

1. 确立"内部—外部"的非对称（闭合的表层）。
2. 表层（表层集体）之上的原型交流。
3. 数字化的再描述——在生殖中以 DNA 的形式来传承有机体形式

（在 Hoffmeyer and Emmeche［1991］一书中称为符码二元性［code - duality］）。

　　4. 对创造解释项至关重要的界面（"内部—外部"环路）的形成。

　　机器缺乏自创生、再生产、符码二元性以及细胞膜的内部组织（Hoffmeyer 1998），因此缺乏基于个体的和基于物种的动机和意图性，于是缺乏确立真正解释项的能力。

　　我发现霍夫梅尔的四个额外步骤与对皮尔斯理论的解释是兼容的：把有生命的系统——尤其是人类——看作宇宙意识到自身的方式。这是理解斯本塞 - 布朗观点的另一种方式，斯氏认为，宇宙把系统与环境进行了最初的区别是为了能够看到自身。人需要身体和神经系统是为了变得有（自觉）意识！正如皮尔斯（CP 6.489）写道："因为上帝——在其必然存在的本质特性中——是非具身化的'灵'（spirit），同时，因为有充足的理由认为，我们称为意识的东西要么不过是大脑的总体感觉或者其中的部分感觉，要么在任何情况下都是某种本能的或身体的感觉，因此，上帝可能没有意识。"

　　这一惊人的神学主张，可以回答斯本塞 - 布朗的问题：为了看到或者体验自我，世界为什么要经历自我分裂的痛苦？人们想起叔本华的"意志"。不过，在皮尔斯的哲学中，这是对知识的意志；皮尔斯还持有一种非常普遍化的思维概念。

　　所以，在皮尔斯的理解中，思维和符号活动是与目的和最终因果关系相关的，不要求必须有自我意识才能起作用。更应该说，它们是发展自我意识的一种手段。所以，最终的因果关系和符号活动是作为进化的内在部分在自然中发挥作用。皮尔斯（CP 7.336）写道："心理学家说意识是思维的本质属性；说目的只是一种特殊的调整。我认为，目的，或更应该说，最终因果关系——目的是对最终因果关系的有意识的调整——是心理学家自己研究的本质对象；意识是伴随思维产生的一种特殊的而并非普遍的东西。"

　　通过这种方式，目的以及因此而来的现象学的"意图性"被从自然的最基本层面引入（不管引进的力度是多么小），从而铺平道路，让自然的意义理论为文化的、存在的和精神的意义理论提供补充。所以，目的在其形而上学中起着一种根本性的作用，不过是作为第二性的。

皮尔斯所引入的这样一个总体性的目的，如何能够以一种对科学有用的方式得到梳理？在有机和认知进化的层面，霍夫梅尔建议在化约论的达尔文式"适者生存"（survival of the fittest）之上增加一个新的意义层面，"适者生存"这个术语（其实是赫伯特·斯本塞创造出来的）多年来在经济学和管理学理论中应用得很好，但现在似乎被用到极限："有机进化的最显著特征并不是创造让人惊讶的形态结构的多重性，而是'符号自由'［semiotic freedom］的普遍延伸，即，可以进行交流的意义在丰富度或'深度'方面的增长。"（Hoffmeyer 1997：61）

这里，霍夫梅尔所关注的是一个关键点，因为这正是意义可能性进入生物符号学框架的所在。符号在意识自由中的表现——可能与皮尔斯的"冥想"（musement）接近（参见《一次被忽略的为上帝进行的辩论》［"A Neglected Argument for God"］）——变成了宇宙起源和进化理论中引人注目的东西！生存或者熵的最大耗散都不足以解释有着感受性内部世界的系统的成长。皮尔斯（CP 6.302）在其发表于《一元论者》（Monist）的著名论文《进化之爱》（"Evolutionary Love"）中曾论及思维具有自发性这个观点，其中，他对我们将进行考察的拉马克的进化观有过如下讨论。

> 记住所有物质真的都是思维，还需要记住思维的连续性，于是，且让我们问问，拉马克的进化体现的是意识领域中哪个方面……精神更深层次的运作以其自身的缓慢方式发生，无须我们的容许……除了这个内部的过程，还有环境的运作，它打破注定要被打破才能让思维生机勃勃的习惯。人人都知道，习惯格套的延续让我们无精打采，一连串的惊讶则让想法熠熠发光……一部分思维与其他部分进行了充分的连接，几乎是机械性运作的。它沦为铁轨交叉点的处境。但是，一部分思维几乎是孤立的，是一个精神半岛，或者一条死胡同，就像铁路的终点站。现在，精神接缝就是习惯。在它们聚集的地方，原创性是不需要的，也是找不到的；但是，在它们匮乏的地方，自发性就得到了释放。因此，拉马克式思维进化中的第一步，是把杂七杂八的思

想放入可以让它们自由发挥作用的场景之中。

通过把这与行为学中的情感和内部回馈问题——洛伦兹在其标准的唯物主义生物学框架中所不能解决的一个问题——相联系，同时通过在进化语境中运用冯·乌克斯库尔的环境界概念，生物符号学把每个有生命的系统所创造的表意活动域当作主要的生活空间。行为学家所谓的"惯习中的生态位"（the ecological niche in the habitat）变成了一个有意义的域——有生命的系统的表意活动域。从生态符号学的观点看，它是"符号位"（semiotic niche），这正是霍夫梅尔（Hoffmeyer 1997）对它的称呼。生物符号学中的有生命的系统的符号化也向内而行。

通过内部符号学，在有机体内部的意义生产被带到器官、组织和细胞之间的交流。在微观符号学中，意义甚至产生在细胞内部，尽管没有意识。

于是，意义的生产，通过以下三种进化，通过与万物有灵论和宇宙发展相结合的第一性和连续论概念，被带进机械主义认为"死亡的"自然中。

1. 偶然进化（自由或随机变化，有时称为意外进化），譬如，达尔文的自然选择。

2. 必然进化（动态的二元交互，更具机械性的必然）。这一种观点与黑格尔的进化观很接近。

3. 向往进化或"进化之爱"（凭借第三性的中介能力通过习惯形成而将自由变化与二元交互结合起来）。这与拉马克的进化观很接近（Brent 1998：215）。

在《一元论者》上发表的《进化之爱》这篇论文中，他对最后一种进化做出了描述。皮尔斯（CP 6.289）给自己的进化哲学增加了一种非常宽泛和抽象的爱的理论，并又一次将其与他的神学思考关联起来。

每个人都能看到，圣约翰的陈述是一种进化哲学的方案，它教诲说，成长只能自爱而来，我认为这里的爱不是自我牺牲，而是满足另一个最高级别的冲动的那种热忱冲动。假设我有一个我觉得有趣的想法，它是我的创造，它是我受我支配的玩意儿；因为正如在去年7月《一元论者》上刊载的《人的透明本质》（"Man's Glassy Essence"）一文所表示的那样，它是一个小人儿。我爱它；我将潜心去完善它。我能让它成长，不是因为给了我那些想法冷冰冰的公正，而是因为我像对待花园里的花儿一样珍惜和照料它。我们从约翰福音中得出的哲学观点是，这就是思维发展的方式；至于宇宙，只要它还是思维，并因此而有生命，它就能进一步进化。爱，认识到可憎的东西当中拥有可爱的东西的萌芽之后，会渐渐地温暖它，使它形成生命，并使之变得可爱。这就是每个仔细阅读过我的《思维规律》（"The Law of Mind"）一文的学者必定看到的那种连续论所呼唤的进化。

突变造成的进化和机械必然造成的进化是彼此交锋的认识。拉马克式进化因此是习惯力量造成的进化……因此，习惯扮演着双重角色；它确立新的特征，又让这些特征与拥有这些特征的动物和植物的总体形态学和功能协调一致。但是，如果读者现在不怕麻烦向前翻上一两页，他就会看到，对拉马克式进化的这种描述与关于爱的行为的总体描述是一致的，对此，我猜他会表示赞同。

如果纯粹感觉存在于第一性中，意志存在于第二性中，那么爱就是以其最为普遍化的形式存在于第三性中。《蒂迈欧篇》（*Timaeus*）和新柏拉图主义者普罗提诺（Plotinus 2000）的《九章集》（*Enneads*）的柏拉图式灵感显而易见。在皮尔斯哲学基础上，符号和意义在有生命的世界中的出现是可以预料的。同样明显的是，世界在其模糊的开端并不是被创造出来时就有符号——就像我们在生物符号学中对它们的理解一样，而只是有通过思维规律制造它们的趋势。这或许可以称为朝向最终因果关系的模糊趋势，它是从根据思维规律形成习惯这种趋势发展变化而来的。

那么，皮尔斯如何理解有效原因——或者第二性中的原始之力——与最终因果关系之间的关系呢？皮尔斯（CP 1.211）就最终因果关系写道：

认为"最终原因"必定是目的是一个广泛流传的错误。目的不过是我们经验最熟悉的那种形式的最终原因罢了。"最终原因"这个说法的表意必须由它在亚里士多德的陈述中的用法决定，亚里士多德认为，所有因果关系都分成两大分支：有效的，或有力的；理想的，或最终的。如果我们要保护该陈述的真实性，那么，我们必须通过最终因果关系来理解产生事实的方式，根据它对结果的普遍性描述得以发生，而不管它必须以某种方式发生；尽管这种方式可以为了结果加以调整。

因此，最终原因在其最抽象的形式中是一种（让事物?）朝着某个方向发展的趋势。另外，有效原因则是原始的和机械的，完全缺乏目标导向性。但是它通常会被最终原因左右。这种情况不仅在人类中如此，譬如，在皮尔斯下面所举的用来福枪打猎的例子中那样，而且在自然的进化中亦是如此。皮尔斯（CP 1.212）写道：

> 另一方面，有效因果关系是事物特定条件所决定的一种强制作用，这种强制的作用是使该场合开始以一种完全决定性的方式变化；结果的普遍性质可能与有效因果关系毫不相干。譬如，我一枪打在鹰的翅膀上；因为我的目标——一种特殊的最终或理想原因——是打中这只鸟，我并不直接瞄准它开枪，而是瞄准稍前一点的位置，为子弹到达远处时留出位置变化。到此为止，这是一件关于最终因果关系的事情。但是，在子弹离开来福枪枪膛之后，事情就变成了愚蠢的有效因果关系了，一旦这只鹰朝着另一个方向俯冲，子弹丝毫不会拐弯，有效因果关系对于会有什么结果根本无法顾及，只会盲目遵守命令。

赛博符号学的解释是，有效因果关系可以凭借自身作为第二性存在。不过，这样一种因果关系常常被发现是内含在信息科学中所描述的样式拟合和信号这些形式因果之中的，并且，后来，在有生命的世界中是显然内含在最终因果关系之中的，在人类社会中变成了有意识的目的。被看作原型符号活动（在进化中）和准符号活动（内含在机器的计算过程中）的信息落在了两者之间。它与形式因果关系相关，通过信号和样式二元性起作用；它尚且不是完全的三元符号活动，但仍然是高于有效因果关系的原始力量。

按照我的看法，关于自组织和系统闭合的控制论思考，对我们理解有生命的系统做出了重大贡献。冯·乌克斯库尔在其"功能圈"中运用基本的控制论，为生物符号学和生物控制论（二阶控制论和自创生系统理论）打下基础。但是，如果我们要发展出一种理论，宽泛到足以纳入现在所谓生物符号学的东西，足以涵盖符号临界值这个核心认识论问题，那么，必须把皮尔斯符号学和现代控制论结合起来。生物符号学家往往会忽略二阶控制论和自创生系统理论对其理论框架的重要贡献；其研究工作深入人类社会交流领域的控制论专家则往往会忽略符号构成要素（Ort and Peter 1999）。为了整合这两个阵营所做出的贡献，我们需要一个更为宽泛的基础。这就是我为什么把我的研究叫作赛博符号学。为了做到这一点，我必须说明符号活动与三个范畴如何能融入进化的突生理论。

9.5   在进化和突生理论中统合系统科学和符号学

在这里，我提出的赛博符号学方法，统合了控制论、系统、信息、符号的研究方法来研究自组织、意图性、差异选择和建构主义，因此避免了唯我论和唯心主义。我之所以做到这一点，是因为我通过把关注焦点放在身体状态在意义建构中的作用上，运用之前描述的五种观点的可行要素，并且以一种非极权和非普遍主义的方式将信息、控制论和皮尔斯的观点结合在一起。

现代系统思考把自然看作包含了由相互关联的集群所构成的多层面、多维度的层级，它们一道形成了一个性质混杂的过程式结构总层级："混杂层级"（heterarchy）。

当新的整子（holons）通过更高层面的组织出现之时，层面便通过突生过程出现。这些原则可以放在皮尔斯视角下观照。从这一视角来看，潜在性（第一性）是通过限制条件和力量（第二性）作为规则和样式（第三性）展现出来的过程。这个过程通过递归的方式从一个层面延续到下一个层面。新的突生层面又充当下一层面发展的潜在性。

当其动态参数接近临界点时——譬如，当核子（nucleons）在"夸克汤"（quark soup）* 中形成和分解的时候，层面可以形成和分解。稳定需要系统远离临界点进入对样式的组织，如能量井（energy wells）就是一种样式。

在层级中，有对从每个新突现层面的底部兴起的低层面效果的过滤。但是，一旦一条突生路径稳定下来（向下的因果关系），那么就还有一种来自顶层的约束作用，以及对其他可能性的排斥。

跨过层面，各种形式的因果关系（有效的：基于能量转换；形式的：基于样式辨识、信号和信息的；以及最终的因此也是符号的）明晰度（显示度）有高有低。这导致在能量和物质构成的世界的不同层面上信息和符号意义的展现明晰度有高有低。这些基本形式的因果关系可以在所有层面显示出来。物质的因果关系是以量子真空——零能量场——为基础。对每个层面而言，下一个最低的层面充当着它的物质基础。

突生过程规律对每个层面都是特殊的，皮尔斯会说，它们都是作为新的习惯出现。这允许各个构成部分一起发挥作用；它还对样式形成中的各个层面以及可以用客观信息概念来描述的结构起稳定作用。这产生出使每个层面个体化的动态整合。在这种整合涉及主动的组织过程的特殊情况中，我们有自主性，可以通过自催化闭合创造中介。似乎整个闭合——就像在自创生系统中那样——对于有生命的系统的创造十分重要。

意义通过整个混杂层级，尤其是通过个体系统与更宽泛的自然或社会语境之间的关系得以产生。因此，意义既产生在有生命的人类的个体层面，也产生在社会系统之中。

意义在满足霍夫梅尔条件的有生命的系统中最为明显。但是，从耗散系统出发，人们可以明确由地球上生命产生之前的、经过自组织的系统所构成的层级，是基于不同程度的闭合、内部和外部之间的非对称、细胞膜之上的原型交流、数字再现和界面形成。

自主的系统与种种关于有意义的功能性的观念有关，后者渐次地又与各种因果关系（有效的、形式的和最终的因果关系）有关。发展得最为成

---

* 粒子物理学的"标准模型"认为，在超过 1 万亿摄氏度的温度下，质子和中子也会"熔化"，变成夸克和胶子组成的等离子体，这种夸克－胶子等离子体就是"夸克汤"。——译者注

熟的那种意义涉及自觉的"社会—语言"思维中的最终性。

通过分辨社会的、再现的意义和个人的、主观的、存在的意义，我们有可能进行进一步的区分。不过，这么做需要一种尚未发展起来的意识理论，生物符号学理论和世界观将对该理论做出重大贡献。皮尔斯在《偶然、爱与逻辑》（Chance，Love and Logic，1923；后面引作 Brent 1998）中对此写道：

> 一个总体性观念是对意识的某种修订，它伴随着某种规则性或者偶然行为之间的普遍关联。
>
> 对一个总体性观念的意识有着一定的"自我的统一性"（unity of the ego），当它从一个头脑传递到另一个头脑后，它还是那个观念。所以，它和一个人很类似；的确，一个人只是一种特别的总体性观念……一个人不过是涉及一个总体性观念的象征符号罢了……每个总体性观念都有属于一个人的统一的生存感觉。

从这种反思之中，产生了皮尔斯关于作为一个符号（主要是思维和总体性观念所构成的这个更大框架中的一个象征符号）的人的著名理论。为了理解这一点，人们必须记住概念从中引申出它们意义的哲学框架。皮尔斯是一个万有在神论者（panentheist）。神灵的或者超感觉的东西——如布伦特（Brent 1998）所称的——在可感觉的东西之中得到体现。这是形而上学框架的一个方面，大多数科学取向的系统科学和控制论都按照避免明确超越科学的形而上学这一传统对其避而远之。但是所付出的代价是他们缺乏有关意义、个人/主体和第一人称体验以及感受性的诸多理论。对皮尔斯而言，个人是组织意识（总体体验和感觉）的一种专门的符号学方法。

重要的是我们注意到，皮尔斯并未把宗教当成信仰或者社会学现象和建制来论述。"对我而言，宗教本身似乎是一种野蛮的迷信。"他在给威廉·詹姆斯的一封信中这样写道（Brent 1998：261）。这表明他对基督教和佛教都有过批评。

布伦特（Brent 1998：261）注意到，1892 年 4 月 24 日皮尔斯在纽约的圣托马斯圣公会教堂中有过一次神秘的体验。就在出版第一版传记之后，布伦特发现了皮尔斯写到了这次体验的一封信，发现这封信后，他对第二版做了巨大改变。在《一元论者》上发表的著名的系列论文之一《思维的规律》（1892 年 7 月刊，533 – 559）中，皮尔斯做了一些重要评述，解释了自己关于经典超验主义和神秘主义的新认识。

> 我已首先表明偶然论必定诞生进化的宇宙学来，在进化宇宙学中，所有自然和思维的规则都被当作成长的产物，对一种主张物质只是专门化的和部分死亡的思维的谢林式唯心主义而言……我出生和长大的地方，是在康科德附近，我的意思是在坎布里奇*——当时爱默生、赫奇以及他们的朋友都在传播他们从谢林那里得来的想法，而谢林又是从普罗提诺、从玻姆或者是从上帝那里知道什么思维是受到东方可怕的神秘主义折磨的。但是坎布里奇的氛围让许多人不受康科德的超验主义的污染；而我并未意识到自己受到过那种病毒的影响。尽管如此，有可能某种培养出来的杆菌——该疾病的某种良性形式——植入了我的灵魂，而我毫无觉察；有可能的是，现在，经过长期潜伏之后，它冒了出来并经过数学概念作用和物理调查方面的训练得以修正。（CP 6. 102 – 163）

因此，他的视野有一种不同的概念化（一种良性形式）。皮尔斯发展出他自己的理解：科学和宗教是相互依赖的，并在彼此富有成果的进化式相互作用中发展成了拉波萨（Raposa 1989：7 – 13）所谓的他的“科学神学”（scientific Theism）：

> 他抓住了“宗教的本质”，抓住了它“深层的神秘”，他抓住的不是它特定的表达或者措辞。同时“尽可能地忠于教堂”。同时，作为科学家，他的视角受到了他的理想的影响并因此得到了调整。因此他想要为有信仰的人发展和倡导一种特别的视野和一整套独特的观点，这一思想根源在于他的“双重乐观主义”：“上帝的真理”是终极真理

---

* 被誉为“美国文明之父”的思想家爱默生、小说家霍桑、自然主义者梭罗、女权主义者奥尔柯特等名人于 19 世纪 30 年代均生活在康科德，形成所谓“康科德作家群体”，“超验主义”也由此诞生；同在波士顿地区，与康科德相隔仅 20 余英里的坎布里奇是哈佛大学所在地。——译者注

以及它确实能为开放的且有探索精神的团体所理解。

皮尔斯（CP 6.433）对这种"科学的宗教"解释如下：

> 这样一种思维状态可能被恰当地称作科学的宗教……它是一种宗教，对其本身如此忠实，以至于它被科学精神激活，充满信心地认为科学的所有征服都是它自身的成功，它接受所有的科学成果，就像搞科学的人接受它们一样，将其当作朝向真理的阶梯，这个真理或许在一段时间中似乎与其他真理有所冲突，不过，在这样的情况下，其他真理只会等待调整，而随着时间的推移，目标一定会实现。

我们知道，在皮尔斯看来，真理就是无限大的探索团队最终发现的那种情况。一个好的想法是这样的：它最终会让自己得到思考，然后一直保持生命力，并在与其他有兴趣探索相同类型见解的人的相互交流之中产生不大的影响（Raposa 1989：154）。

因此，对皮尔斯而言，真正的科学和真正的宗教——如果它们与它们自身所宣称的全身心探索并遵从真理与意义是一致的——必定是肩并肩地工作的，交换论点，推动彼此朝着一种单一性发展，其中，真理和意义，通过宇宙与它自身的对话和论辩，在一个单一的点上交汇。皮尔斯（CP 5.119）写道：

> 宇宙作为一场论辩必然是一件伟大的艺术作品、一首了不起的诗歌，因为每个美好的论辩都是一首诗和一支交响曲，正如每首真正的诗歌都是一场精彩的论辩。但是，且让我们把它与绘画——一幅印象主义的海边图画——相比，那么，前提中的每种品质都是这幅绘画的基本的着色粒子之一；它们都被用来共同地作为整体构成属于整体的那种所意图的品质。整体的效果超过了我们的理解范围：但是我们能够通过某种方式理解整体的部分的那种由之而来的品质。

我请读者想想黑塞在《玻璃球游戏》中的认识，这部作品来自东方和西方，科学以及艺术、哲学和宗教的诸多见解的融合，并且宗教也是这本书的灵感之一。引文还强调了我之前的论点，即，自然规律或许可以被看作宇宙的符号，但是对于人类而言，它们不是那么好理解。我们必须从我们的角度定义符号概念，然后我们试图通过发展生物符号学来扩大它，使之能够涵盖所有有生命的系统。

总结而言，自从布鲁诺和伽利略在文艺复兴和启蒙运动期间被审判以来，科学与西方基督教就有些敌对。但是，自从在中世纪梅斯特·埃克哈特在死后被逐出教会以来，教会与神秘学的关系同样也是如此。皮尔斯的哲学可以被解释成神秘主义与科学的整合。在皮尔斯哲学中，思维在内部是感觉，在外部是有着形成习惯趋势的自发性、偶然和混沌。这是思维的规律，爱则是其三种进化的唯一理由。皮尔斯把宇宙的过程和习惯看作思想，他写道，思维把自身最完美地展现在原生质和神经系统之中。在一些手稿中，皮尔斯进一步写到三个现实世界（他的范畴）之上的空无，空无是范畴的源出之地。正如已经提到的，他还强调上帝不可能以人的那种方式获得意识，因为在其"思维"之中没有内容。似乎因为在范畴背后和之前存在超验的无物性（a transcendental nothingness），皮尔斯对带有超验的上帝的现实有着一种神秘观。这作为根深蒂固的哲学形而上学令人非常吃惊（Stace 1960，Suzuki 2002）。因此，皮尔斯似乎是一个"万有在神论者"（panentheist）！实际上他与铃木（suzuki）的思想非常接近，因为皮尔斯还结合了来自佛教和基督教的灵感。哈特肖恩（Hartshorne 1984：3）提到，皮尔斯是"佛教徒—基督教徒"（Buddhist – Christian）这个术语的创造者。稻田和雅各布森（Inada and Jacobson 1984：XIII）写道：

> 不过，美国人与佛教最深层次的相遇出现在皮尔斯那里，相比以前的人他把自己的信念更具体地与佛教关联起来。在皮尔斯看来，对于所有形式的佛教……没有决定论性质的实在性，也没有处在事物中心的自主存在或实体，规范世界的，既不是万能之物质的无情统治，也不是盲目的偶然。
>
> 现存的世界是某一独立实体，某一终极的、不可分析的实体的非存在（non – existence）的结果。普遍的和具体的东西，是某个世界的自我超越过程和无法打破的整体性，在这个世界的微观"点瞬间"（point instants），在所有不曾调头而去的人那里，产生出瞬间的情感迸

发和怜悯。

除了皮尔斯并不是太耽溺于内部固有的东西这一点之外,这一描述中有很多说得很对。佛教不仅需要超验的空无这个理念,同时也把它吸纳为自己的理念。无论如何,这正是我对下面引文的解释。

但是,关于意义和真理在个体思维中交汇的那个所在,皮尔斯会怎么说呢?拉波萨(Raposa 1989:120)写道:

> 这个点是"退化的第三性"(a degenerate Third),正如皮尔斯在另一处所解释的"不是再现别的而是再现它自身,不是对着别的再现而是对着它自身再现"(CP 5.71)。所以,"纯粹自我意识的确切类似物"需被当作"有着一种成为思想胚芽的黑暗本能的纯粹感觉"。而这正是皮尔斯在其宇宙论方面的论文中描述原始状态中的宇宙思维所采用的方式。但这个点并不能再现思维,因为,尽管它是自足的(self-sufficient),"它却并不能满足所有(all-sufficient),即,并非一种完全再现,而只是一个连续地图上的一个点"(CP 5.71)。[2]

皮尔斯甚至用到了超级秩序,它并非我们对其理解的那样是意识,而是我们习惯了的没有内容的纯粹思维。为了尽力说明实效主义(pragmaticism)是什么,如何能够将其用于最高级的形而上学原则,皮尔斯(CP 6.490)写道:

> 非具身化的精神,或者纯粹思维,其存在是处于时间之外的,因为它注定要思考的一切完全在于其在任何先前时间的存在。但是,在无尽的时间中它注定要思考一切它能够思考的东西。秩序只是在排列中具身化了的思想;以任何其他方式具身化的思想,客观上作为一个特征出现,是对秩序的一种普遍化,并且,因为没有言辞来表示,我们或许暂时可以称之为"超级秩序"(super order)。它是像统一性的某种东西。纯粹思维,作为思想的创造者,只要它在时间中展现,必定是有一个与习惯形成能力相关的特征,正如超级秩序与统一性有关一样……完美的宇宙学必定……表明三个宇宙的完整历史——就像它过去所是和以后将是的那样——会源自一个根本就不会假设它们存在

的前提……但是，那个前提必定再现一种事物状态，其中，三个宇宙
全然为空。结果，不论是否在时间之中，三个宇宙必定实实在在地成
了一种绝对空无状态的必然结果。我们不能自身去想象这样一种虚无
状态；但是我们能够轻易地想到，肯定有头脑能够想到它，因为，无
论如何，在纯粹的非存在中是不可能涉及任何矛盾的。

这里，皮尔斯谈到在三个基本范畴的进化过程背后必然有一个超验的
超级秩序。这与对柏拉图超验理式的一般理解是不兼容的，因为在皮尔斯
这里，第一性是极为模糊的，须有第二性方能得到展现。悖论是，这样一
个秩序无法用任何人类语言进行梳理。大卫·玻姆（Bohm 1983）讨论了
"整体性和暗含的秩序"这个想法，这正是他这部名著的标题。书里提到
他用到了自然中的内部固有秩序这个想法。在一次访谈中（Weber 1972），
他谈到了"超级暗含秩序"（super - implicate order），这似乎与皮尔斯的
"超级秩序"非常相似。

和佛教徒一样，皮尔斯把这种秩序看作虚无。佛教徒谈论空。皮尔斯
写道，三个世界，第一性（感受性与潜在性）、第二性（抵抗、意志和原
始力量）与第三性（中介和习惯形成），必须在进化形而上学中从空开始
逐步发展。布伦特（Brent 1998：212）讨论了这与皮尔斯的符号的[3]现实主
义如何保持一致："对皮尔斯而言，符号学应该被理解成……就是搞明白
为何真实既是内在的又是超验的，为何可以说那位无与伦比的说话人在创
造我们的宇宙时是在实施符号活动。"

这一悖论对于许多神秘主义思想而言是本质性的。有一个超越时间和
空间的超验的现实，不可言说它，它却仍然是一切的源头。这是一种我们
所没有的知识，我们知道我们没有而且永远不会有，因为它超越言辞、时
间、差异，存在于不可言说之中，现在成了超级复杂和不可逆的现实之
流。皮尔斯（CP 6.490）写道：

> 在那种绝对虚无的状态之中，在时间之内或之外，也就是说，在
> 时间进化之前或之后，定然存在一种全然的混沌（a tohu bohu），不论
> 肯定的还是否定的，一概地不真实。所以，可以想到的一切肯定都有
> 点儿。这里那里肯定有点无从分辨的形成超级习惯的趋势。

但是这样一种状态必定会增强自我。一种采取方式做出行动的趋势，与一种形成习惯的趋势相结合，必定会增强以那种方式行动的那种趋势。但是有一些习惯，一旦超过某个临界点，便会把它们的主体从宇宙中消除掉……因此失去质量的趋势会以质量全然消失告终。失去能量的趋势会以把它的主体从感知存在中移除告终。

所有这些与主流哲学中常常被认为是美国实用主义所指的东西相去甚远。皮尔斯理论三元的范畴基础是皮尔斯将自己的理论重新命名为"实效主义"的理由之一。他的目的是要把它与詹姆斯的和杜威的实用主义加以区别。

因此，逻辑和独具特色这个概念，要求有一个普遍的超验的超级秩序作为基础。这样一来，问题就是，进化如何从那里开始？柏拉图在《蒂迈欧篇》中写道，"太一"（the One）因爱而泛滥，创造出某种至少能够以一种不完美方式包含某种爱的东西，因为它不嫉妒。普罗提诺（Plotinus 2000）进一步发展了这一理论。在《吠陀》（Vedas）中，欲望使梵天（Brahman）通过自己的能量（Shakti，女性创造力）创造出了世界。梵天本身是不可移动的基础。皮尔斯的解决方法近于吠檀多不二论（Advaita Vedanta），但是采用了自己的形而上学表述，所以更接近出自科学角度（如量子场理论）的观点和用词。

在许多方面，皮尔斯的表述与真空场（真空场支撑着物理学大一统理论）中遇到的现代物理学定义非常接近（Hawking 1989）。人们声称，真空场在普朗克时间中可以有远比整个宇宙大的能量爆发，但是，除非某种稳定可以让虚拟东西得到显现，否则什么都不会存在。根据量子力学，普朗克时间和普朗克长度是我们所能测量的最小单位。在普朗克的时空框架中，所有种类的虚拟粒子都以物质与反物质成对的方式跳出真空场。但是，只有在它们被分开之时——这就是发生在黑洞事件视界的事情——它们中的一个才会（不论多么短暂）在时空几何学范围内的存在中出现。霍金发现这就是辐射从黑洞散发出来（"霍金辐射"［Hawking's radiation］）的原因。但是，正如之前所提到的，主流物理学一直与皮尔斯第一性的感觉和感受性方面保持着距离，尽管许多量子物理学家似乎持有神秘主义世界观。按照皮尔斯的看法，一旦形成习惯的趋势有了某种潜在的质的差异，我们就转到第一性中去操作了。这些可以被理解成虚拟粒子。只要粒子的稳定形式确立起自身，我们就有了第二性（抵抗、力量）和第三性（规则性和由之而来的稳定性）。在量子场物理学中，这会是虚拟粒子有足够能量将自身展现为量子现象之时。皮尔斯的观点被表述成形成习惯的趋势，冯·福尔斯特的观点则被表述为具有稳定的特征值——这样的措辞从（如量子场理论）科学视角来看更容易被接受。这一描述与今天量子场理论中描述宇宙起源的方式非常接近，只不过是在接受了机械主义的形而上学之后，核物理学家和宇宙学家不会认为思维品质是他们的形而上学基础的组成部分。但是这种用起来很方便的机械主义，正是我们在各门科学中非常难以为生命、认知和意识的出现提供一个合理场景的主要理由之一。正如我之前所表示的，它作为框架很适合一部分物理学研究，但作为一般的形而上学它不适合自然和社会科学与人文的研究学科。但是，通过他的互补性理论，尼尔斯·玻尔接近于建立起一种量子物理学的符号学了。

把现代科学的结论与皮尔斯式形而上学结合起来，并把皮尔斯符号学发展成一种生物符号学之后，赛博符号学框架表明，科学的世界观应该与皮尔斯的框架统合起来。这可以通过结合本体论和认识论来完成，将其概念化成存在和认知的五个层面。

1. 主要的混沌层面，由连续性、品质、纯粹感觉和潜在性构成，具有形成习惯的趋势（第一性）。这一层面将包括（只作为一个方面）物理学所谓的统一的量子真空场。

2. "因果"层面，由物质、能量和因果关系通过自然力量构成（第二性及其"原始之力"）。从皮尔斯的万物有灵论观点看，物质具有纯粹感觉的内部方面，具有形成习惯的趋势。这在当今科学中不被接受，但是从进化观点看，对于解释第一人称体验何以能在进化过程中从有生命的系统中产生必不可少。

3. 信息的控制论系统层面，由作为准符号的信号构成，包括一阶经典控制论所描述的目标导向的机械系统。从赛博符号学的观点看，信息作为差异信号的概念只有在被解释成原始符号或者准符号之时才有意义。

    4. 属于所有有生命的系统的真正的符号层面（生物符号学）。到目前为止，这是唯一一个能够进行真正三元符号活动的层面，即，在人类可以理解的符号游戏中产生表意活动域。

    5. 有意识的社会语言系统层面（语言游戏、论辩）。到目前为止，这个层面只为人类所占据。

符号制造因此是自然中内在固有的，但是只在有生命的系统内部的完整的三元符号活动中得以展现。信息层面被看作由能量、物质和力量构成的物理世界与符号世界的中间地带。赛博符号学到目前为止是站在生物符号学一边，并未接受成熟的泛符号学；不过，它的确通过进化模式表现出一种折中态度。

通过把解释项作为自己理论的组成部分，并利用直接对象和间接对象的概念，皮尔斯在其符号活动三元模式中完成了这一工作。相似的发展发生在二阶控制论和自创生系统理论之中，其中，马图拉那与瓦雷拉的自创生系统理论因为是从实施观察的自创生系统出发来理解认知的，所以并未用到"信息"这个词。从环境传递到有生命的系统，并没有可以被定义为有意义的信息的东西被传递。不过，马图拉那与瓦雷拉二人的确承认，当人们从外部进行观察，似乎系统已经获得了信息。换言之，当自创生系统接收到它作为物种并为之做好了准备的干扰，信息会通过"结构耦合"的创造在自创生系统内部被创造出来。行为学家会说，物种有本能感知，符号刺激会诱发内在的释放机制（IRM），引起之前程序设定好的本能行为。从赛博符号学的观点看，人们可以把自创生系统看作一个前提条件，有了它，环境中的差异才能通过符号活动过程加上霍夫梅尔所说的四个额外步骤变成有意义的符号。

当信息理论试图涵盖意义和符号含义领域，它会通过模糊信息过程和符号过程之间的差异并从而模糊有生命的系统和操控机械信号的系统（或者准符号的系统）之间的差异，超越并摧毁符号临界值。这产生出各种有关理解的简单主义理论，这些理论不能对具身化的有生命的系统所独有的认知过程做出解释，更不用说有意识的"社会—语言"系统所独有的认知过程了。

符号制造是控制论与符号学之间的门槛。创造一个造成差异的差异，就是在具身化思维中为其确立一个符号（解释项）。按照皮尔斯的说法，在这之前，它只是二阶控制论信号——或者只是准符号性质的。*控制论信息理论的整个研究主题领域因此是准符号的领域*。在此之下是"物理—化学"层面，一般来说这个层面最好从自然力量造成的能量、物质和因果性（第二性）的角度来描述，但是最终它的确会有在进化中通过打破对称和形成习惯发展出"自然规律"的第三性过程。在下一章中，我将发展出一个模型来阐述这种认知和交流观所造成的结果。

10

❀

信息、表意活动、认知与交流的
赛博符号学模式

❀

10.1　赛博符号学的认知与交流观

　　赛博符号学是对生物符号学的发展，它通过将后者与诸如尼古拉·卢曼的研究等结合起来而得以创建。下面我将通过一个描述人类与动物中表意活动与交流的各个层面并总结到目前为止所提出理论概念的模式，更深入细致地探讨这一内容。

　　卢曼普遍化了马图拉那与瓦雷拉（Maturana and Varela 1980）提出的自创生系统概念，以之将心理思考系统和社会交流系统都包括在内。他把精神看作沉默无声的内部系统，由感知、情感、思考和意欲构成的闭合系统。必须创造出特殊的"社会—交流"系统，方能有交流的发生。交流是一个在组织方面闭合的系统，"唯有交流才会交流"（only communication communicates）是卢曼对这种功能主义社会学的表述方式（Luhmann 1992）。社会系统是以人的身体和思维作为周遭之物的交流系统（对卢曼关于人类社会交流模式的概括，参见图 10.1）。这是认知和交流的赛博符号学模式中的第一步。[1]

　　理解我们内部精神世界的方法之一，是在我们与环境进行身体交互之后，构建一个被感觉到的表意活动域。这产生出作为认知、兴趣和解释中心的个人"视角"。维护个体的和物种的自组织结构中的自我价值和自我

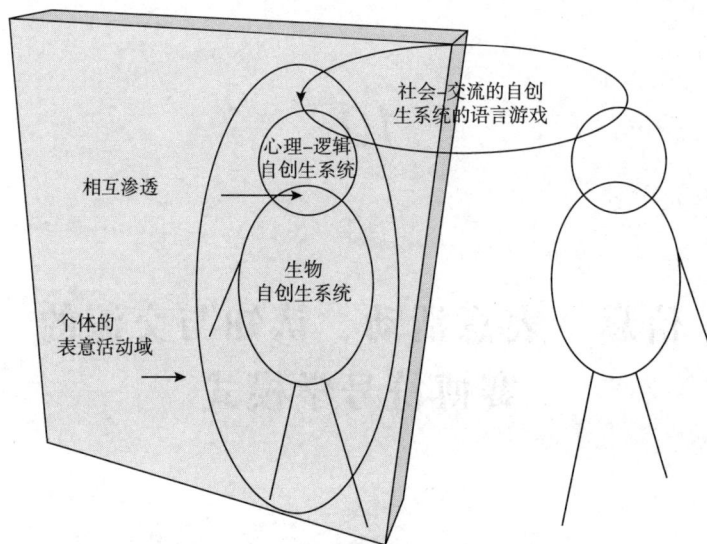

图 10.1　卢曼的三重自创生系统模式

　　三个在组织方面闭合的系统分别作用，让交流变得可能。这里用符号对它们进行了体现：身代表生物方面，头代表心理方面，两人之间的空间代表"社会—交流"自创生系统。现实中，要清晰区分出这三个系统是困难的。"表意活动域"是一个表示冯·乌克斯库尔的"环境界"和马图拉那的"认知领域"的生物符号学术语，这里，在皮尔斯式生物符号学范畴中对其重新做出了解释。

兴趣，是有生命的系统的表意能力的基础。但是，这种个体的表意活动域受到诸如交配、抚养后代、竞争狩猎领域、群体中的等级、食品采集和捕猎中的协作等物种专属的社会相互作用的干扰。这些社会活动产生出符号游戏并最终（通过人类进化）产生出语言游戏。

　　有意义和有信息的消息建构的前提是自创生系统、表意活动以及动机/意图性。只有在这种三元关系中，对信息、言谈和理解的选择方有可能。

　　生物符号学和暗喻理论就符号活动中具身化的重要性有过广泛争论。我对生物符号学（以行为学为基础）的动机概念和与动机有关的具身化认知含义概念之间的联系已经有过阐述。行为学和具身化暗喻理论都发现，认为对某人而言符号以一种特别方式代表着某种东西的这种认识，是受释放机制控制的，释放机制关联着系统性过程中的动机、感知和行为/行动，正如冯·乌克斯库尔在其"功能圈"中描述的那样，海因茨·冯·福尔斯特将其当作感知方面的"特征值"。真实情况中的 IRM（内在释放机制）

是通过特定动机带来的冲动，本能地选择的。这基于生物学上的期待和重要需要，譬如，求食和求偶。拉考夫和约翰逊所宣称的控制着 ICMs（理想化概念模型）的语言动机，很多时候都与生物学方面的动机相关。这在如下例子中得以体现：一个女子将一个男子归为单身汉，因此将其当作潜在的求偶对象，是我们的"生物—心理"具身化把这些关系绑在了一起。

此外，我已经阐明，如果我们要理解意义的生产，"现象—情感"概念是必须的。我想强调的是，这与皮尔斯把感觉定位为第一性的一个属性是一致的。在其进化理论中，感觉变成了一个几乎非显在的内部现实，它在物质中亦同样如此。

因此，知识系统从我们"生物—心理—社会—语言"的、有意识的存在展开。它们的功能是在世界上给我们方向，帮助我们以最有成效的方式共同行动，但它们并不把我们解释给我们自己。皮尔斯认为，我们无法分割思维与物质概念，这一观点很有道理，而且是探索开始的深刻基础。我找不到理由来说明为什么认知、情感和意欲构成的内部世界，就不能被认为是与物理世界以及符号和意义构成的文化世界一样真实。对于精神论者和唯物论者而言，具身化的生命——甚至是单细胞生命——是现实的基本构成要素。我们是在身体之中——或许是在运用身体——进行思考。精神及其内部世界出现在生物系统（或身体）内部和它们之间。运用皮尔斯的观点，人们可以宣称，在每种生物的自创生系统和双重符码系统中都总是存在某种精神。尽管如此，一个由情感、感知和意欲构成的部分自主的内部世界，似乎只出现在有着中央神经系统的多分子脊索动物之中。洛伦兹（Lorenz 1977）说，必须有这样一个包含愉悦情感和经历的系统，才能让动物产生欲求行为，刺激它们去寻求诱发它们本能行为并释放累积的动机冲动的那些对象或环境。这在品质上与对信号的条件反射作用不同，后者所处的是原型符号信息层面。符号是在真正的符号层面对本能发挥作用。

卢曼关于人类"社会—交流"存在包括三个自创生层面的理论，可以在赛博符号学中用来对以下进行区分。

1. 生物系统的语言使用，这是属于某一物种的不同个体之间在反射性信号层面的行为协调（按照马图拉那的观点）。

2. 心理系统的动机驱动符号游戏。

3. "社会—交流"系统中自觉的、使用语言的人类的语言游戏层面。

这样便为卢曼的认识添加了一种符号学的理解，而他的理论也就被置入皮尔斯三元的形而上学之中了。下面我将对此做进一步发展。

✦

10.2　现象符号学、思想符号学、内部符号学和内部交互符号学

显然，我们所谓的语言游戏出现在社会语境中，社会语境是我们使用我们的思维与我们社会伙伴成员们协调我们期待的行动和冲动的所在。这些语言游戏中的一些与我们认识——自然是经过我们共同的文化和语言过滤的——有关。但是，在此之下，我们还有情感和本能的心理符号游戏（psychological sign games）。对于人类而言，这些起着无意识的类语言符号的作用，譬如，面部表情、手的动作、身体位置等，它们都源自有生命的系统中物种专属表意过程的进化。

同时，在思维与身体之间还有内部交流发生。这与库尔（Kull 1998）所谓的"心身医学"（psychosomatics）的东西不同，因为它并不是与文化而仅仅是与精神直接相互作用。它也不是纯粹的"内部符号活动"（endosemiosis）。内部符号活动（endosemiosis）和外部符号活动（exosemiosis）都是西比奥克（Sebeok 1976：3）创造出来的术语。内部符号活动指发生在有机体内部的符号活动，而外部符号活动指发生在有机体之间的那个符号过程。内部符号活动在符号学话语中已经成为一个通行术语（参见 T. von Uexküll et al. 1993），表示细胞、组织和器官之间在纯粹生物学层面的符号的相互作用。诺特（Nöth 2001）引入了"生态符号学"（ecosemiotics）这个术语，表示来自环境或其他有生命的存在的非意图符号的表意过程——这个过程会为另一个有机体——譬如，正在捕猎者——创造意义。表示一个有机体是适当猎物的符号，并不是正在被捕获的有机体有意图地发出的，因此它是生态符号性质的而不是外部符号性质的。

我把精神与语言系统之间的相互作用称为"思想符号学"(thought se-miotics)。这是我们的文化——(主要)通过语言概念——对我们的内部感觉、感知和意欲提供可能的划分。在其非概念或前语言形式中,这些内部状态并未得到概念性意识(我们的生活世界)辨识,我称之为现象符号过程(phenosemiotic processes)或现象符号活动(phenosemiosis)。这些是卢曼所谓的沉默无声的思考过程。即,不做交流的过程。它们是出现在(如梅洛-庞蒂[Merleau-Ponty 2002]所写的)科学把世界分为主体和客体之前的前语言过程,并且,它们是卢曼在其理论若干方面所用现象学的关注焦点。

因为精神和身体之间的相互作用是内部的,但又不像在内部符号学中那么纯粹地是生物学方面的,我把生物自创生和心理自创生之间的相互渗透的符号方面称为"内部交互符号学"(intrasemiotics)(参见图10.2)。这些术语提醒我们,我们所研究的各种不同的符号学,在质性方面并非绝对不同的系统。我们需要更为专门地研究符号活动在每一情形中是如何产生的。

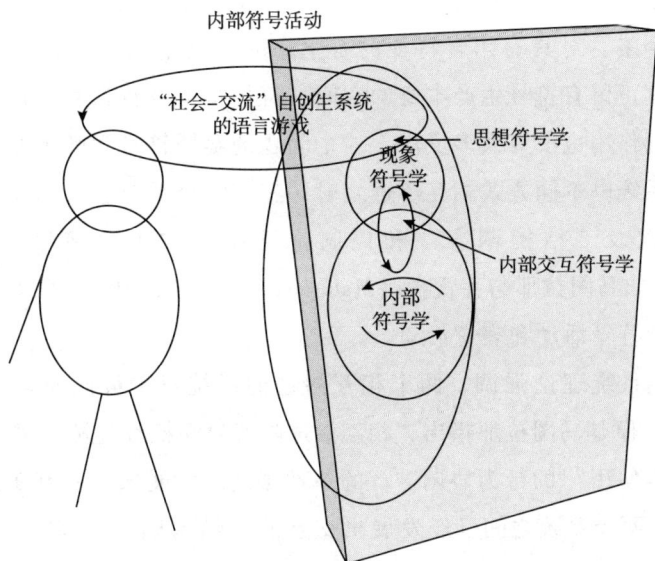

**图 10.2 以符号的方式展示出现象符号学、内部符号学、
思想符号学与内部交互符号学之间的关系**

今天我们认识到,荷尔蒙系统、大脑中的传输器官以及免疫系统之间

存在符号的相互作用，并且，这些相互作用对于确立多分子有机体中的二阶的、自创生的系统十分重要。这样一种有机体是由细胞构成的，而细胞本身就是自创生系统，它们又在一个新的层面被组织到一个自创生的系统之中。但是，我们并没有清楚地理解这个系统与由我们所经历的感觉、意欲和意图构成的内部世界之间的关系。似乎某些基于身体功能的关注，如意象建构，能够在该联合系统中创造出生理方面的效果。这其中的部分效果是由对身体中的器官和特定细胞类型具有符号效果的各种不同物质造成的（内部符号学）。我们还知道，荷尔蒙水平会影响性反应和母性回应；恐惧会释放出改变特定身体功能的状态和反应时间的化学物质；等等。这是我们思维具身化的一个意义重大的部分，但是内部交互符号学似乎是用作内部符号过程的元样式。譬如，我们的思维状态通过肌肉紧张度决定我们的身体姿势。我们的感知、思想和感觉，通过诸如网状激活系统之类，与我们的身体工作状态存在一种微妙的相互作用。对于这些系统之间的相互作用，我们还有太多东西尚不了解。

神经系统、荷尔蒙系统以及免疫系统似乎被结合成一个巨大的、自组织的符号网络。对具有闭合特征的有生命的控制论系统的自创生系统描述，并不真正留有符号生产本身的空间，符号学本身对具身化在创造表意活动中所起作用也没有太多反应。这个问题的赛博符号学解决办法是，符号产生于系统以不同方式相互渗透之时。三个闭合系统通过不同类型的相互渗透，以及"结构耦合"和控制论性质的"语言使用"（languaging）——如马图拉那与瓦雷拉（Maturana and Varela 1980）所谓，产生出不同类型的符号活动和表意活动。

自创生系统理论强调，两个相互渗透的系统对于彼此而言是封闭的"黑匣子"。但是马图拉那指出，相互渗透随着时间推移逐渐发展成为对他称为"语言使用"的行为协调进行的一种协调。发展到这一程度，赛博符号学会说，两个系统之间已经发展出交互的"结构耦合"，符号可以通过它得以产生和交换。马图拉那的"语言使用"概念似乎涉及社会物种中两个个体之间的"生物—心理"关联。但那并非我们所谈到的符号和/或语言游戏；它是认知耦合，是交流作为有着自身组织闭合的表意系统进行发展所必需的协调。所以，我建议我们区分条件反射和本能行为之间这个层面上的语言使用和符号游戏，这一点我在前边已经提到（参见图 10.3）。

引发条件反射的感知独立于动机，而对符号刺激的感知是依赖动机的，它导致本能性符号游戏。行为学者在这里或许会指出，对于作为"符号刺激"的本能行为而言，某些本能行为如何变得仪式化并获得释放价值。在其最后阶段，洛伦兹（Lorenz 1977）认识到，情感必须与本能行为的表现关联起来，方可创造出欲求行为的动机冲动；在这一基础上，现在我们有了区分两个层面的标准。我们可以看到符号与内部的或者现象学的理解之间的关系是如何建构起来的。拉考夫（Lakoff 1987）和拉考夫与约翰逊（Lakoff and Johnson 1998）已经阐明比喻性过程何以能够把这种身体意义的基本机制解释成涵盖社会和文化中产生的符号。

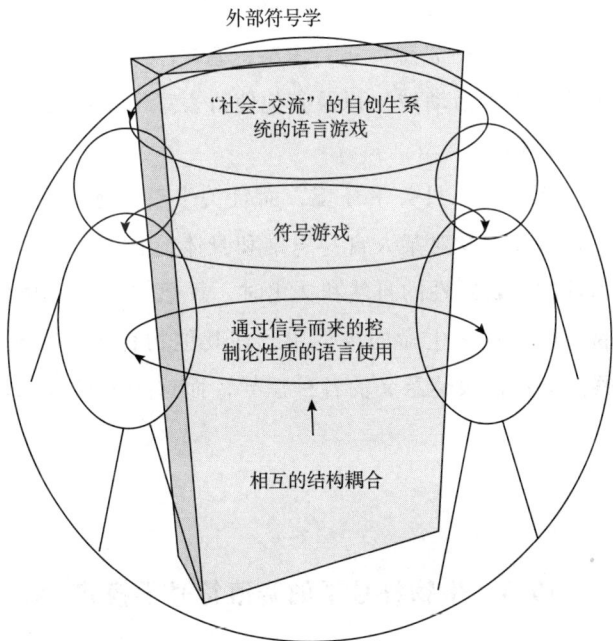

图 10.3 赛博符号学中所描述的三个层面的交流系统

基于行为学和生物符号学，我认为，我们的认知将其自身展现为具身化的符号活动，受我们的"生物—社会"兴趣驱使，是我们表意活动域中一个强有力的结构和意义的创造者。大多数动物行为——就像我们大多数的语言范畴和比喻的使用一样——被认为是无意识的。然而，行为学家已经逐步认识到，动机并不是一个生理学概念，情感经历与感知和行为在本能基础上是相关联的。

符号游戏通过进化和人类婴儿的生活经历发展成语言游戏。因为我们出生和成长在人类社会交流之中，精神为语言所包裹。因为我们的思维受到语言的影响，我们变成了语言的赛博（cyborgs）——或者我们所谓的人类。按照这一观点，我们出生时就是具有建构精神系统与"社会—交流"系统之间相互渗透并由此创造对我们有意义的内部解释项这种能力的动物。

意义具身化在生物符号学、认知语义学、自创生系统理论和行为学中。我建议我们这样来思考具身：它比神经系统结构更为广阔，或者，它甚至通过对它们所分泌的常见符号物质的反应整合了神经传送器、荷尔蒙和免疫系统。正如科尔克比（Kirkeby 1997）所表明的，我们应该对"身体—思维"或者"身体—思想"进行考察，它是一个复杂的现象学动态系统，包括了环境（表意活动域）以及其他使得表意活动可能出现的"身体—思维"系统的建构。

认识到表意活动域不只关乎环境，而且关乎对其他物种成员的感知、文化和原型文化行为以及对某人自身思维和身体的感知，于是，当其指向外在于所论物种的非意图性的自然和文化时，我把"生态"用作表意活动域的先导（prefix）。在无生命的自然中，在其他物种中、在文化过程中，我们可以观察到向我们表达意义的各种差异，而这些差异从来就不是对象所意图的。

10.3　生物符号学的赛博符号学模式

现在，我提出一种相当复杂的模式，来区分不同层面的符号活动和信号/信息——它关系到已经提出的与生物符号活动中符号活动的基础和门槛有关的一些问题，却并不仰仗一种泛符号的视角。

图 10.4 勾勒出到目前为止所发展出的赛博符号学概念。左边是所描述的"控制论—自创生—功能主义"过程；中心是两个有机体之间的交流的各个方面，或者外部符号学；右边代表的是有机体的内部符号活动；

赛博符号学

　　自创生系统　外部符号学　内部符号活动　生态符号学

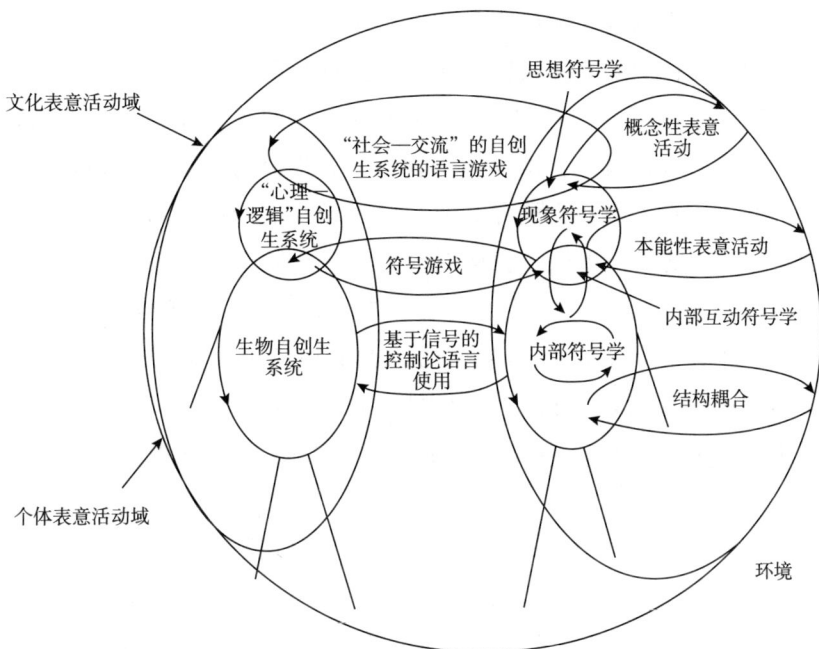

图 10.4

　　赛博符号学模式对符号活动和原型符号过程的分类。各个过程在本图中的位置与实际的物理位置无关；譬如，头也是生物自创生系统的一个部分，是内部符号过程的位置所在，但是我象征性地用身体躯干来表示生物自创生系统，用头来表示心理自创生系统。为了简化这一模式，我把所有"控制论—自创生系统"概念都放在左边，所有符号学概念都放在右边，尽管所有概念都与赛博符号学理解中的个体有关。每个人都被放入表意活动域。当这些域在社会中通过"社会—交流"自创生语言游戏结合起来时，共同的文化表意活动域就被创造。一部分生态符号的表意活动是以概念化和分类的语言过程为基础的。在语言游戏之下是基于本能的符号游戏这个生物学层面，在后者之下，是对（两个黑匣子的）行为协调进行协调的控制论的语言使用游戏。因此，生态符号学也有"生物—心理"的或者显明的表意活动层面，以及有机体或者更准确地说是物种通过进化发展起来的"结构耦合"层面。因此，在这种理解中，笛卡尔式二元论已经被自然、身体和思维内部、之外、之间的彼此相互作用的不同种类的符号网络取代。该模式的复杂性强调，要呈现人类语言交流这一奇迹，一个复杂的基础是多么必要。

　　最后，在最右边是有机体与创造其表意活动域的环境之间的感知关联。我赞同诺特（Nöth 2001）的观点，将这个表意活动方面称为生态符号学。

　　生态符号学关注的焦点是与有生命的系统如何在表意活动域中代表自然有关的那些语言方面，包括创造霍夫梅尔所谓的符号生态位（semiotic niche）的文化中的语言游戏。赛博符号学建议，这些生态语言游戏的基础是动物的生态符号游戏，加上进化所创造的表意活动域。此外，这些生态语言游戏都以有生命的系统与其环境之间错综复杂的相互作用为基础，这种相互作用确立了马图拉那与瓦雷拉所谓的"结构耦合"并创造出乌克斯库尔所谓的"环境界"。对于有生命的系统而言，表意活动域是关于自然的可行模式，因为作为物种，有生命的系统已经存在并进化了数百万年。对人类而言同样如此，这表示我们的语言与我们的文化生态学有着深刻的内部关联。任何现有文化都是保证社会系统在生态上能够续存的集体性方式。如此，关于思维、感知和认知的赛博符号学理论是现实主义的，而非唯物主义的，也不是机械主义的。它建立在有生命的存在、自然、文化和意识之间的内部符号关联基础之上，这些关联由进化的爱慕理论内部的连续和偶然的本体论中的皮尔斯的三个范畴承载。

基于图 10.4 中所显示的概念关系，我们可以看到，先前提到的语言动机必须被放在思想符号学范围内，其中，思维的内部的、非语言的、现象的符号过程与语言概念相遇并用内部意义影响它们。这不同于来自内部交互符号领域的动物动机，在该领域中，身体细胞的内部符号过程与思维和意识的"现象—符号"过程相遇。身体、思维和语言都被涵盖在一个共同的框架之中，该框架对它们在同一过程层面的相互作用进行概念化，同时对意义和感受性概念进行整合。

赛博符号学模型提供了一个新的概念框架，利用该框架，这些不同的动机层面可以用生物学、心理学和社会/文化框架所不可能做到的方式加以呈现和区分。通过从进化的视角看待意义，将其看作始终是具身化了的，通过将身体看作经过了符号方面组织的，我们可以建立起一个避免早期学科之间分野所带来的一些局限的跨学科框架。这让我们期待把生物符号学发展为赛博符号学，会为一种关于思维、认知、交流和意识的跨学科的符号理论做出贡献。

❋

10.4　从赛博符号学角度看皮尔斯和卢曼

现在，我将进一步解释该模式的细节并就它在行为学中的运用举例。人类的内部世界代表着身体与环境的互动，并通过身体状态建构起一个表意活动域。在维护个体和物种的自组织结构过程中的意图性、自我价值和自我兴趣，对于有生命的系统通过诸如求偶、抚养后代、争夺猎食领地、群体等级、狩猎和食物采集中的合作等进行表意的能力至关重要。这些活动首先产生出符号游戏，之后——至少在人类这里——产生出语言游戏。自创生系统、表意活动以及动机/意图性是建构有意义和有信息的消息的前提条件。只有在这种三元关系中，对信息、言谈和意义的选择才可能发生。我的理论是，符号与语言游戏是从自创生系统的相互渗透而来。我相信，卢曼未能发展出一个与生物系统的肉身、血液和生活条件密切相关或者与人类意识存在条件密切相关的意义概念。这里，生物符号学，作为实用主义语言哲学的组成部分，可以提供某种东西。

从这样一个框架看，要从消息中创造出意义，卢曼的三个自创生系统（Luhmann 1990）都必须有。而且，它们要求用符号概念来解释它们的相互作用。避开卢曼功能主义僵局（身体和思维在社会交流的生产和意义中所起作用在其中并未得到充分的理论说明）的方法之一是用符号学的方式去看待三个在组织方面闭合系统的相互渗透。符号在系统相互渗透之时获得意义，表意在"结构耦合"形成之时发生。"相互渗透"（interpenetration）是卢曼的用词，表示生物自创生系统、精神闭合以及（在社会层面处于闭合状态的）"社会—交流"系统在使用彼此作为环境并形成相互的"结构耦合"之时它们之间的相互作用。

对于主体，卢曼要么不能，要么不想或者不需要将其包含在其理论之内，但我认为必须包含：一部分原因是我体验到它的存在；另一部分原因是我认为对于所有系统的解释是必须的；还有一部分原因是一个民主的社会是建立在个体的解放和责任基础之上的。于是可以像皮尔斯那样，将其确立为关联我们所谓人类的有生命的、心理的和语言的自觉存在的符号网络的总体符号（这里作为一种象征）。皮尔斯（CP 5.470）写道："每个思想都是一个符号。"

所以，意义可以被看作通过这些系统的相互渗透产生出来的。譬如，语言是"社会—交流"系统的组成部分，但在其对精神系统渗透之前并未取得意义，语言通过这种渗透表示情感、意欲和感知中的各种差异，从而将言辞输入我们沉默的内部存在。但是我们的认知、情感和意欲的特征与现实只有微弱的关联，除非它们与生物自创生系统相关，与有生命的系统组织的存续以及为了发展表意活动域而与环境差异相互作用相关。生物符号学和隐喻理论广泛地论证了符号活动中具身化的重要性。在这里，我尽力阐明基于行为学的具身化动机这一生物符号学概念与具身化认知含义这一动机概念之间的关联。

此外，我阐明了"现象—情感"的概念对于理解意义的产生是何等必要，强调这与皮尔斯把"感觉"作为第一性的属性的做法是一致的。在其进化理论中，感觉变成了物质的一种内在固有的、内部的现实。

认知现象可以用"功能主义—控制论"或者基于意义的符号学方法进行解释，但二者都不能提供一种完备的解释。皮尔斯强调人类思考与机器之间的连续性。纯粹逻辑是遵循既定规则的机械主义思考。这是人类与机器共有性质的一个方面。皮尔斯（CP 2.59）写道："我坚持的是——就像在行为举止方面，一个人可能被当作一台机器，这台机器成了表达结论的业已写出的句子，前提是把业已写出的事实记录投喂给了这个'人—机'（the man – machine）。既然这种表现只不过是一台机器有可能达到的水平，那么，机器碰巧通过润滑的齿轮开始工作，人碰巧通过无法明确的脑细胞安排开始工作，与环境便没有本质关系。"

创造性工作在于建构逻辑系统本身。但是，不能得出结论说逻辑推理是比思维、生命或意识更为精深的现实基础方面。对皮尔斯而言，符号活动是最为精深的方面：它是科学、哲学甚至如此这般的知识的前提。知识系统从我们"生物—心理—社会—语言"的有意识存在开始展开。它们的主要功能是在世界中引领我们的方向，帮助我们以最有效率的方式共同行动，实用主义和实效主义都会如是说。故皮尔斯是二者之父。

普里高津和斯滕格斯（Prigogine and Stengers 1984）关于复杂性的观点

与皮尔斯关于混沌和偶然的观点是相互兼容的。但是皮尔斯相信，我们不能认为把思维和物质概念分开的做法是合理的，而在这一点上他可能比普里高津和斯滕格斯更为正确。我不明白，认知、情感和意欲构成的内部世界——包括符号和意义构成的我们的文化世界（譬如，波普的客观知识构成的"世界三"［world 3］）——为什么就不能被认为与物理世界一样真实。有生命的系统在身体之中——甚至是用身体——进行思考，并且，正是有了身体，我们在犯错之时才会意识到。实际上，皮尔斯把人类自我确立为人将自己在最初的童年经历中的错误记录于其中的实例。[2]皮尔斯（CP 5.233）写道："儿童听人说壁炉是热的，他说，它不是热的，的确，那居于核心的身体没有碰到它，而只有碰到的部分是热的或者冷的。但他碰到它之后就会以一种震惊的方式发现说法得到了确证。于是，他开始意识到自己的无知，而我们有必要假定存在一个这一无知所属的自我。所以，说法给予了自我意识最初的启迪。"皮尔斯（CP 5.236）继续写道："在我们知道儿童开始有自我意识的这个年龄，我们知道他们已经被提醒要小心无知和错误，并且我们知道他们在那个年龄拥有的理解力，足以让他们从无知和错误中推导出自身的存在。"这一见解对于他关于知识、科学和真理的可错论和实用主义哲学至关重要。他本人也以这样的方式（CP 5.234 - 235）进行了总结："简言之，错误出现之后，它只能通过假定有一个可错的自身来做出解释。无知和错误都是区分我们私人自我（private selves）与纯粹统觉构成的绝对自我（absolute ego of pure apperception）的东西。"虽然皮尔斯不相信反思和直觉的自我意识，但他却把自我确立为推导的结果（参看 CP 5.237）。所有思考都是符号（CP 5.253）。因此自我是具身化的象征符。

　　赛博符号学致力明辨控制论和符号学的形而上学背景。这有可能让控制论和符号学彼此相关，尤其是考虑到它们的各种二阶控制论、自创生系统理论和生物符号学样式。赛博符号学进一步接受了动机和具身化概念，将其作为生物符号交流概念的重要组成部分。具身化和动机是动物符号游戏和人类语言游戏之间的重要共性，并且，这整合了生物符号学与拉考夫和约翰逊的"认知—语义"的具身化隐喻理论，以及维特根斯坦的语言哲学。皮尔斯（CP 5.235）写道："从每个思想都是一个符号这一命题出发，每个思想必须向某个他者阐述自我，必须决定某个他者，因为那正是符号的本质……在当前是没有思想的……对它做出的一切反思都过去了……所以，说思想不会在瞬间发生，而是需要时间，不过是'每个思想都必须用另一个思想来解释或者所有思想都在符号之中'的另一种说法而已。"

赛博符号学的观点部分基于卢曼（Luhmann 1995）关于消息由信息、言谈和意义三个方面构成这种认识。但是卢曼并未发展出表意活动的符号过程。因此，无法通过表意活动理解意义的产生。他的关于人类是包含三个层面的自创生系统的"社会—交流"的存在的理论，被赛博符号学用来区分：（1）生物系统的语言使用，这是马图拉那和控制论的黑匣舞蹈，它从外面看就像是通过信号进行的信息交换；（2）"生物—心理"系统的符号游戏；（3）通过"社会—交流"系统普泛化了的媒介进行的有自我意识的使用语言的人类的（维特根斯坦式的）语言游戏。符号学理解于是被整合进卢曼的认识，将他的理论框定在皮尔斯式三元形而上学之中。

"语言游戏"出现在社会语境之中，在该社会语境中，个体思维与其所属的文化的成员一道协调行动。这些语言游戏中的一些关系到我们对自然的认识，这些认识是通过共同文化和语言的过滤形成的。但是，在此之下是业已形成的副语言符号的、情感和本能的生物符号游戏，这些副语言符号源自有生命的系统的表意过程的进化。西比奥克用"聪明的"和"说话的"动物所做的试验（Sebeok 2000）表明，符号游戏与实际使用的语言之间有着清晰的界限。

自创生系统理论强调这一事实：两个相互渗透的系统对于彼此都是封闭的"黑匣子"。但是马图拉那表示，随着时间的推移，相互渗透会发展，对他称为"语言使用"（languaging）的行为的协调进行协调。当两个系统之间形成交互的"结构耦合"时，符号就能产生和得到交换。马图拉那的"语言使用"概念是社会物种中两个个体之间的生物学联系，并非真正意义上的符号或语言游戏。为了把交流发展成为有其自身组织闭合的表意系统，认知的耦合是一个必要的环境。所以，我建议我们对语言游戏、符号游戏与被称为"语言使用"的信息和条件反射这一层面进行区分，"语言使用"基本是在化学和生理学层面起作用。引发条件反射的感知独立于动机，而符号刺激的感知依赖于动机，根据洛伦兹的看法，后者导致本能的符号游戏。行为学家在这里会强调特定本能行为是如何变得程式化和获得对于作为"符号刺激"的本能行为的信号释放值。在其后期工作中，洛伦兹（Lorenz 1977）假设情感与本能行为的形成和激励有关；通过这种方式，符号和内部或现象的理解之间就建立起关联关系，即它们之间形成了解释项。拉考夫（Lakoff 1987）和拉考夫与约翰逊（Lakoff and Johnson 1999）表明，身体意义的这种基本机制可以通过涵盖社会和文化所产生的符号的比喻性过程得到解释。

　　基于行为学和生物符号学，我认为，人类认知将自身体现为具身化的符号活动，受生物的社会兴趣驱动，而兴趣是表意活动域中结构和意义的强有力创造者。在其名著《动物行为》（"*Animal's Behaviour*"，1970）一书中，行为学家兼比较心理学家罗伯特·辛德（Robert Hinde）逐步认识到，动机并非一个生理学概念，所以不能成为标准的生物学词汇；生物学词汇中没有第一人称体验构成的内部世界，而第一人称体验可以对身体及其器官做什么具有因果性影响。在人类这里，符号游戏发展成语言游戏。因为我们都出生并成长在人类社会交流这一语境之中，我们的精神都充满着符号。如之前所提到的，我们生来是动物，具有建构精神系统和"社会—交流"系统之间相互渗透的能力，建构这种相互渗透的目的是为了在进化确立的语言使用的相互结构耦合基础上，创造出对我们有意义的内部的解释项。在皮尔斯（CP 5.264）看来，反对笛卡尔主义，重要的是，我们做出如下理解：

　　　1. 我们没有内省能力，但所有关于内部世界的知识都衍生自从我们关于外部事实的知识开始的假设性推理活动。

　　　2. 我们没有直觉能力，但每一个认知都由先前的认知按照逻辑的方式决定。

　　　3. 我们没有不用符号思考的能力。

　　　4. 我们没有关于绝对不可知事物的认识。

　　这四种所谓的无能（incapacities），对于皮尔斯关于有生命的系统中符号活动发展的符号学和进化论理解至关重要；因为所有符号都是相关联的，因此这也是关于世界的符号发展。

通过这种方式，我针对如何统合先进的、二阶的控制论和系统理论，以补充实效主义符号学、认知语义学和语言游戏理论，试着提出一种模式。通过整合卢曼的三个组织方面闭合的系统与符号的和认知的语义学，我突破他的思想局限，对生物符号学框架之中的行为学与认知具身化语义学之间的关系做出理论化梳理。

拉考夫与约翰逊（Lakoff 1987，Lakoff and Johnson 1999）的研究沟通了认知和交流的生物层面和文化层面。然而，我们首先必须利用行为学的动机知识将他们的具身化概念拓展开来，使之超出上下、内外、前后、"容器与路径"图式，并进而把有生命的系统的表意活动域包含在内。控制论的具身化观点应该通过将其与洛伦兹的生物研究范式（Lorenz 1970–1）、廷勃根的行为学（Tinbergen 1973）、认知行为学中的现代研究、冯·乌克斯库尔的前符号学的现象生物学以及马图拉那与瓦雷拉的自创生系统理论关联，以获得进一步的发展。联系从行为学发展起来的进化认识论，皮尔斯（CP 6.10）写道，我们之所以能够知道世界上的某种东西，是因为我们是在它之中得到发展的，因此，"我们的思维是在受力学规律控制的现象的影响下形成的，某些进入这些规律的认识扎根在我们的思维之中，所以我们就能轻松地猜到规律是什么"。

拉考夫和约翰逊接受了皮尔斯的观点：符号学是理解动物和人类系统中表意活动的基础研究框架，因此他们或许从中获得了裨益，即便拉考夫曾表示，对于这种研究方法的有用性，自己持保留意见。我们在语言之中并通过语言变成自觉的人类，皮尔斯也这么说。在那之前，我们不过是有变成人的潜力的前语言的（现象符号的）动物。相同物种中成员之间语言使用的社会网络，以及情感意识的符号游戏，是人类作为自觉的语言存在崛起的前提。人类是语言的赛博，因为我们都是通过语言被文化编程的自然存在，因此很大程度上是文化产品。野人是不存在的。

我们是受语言影响的"生物—心理"存在，因为语言不可逆地改变了我们的神经系统和意识。正如特伦斯·迪肯（Terrance Deacon）在《符号物种》（"*The Symbolic Species*"，1997）中所强调的，语言游戏和普泛化媒介的"结构耦合"中的"社会—交流"存在的生存状态（尽管迪肯本人并没有使用这些术语），在早期的人类进化中提供了巨大的优势，以至于语言和语言性活动变成了一种重要的选择压力，人们偏爱更适于支撑语言过程的结构。随着人类的大脑和颅骨变大，婴儿在一个越来越不成熟的阶段出生，以至于他们更容易服从文化的语言编程。本能系统通过个人经历对编程越来越开放。学习过程的优势是，它们适宜现在的环境和社会条件，而不只是适合对基因选择具有重要作用的过往条件。

个体早期的这个适应系统，与概念性交流和内部思考的精神工具相结合，有利于人类的生存和繁衍，以至于我们发展成了在语言和文化方面被编程的赛博。重要的是记住海德格尔和维特根斯坦所做的观察。我们不只是通过语言进行思考、学习、交流和协调的语言存在；语言也和我们一道，在我们背后思考。我们言说语言，*我们也被语言言说*，这使得我们难以"在语言背后"思考。我们必须通过认识到人类思维是符号的，来开始对知识的探求。哪怕是在动物阶段，知识也是建立在符号过程之上的，或者，是来自符号过程的。皮尔斯（CP 5. 289）写道：

> 没有任何在场的、实际的思想（它是一个新的感觉）有意义，所有思想都没有意义……在我思维状态中的任何一个情况下都不存在认知或者再现，但它确实存在于在不同的情况下对我的思维状态的叙述中。简言之，直接的东西（因而其本身是不受中介活动影响的——不可分析的、不可解释的、没有智力的）源源不断地在我们的生活中经过，它是意识的总合，它的中介活动——它的连续性——是由意识背后真正有效的力量导致的。

赛博符号学运用了普特南所提出的内部现实主义这一认识论立场——就像拉考夫（Lakoff 1987，并参见前文）所做的那样，且这一做法与普里高津、卢曼和皮尔斯的认识互相兼容。我们从我们的世界，更确切地说，从我们的表意活动域观察宇宙。我们能够考察我们的身体、内部意识、语言、社会以及自然环境中的事物的内部符号关系以及它们之间的符号关系，尝试系统地确定我们世界如其所是地发挥其作用所必需的前提条件。单一的方法是无法完成这件事的。正如皮尔斯和波普所承认的，这种考察需要大胆的假设（溯因推理）；需要逻辑思考来确定内部的一致性和简单推理（演绎推理）；需要检测我们现在当作实实在在知识的东西的经验主义方面（归纳推理）和理论方面的连贯性。皮尔斯（CP 5. 383）写道：

> 只要我们思考，我们就是在向意识呈现用作符号的某个感觉、意象、认识或者其他再现。但从我们自身的存在（它为无知和谬误的发生所证实）可以得知，一切呈现给我们的东西都是我们自我展现的一点一滴。这并不将其呈现为我们之外的某物的一个现象，就像彩虹同时是太阳和雨的展现。于是，当我们思考的时候，我们自身——正如我们在那一刻的样子——作为一个符号出现。

如果我们关于状况的假设被证明可靠的话，那么作为一个符号的自我——实际上是作为一个象征符——是从这些经历而来的。这将决定我们是否能理解现在的状况，（如果我们能够理解现状的话）将决定这种理解是否能够指导我们对财富和幸福的共同追求，直到现实的新的、未曾料到的结果和方面的出现要求我们发展出更进一步的模式或者甚至根本性地改变它们。至少在得出一种更好的理论之前，我们可以用赛博符号学这一模式，来认识我们的自身、我们的社会和我们的环境。

我用一个简短的例子（如图 10.5 所示）来阐明对行为学过程的生物符号学和自创生系统理论的理解如何起作用。受雷文特洛研究的启发，我们可以想象，有两条雄性棘鱼在看着一条雌性棘鱼。它们如何确定对它们的物种来说这就是最佳配偶？更理论化的表述是：它们如何确立雌性棘鱼所展示的符号刺激的正确解释项？对它们基因组中数字符码的解释被转换成一个类似的模型，细胞据此创造出一个二阶自创生系统，该系统专注于保存其个体性和其基因结构中所携带的物种专属的核心信息；由此创造出一个具身化的情感表意活动域。在进化的这种历史漂移中，"结构耦合"作为内部释放反应机制产生，并在合适的动机出现时创造出解释项。人们或许还会注意到，在鸭子那里，辨认合适配偶的能力是由早期的母亲的印刻效应决定的。如果给雄性幼鸭一个来自不同鸭子种类的母亲，在它成熟时就会试图和该物种进行交配。不过，但是，这种尝试常以失败告终，其原因是鸭子与它潜在的交配对象之间的 IRMs 和符号刺激略有差异。

当雄性棘鱼发现游动的物体是一条雌性棘鱼时，它们也会把彼此视为竞争对手（一个新的解释项），这会产生与棘鱼学会的行为相混杂的其他

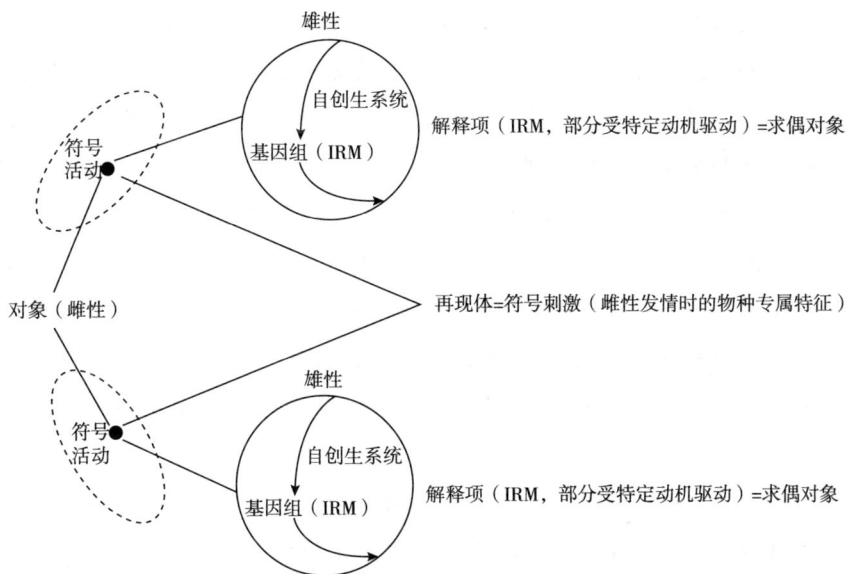

图 10.5

　　同一物种（基因池）的两个自创生系统（雄性）看到对象身上同样的符号，产生出同一物种的雌性这个解释项。这通过行为学上称之为"内部反应机制"（IRM）的"结构耦合"发生，该"结构耦合"并不完全是遗传而来，经过对 IRM 的调节，自创生系统可以对某些对于生存和繁衍等意义重大的差异——符号刺激——进行预测。整个模式处在交配这一生活形式（把维特根斯坦的概念自然化）之中，而该生活形式又产生出交配符号游戏或者基础（引皮尔斯语）。为简便起见，我这里没有包括作为一个物种专属自创生系统的雌性的视角。

类型的物种专属行为。

　　对于认知将自身确立为具有行为结果的解释项而言，自创生系统、动机和符号活动都是必不可少的，这从图 10.5 可以看出。动机包含动物身上的潜意识意图，它们的行为在物种和个体层面都会产生出自我价值和自我维护。有生命的系统总是会采取行动来保护自己的组织（正如自创生系统理论所示），来繁衍物种。

　　我认为，如果我们要掌握关于"生物—文化"语言系统的认知和符号世界——譬如，人的世界——之中实际发生事情的真实情况，那么在思考认知生物学中的这种实验的和理论的发展之时，我们必须把动机、注意和情感考虑在内。

　　我们不要忘记，在有机体的自创生系统中，神经系统本身是一个组织方面闭合的系统。此外，神经系统是被来自身体的注意和刺激激活的——譬如，通过网状激活系统（reticular activation system，简称 RAS）激活，并且受到动机和意图的左右。这与作为情感的感觉的具身化有关。这一切构成了与同物种中其他成员交流的尝试的依据，并且，对我们所建立的范畴，我们把事物归为某范畴的方式，以及为了通过象似性过程把基本层面物质范畴和更为抽象的关系关联起来所做出的那些比喻性延伸，都发挥着作用。尽管就动机确立自身而言，动物与人类有所不同——在动物中是在符号游戏层面，在人类那里是在语言游戏层面，它却利用了同样的物种专属的自创生系统驱动：具身化。但是，符号和自我不能被简化成它的具身化，桑德拉·布拉加（Santaella Braga 2001，以 Colapietro 1989 为基础）在自己关于自我的论文中指出了这一点。

拉考夫（Lakoff 1987）的一个重要结论是，生物学对于概念和范畴化的梳理有着决定性的作用。他对语言学进行了批判，说它缺乏一个基于具身化的关于动机的普遍理论，因此，无法对我们如何有意义地把暗喻从具体扩展到抽象以及我们如何把概念范畴化做出解释。他假设认知模式是具身化的，或者是建立在对身体体验的抽象化这一基础上的，这样，许多概念、内容和其他特性就能以超越通常语言学的动机观念的方式，被身体或社会体验动机化。这里，认知模式提供了认知和体验之间的一种非任意性关联。这意味着，人类语言是建立在以人类体验作为动机的人类概念基础上的；了解动机化了的某物，比了解任意性的某物或经过逻辑安排的某物，当然更为容易。因此，拉考夫的一个结论就是：动机对于人的认知十分重要，在范畴划分中，情况尤其如此。拉考夫表示，人类的动机化了的范畴划分基于理想化认知模式（ICMs），这些模式来自累积的具身化社会体验，并使人类产生了某些预判。这与行为学关于诸如符号刺激和印刻等概念的思考契合；遗憾的是，它关于动机、认知和交流的生理学的和能量导向的模式并未得到充分发展，无法涵盖从动物本能交流到人类语言行为的若干领域。要求对该模式的进一步的发展集中关注表意活动和交流。拉考夫只提出了一个关于身体的"运动—图像"图式的简单模型，以这些图式作为暗喻和转喻的来源。他的理论，可以通过借鉴经过合并的行为学和（例如）心理分析知识——关于动机状态和对作为有意义的符号的现象的认知之间的关系的知识，得到进一步发展。

　　图 10.5 提供了一个关于有生命的系统的认知的行为学、自创生系统理论的和符号学解释的整合的形象再现。如前所述，行为学把部分地由遗传而来的"结构耦合"称为"内部释放机制"。当然，这只适用于具有基因组的自创生系统。神经系统这种组织允许它对与固有行为样式相关的特定刺激样式做出预判，在诸如饥饿、捍卫领地、抚养后代等特定动机状态呈现之时以之作为符号。只有通过业已确立的"结构耦合"，符号才能够获得意义。

　　生物的符号游戏于是为人类的文化语言游戏制定出一个框架，其中，文化资本以及社会权利和经济因素的 ICMs 在如"单身汉"等概念中也起着重要作用。在行为学研究方法、用在生物学中的符号学（符号生物学）、二阶控制论、认知语义学和应用语言学之间，存在重要联系。就对理解和交流的认识而言，其关键在于动物和人类都生活在经过自组织的表意活动域之中，它们不仅将其投射到自身周围，而且投身到其系统内部深处。符号的组织，以及那些符号通过思维和身体的习惯获得的意义，遵循着二阶控制论原则，因为它们产生出其自身的符号和意义特征值，并由此在自创生系统中产生出其自身的表意活动域和内部精神组织。赛博符号学因此把行为学知识与二阶控制论和认知语义学关联起来，为表意活动和交流过程中生物和文化方面相结合的体验提供了新的见解。皮尔斯所提出的三元哲学使得这种做法成为可能。

　　语言关乎自然、文化以及我们由情感、意欲和理性构成的内部世界。生态符号学把重点放在与有生命的系统如何在表意活动域中再现自然并最终产生出语言游戏有关的那个认知部分。对于作为物种，存在并经过数百万年发展的有生命的系统而言，表意活动域是一个关于自然的可行的模式。它也适用于人类物种，表示我们的语言与我们的文化生态有着深刻的内部关联。其中，现有文化是保证社会系统得以存续的一种集体方式。换言之，文化具有决定其生态符号活动的表意活动域或者符号生态位，反之亦然。这些域很大程度上是通过那种文化的生活形式和语言游戏创造出来的，不论它们是与狩猎和采摘社会中的万物有灵论有关，还是与我们这样的后工业社会中的"物质—能量"和信息有关。基于这一分析，于是，我们就能分辨出三种生态表意活动域以及生态认知领域。

1. 作为象征符的每个个体或个人的个体/个人生态表意活动域。

2. 基于一个通过漫长历史过程组织起来的若干表意活动域所构成系统的文化生态表意活动域。

3. 前人类的动物物种通过进化发展起来的生物方面发达的物种专属的生态表意活动域。

这三个层面相互依赖。即便它们不一定彼此完全契合，它们都是我们生态符号学的根本组成部分。现在，且让我们将这一理论用于图书馆与信息科学，以之作为例子来考察其有用性。

11

✧

LIS 与赛博符号学

✧

11.1　索引工作与理想化的认知模式

为了说明赛博符号学试图解决的问题，我们选择了另一个有过相关实践和研究的领域——信息和文档检索领域。回到我们之前对信息搜索的分析和讨论，现在，通过赛博符号学对确定表意和意义的各种方式进行整合之后，我们能够对理想化认知模式（Idealized Cognition Models，简称 ICM）的意义和使用提供一种新的理解。先前，我把 ICM 概念定义为语境性的，认为意义是从特定社会用途中产生的。不过，重要的是弄清用户导向的 ICM、文档的语境/话语以及领域基础之间如何相关。

我把 ICM 看作一个由主体携带的概念：通过语境对世界的一种理解，用户通过对用户环境的主体间性理解体现该世界并对之做出定义。ICM 是一个社会和文化概念，它是主体间性的，由单个用户单独获得。因此 ICM 是一个上位的语境概念，它构建了我们理解世界的方式。而语境和话语指知识领域中的文档，其中单个文档的内容限定话语。从字面意义上来看，对话语的这一理解与话语分析类似，在话语分析中，语境就在文档的内容之中（Johansen and Larsen 1994）。

语境/话语概念因此处在文档层面。用来锚定一系列带有被人称为知识领域的共同思想的公共语境，也可以称为"基础"（ground）。基础是一个领域界定的概念。我们可以区分出三种类型的语境，不过，它们之间存在相互作用。ICM 决定我们如何感知和理解一个知识领域，而基础为该知识领域的意义赋予特色。类似，ICM 决定我们如何理解文档的内容，而文档的话语限定其意义。

用户的 ICM 通过用户对概念的运用来表达，而概念又是由知识领域的基础决定的。必须强调的是，用户——这里被假定为知识领域中的研究者，是知识领域中的社会行动者。人们可以从知识领域的历史和进化特色中获得启发、制定有效研究的指南，并因此为语言的特定使用提供指南。

以我们之前的讨论为基础，我们可以看到，用户的 ICM 必须与领域的基础保持一致。如果我们想要在科学层面谈论专门化的知识领域，这一点是必须的。

这也是为什么我说，叙词的意义必须首先表示文档的特殊话语——文档的术语——而对叙词的解码依赖于用户的 ICM 以及对领域的理解。这对文档的索引者提出了很高的要求，故他/她必须是一个领域的专家。

文档语境/话语与领域基础之间的关系，或者它的自我理解，从这一角度看是很有趣的。当研究者在一个领域中活动，他们就处在这一领域的影响之下。该领域中的概念的理解影响到研究者的概念理解，反之亦然。研究者与其领域之间的关系是一种意义的相互交换关系。不过，单个研究者难以影响到领域，因为领域是长期发展而来的，因为其中的研究要服从某些特定方法和传统，即范式，这些方法和传统使研究不超出对某一领域的理解或基础范围。因此，我们可以论及单个研究者和领域之间比喻意义上的错位，因为文档从领域基础获得语境意义；文档因此变成领域的一个符号，而它自我理解的一部分是在领域中得到表达的。譬如，《文献记录杂志》（*Journal of Documentation*）中的任何一篇文章都变成了《文献记录杂志》由之而来的那个领域的一个符号。

很难把基本层面的概念从对世界的日常感知直接转移到对科学和专门化知识领域（如 LIS 的专门化术语学）的理解，因为科学术语词汇中易于理解的叙词并不包括拉考夫和洛施所描述的基本层面概念的所有特点。

相反，我们在知识领域中把技术语言的基本层面标记为"意蕴层面"（significance level）（Tellefsen, Brier, and Tellefsen 2003）。意蕴层面和基本层面在许多方面都相似。二者都向特定场景中的用户传播最大量的信息，具有最大信息价值。在意蕴层面三个符号网络（作者、索引者和用户）最为平等。意蕴效果是概念在特定层面向用户传播最大量信息这种能力的一种表现。

11.2 LIS语境中的信息加工范式需要一种替代性的元理论

一门科学，对于它声称有着认知权威的主题领域，必须具有一种元理论。没有元理论，LIS将不能与其他科学讨论"真正的"LIS是什么，或者讨论图书管理员和文献资料工作者的工作有何独特之处，从而无法让其他领域承认LIS是一门有着认知权威的科学。很少有计算机科学家承认DR（document retrieval，文档检索）像计算机科学试图为之创造自动化专家系统的许多其他领域一样复杂。范·里斯勃根（Van Rijsbergen 1996：1-10）提出了一种"不确定性逻辑"（logic of uncertainty），似乎影响了LIS之外的领域。

我对范·里斯勃根以及其他人通过创造新逻辑类型来解决利用计算机作为中介传播文档时遇到的困难做出的努力表示赞赏，但我仍然坚持认为，电脑中介传播文档的核心关系是语义性质的，因此也是符号性质的，语义关系并不主要建立在逻辑之上，而更多是建立在影响着自觉意识的意图性的动机化关系之上。它们是通过有生命的系统的进化（行为学），通过社会中的生活形式和语言游戏的历史确立的。它们作为符号网络中意蕴的"结构耦合"而得以创造，它们通过有生命的系统与自然以及社会系统中其他身体的关系而得以确立。

计算机引诱我们在它的算法中去梳理我们的问题。我们似乎忘了为我们自己的主题领域发展和维系一个理论框架，让我们能够看到计算机之外的领域并对开发计算机系统的那些研究者提出要求。如果我们不提供一种关于LIS的元理论描述，那么，其他人（譬如计算机科学家和软件开发人员）会难以理解他们进入了一个有着不同规则的新领域。对物理访问和智力获取之间的差异，我们必须提供一种有效的理论理解。互联网的发展使得这种知识变得日益重要。

赛博符号学方法之新，在于从获得承认的控制论、系统论、符号学、交流、科学和语言学理论中为 LIS 发展出一个理论框架——这一框架融合了用于 LIS 中 DR 系统的设计和发展研究的技术的、自然科学的、社会科学的和人文学科的各种方法的特点。这一跨学科框架将使得用于 DR 系统设计与发展的不同方法和理论之间的交流成为可能，而并不是把一切简化为纯粹的信息加工（譬如《信息科学——理论与实践》[*Information Science – Theory and Practice*，Vickery and Vickery 1989] 中所做的那样）。图 11.1 展现了该书作者所建议的、作为 LIS 理论基础的信息加工范式。

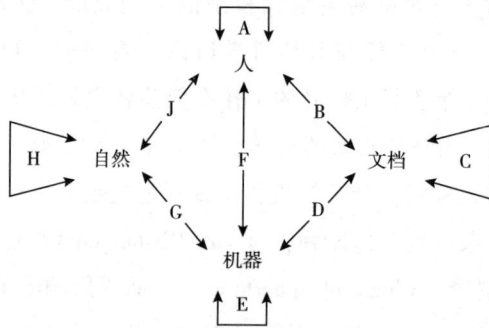

图 11.1

两位维克里（Vickery and Vickery 1989：28）的信息加工范式，其中，信息是一个非常基础的实体，可以自由地在自然、机器、文档和人之间交流。显然，它不能描述有生命的、社会的、有意识系统的更高级功能。

两位维克里把信息科学定义为关于社会之中信息交流的研究。但是他们的信息概念似乎是建立在统计学上的"香农－维纳"式信息概念及其由发送者、信道和接收者构成的机械主义概念基础之上。这与信息和信息加工是一种统合了人、人工系统和自然系统的现象的认知科学理念结合起来了。两位维克里都认为，他们的信息概念囊括了所有类型的交流和因果关联，信息就像物质和能量一样对现实具有根本性意义（Vickery and Vickery 1989：43）。

两位维克里把自然看作充满信息的。这与经典控制论观点相似，在后者中，信息被理解成负熵。按照这种世界观，自然、客观的信息必定在有生命存在和人类思维之前就存在于一个不断膨胀的宇宙之中。信息比观察者或者解释者更为根本。信息是人和机器从自然中吸收而来的一种客观的、普遍的、规律决定的东西，人和机器通过思考以及通过利用语言使之进入社会的方式改变它并使之迅速增长。接受这一观点就意味着建立一门统一化的信息科学必定是可能的。这一发展——与计算机、计算机科学以及认知科学的发展一道——如前所述，倡导为人类和有生命的、物理的和人工的系统建立统一化信息科学这一观念，即建立信息加工范式（Information Processing Paradigm，简称IPP）。这里的主要挑战是——如所分析和论证的，没有从这种理性主义和物理主义的信息概念通往一种关于表意和符号含义的理论的路径。

LIS中最为重要的理论研究方法之一，贝尔金（Belkin）和英格沃森（Ingwersen）称之为"认知视角"（the cognitive viewpoint），涉及把信息概念从两位维克里的"客观主义—机械主义"观点变成更具符号学特点、更加以过程为导向的观点。前一种观点认为：观察者并未起到关键作用；后一种观点认为：观察者的作用是根本性的。贝尔金和英格沃森提出，客观地在有生命的交流者之间或者文档与用户之间交流的，是符号而非信息。符号是潜在的信息。它们依赖于接收者的解释，没有解释者的信息是不存在的。这一理论与LIS中的实践是一致的，开始，是搜索文档中所用概念之间的语义关系，接着，是在话语社群和知识领域的人类社会领域中——通过符号学而非通过客观的、普遍的分类图式——进行索引工作。

我发现，认知科学的信息加工范式（IPP）中占主流的功能主义模式，在处理符号的解释的过程中不断遇到困难；此外，它们不能涵盖跨学科的LIS主题领域和在其中发展起来的不同类型专业知识的复杂性。所以，我对旨在分析有生命的社会系统之间认知、生存和交流的特殊品质的那些理论进行了考察。我们必须对词语和概念的"社会—语用"含义有更为牢固的把握，这样才能将这些含义作为类属词典的构建基础配置到符号网络语义之中。这将要求我们对一个组织之中的不同领域、层面和语言游戏进行分辨并找出其特征——譬如，通过描绘不同用户群体的概念使用方式。这些分析不仅会从LIS已经使用的方法中受益，而且会从话语和对话分析、认知语义学、言语行为理论和符号学所使用的方法中受益。

✦

11.3　索引和意蕴效果

　　叙词有可能把文档语境和领域基础都包括在内吗？我对文档何以是一个领域符号以及它在领域基础上如何被锚定有过清晰的说明。领域和文档之间存在一种意义的语义/符号交换。这种语义交换能够实现通过语境理解叙词的同时做出索引工作。领域的意蕴层面概念是领域中自我理解的一种表达，使用在意蕴层面得到确认的概念进行索引工作，我们有可能对叙词中的领域基础做出标识。在这一基础上，我们有理由相信：概念在意蕴层面的符号功能对于解释者有着最大的信息价值和参照效力。这就是为什么使用特定用户群体专属的意蕴层面的概念进行索引会给那个群体提供最多信息。认知语义学和实用主义符号学是用于分析一个知识领域的基础的绝佳的工具，它们也被当作在一个知识领域中对文档进行索引的最佳方式。

　　文档和领域之间有着语义/符号关系。因此，在叙词中，文档语境表现为比喻意义上的位移，该位移可以通过领域基础维系文档的意义。索引理论能够在索引工作中维系文档的语境，只要它能明确领域的意蕴层面概念。

　　洛施用作基本层面概念的例子都是日常词语——橡树、椅子、桌子、台灯——不是作为科学领域中组成部分的那些词语。在知识领域中，有可能在科学层面上分辨出基本层面的用词吗？

　　如果我们假定基本层面概念是符号，那么，我们必须预判这些符号能够根据单个用户的知识水平改变其（信息）性质，因此，基本层面理论也会适用于专门化的知识领域。

　　作为符号类型，橡树、赋格曲、自创生系统词语是类似的。作为名词（述位［Rhemes］），它们都指向基本层面上的某个概念。不过，起决定性作用的是该符号使用者有能力理解并对该符号进行概念化。因此符号——与基本层面性质类似——似乎在所有认知层面都起着一种概念化的作用。这有力地说明，把专门知识领域中的术语理解成意蕴层面的概念化符号是可能的。

接受社会的实用主义理论，意味着承认语义来自"社会—语言"语境，而不是来自参照性的真值条件。人们必须调整系统——或者至少是以人或机器为中介对系统进行调节，以适应知识领域、组织机构依据其兴趣和语言游戏实际运用该领域的方式。

动因源自媒介类型，不过，在媒介当中被人们实际选择的语言游戏对概念之间关系形成的大部分动因起了决定性作用。如果没有生产者、索引者和用户之间的适当反馈，系统不会产生信息——它不会满足我们的期待。我们都同时参与了若干语言游戏，但是，在任何可能时候，我们都必须从专业角度出发有意地选择并维系一个语言游戏。因为信息在没有解释项的时候只是潜在的，我们系统中唯一的信息是相关的被检索的文档。这进一步支撑了关于意义构成方法的很多研究。

如前文所述，实用主义的方法一般是指：为了描述我们是如何运用系统的，重要的是在科学中对领域/主题领域/工作任务和范式采取一种科学哲学分析——以及针对诸如书面文本话语分析之类的交流样式进行一种"知识—社会学"分析。我们必须根据我们的语境、工作任务和研究所分配的预算对这些进行调整。这些方法应该得到问卷、机构检测以及登记检索方法的补充。这项研究花费巨大。"社会——实用主义"语言学框架可以提升所设计的系统的性能，认识到这一点很重要，而人们花钱从事基础研究的意愿就与用户对这一重要性的意识有关。我们正在越过对电子信息系统缺乏反思的迷恋阶段，进入更具现实性的关于它们如何能够帮助我们通过文档来调节人与人之间的交流的阶段。所有这些要点，对于任何与诸如电子杂志等系统打交道的信息系统设计者和编程者同样适用，医生、护士和管理者都通过这些系统生产文档、搜寻文档、获取文档。

这一认识还告诉我们，海量的科学和技术文献数据库——其中成百上千万个文档被训练有素的文档学家划分到了布尔系统之中——对于非专业的用户而言，用处十分有限。在这些专门化的信息系统之中，用户本身就是文献资料工作者，来自该领域的训练有素的研究人员在并未通过互联网而变得普遍可及的数据库中搜寻信息。基于原来过时的工作原理和词对词的匹配搜索方法新的数字图书馆不断在建。基于现有理论，诸如"BIO-SIS"这样的文献系统只在生物学家社群中有效发挥作用。这意味着生产者和使用者都必须是生物学家——因此必须是索引者。即便如此，还是存在困难，因为该文献数据库的生产者和使用者还必须是研究人员。这是一种生活形式，随着一种不同于索引者的语言游戏的语言游戏而来。但是，如果索引者维护好与用户和生产者之间的联系，获取他们的反馈，参与他们的会议，调查他们使用文献和科学概念的方式，这个系统便会全面地生产出信息来。作为中介传播文档的系统不应该被理解成简单的信息保存者和传递者。他们是信息生产者，只要我们使其与用户的互动成为系统的组成部分！这也是伽达默尔阐释哲学中的一个重要观点。

在庞大的领域专属系统之中，我们不得不接受基于核心组织起来的知识系统。我们只需要付出速度和精确性的代价就可以通过菜单驱动系统对其进行简化。我们可以向用户提供用以查阅和作为直接切入点的分类词典，也可以投入金钱和时间来教育和训练他们，帮助他们了解所使用的是何种系统。我们可以将让他们回答问题作为必需程序的组成部分，提醒他们思考特定的关键细节。对于新型接口程序，我们是按上述方式做的。布莱尔（Blair 1990）建议给用户提供一种机会，让其观览纸质样本摘要，这些摘要是通过搜索特定索引词可以获取的，也是其他用户利用类似的搜索法已经获取的。任何有助于用户理解他们正在参与其中的语言游戏，游戏的构成以及其中的词语如何发挥作用的技术，与经过反复试验而获得的浏览、探究及掌握该系统的机会相结合都有的裨益。

在这些情况中，我们无法把系统带到用户面前，所以，我们必须把用户带到系统面前。如果我们只是安装一个自然语言处理界面，假装对于用户而言这个系统会为他们做出绝大部分思考，这是不会发生的。我们应该清楚阐明，这些系统只会对没有时间或能力获得其他类型的搜索过程的用户有所帮助，因为用户实际上对于论文的获得过程没有控制权。如果这些用户只想要几份自己感兴趣的主题文档，这还是有用的。对于全文本文档自动索引同样如此（Blair 1990），除非其处于界限清晰且非常正式的主题领域。自动化程序让用户对系统内部所发生的事情几乎不了解。用户几乎没有机会控制他们正参与其中的语言游戏。而这甚至还没有开始触及当来自一个语言游戏的索引术语被用来搜索另一个语言游戏中的文档的时候所出现的问题。

当我们思考如何自下而上设计一个新的作为中介传播文档的系统的时候，我建议针对特定知识领域、知识水平和兴趣点对作为中介传播文档的系统做专门化处理，并且要考虑系统的大小。这意味着要完全从用户的需要和概念世界出发建构数据库。我们必须用包括科学和非科学在内的不同知识领域（科学的非科学的）的话语社群的实用主义分析来补充当下的方法。

当下大多数的文献数据库都包括不同范式、专业和主题领域所生产的文档，即使它们共有一套词汇，所有这些也都有不同的语言游戏。我只需要提及数据工程师、认知心理学家和信息科学家是如何使用信息这个概念，或者牛顿式物理学和爱因斯坦的广义相对论是如何使用空间这个概念。理想的做法是每个对于一个数据库的文档感兴趣的主题领域都应该基于它自身语言游戏对这些文档做出索引，如此方能使精确搜索成为可能。譬如，人们已经承认，在"BIOSIS"中，化学家、医生和生物学家分别都有被"BIOSIS"索引程序所遵循的关于化学制品、疾病和动植物分类的专门术语。但是，在当下的索引中，作为生物学家，我在检索化学制品的时候必须使用化学符号，而化学家必须使用某植物的正确生物名称，才能找到关于它所产生的化学物质的论文。这种做法很费力。没有得到解决的是那些所有三个主题领域共通的词语，它们在每个知识领域中有着不同的意义，因为它们是不同语言游戏的组成部分。

博格·安德森（Bøgh Anderson 1990）为计算机符号学提供了一个符号学框架以及一些非 LIS 语境中行之有效的方法。人们可以想象，来自不同领域的利益集团最终会发展出他们自身的文档索引系统，这样他们就能够选择他们自己的进入点进入这些系统。此外，还会开发出与许多可能的浏览方式相结合，让系统及其语言实现可视化的各种方式，以服务缺乏领域知识或技术搜索知识的搜索者。一些语义网络分析法和专门的本体论现在在许多领域有所发展——不过，这些并非语言游戏。

总结起来，我们现在在 LIS 中的主要挑战是，如何在可获得的技术条件下，以超越逻辑的和统计的方法——截至目前，似乎仍是唯一的现实策略的方法——的方式，把概念语义场及其表意语境映射到我们的系统之中。正如布莱尔（Blair 1990）所说，主题搜索的重大问题之一，是索引者和搜索者没有参与到相同的语言游戏之中。他们的工作和社会环境不同，因此他们对词语的使用就会不同。

我希望这部著作会给其他 LIS 研究人员带来启发，促使他们采用一种新的方法来解决他们研究的问题，并且希望他们提供一些反馈。

12

❖

总结：为信息、认知和交流奠定基础的
五层赛博符号学框架

❖

12.1　绪论

在对认知科学、信息科学、信息加工范式、包括贝特森在内的控制论信息范式、二阶控制论、行为学以及图书馆和信息科学文档检索问题进行分析之后，我们得出结论：如果不将其与关于认知、交流、思维和意义的诸多理论（这些理论一方面涉及人文学科和社会科学，另一方面涉及经典科学和进化理论）相结合，为一门跨学科的信息科学奠定基础似乎是不可能的。

正如普里高津和斯滕格斯（Prigogine and Stengers 1984）所说，人们不能在机械主义基础之上建立一种全面的进化理论——可以从物理和化学层面向上一直延续到有生命的有机体层面的理论。经典物理学并不是一个牢固的基础；将偶然接受为真的某种复杂性理论必须也被包括在内。这一观点得到了皮尔斯的支持（Peirce 1892a，1892b）。但在此之外，带有突生和向下的因果关系的有机主义的理论似乎也很必要。

我们对于生理学过程如何影响精神体验也有相当合理的解释，但是，关于基于自由意志的精神决定如何对我们的生理机能产生因果影响，我们却不甚了之。因此，如果我们希望把握人类交流和动物认知与交流中的理解和阐释过程，我们需要有能力把第一人称体验整合到关于信息、意义和自然的理论之中。这意味着我们要求关于从无生命的物质到第一人称的、具有社会性的、生来就会语言的、有意识的人类生命的进化过程的进化理论自始至终都具有内在的一致性。相比于与某种客观信息主义结合的物理主义这种一致性要求的形而上学框架更为广阔。仅凭物质、能量和信息，我们无法解释内部生命——总体意义上的体验能力——如何出现。有机主义——在辩证唯物主义和一般系统科学中——引出了突生这个概念，其目的是解释在新的复杂系统展现在各部分被整合前并未出现在这些部分中的能力时新的品质如何形成。要得出合理的结论，我们需要在任何一种与信息主义结合的物理主义的基础上增加一个替代性的形而上学框架。我认为皮尔斯的三元哲学及其实用主义符号活动，通过其偶然论、连续论、爱慕论和第一性中的纯粹感觉，可以满足这一要求。我不愿意认为我们内部的精神体验不如物质真实——大部分主流思想就是这么认为的——也不愿意否认它们对我们的行为有着因果影响。同时，这样一个框架必须能够顾及不同主题领域——从物质到有生命的系统，认知的以及有意识的系统——的性质以及它们特定类型的知识。如埃默谢及其同事们（Emmeche et al. 1997）所指出的，这是人们依据系统理论根据突生的不同本体论层次和类型研究了相当长时间的一个方面。如果放在合适的基础上，它可能提供一个优秀框架，但它在系统科学中仍然是一个不无问题的领域。埃尔文·拉斯洛（Laszlo 1995，1996，2004）是一位受人尊敬的研究者，他全身心地在将量子力学也包括在内的广义进化论理论框架中研究了思维和精神问题；史华慈（Schwarz 1997）也做了相同的研究。到目前为止，并未从这一理论框架中得出一个关于表意、符号学和意识的完备理论。卢曼是唯一一个受胡塞尔现象学启发之后研究意义理论的人。一方面，他对胡塞尔的哲学做出了变通；另一方面，他没有充分地对胡塞尔的基本框架与系统科学、贝特森的信息理论以及二阶控制论和自创生系统理论进行整合。不过，我的确相信，这其中的大部分工作具有巩固皮尔斯哲学的潜力。

因此，我相信客观的统计信息观当中的功能主义信息加工范式，它本身就不能够提供一个足以涵盖意义和思维的现象学方面的框架。我知道，许多从事突生过程研究的研究者都希望能够对诸如生命和思维等新的品质如何从物质而来做出解释。不过，在我看来，突生不过是对这些质性变迁——对有些人而言，是阶段变迁——的一个描述性概念，它并不是一个因果解释。譬如，就我们所知，必须有大脑才会有意识，但我们无法表明大脑创造意识，意识因此只是大脑的产品。即便诸如戈夫曼（Kaufman）的基于耗散结构的关于突生的理论——与马图拉那与瓦雷拉（Maturana and Varela 1980）的自创生系统理论相互协同且被卢曼发展成三重自创生系统——[1]都不能把我们带进物理主义基础上的第一人称体验和意义理论。这就是卢曼为什么要试图整合胡塞尔的现象学的原因。

因此我们需要一个新的、更广阔的、更深刻的基础。我们不能简单地在旧有的机械主义基础之上增加信息理论，或者使用经过复杂性理论或者随机动力学改进的物理主义基础（Nielsen 1989），因为这些理论中没有任何一个把关于生命突生、意义和语言的理论包括在内的理论。我们需要某种超过柏拉图式数学决定论的反思性形而上学框架。这种决定论缺乏关于物质、生命和意义如何彼此相关的深刻理论。皮尔斯把自己的理论放在柏拉图与亚里士多德之间的某个位置，但是加上了一个起源于模糊的开端的整体进化理论。

我认为信息理论与第一人称体验理论相结合十分重要，且让我从《意识研究杂志》（*Journal of Consciousness Studies*）上正在进行的讨论中引出一段作为这一观点的支撑。其中，维尔曼斯（Velmans 2002：3）以一种我认为非常具有说服力的方式对科学在生理学层面缺乏精神因果理论这个问题进行了讨论。

在日常生活中，我们想当然地认为，我们对于我们的一些行为有着有意识的控制，我们实施控制的那个部分是有意识的思维。身心医学也认为，有意识的思维能够影响身体状态，并且得到了以下证据的支持：意象、催眠、生物反馈和其他"精神干预"在多种医疗条件下具有治疗作用。不过，并没有被人们接受的关于思维/身体相互作用的理论，并且在科学、哲学以及许多诊疗实践领域中这就阻碍了人们对精神因果关系的接受。生物医学记录通常把思维效果转换成大脑运转的效果，譬如，用大脑皮层、神经内分泌、自主神经和免疫系统的相互关联和交互控制来解释思维/身体的相互作用。尽管这些记录是有启发性的，它们却是绝对化约主义的，并且招来有意识的体验如何产生出身体方面的效果这一问题。另外，非化约论的记录不得不面对三个问题：（1）物理世界似乎在因果方面是闭合的，这似乎没有为有意识干预留下空间。（2）人们并未意识到自己的大脑/身体加工，因此，何以有对这种加工的有意识控制呢？（3）有意识的体验似乎来得太迟，以至于在因果方面不能影响到与它们的相关性最明显的那些过程。

因此，对于问题（1），我们很清楚，信息科学基础（the Foundation of Information Science，简称 FIS）试图发展出一种理论，其中，按照传统方式所理解的物理的宇宙在理论上因为增加了信息概念而被扩大了，这有助于解释物质在宇宙的进化过程中如何将自身组织成生命，以及交流如何成为可能。这是一大进步；不过，信息理论并未真正包含一种关于"思维和情感的内部方面"以及它们在动物层面——更不用说在人类意识层面——对于身体的因果效果的理论。如果人们相信我们对消息的有意识的理解与关于交流的跨学科理论相关，那么，诸如自创生系统理论等以系统和控制论为基础的理论——即使是卢曼的系统理论，也需要有一种表意理论（Luhmann 1999），正如沃特和皮特（Ort and Peter 1999）在其分析中所主张的那样。对于上面引文中的问题（2），通过生物反馈和瑜伽，我们的确知道，我们对于我们自己的身体过程可以变得有意识并且对其做出控制。即便老鼠也可以通过生物反馈在某种程度上学会控制它们的膀胱。

但是我们不能用科学的方法提出一种可以用来解释这如何成为可能或者把最重要的力量和机制概念化的模式。如果人类思维并非"从天而降"，那么，它就是通过进化发展起来的。不过，直到今天，"思维"仍全然是主流科学中人们所理解的物理、化学和生物学无力解释的；此外，基于量子理论的各种理论也充满争议并且力所不逮（Chalmers 1996）。生物符号学是一种方法，它把一些身体的内部组织过程解释为内部符号性质的。这把我们带到了问题（3），它涉及那些众所周知的实验，表明行动的决定似乎是在意识之下的层面、在我们意识到它们前几秒之前做出的。意识似乎不过是事物的端倪。但是，即便这意味着我们并没有完全独立的、启动事物的自由意志（free will），我们仍然有"自由非意志"（free won't），它可以对我们"身体—思维"的某些自发性冲动说不，它并不排除逻辑思考能够启动移动身体的决定这种可能性。

✦

12.2　意义问题

因此，对于信息科学基础（The Foundation of Information Science，简称FIS）中大多数理论主张，我的不满主要在于，如果没有一个意义概念，得出一个有关信息、认知和交流的理论是不可能的。经典的逻辑，以及人们在分析哲学中运用它的方式，并不足以成为理解认知和交流的框架。其原因是它脱离内容的符号，是从一张真值表中得到内容。

意义与生命、思维、语言、文化和意识关联最多，我们通常认为它与化学和物理领域没有关联。按照这一点，我们必须承认，它不只是一个关于化约论对整体论或者一般系统理论的问题，而更多的是一个关于"两种文化"的问题，一方面有着基于科学和技术的理论解释，另一方面有着包括哲学在内的人文学科和质性的社会科学。

经典科学似乎仍然有从化学的角度解释生物学，从物理学的角度解释化学的总体目标。但是在化学中，我们已经清楚看到形式因果和信息过程。[2]化学过程和结构能够描述和解释第一人称体验所必需的生理结构的关键方面以及神经系统的过程，但是化学不能描述如此这般的体验。此外，许多生物学家会认为，如果不提到把我们带到终极因果的生物目的，即使是器官的功能也不能得到充分描述。作为一门科学，生物学有着与物理学、化学不同的质性差异。

我希望，赛博符号学的意义和思维理论能够把关于系统和控制论的经典科学思考和功能主义思考与进化论框架整合起来，并最终与如同梅洛 - 庞蒂那里（Merleau - Ponty 2002）所发现的对思维的现象学分析整合起来。这无疑是一个巨大的挑战，却是一个为了我们的文化必须要战胜的挑战。皮尔斯让这一框架的大部分可以为我们所用。

在 2002 ~ 2003 年的"FIS 互联网大会"上，在关于生物符号学和赛博符号学的电子邮件讨论中，我们与杰里·钱德勒有过很多交流，其中有一次，他非常简明扼要地表述过这些根本性挑战：

（生物）符号学问题打开了另外一条很少在这里得到探索的大道。目前，两套主要的符号被用在自然科学中。一套符号包括传统的逻辑和数学符号，代表着抽象的东西。化学符号包括对物质独特形式的再现，被用在部分抽象的自然科学。化学符号形成物质合成的一个基础，并在分子生物学中用来显示生物分子的结构和描述生物体信号传递过程——既包括有机体内的，也包括有机体之间以及有机体与其生态之间的。如果（生物）符号学要被确立为生物和生物医学信息描述的一个来源，它将如何确立两套现有符号中任意一套的逻辑一致性？一套（生物）符号会成为搭建化学符号和数学符号之间关系的桥梁吗？在关于科学社群的当下价值观和哲学中，对于（生物）符号学，什么会推动第三套符号的创造和接受呢？在四个术语（符号学、信息、交流和意义）之间，一套符号的意义这个问题可能是最难以解决的。实际上，赋予特定符号的特定意义经常与之前存在的对突生、历史、哲学、文化和相关结构过程的概念化相互纠缠。

我相信西比奥克（Sebeok 1976，1989）在皮尔斯理论基础上发展起来的生物符号学可以被用作一个框架，对各种本体论层面的描述加以整合。在这样一个框架内，我们需要进一步发展出一种关于我们日常语言和医学以及心理治疗实践中所处理的那些因果关系层面和类型之间可能的相互作用的理论。尽管我不支持他尝试找到解决办法，但维尔曼斯（Velmans 2002：4）在其论文中对部分问题的表述是非常清楚的：

在传统医学中，身体→身体的因果被视为理所当然。结果，对身体疾病的正确治疗被认为是某种形式的身体干预。精神病学认为身体→精神的因果效力是理所当然的，于是认为对心理疾病的正确治疗可能涉及影响精神的药物、神经外科及诸如此类。许多形式的心理治疗都把精神→精神的因果视为理所当然，认为心理疾病可以通过"谈话疗

法"、引导想象、催眠和其他精神干预来缓解。身心医学认为精神→身
体的因果可以是有效的（心理发生学）。结果，在某些情况下，身体疾
病（譬如，癔症性麻痹）可能需要精神的（心理治疗的）干预。既然
所有这些因果相互作用都有广泛的证据……我们该如何理解它们？

我们如何能够提供一种对因果相互作用的科学解释？为了做到这件
事，我们必须做得更多，而不只是把物理、化学和生物及其功能性的解释
纳入我们对于科学的定义；我们需要欣然接受对生物学的皮尔斯式生物符
号学解释。赛博符号学把这种生物符号学解释与一种关于层面、信息、符
号学和语言相互作用的理论结合起来。这意味着，我们不要漠视迄今为止
所取得的成果，而是要将其模糊的框架相对化，并且把科学整合到一个新
框架之中，同时补充上符号学。

赛博符号学建议我们把信息概念留给一种不具备有生命的意义概念的
数学的信息理论来描述，而应该把信息的相互作用置于现实的物理和生物
层面之间的一个层面，其大部分得到了化学和生理学的描述。但我们会在
皮尔斯式生物符号学框架中来理解这些层面，该框架将一种关于纯粹感
觉、思维和意义规律的理论引入了它的基本本体论。

所有相互作用都能在符号学框架中得到理解。不过，正如之前所讨论
的，把所有关系都叫作符号关系并没有用；有些叫作原型符号关系会更好
（Nöth 2001b）——譬如，信息关系。因此，发展出不同类型因果关系的层
级体系似乎是必需的，就像皮尔斯所认为的那样。尽管受到亚里士多德的
启发，他还是在自身的进化实效主义框架之内，做出了如下区分：

- 效率因果（efficient causality），主要与物质之间（皮尔斯第二
性的组成部分）物理层面的力量和能量交换有关；
- 形式因果（formal causality），从现代科学观点来看，主要与通
过样式拟合进行的信息和信号交换有关。它没有意图性，化学和部分
生理学——不把有生命的系统的目的作为对该系统的解释的构成部分
的那部分——当中的情况亦是如此；
- 终极因果（final causality），其中，目标影响着结果。在符号层
面，它是通过无意识的动机和驱动（目的性）达成的；在语言层面，

它是有意识的意图。

因此我把信息看作通过样式拟合发挥作用的一种形式原因。因为不涉及外显的单个思维，我不会采取像计算机科学和 AI 中经常采取的做法，把这个过程称为样式识别，因为这会意味着某种意图以及有意识地与意识的样式形象进行比较。

即使是在动物之间，意义也是通过至少是基于某种微弱形式的意图性的符号游戏得以交流，这种微弱形式的意图性，最终，引起了语言自我意识层面的自由意志。人们或许谈及存在的目标导向原因。且让我引用迄今为止关于皮尔斯对因果关系的符号学描述讨论得最为详尽的著作所得出的结论（Hulswit 2002：215）："皮尔斯提出严格区分原因概念和力量概念。尽管他为人类体验的完整和自然的完整保留了形式，他却把后者限定在物理学的形式规律这一语境。尽管'原因'涉及不可逆的过程，'力量'关乎可逆的过程。'原因'处理的是具体的现实，'力量'处理的是只是抽象的东西。"

按照这种方式，以经典物理学的"力量"为基础，后来受到热力学关于"能量转换"启发的有效原因，在因果性普遍理论中被从根本重要的位置拿开了。只有在物理主义的、机械主义的世界观中它才可能占据这个位置。哈尔斯维特（Hulswit 2002：215）继续写道："皮尔斯认为，（Ⅰ）原因—结果关系是不可逆的；（Ⅱ）结果不完全由原因决定；（Ⅲ）原因—结果关系由'规律'（终极原因）引起；（Ⅳ）原因在时间上先于结果……每个因果关系行为都涉及有效要素、终极要素和偶然要素。尽管每个事件都是由之前事件（有效原因）带来，它也是特定倾向（终极原因）标出的一个不断连续的组成部分，与不可化约的新目标（偶然）的一个方面有关。"

特别值得一提的是，最后部分与普里高津关于不可逆性的研究和偶然的实在性完美契合，因此，也与根本的超级复杂性观点完美契合。

12.3 思维与现实

对于我们而言，量子真空场最有可能成为根本现实，而它们只按照物理主义的方式得到描述。意识的研究者们注意到这个问题（Chalmers 1996）并试图通过转向种种柏拉图式本体论框架来研究它（Penrose 1995）。许多研究者试图在量子场理论基础之上建立关于意识的理论。我认为他们会失败——我们都会失败——如果我们不解决思维和意义的本体论和认识论基础这个问题的话。我认为生命和思维无法通过建立在基于能量的有效因果关系基础上的机械主义模式和交流互动就能够得到充分描述。我也认为缺乏内在的进化理论和进化信息科学框架的柏拉图式二元框架不能够做到这一点。所以，我认为，我们必须寻找一种允许进化和思维成为基本现实组成部分的理论。这就是我为什么要钻研以皮尔斯的理论为基础的生物符号学，并将其与具有本体论层面的系统和控制论观点和突生概念结合起来的原因。为了这一目的，皮尔斯对形式、原因和事件之间的关系重新做出了定义。哈尔斯维特（Hulswit 2002：216）写道：

> 皮尔斯阐明了因果关系必定涉及形式的传递。不过，不同于亚里士多德的形式因，皮尔斯的形式是关联结构而非某种体现在物质中的东西。它们是一般性规则，具有实质蕴含的逻辑结构：如果有 p，于是有 q。因此，皮尔斯式形式与亚里士多德式形式因之间的根本差别在于，亚里士多德的形式因被认为通过解释事物的结构而对世界的稳定性做出解释，而皮尔斯的形式则意在通过解释要素之间的动态关系而对世界的稳定性做出解释。

这里，我们可以看到，迪利之所以把皮尔斯称为第一个后现代人，是因为他基本上拥有一种过程哲学，而且人们常常拿他与怀特海进行比较。但是，区别在于，对皮尔斯而言，因果关系涉及形式的传递，并且涉及在原因和结果之间起中介作用的符号过程。结果可能作为指向其原因的符号起作用，某些事件（"原因"）可能作为未来结果的符号起作用。两种情况下，解释项都是形式传递中的中介者……从原因到结果的形式传递是一个符号过程，因为符号活动涉及真正的连续性，所以有从原因到结果的连续的传递……皮尔斯式事件并不发生在时间之中，它们是时间的条件（无论这条件会是什么）。

哈尔斯维特清楚阐述了从物理主义世界到符号世界的这种转变。从进化的观点看，必须承认思维从自然而来。这要求一种使它发生的形而上学。似乎很明显的是，宣称基本现实是简单的、数学的和决定论的这种机械主义观点与思维的进化理论相互矛盾。复杂性理论是通往更合理的解释之路的一步，信息科学在与关于自我组织和闭合的理论相结合时让事物更向前迈出了一步。但是，我们仍然在某种程度上需要容许思维和感受性成为那个基本现实的组成部分。

这正是皮尔斯所做的事情。他让它们成为第一性中内部固有的东西，于是让它们有可能通过进化、自组织和自创生越来越多地出现和展现自身。在皮尔斯的三元哲学中，三个范畴根据"思维规律"运作，第一性的内在方面（纯粹感觉）存在于物质之中。这于是成了所有事物中的内部固有的东西，但直到它被组织成有生命的细胞，它才发展成为真正的符号。于是，把世界绑在一起的，不是如同亚里士多德那里的样式一样的理想的提前配置好的样式，而是通过思维规律形成习惯这一趋势组织起来的纯粹感觉和自发性构成的事件连续体（整体）。我与皮尔斯一样，相信自然的根本自发性是存在的基础。哈尔斯维特（Hulswit 2002：215）对皮尔斯的事件和过程概念进行了讨论：

> 皮尔斯认为，因果关系是一个生产事件，是目的所决定的系列（过程）的一个组成部分。过程与事件的主要区别在于，过程有事件所缺乏的三个特征：复杂性、目的性和连贯性……它属于事件的性质，它不只是创造新的事件（第二性），而且创造某个类型的新事件（第三性）……（Ⅰ）每个事件都从特定角度同化过去的事件；（Ⅱ）现在的事件作为一个正式原因与过去的事件相关，并且（Ⅲ）这种关系由终极原因引起，这就是观点……每个观点都反映了一种必要条件关系，它具有实质蕴含结构。

因此，按照哈尔斯维特（Hulswit 2002：216）的看法，皮尔斯的过程是"从终极原因引申出其（有别于其他过程的）统一性或内部秩序的不断的一连串事件；终极原因将该连串事件导向它本身可能发展成为的某种状态"。这种基本的自发性也可以被看作人身上自由意志之所以可能的前提条件，基于经典决定论进行思考的那些科学家不得不否认这一点。

12.4 信息的作用

按照我的看法，信息——如同我们在科学中所使用的这个概念——是原型符号性质的，同时被捆绑在形式因果关系层面。但是，我认为通常所谓的"信息过程"（information processes）在细胞层面是符号过程或者符号游戏。语言游戏只可见于人类，与"社会—语言"的自觉相关。"物理的宇宙"（physical universe）只有在它涵盖思维及其进化的条件下才可以被看作闭合的。因此，思维是自然科学的一个组成部分，但却是在新的哲学基础之上。因此人类交流至少有三个层面：信息的、符号的和"社会—语言"的。

并非一切都是信息或者符号，因为如果所有对象都是符号并且所有符号都是对象，那么我不明白该如何主张再现体和对象之间是有差异的。如果可能出现上述情况，符号学中关联再现体（原初符号）与对象和解释项的三元的符号就会坍塌。定然有一个不是符号的动态对象"在那里"（一个符号通过符号网络中的符号活动和进化会朝其迈进），否则真理概念就会消失。这就是我对皮尔斯的理解。我们无法反驳力量和意志（即，皮尔斯的第二性）的客观阻抗以及从自然规律和自然中的诸多规则（皮尔斯的第三性）而来的规则性和稳定性。

我的问题是，如果没有它们作为符号，我们在自然中不能拥有第二性和第三性，那么，世界上有的就都是符号，不可能有所指向的对象。自然规律只"是"自然规律本身。对我们而言它们不是符号，但是对它们的描述是。你可以选择把它们看作表示世界或者宇宙的符号。如果你是这样看的，你不得不根据谁创造解释者，与极为不同的符号活动层面打交道。在我看来，这是一个可以接受的方法，但，首先从人类社会和有生命的系统的角度看它似乎要更为有用。

我更喜欢这样一种解释：有生命的系统是宇宙意识到自身的方式。因为这里，第一性，通过思维规律及其形成习惯的趋势，不仅与第二性和第三性结合，而且在自创生闭合中组织自身并由此而创造出对保存自身组织感兴趣的个体。这似乎与哈尔斯维特（Hulswit 2002：217）关于作为生产事件的因果关系的分析契合："……原因和结果是一个正在进行的过程的不同方面，人们以抽象方式把这些方面分隔开来，其中，据说原因要先于其结果……对自然过程的解释要求参考作为普遍原则的终极原因。这些只有在存在普遍原则所提出的界限条件下才可以成为因果关系……原因和结果的地位是，它们都是客观的、与角度有关的。因为它们是人们以抽象方式从具体现实中得到的方面，而且是通过我们思想的抽象能力得到的方面，所以，它们是*事实*而非*事件*。"[3]

根据皮尔斯的框架，我们必须承认，宇宙充满抽象的纯粹的第一性，这与人类意识不同，尽管它是那种意识的源头。在存在的最深层面上，在思维的纯粹感觉所构成的第一性中，我们或许都是一体的，就像神秘主义者——包括佛教徒——所表示的那样，但其事件过程不是完全有序的世界仍然在那里。[4]

对此，人们必定增加或整合溯因推理概念，以形成演绎推理和归纳推理之外的第三种推理方法，这是因为它对于我们理解符号活动在经典逻辑学之外的表意活动和解释中如何起作用尤为关键。

✧

12.5　作为一种有意义的理性的溯因推理

溯因推理对于皮尔斯的符号学和逻辑而言尤为关键。溯因推理并非单独由经典逻辑推导力或者决定论推动。和日常生活中的大多数推导一样，溯因推理总是在很少知识的基础之上展开。但是，正是感知和思想中的主要功能，通过符号关系的创造，厘清了作为形式或者原因过程的那些东西。因此，溯因推理在创造意义过程中有着重要作用。这里，我能看到与胡塞尔的意图性概念和海德格尔的"操心"（Sorge）概念之间的关联，二者都与思维如何与现象关联以及对现象做出解释有关。

但是，根据我们当下的以信息为基础的关于理解、信息和认知的认知理论，我们无法把握感知和认知的这种溯因推理功能。我们知道溯因推理对语境有影响，知道观察者如何因为兴趣看到这一语境的（动机与意图性），观察者也是因为这种兴趣进行溯因推理的。生物、心理和社会关系以及它们的历史以及与自然和社会习惯的关系非常重要，因此是塑造感知过程的因素，正如加达默尔（Gadamer 1975）在其阐释学中所描述的那样。交流的符号层面和语言层面都影响到该过程。但是，最终，该过程仍然以生物决定——部分基于基因和其他遗传形式，加上其所构建的"表意活动域"（环境界）的独特方式，让有生命之物的组织得以保全——和个体自由意志二者的结合作为基础。

经典逻辑的符号被认为其本身是无意义的。内容和意义来自你对它们的应用。与此相反，皮尔斯把逻辑看作从表意活动进化而来，因此始终存在于有意义的语境之中。我认为这是他理论的巨大优势之一。逻辑无法变成人类智力中的一种非人的、无意义的、静态的基础样式——这似乎是更受人喜欢的对希腊逻各斯的现代科学解释，而这本身是基于在柏拉图和亚里士多德那可以看到的自然和思维的终极秩序这一理念。这一观点似乎也在大部分信息科学中得到了继承。与之相反，皮尔斯把逻辑看作近人类智能进化的动态过程的组成部分。按照皮尔斯的看法，它模糊地从超验开始，发展到第一性中内部固有的第一层。从这里，它再通过思维规律和进化之爱发展到现象，作为物质、力量、意志和信息变成第二性。之后，它开始通过第三性创造符号过程网络（符号活动），该符号网络是支撑因果关系和推动（尤其是）有生命的系统（生物符号活动）以及精神和社会系统发展的动态样式，再后来，这些系统发展成一种新层次的超级复杂性（Qvortrup 2003），而这种复杂性只能通过解释被意义（部分地）化约。本书就是以这样一种解释作为目标的一次尝试。

✧

12.6 小结

我提出了一种接纳若干"存在层面"的信息理论。论及自然，我认为，我们必须对以下做出区分：

1. 量子层面上的纠缠形式（entangled form）的因果关系。这是对思维的最抽象表达，皮尔斯称之为"第一性"，它包括感受性和"纯粹感觉"。从这一层面开始，量子场理论的"虚拟粒子"跳出、跳入显在的存在。同样是从这里开始，神秘的"纠缠"作用——有些物理学家称之为"鬼魂般的因果联系"（ghostlike causal connection）——在广义相对论和普朗克尺度的时间和空间之外出现。

2. "第二性"的双重层面，在其"物理—能量"方面产生出有效因果关系（在物理学中被描述成能量交换），其思维方面产生出意志。

3. 耗散结构、控制论机器中的、化学层面上的"信息—信号"在组织方面的因果关系。存在受"第二性"和"第三性"二者影响的原型符号层面，在精神层面，它产生出可能造成差异的众多差异。

4. 终极因果关系以及所有有生命的系统内部和它们之间的理解所构成的符号层面。

5. 最后，人类意识和社会系统中的"语言—交流"的因果关系。终极因果关系，作为有意识且有意义的目的，通过卷入"社会—交流"系统的具身化有意识的语言个体之间的符号解释，做出有目的的行动。人成为对自身而言的一个符号，或者更确切地说，人是一个自觉过程中的象征符！

科学的主题领域及其发现如此得以保存。信息理论是一个新层面，在这个层面上我们能够理解复杂动态系统的组织过程，其地位也得以保存，并在现在被看作原型符号的。它被置入更为广泛的赛博符号学框架之中，这一框架将皮尔斯三元符号学与包括自创生系统、二阶控制论和突现进化在内的系统和控制论视野结合起来了。

通常与物理主义物理学认为的不同，量子真空场和第一性这个层面并不被认为在物理学意义上是死的，赛博符号学认为它们是"第一性"的一个组成部分，"第一性"还包括有感受性和纯粹感觉。尽管物理学家可能对关于这一现实层面的新的形而上学理解感到困惑，他们却不会宣称物理学对其有着完整理解，没有留给新解释的空间。相反，这是我们所碰到的现实的最为神秘的方面之一；自从20世纪30年代开始，人们对它的意义进行了讨论，它的意义处在玻尔和爱因斯坦之间争议的中心位置。[5]我所提出的观点似乎与哈莫洛夫为发展一种结合现代物理学的意识理论所做出的尝试相互兼容。

有效因果关系（第二个）层面，明显是皮尔斯描述为"第二性"的东西。这个领域在本体论上由作为经典动力学和热力学的物理学主导。但是对皮尔斯而言，它也是思维的意志力。

信息（第三个）层面，是形式因果关系清楚展现自身、规则和第三性通过稳定样式对相互作用变得尤为关键的所在。这个层面在本体论上由化学科学主导，包括分子生物学和对大脑功能的生理解释等。这种本体论特征方面的差异也许是理解物理学与化学之间不同的钥匙之一。它不仅关乎复杂性，而且关乎起支配作用的因果关系的组织和类型。

第四个层面，是生命组织自身、实际的符号相互作用出现的所在。最初的生命在多分子有机体内部作为"内部符号活动"、在有机体之间作为外部符号活动通过"符号游戏"发展起来。因此，对这一层面的理解——基于生物符号学——表明，该信息观可能在分析生命这个化学层面是有用的，但要把握有生命的系统交流的、动态的组织上的闭合却力有不逮。这是马图拉那与瓦雷拉在其关于生命和认知的力学解释中避免使用信息这一概念的原因之一。但是，他们也没有使用符号学方面的概念。

最后，在第五个层面，有了句法性的语言游戏，人类自我意识出现，并随之而有了理性、逻辑思考和创造性推导（理解）。理解与溯因推理和有意识的终极性密切相关。溯因推理对表意至为关键。它是把某物看作他物的符号这种能力，这是由意识、人类意图性和语言解释和理解构成的巨大奇迹。这个"他物"（something else）必然是一种自然习惯。要使它成为思维中一个相当稳定的特征值（解释项），自然中被思维认为是受自然规律支配的某种规则性或稳定性是必不可少的。

这是一个包容性的等级体系，因为自然习惯——我们称为规律——是最为广泛也最为普遍的秩序性原则。总的说来，这些习惯创造秩序，譬如，重力是让原始物质——在宇宙初期分布不太均匀——移动到不同的吸引子位置并开始形成恒星的那种力量。在这些恒星中，所有基本元素通过融合得以形成。最重的恒星最终在超新星爆炸中得以创造并散布于整个星系，使得行星的形成成为可能，并产生化学自组织的可能性，这便是生命的基础。但是，在化学层面，三个维度的样式拟合与"锁钥原理"，对于创造出分子的相互作用、对于创造出作为生命物质基础的大分子的分子（分子生物学），变得更加重要。这些相互作用变成信息性的。以规律为基础，一个更加不受规律制约的领域得以创造。一种新型的创造性被允许出现，尤其是在有能量和信息流动其间的耗散结构中，在通过合并所有可能的化合物当中数量相对较少、稳定的基本要素创造新分子的过程中。当这些结构获得一个自我催化的稳定过程，在发展出细胞膜之外，它们变成了自创生系统，开始通过控制论反馈来保全自身。当它们在与类似之物的相互交换中对自己进行数字再现并开始自我复制，它们便超越前符号阶段并通过符码二元性变成身处符号游戏之中的羽翼丰满的有生命的符号存在。一个具有符号自由的新领域，一个有生命的存在可以通过意义开始在其中探索的领域于是在让动机、意图性和情感的显现成为可能的信息领域基础上得以创造。并创造出了一种物种兴趣或主体性，且从这里开始，个体的主体性通过体验的内部生活的出现而得以发展，这一出现创造出一个它能够与之对话的关于自身的符号（皮尔斯所谓的"内部对话"）。随着交流的多样化以及变得越来越重要，它继续发展，直到实际的语言与文化和自我意识同时出现。通过结合生活形式和语言游戏，得到了一个新的符号自由层面。自我意识、理解、同情、痛苦、自由意志以及对意义的求索，通过人类和文化的有意识的溯因推理行动而出现。我们开始为了我们的利益而通过技术操控规律。如果我们做好这件事，我们会获得更多的符号自由和对我们自身和宇宙的更深刻理解。如果做得不好，我们很可能摧毁我们自身和这个星球上绝大多数的多分子生命系统。

注　释

绪　论

1. 赫尔曼·黑塞（Hermann Hesse），小说家，瑞士和德国双重国籍，著有《荒原狼》（*Steppenwolf*）、《悉达多》（*Siddhartha*）、《德米安－彷徨少年时》（*Demian*）以及《纳尔齐斯与歌尔蒙德》（*Narcissus and Goldmund*）等作品。他因其最后一部小说、1943 年于德国出版的杰作《玻璃球游戏》（*Magister Ludi*，又名 *Glass Bead Game*）而获得"诺贝尔文学奖"。这是一部成长小说，情节错综复杂，描写了人类对启蒙永无止境的追寻。黑塞通过一个极具天赋的知识分子形象，描绘了"知识—沉思"的生活和"参与式—主动的"生活的结合这一难题。他学会了如何把握以玻璃球游戏这一形式体现出来的极致的文化知识纯粹性。这一游戏集人类在充满创造力的年代所产生的各种见识、崇高的思想及艺术作品于一体。在之后的学者式研究阶段，各种见解被简化成若干概念并被转变为知识财产，我们可以像演奏有遍布整个知识疆域的键盘和脚踏板的风琴一样，对待知识财产。理论上，玻璃球游戏这一工具能够复制出宇宙中整个知识内容。在引言中，黑塞写道：

> "玻璃球游戏"因此是一种对我们文化整个内容和价值的处理方式；玻璃球游戏之于我们的文化内容和价值，犹如伟大艺术时代中画家之于其调色板上的色彩。人类在其充满创造力的年代产生的所有见识、崇高的思想以及艺术作品，之后的所有阶段的学术研究都简化成了概念并转换成了玻璃球游戏玩家所处理的知识价值，就像风琴家摆弄风琴一般。而且这台风琴已经达到几乎不可想象的完美地步；它的

键盘和脚踏板遍及整个知识疆域；它的音栓数不胜数。理论上，这件工具能够在游戏中再造宇宙的整个知识内容。

但是，遗憾的是，它只在纯粹理论的游戏中可行，与社会实践中实际生活的非纯粹性是全然分割的。这部著作代表了黑塞对人之挣脱文明既定模式，通过自我实现来寻找自身本质精神的终生探索。黑塞写道：

> 这种同样的永恒理念，对我们而言体现在"玻璃球游戏"之中，潜藏于朝向"知识总和"（universitatis litterarum）这个理想目标的每个思维活动、每所柏拉图学院、每个知识精英团体、精密学科和更具文科性质的学科之间的每一次和解、朝向科学与艺术或者科学与宗教之间每一次和解。

黑塞在其小说中所描述的游戏玩弄的是观念。这些观念本身可以是音乐的、数学的、语词的或者视觉的。这项游戏从这些观念的碰撞中获得其深邃的美。黑塞写道：

> 奏鸣曲中的每次从大调到小调的转换，神话或宗教崇拜中的每次变革，每一种经典或艺术的梳理都——如果能用一种真正爱好沉思的思维去看，我会在那电光火石的瞬间见到——无非进入宇宙神秘内在的一条直接进路，其中，在呼与吸、天堂与凡间、阴与阳的交替之间，不断地在形成神圣性。
>
> 这些被玩弄的观念彼此关联的方式和旋律在如赋格曲一样的音乐形式中呈现的方式一样。

另外，黑塞把玻璃球游戏比作下棋，但在后者的"逻辑—战略游戏"中，某种程度上给每一步都增加了意义。于是，这些观念在"象形文字语言"中得到再现，这一语言既能表达它们的结构（就像在物理学中，方程可以表达各种现象的结构共性，或者符号逻辑可以表示论证的结构），又能在自己精炼而美丽的书法中得到呈现。黑塞为"玻璃球游戏"创造了关于一门由符号和公式构成的新语言的若干原则，其中，数学和音乐同等重要，因此，可以说有可能把天文学公式和音乐公式结合起来，把数学和音乐简化成一个公分母。

每个国家的委员会都会拿出一个游戏档案。它记录了迄今为止所有经过考察并得到认可的符号和解释，其数量在很久之前就远远超过古代中国象形文字的数量了。

黑塞想要统一自然的、技术的和社会的科学与人文学科，逐渐把它们与表现艺术结合起来，并最后尝试把东方神秘主义和西方知性主义合为一体；这种雄心与皮尔斯可堪一比。黑塞试图探测知性主义在历史中的位置，但他同时认识到这一研究中的危险，因为玻璃球游戏学院与社会不一样。他探索了知识和精神世界与实际的社会世界的共生。他的"大师卢迪"感觉到打通二者的召唤，看到了源自每种感觉彼此分割而非一个运作整体的部分的诸多危险。

黑塞看到了他想象中的知识社会的弱点：创造上的无力。在小说最后，约瑟夫·克内希特（大师卢迪）溺水自杀。在荣格的象征主义中，水代表潜意识。这是女性特有的精神方面也是创造性之源，我们无法淡定地将其忽略掉。

《卢迪大师》是重新整合知识生活与"真实"世界、重新整合知识和神秘启蒙与实践的宣言书，而若要如此，则两极都须接受，它们需要彼此方可让文明得以继续。我们真的需要以一种更为广泛的全球视角来看待个人和社会中的知识与启蒙。

2. 因为这是小结，所以用了最少量的参考文献。如果读到的是独立的小结，则没有参考文献。

3. 与诸如胡塞尔和海德格尔等特定哲学家无关时，我用"现象学"这一术语来表示关于事物、发生的事、思考和意义的体验的研究。

4. 这里我指的是量子场和人类思维的自发性。

5. 这里我同意梅洛—庞蒂（Merleau - Ponty 2002）对它的现象学理解。

6. 在 PI§23，他写道："在这里使用'语言游戏'这个术语的用意是要彰显语言言说是活动或生活形式的组成部分这一事实。"

请思考以下以及其他例子中语言游戏的多样性问题：

发出命令，并且遵守命令——

描述物体的外观，或者给出它的尺寸——

根据描述（图画）构造一个物体——

汇报一件事——

推测一件事——

提出并验证一个假设——

7. 物理主义相信，精神特征与物理特征是同一的，或者至少在某种程度上是物理特征所实现、决定或构成的。有信念和愿望的自主行为者按照他们的信念和愿望行事，即便我们作为有信念和愿望的自主行为者体验自我，我们仍然是物理世界的组成部分，就像其他物理系统一样以"机械主义"方式遵守物理规律，因此最终还是一种"不动脑筋的机器"（automata）（Walter et al. 2003，前言）。物理主义包括各种不同形式的"非化约的"物理主义。特别的精神因果关系是不存在的。

8. 我的这段简要描述来自《批判现实主义杂志》（*Journal of Critical Realism*）主页："批判现实主义哲学和社会理论，借助于对其他传统及其自身之前各个阶段的内在批判以及对科学和其他人类实践的超验分析，为解放的科学，即做出真正发现并因此能够帮助推动人类繁荣的科学，精心打造出一种普遍性的概念图式或者元理论。它结合并调和认识上的相对主义（所有知识都是社会产生的，或者说是及物的，并且是可错的）与判断上的理性主义（人们之所以喜欢这一判断或理论而不喜欢那一判断或理论，是因为他们持有理性的标准，真正地了解科学在因果方面和/或存在方面的非传递对象是可能的）以及本体论深度（世界是不直接达到或者不可化约为认识论的、理论上可行但有待验证真伪的或开放的、分层的和突现的，因此是已分化的和变化的）。"

"按照这样一种世界观，存在比我们所知更多的东西，比规则连续更多的自然规律，比人类因素更多的社会内容，比社会效果更多的人类因素；客观的解释不一定在实践中就是中性的。"

"批判现实主义本身就是多元化的、开放的、发展中的，与跨度广泛的（结合了额外前提的）解放性研究计划相容并促进这些计划的实施，并且明确主张方法论上的多元主义；每种科学都是科学，只要它使用适合于其对象特殊性的方法论。相应地，在广泛的解放的范围中，批判现实主义在其政治亲近性方面也是多元的。解放指自由的历史过程，人们由之而去除对满足其需要的限制，为其作为物种的潜力全面增长而创造积极的社会条件。这种关于解释性批判和（既是实质上的又是形式上的）自由辩证法的理论大致表明，理论与政治实践的统一有可能受到求取变革的运动影响，现实主义科学和社会科学在其中起着重要作用；而观察主要的批判现实主义哲学家罗伊·巴斯卡尔（Roy Bhaskar）近年来的研究，则其主张的是一种'在世俗主义范围内，与所有信仰和无信仰保持一致'的关于解放计划的精神预设理论。" http：//www. journalofcriticalrealism. org/index. php？sitesig＝JC R&page＝JCR 050 About JCR. Accessed 2 April 2005. 巴斯卡尔1975 年和 1989 年的著作是奠基性作品。

9. 在卢曼教授逝世之际，《控制论与人类知识》（*Cybernetics and Human Knowing*）杂志于 1999 年秋季针对卢曼的符号学研究方法做了一期专题，讨论的主要就是他的论文《作为形式的符号》。

第一章

1. 因此，认知科学是一种涵盖了认知心理学的跨学科范式，它只是把认知心理学看成研究范式的一部分。

2. 像现象学一样，我这里对阐释学的理解可能是最广义的。我将其作为关于文本（作为文本的文化）解释的总体性系统研究。

3. "表意活动域"是我用于表示关于雅克布·冯·乌克斯库尔的"环境界"观念的皮尔斯式生物符号学解释的概念。本书中后面有很多与之相关的内容。

4. 随着论证的进一步推进，我们将对这一点展开更多的讨论。我的方法是随着讨论的展开，逐步对许多理论、哲学和概念进行解释，而不是把作者一下淹没在其中——这算是一种"理当知晓"的策略。我注意到，自己对人们必须知道的所做的选择，可能无法让所有时常不得不使用辞典或类似工具的读者满意。但我认为这是最为可行的方法。

5. 特征值是递归过程最终得到的值。譬如，2 的平方根的特征值是 1。

6. 与布莱尔（Blair 1990）一样，我认为把信息检索（具有特定地址的一条信息）和文档检索（带有许多语义接入点的复杂符号系统）区分开是有用的。一些人更喜欢将前者称为"数据检索"（data retrieval），将后者称为"信息检索"（information retrieval）。

7. 实际上，只有计算机程序这个部分设计出来是供与人类交流的。其他部分只是给机器的指令。

8. 这在 1996 年于哥本哈根召开的"SIGIR"会议上是一个主要的讨论话题。

9. 不过，我同意普里高津与斯滕格斯（Prigogine and Stengers 1984）以及哈耶斯（Hayles 1999）的看法——机械主义复杂性观点与或然论复杂性观点之间存在根深蒂固的不可兼容性，这主要是基于关于时间不可逆性与科学知识的限度的观点。

10. 通过拉考夫的分析，在下一章，关于更为普遍的认识论的一章，我们将进一步深入探讨他所谓的"客观主义"的根源。

11. 在与这些概念相关时，我不得不使用"象征符"（symbol）这个概念，因为它们——如其所被定义的那样——并非从人类社会相互作用这个"历史—文化"的、依时间而定的、永无止歇的动态复杂性语境中获得意义。

12. 在佛多（Fordor 2001）的这部著作中，这个角度有大幅调整，尤其是针对其普遍性而言。

13. 关于这一主题，波普和库恩都认为，观察与知识之间并不存在直接的语义方面或者"逻辑—句法"方面的联系。人们可以量度感官"接收"了多少比特，但是世界并不是由——可以这么说——通过感官渠道进入思维的客观的比特建构而成的。这是推动二阶控制论发展的认识之一，对此我们将很快论及。

14. 在 FIS96 当中的口头交流。

15. 我使用"有意义的信息"的目的是为了避免与香农和韦弗的数学信息概念相混淆。

16. 我这里使用的是阐释学的视野概念，而不是认知科学的语义网络概念。英格沃森认为，视野与认知角度的范式是兼容的。

17. 参看：Maturana, "Autopoiesis", in Milan Zeleney, ed., *Autopoie-*

sis：*A Theory of Living Organization*，New York：North Holland，1981，21。

18. 我们依靠太阳的能量去除我们通过膨胀的寒冷宇宙所产生的热与熵。原子在恒星的融合过程中得以建构，非常重的原子在超新星爆炸中得以建构，而我们则由原子构成。

第二章

1. 亚里士多德将思想的美德（virtues of thought）分为五种形式："技艺"（technê）、"科学知识"（epistêmê）、"实践智慧"（phronêsis）、"智慧"（sphia）、"直观智慧"（nous）。其中，"科学知识"最接近于现代的科学概念。

2. 这至少是对所发生事情进行叙述的一种方式。

3. 这一图来自丹麦物理学家、罗斯柴尔德大学的佩德尔·沃特玛恩·克里斯蒂安森（Peder Voetmann Christiansen）所做出的奠基性工作，他在1996年于哥本哈根的"思维船研讨会"（Mind Ship Seminar）的一次公共演讲中提到。温弗里德·诺特后来对我说，一些了解葛雷玛斯矩阵的符号学家给了克里斯蒂安森进一步启发。这里，得到克里斯蒂安森的同意之后对这个图有进一步发展，同时他也认可了这一发展结果。克里斯蒂安森给许多丹麦生物符号学家带来了启发，这正是我与这位杰出的具有符号学和跨学科思考的物理学家近20年的跨学科交流带给我的众多启迪之一。

第三章

1. 道格拉斯·亚当（Douglas Adam）在其著作《搭车客终极指南》（*The Ultimate Hitchhiker's Guide*）中非常清楚地指出了这一点。人们构建终极电脑"深思"（Deep Thought）之后，用它来回答关于"生命、宇宙与一切"的意义问题。"深思"用了750万年计算出上述问题的答案。答案是"42"！非常玄奥。42。想想！

2. 按照伽利略传统，我指的是现实主义世界观中揭示普遍的数学（自然）规律是事物行为背后的动因这种尝试。

3. 对洛伦兹和廷伯根研究的细致分析，可以参看我的论文（Brier 1980），这是一篇让我获得哥本哈根大学金奖的心理学方面的论文。遗憾的是，它现在也只有丹麦文版。我并不打算给现在这部著作加上100页，来详细展现这一分析，我曾在康拉德·洛伦兹进化与认知研究中心（Kon-

rad Lorenz Institute for Evolution and Cognitive Research） 针对这一分析做过一次讲座。

4. 我曾就这个章节与雷文特洛进行过讨论并得到他的赞同，他曾担任我三年的导师。

5. 1980 年我提交了对这个论题进行的最初分析，后来在两篇其他丹麦语论文中（1985，1986）对之有所发展，1992 年用英语出版了该论题的第一次分析的结果，1993 年极为直接地评述了雷文特洛的研究，1995 年提出符号学理论。第二年我继续从事这一主题的研究。

第四章

1. 1995 年在哥本哈根尼尔斯·玻尔研究中心举办的会议上，与考夫曼就此问题的个人交流。

2. 若要深入斯本塞—布朗的哲学，需阅读《只有两个人能玩这个游戏》（*Only Two Can Play This Game*）这部作品，该书是他于 1971 年化名为"詹姆斯·基斯"（James Keys）所写。1972 年这部作品由凯特书局出版并由剑桥的"G. 斯本塞—布朗"公司与纽约的朱利安出版社联合发行。

3. 基于与露西亚·桑德拉·布拉加、约翰·迪利、叶斯伯·霍弗美尔、克劳斯·埃默谢、弗里德里克·斯特恩费尔特、约根·戴恩斯·约翰森、温弗里德·诺特等人的私下讨论。

第五章

1. 我注意到，索莫霍夫是在关联其理论时写到这一点，但我认为，他的话具有普遍价值。我这里没有篇幅谈论索莫霍夫的理论，所以我删掉了对其理论的介绍。

2. 我认为，这是因为他——与马图拉那、瓦雷拉和我本人一样——按照学术培养而言并非首先是一个生物学家；相反，他的想法是从数学、物理学和关于计算与认知的性质的基本思考这一基础上发展起来的。

3. 我将在后面再来谈冯·福尔斯特关于认知世界与物质世界的差异与性质的观点和伽利略以及笛卡尔的二元论观点之间的相似之处。

4. 尽管与马图拉那就这个主题有过几次讨论，我仍然只能将其解释为一种纯粹的认识论表述。

5. 现在有结论表明，免疫系统也是一个闭合系统，第三台并非平凡的机器，与其他两台动态相关。

6. 路德维希·维特根斯坦是冯·福尔斯特的叔叔。

7. 在马图拉那看来，对象只在语言中出现，因此，对于并不在语言中运作的有生命的系统而言是不存在对象的（Maturana 1988a，1988b）。生物符号学把动物看作运用符号的，所以我们仍然认为动物有其表意活动域中的符号对象，尽管它们并不像基于语言的对象那么精致。

8. 明格斯（Mingers 1995）报告说，二阶控制论中关于人们是否能够把自创生系统观点推广到交流系统存在争论，这正是卢曼对系统自创生理论泛化的过程中做的事情。我倾向于支持卢曼和瓦雷拉：心理系统和"社会—交流"系统只是在组织方面封闭，并不是真正就是自创生的。但这并不影响他理论的有效性。

第六章

1. 这项研究是与托尔基尔德·特勒弗森（Thorkild Thellefsen）和马丁·特勒弗森（Martin Thellefsen）合作完成的，该研究报告以托尔基尔德为主要作者发表在《符号学》（*Semiotica*）杂志上。这里的梳理是对该项研究的进一步发展。

2. 对索引词的符号学分析最初是与托尔基尔德·特勒弗森和马丁·特勒弗森一起进行的，这里对之有所发展。

第七章

1. 例子可参看吉尔伯特·莱尔的分析（Ryle 1990：179 – 1）以及对胡塞尔现象学与本质直觉理论的解释。

2. 尽管马克·约翰逊（Mark Johnson）并非此书合著者，这里的分析与他们的第一本作品《我们赖以生存的隐喻》（*Metaphors We Live By*）（Lakoff and Johnson 1999）是一致的。

第八章

1. 亚里士多德的形式和秩序理念与冯·乌克斯库尔的生物学中作为建构方案的规律概念并无太大不同（J. von Uexküll 1986：224）："（7）建构方案高出内部世界和环境，主导一切。按照我的估计，只有对建构方案的研究，能够给生物学一个强有力的而确定的基础。它还把解剖学和生理学一道再一次带到一种富有成效的共生状态……如果建构方案的组织被放在每个物种研究的核心位置，那么，每个新发现的事实都会找到其自然的位置，而只有这样，它才会获得感觉和意义。"

2. 这一分析基于洛伦兹合集（Lorenz 1970 - 1），引用页码指向该著作，尽管我指向的是该文集中各篇论文各自的发表日期。

3. 我认为，在冯·乌克斯库尔谈论本能的时候，他指的并不是洛伦兹和廷伯根所提出的这个现代行为学概念。

4. 我这里的引用和分析要归功于伊尼斯所做出的卓越研究（Innis 1994：27），他的分析和综合与我的路数极为相似。不过，伊尼斯是用勃兰依（Polanyi）、布勒（Bühler）和杜威（Dewey）的研究来补充皮尔斯的研究，我却更多通过对动物的表意和意识基础的研究来提出一种生物符号学，然后运用这些结果来对信息理论和关于信息技术与 AI 的理论进行整合。

第九章

1. 这当然是一种高度简化了的描述，因为针对物理主义对于精神现象意味着什么以及它能在何种程度上描述精神现象的讨论一直在进行中。例子参见沃尔特与赫克曼的著作（Walter and Heckmann 2003）。但是我对这一范式极为怀疑。对我来说解释没有意义，或者说，它们只在我将它们看作坚持一种特定世界观——没有它，对于科学和理性的某种观点就站不住脚——这类极端尝试之时才有意义。

2. 这是一个关于纯粹神秘主义或者莱布尼茨与赫胥黎两人所称的"久远哲学"（The Perennial Philosophy）的经典讨论。皮尔斯注意到最为深刻的基督教和佛教教义之间的相似之处，同样，铃木大拙（Suzuki 2002）在其关于基督教和佛教神秘主义的名著中，对梅斯特·埃克哈特的神秘主义与佛教进行了对比并发现极为相似的地方。梅斯特·埃克哈特（Meister Eckhart, c. 1260 - 1327/1328）是基督教神秘学大家之一。实际上，皮尔斯认为，佛教在某些方面比基督教及其真正启发更为精深；参见布伦特的著作（Brent 1998：261，314）。这里，我们不会从心理学、神学和哲学角度进入关于启蒙对于神秘学可能意味着什么这个复杂的讨论。不过，可以参见斯特斯的著作（Stace 1960）。

3. 皮尔斯的符号理论认为所有思考模式都依赖于符号的使用。每个思考和推理行为都是对符号的解释。符号活动是通过中介功能确立符号及其对象和解释项之间关联关系的过程。符号学研究再现作为符号起作用的对象所必需的诸条件。因此，符号逻辑学就是关于决定符号真实性诸条件的理论。皮尔斯将此概念化作一种规范性科学。这是因为它是一种关于为了揭示真理人们应该使用的那种推理的理论。因此它对于真理追寻而言是规范性的。

皮尔斯于是把哲学分成三个研究领域：

1. 现象学（研究作为感知对象的现象）；
2. 规范性科学（研究现象的真正关系）；
3. 形而上学（研究终极现实的性质）。

皮尔斯坚持这种划分方法，并宣称现象学是研究处在"第一性"中的现象，规范性科学研究处在"第二性"中的现象，形而上学研究处在"第三性"中的现象（CP 5.122 - 124）。然后，他把规范科学划分成：

1. 美学（被理解为关于理想的科学）；
2. 伦理学（被理解为关于正确和错误行为的科学）；
3. 逻辑学（更为经典的关于思维规律科学的理念）。

然后，他把逻辑学分成：

1. 批判逻辑，被看作关于符号与其对象之间关系的研究；
2. 思辨语法，被理解成关于符号"意义"的研究；
3. 理论修辞或者方法论，研究符号及其解释项之间关系。

所有这一切都与经典科学从希腊人那里继承而来并通过逻辑实证主义以及后来的分析哲学发展起来的逻各斯中心主义有着重要区分，因为理解现在是基于符号进化的，而且是基于一种超越真值表的意义理论的。

第十章

1. 因此，在这个图解模式中社会交流的自创生系统应该被看作不仅有着精神，而且有着作为其环境的生物和心理的自创生系统。

2. 感谢露西亚·桑德拉·布拉加让我在发表之前就有机会对她充满启发的论文《皮尔斯与巴赫金的反笛卡尔自我概念》（"Peirce's and Bakhtin's Anti – Cartesisan Concept of the Self"）一睹为快。

第十二章

1. 我认为卢曼注意到了这一点，所以为他的基础补充了斯本塞 – 布朗和胡塞尔的研究。但他从未真正拿出一个使之具有一致性的形而上学框架来。相反，他把它用作一个社会学中的特定研究策略。

2. 例子请参见考夫曼于 1995 年关于自催化闭合的研究。

3. 我要感谢门罗·哈尔斯维特（Menno Hulswit）的赠书，他的著作是皮尔斯现代阐释的一个重要里程碑。

4. 布伦特（Brent 1998）指出，何以同时具有超验和内在的理论在大多数神秘主义中是一个关键点。或许我可以补充说，柏拉图及其追随者普罗提诺就是极好的例子。布伦特在该书第 212 页写道："我相信，对有过自己神秘经验的皮尔斯而言，符号学应该被理解成从对以下问题的回答而来。真实何以既是内在的，又是超验的？何以说那位至高无上的言说者在创造我们的宇宙时是在实施符号活动？"

5. 爱因斯坦 – 波多尔斯基 – 罗森悖论、贝尔不等式、Aspect 实验，等等。

参考文献

Abraham, R. 1993. *Chaos, Gaya, Eros: A Chaos Pioneer Uncovers the Three Great Streams of History*. San Francisco: Harper.

Andkjær, O. and S. Køppe. 1986. *Freud's Psykoanalyse*. Copenhagen: Gyldendalske boghandel. English version: Anscombe, New York: Macmillan.

Appel, H. – O. 1981. *Charles Sanders Peirce: From Pragmatism to Pragmaticism*. Amherst: University of Massachusetts Press.

Aristotle. 1976. *The Nicomachean Ethics*. Harmondsworth: Penguin.

Aristotle. 1995. *Den Nikomacheiske Etik*. Copenhagen: Det Lille Forlag.

Åkerstrøm, N. 2003. *Discursive Analytical Strategies: Understanding Foucault, Kosselleck, Laclau, Luhmann*. Bristol: Policy Press.

Barrow, J. D. 1998. *Impossibility: The Limits of Science and the Science of Limits*. New York: Oxford University Press.

Baskar, R. 1989. *Reclaiming Reality: A Critical Introduction to Contemporary Philosophy*. London: Verso.

– 1997. *A Realist Theory of Science*. London: Verso Classics. (Orig. pub. 1977.)

Bateson, G. 1973. *Steps to an Ecology of Mind*. Chicago: University of Chicago Press.

– 1980. *Mind and Nature: A Necessary Unit*. New York: Bantam.

Bateson, G. and M. C. Bateson. 2005. *Angels Fear: Towards an Epistemology of the Sacred*. Crosshill, NJ: Hampton Press.

Beer, C. G. 1982. 'The Study of Vertebrate Communication – Its Cognitive

Implications. ' In *Animal Mind – Human Mind*: *Report of the Dahlem Workshop on Animal Mind – Human Mind Berlin* 1981, D. R. Griffin ed., 251 – 67. Berlin: Springer.

Belkin, N. 1978. 'Concepts of Information for Information Science. ' *Journal of Documentation* 34: 55 – 85.

Berkeley, G. 2000. *Principperne for Den Menneskelige Erkendelse*. Copenhagen: Detlille forlag. Translation of 'A Treatise Concerning the Principle of Human Knowledge, ' in A. A. Luce and T. E. Jessop. 1949. *The Works of George Berkeley, Bishop of Cloyne*. London: Nelson.

Bertalanffy, L. von. 1976. *General System Theory*: *Foundations, Development, Applications*. New York: Braziller. (Orig. pub. 1968.)

Bird, A. 1998. *Philosophy of Science*. London: UCL Press.

Bittermann, M. E. 1965. 'The Evolution of Intelligence. ' *Scientific American* (January) .

Blackmore, S. 1999. *The Meme Machine*. Oxford: Oxford University Press.

Blair, D. C. 1990. *Language and Representation in Information Retrieval*. Amsterdam: Elsevier.

Bøgh Andersen, P. 1990. *A Theory of Computer Semiotics*: *Semiotic Approaches to Construction and Assessment of Computer Systems*. Cambridge: Cambridge University Press.

Bohm, D. 1983. *Wholeness and the Implicate Order*. New York: Routledge and Kegan Paul.

Bohm, D. J. and R. Weber. 1983. 'Of Matter and Meaning: The Super – Implicate Order. ' *Re VISION* 6 (1): 34 – 44.

Bohr, N. 1954. 'Kundskabens Enhed. ' In *Atomfysik og Menneskelig Erkendelse*, 83 – 99. Copenhagen: J. H. Schultz Forlag, 1957.

Bourdieu, P. 2005a. *Viden om Videm og Refleksivitet*. Copenhagen: Hans Reitrels Forlag. (Science de la science et réflexivité, 2001.)

– 2005b. *Udkastil en Praksisteori*. Copenhagen: Hans Reitrels Forlag. (*Esquisse d'une Théorie de la Pratique – precede du Trois Etudes D'ethnologie Kabyle*,

2000.)

Brent, J. 1998. *Charles Sanders Peirce: A Life.* Revised and Enlarged Edition. Bloomington: Indiana University Press.

Brier, S. 1980. 'Der ønskes Analyseret (evt. v. h. a. egne Undersøgelser), om hierarki – og Sandsynlighedsbetragtninger i beskrivelsen af adfærd kan anven – des i – og udbygge – een eller flere motivationspsykologiske teorier eller modeller.' (University Prize Essay in Psychology about the Fruitfulness of Hierarchy – and Probability – deliberations in Constructing Models of Motivation from Behavioural Analysis. Awarded with the Gold Medal in Psychology of Copenhagen University).

– 1994. *Information er Sølv.* Aalborg: Biblioteksarbejde.

– 2005. *Informationsvidenskabsteori.* Copenhagen: Forlaget Samfunds – litteratur. Revised edition, 2006.

– 2006. 'Biosemiotics.' *Encyclopedia of Language and Linguistics.* Amsterdam: Elsevier.

Brockmann, J. 1995. *The Third Culture.* New York: Simon and Schuster.

Buckland, M. 1991. *Information and Information Systems.* New York and London: Greenwood.

Carrington, B. M. 1990. 'Expert Systems: Power to the Experts.' *Database* (April).

Casanova, M. B. 1990. 'Information: The Major Element of Change.' In *Information Quality: Definitions and Dimensions.* Proceedings of a NORDINFO seminar, Royal School of Librarianship, ed. I. Wormell, 42 – 53. London: Taylor Graham.

Cassirer, E. 1944. *An Essay on Man: An Introduction to a Philosophy of Human Culture.* New Haven, CT: Yale University Press.

Chaitin, G. 2005. *Meta Math: The Quest for Omega.* New York: Pantheon.

Chalmers, D. J. 1996. *The Conscious Mind: In Search of a Fundamental Theory.* New York and Oxford: Oxford University Press.

Chomsky, N. 1994. *Critical Assessments.* Ed. Carlos P. Otero. New York: Routledge.

Christiansen, P. V. 1970. *Information, Entropi og Udvikling. Kompendium.* Copenhagen: H. C. Ørsteds institut, Copenhagen University.

– 1984. 'Informationens elendighed' (The misery of information) . Synopsis to a workshop on the information society, IMFUFA. Roskilde, Denmark: Roskilde University Centre.

– 1989. 'Tidens tre tegn. ' *Weekend – avisen* (13 October): 22.

– 1995. 'Habit Formation and the Thirdness of Signs. ' Presented at the Semiotic Symposium, 'The Emergence of Codes and Intentions as a Basis of Sign Processes. ' Hollufgaard, Odense, 26 – 29 October. IMFUFA text no. 307. Roskilde, Denmark: Roskilde University.

Churchland, P. 2004. 'Eliminative Materialism and the Propositional Attitudes. ' In *Philosophy of Mind: A Guide and Anthology*, ed. J. Heil, 382 –400. Oxford: Oxford University Press.

Colapietro, V. 1989. *Peirce's Approach to the Self: A Semiotic Perspective on Human Subjectivity.* Albany: State University of New York Press.

Combs, A. and S. Brier. 2001. ' Signs, Information, and Consciousness. ' *SYSTEMS – Journal of Transdisciplinary Systems Science* (Wroclaw, Poland) 5 (1/ 2): 15 –24.

Danesi, M. , ed. 2001. *The Invention of Global Semiotics: A Collection of Essays on the Life and Work of Thomas A. Sebeok.* Ottawa, ON: Legas, 2001.

Darwin, C. 1859. *The Origin of Species.* New York: Random House.

– 1899. *The Expression of Emotion in Man and Animals.* New York: Appleton (www. charles = darwin. classic = literature. co. uk) .

Davidson, D. 1984. *Inquiries into Truth and Interpretation.* Oxford: Oxford University Press.

Dawkins, R. 1987. *The Blind Watchmaker.* Harlow, Essex: Longman Scientific and Technical.

– 1999. *The Selfish Gene.* Oxford: Oxford University Press. (Orig. pub. 1984.)

De May, M. 1980. 'The Relevance of the Cognitive Viewpoint for Information Science. ' In *Theory and Application in Information Research. Proceedings of the Second International Research Forum on Information Science*, *Royal School of Librarianship*, *Copenhagen*, 3 – 6 *August* 1977, ed. O. Harbo and L. Kajberg, 48 – 62. London: Mansell.

Deacon, T. W. 1997. *The Symbolic Species*: *The Co – Evolution of Language and the Brain.* New York: Norton.

Deely, J. 1990. *Basics of Semiotics.* Bloomington; Indiana University Press. (4th ed. , 2005. Tartu: Tartu University Press.)

– 1994. 'How is the Universe Perfused with Signs?' In *Semiotics*, ed. C. W. Spinks and J. Deely. New York: Peter Lang.

– 1998. 'Physiosemiosis and Semiotics. ' In *Semiotics*, ed. C. W. Spinks and J. Deely. New York: Peter Lang.

– 2001a. 'Physiosemiosis in the Semiotic Spiral: A Play of Musement. ' *Sign System Studies* 29 (1): 27 – 48.

– 2001b. *Four Ages of Understanding*: *The First Postmodern Survey of Philosophy from Ancient Times to the Turn of the Twenty – First Century.* Toronto: University of Toronto Press.

Dennett, D. C. 1979. 'Conditions of Personhood. ' In*Brainstorms*: *Philosophical Essays on Mind and Psychology. Montgomery*, VT: Bradford Books.

– 1983. 'Intensional Systems in Cognitive Ethology: The "Panglossion Paradigm" Defended. ' *The Behavioral and Brain Sciences* 6 (3) .

Dewey, J. 1991. How We Think: *A Restatement of the Relation of Reflective Thinking to the Educative Process.* Loughton, Essex: Prometheus. (Org. pub. 1910.)

Dreyfus, H. L. and S. E. Dreyfuss. 1986. *Mind over Machine*: *The Power of Human Intuition and Expertise in the Era of the Computer.* New York: Free Press.

– 1995. 'Making a Mind vs Modeling the Brain: AI back to a Branchpoint. ' *Informatica* 19 (4): 425 – 41.

Dubois, D. 1994. 'Identity and Autonomy of Psychology in Cognitive Sciences: Some Remarks from Language Processing and Knowledge Representation. ' *World Futures*: *The Journal of General Evolution* 42 (12): 73.

Eco, U. 1979. *A Theory of Semiotics.* Bloomington: Indiana University Press.

Eigen, M. et al. 1981. 'The Origin of Genetic Information.' *Scientific American* (*April*): 78 – 94.

Ellis, R. D. and N. Newton. 1998. 'Three Paradoxes of Phenomenal Consciousness: Bridging the Explanatory Gap.' *Journal of Consciousness Studies* 5 (4): 419 – 42.

Emmeche, C. 1992. 'Modelling Life: A Note on the Semiotics of Emergence and Computation in Artificial and Natural Living Systems.' In *Biosemiotics: The Semiotic Web* 1991, ed. T. A. Sebeok and J. Umiker – Sebeok, 77 – 99. Berlin: Mouton de Gruyter.

– 1998. 'Defining Life as a Semiotic Phenomenon.' *Cybernetics & Human Knowing* 5 (1): 33 – 42.

– 1999. 'The Sarkar Challenge to Biosemiotics: Is There Any Information in a Cell?' *Semiotica* 127 (1/4): 273 – 93.

– 2000. 'Transdisciplinarity, Theory – Zapping and the Growth of Knowledge.' *Semiotica* 131 (3/4): 217 – 28.

Emmeche, C., S. Køppe and F. Stjernfelt. 'Explaining Emergence: Towards an Ontology of Levels.' In *Systems Thinking*. Vol. 1, *General System Theory, Cybernetics and Complexity*, ed. G. Midgley. Thous and Oaks, CA: Sage.

Flyvbjerg, B. 1991. *Rationalitet og Magt*. Bind 1, *Det konkretes videnskab*. Copenhagen: Akademisk Forlag.

Fodor, J. A. 1987. Psychosemantics: *The Problems of Meaning*. Cambridge, MA: MIT Press.

– 309 – 2001. *The Mind Does Not Work That Way: The Scope and Limits of Computational Psychology*. Cambridge, MA: MIT Press.

Foerster, H. von. 1970. 'Thoughts and Notes on Cognition.' In *Cognition: A Multiple View*. ed. P. L. Garvin, 25 – 48. New York: Spartan.

– 1979. 'The Cybernetics of Cybernetics.' In *Communication and Control in Society*, ed. K. Krippendorff, 5 – 8. New York: Gordon and Breach.

– 1980. 'Epistemology of Communication.' In *The Myth of Information: Technology and Postindustrial Culture*, ed. K. Woodward. London: Routledge and Kegan Paul.

— 1981. 'On Cybernetics of Cybernetics and Social Theory. ' In *Self – Organizing Systems: An Interdisciplinary Approach*, ed. G. Roth and H. Schwegler, 102 – 5. Frankfurt: Campus.

— 1984. *Observing Systems*. Seaside, CA: Intersystems Publications.

— 1986. 'From Stimulus to Symbol. ' In *Event Cognition: an Ecological Perspective*, ed. V. McCabe and G. J. Balzano, 79 – 91. Hillsdale, NJ: Lawrence Erlbaum.

— 1988. 'On Constructing a Reality. ' In *Adolescent Psychiatry*. Vol. 15, *Developmental and Clinical Studies*, ed. S. C. Feinstein, A. H. Esman, J. G. Looney and G. H. Orvin, 77 – 95. Chicago: University of Chicago Press.

— 1989. 'The Need of Perception for the Perception of Needs. ' *Leonardo* 22 (2): 223 – 6.

— 1991. 'Through the Eyes of the Other. ' In *Research and Reflexivity*, ed. F. Steier, 63 – 75. London: Sage.

— 1992a. 'Cybernetics. ' In *Encyclopedia of Artificial Intelligence*, ed. S. Shapiro, 309 – 12. New York: Wiley.

— 1992b. 'Ethics and Second – Order Cybernetics. ' *Cybernetics & Human Knowing* 1 (1): 9 – 19.

— 309 – 1993a. 'Für Niklas Luhmann: Kommunikation ist das Eigenverhalten in Einem Rekursiv Operierenden, Zweifach Geschlossenen System. ' *Teoria Sociologica* 1 (2): 61 – 85.

— 1993b. 'On Seeing. ' In *Adolescent Psychiatry*. Vol. 19, *Developmental and Clinical Studies*, ed. S. C. Feinstein and R. C. Marohn, 102 – 3. Chicago: University of Chicago Press.

Franck, D. 1999. ' Auswirkung der Uexküllschen Umweltlehre auf die moderne Verhaltensbiologie. ' *Folia Bavaeriana* 7: 81 – 91. Institute of Zoology and Botany, Karl Ernst von Baer Museum, Estonian Academy of Sciences, Estonian Naturalistic Society.

Gadamer, H. – G. 1975. *Truth and Method*. New York: Seabury Press.

Gardin, J. – C. 1973. 'Document Analysis and Linguistic Theory. ' *Jour-*

nal of Documentation 29 (2): 137 – 68.

Gardner, H. 1985. *The Mind's New Science: A History of the Cognitive Revolution.* New York: Basic Books.

Gibbons, M., C. Limoges, H. Nowotny, S. Schwartzman, P. Scott and M. Trow. 1994. *The New Production of Knowledge. The Dynamics of Science and Research in Contemporary Societies. London: Sage.*

Gibson, J. J. 1966. *The Senses Considered as Perceptual System.* Boston: Houghton Mifflin.

Gilbert, S. F. and S. Sarkar. 2000. 'Embracing Complexity: Organicism for the 21st Century.' *Developing Dynamics* 219: 1 – 9.

Glasersfeld, E. von. 1991. 'Distinguishing the Observer: An Attempt at Interpreting Maturana.' *Methodologia* 5 (8): 57 – 68.

– 1992. 'Why I Consider Myself a Cybernetician.' *Cybernetics & Human Knowing* 1 (1).

Goerner, S. J. 1993. *Chaos and the Evolving Ecological Universe. World Future General Evolution Studies*, Vol. 7. Luxembourg: Gordon and Breach.

Gustavsson, B. 2001. *Vidensfilosofi.* Århus, Denmark: Klim.

Habermas, J. 1974. *Vitenskab som Ideology.* Oslo: Gyldendal Norsk Forlag.

– 1987. Excursus on Luhmann's Appropriation of the Philosophy of the Subject Through System Theory.' In *The Philosophical Discourse of Modernity: Twelve Lectures*, 368 – 85. Cambridge, MA: MIT Press.

Hartshorne, C. 1984. 'Towards a Buddhist – Christian Religion.' In *Buddhism and American Thinkers*, ed. K. K. Inada and N. P. Jacobson. Albany: State University of New York Press.

Hawking, S. W. 1989. *A Brief History of Time.* 10th Anniversary Edition. New York: Bantam.

Hayles, N. K. 1999. *How We Became Posthuman: Virtual Bodies in Cybernetics, Literature, and informatics.* Chicago: University of Chicago Press.

Heidegger, M. 1973. *Being and Time.* Trans. J. Macquarrie and E. Robinson. London: Basil Blackwell.

Hesse, H. 2002. *Magister Ludi.* London: Picador. (Orig. pub. 1943.)

Hinde, R. 1970. *Animal Behaviour: A Synthesis of Ethology and Comparative Behaviour.* Tokyo: McGraw – Hill.

Hintikke, J. 1998. 'What is Abduction? The Fundamental Problem of Contemporary Epistemology.' *Transaction of the Charles S. Peirce Society* 34 (3): 503 – 34.

Hjørland, B. 1997. *Information Seeking and Subject Representation: An Activity – Theoretical Approach to Information Science.* New York: Greenwood.

Hjørland, B. and H. Albrechtsen. 1995. 'Toward a New Horizon in Information Science: Domain Analysis.' *Journal of the American Society for Information Science* 46 (6): 400 – 25.

Hoffmeyer, J. 1984. *Naturen i Hovedet: Om Biologisk Videnskab.* Charlottenlund, Denmark: Rosinante.

– 1992a. 'Some Semiotic Aspects of the Psycho – Physical Relation: The Endo – Exosemiotic Boundary.' In *Biosemiotics: The Semiotic Web*, ed. T. A. Sebeok and J. Umiker – Sebeok, 101 – 23. Berlin: Mouton de Gruyter.

– 1992b. 'Semiotic Aspects of Biology: Biosemiotic.' In *Semiotics: A Handbook on the Sign – Theoretic Foundations of Nature and Culture*, ed. R. Posner, K. Robins, and T. A. Sebeok. Berlin: Walter de Gruyter.

– 1995. 'The Swarming Cyberspace of the Body.' *Cybernetics & Human Knowing* 3 (1): 16 – 15.

– 1997. *Signs of Meaning in the Universe.* Bloomington: Indiana University Press.

– 1998. 'Surfaces inside Surfaces.' *Cybernetics & Human Knowing* 5 (1): 33 – 42.

– 2002. 'The Central Dogma: A Joke That Became Real.' *Semiotica* 138 (1/4): 1 – 13.

– Hoffmeyer, J. and C. Emmeche. 1991. 'Code – Duality and the Semiotics of Nature.' In *On Scientific Modeling*, ed. M. Anderson and F. Merrell, 117 – 66. New York: Mouton de Gruyter.

Hofstadter, D. R. 1983. 'Artificial Intelligence: Subcognition as Compu-
tation.' In *The Study of Information*, ed. F. Machlup and U. Mansfield, 263 –
85. New York: Wiley.

Hulswit, M. 2002. *From Cause to Causation: A Peircean Perspective*. Dordrecht:
Kluwer.

Huntington, S. 1993. 'The Clash of Civilizations.' *Foreign Affairs* 72 (3):
22 –49.

Husserl, E. 1977. *Cartesian Meditations*. Dordrecht: Kluwer. (Orig. pub. 1929)

– 1997. *Fænomonologiens idé*. Copenhagen: Hans Reitzels Forlag. (*Die Idee
der Phenomenologie.*)

– 1999. *Cartesianske Meditationer*. Copenhagen: Hans Reitzels Forlag.

Inada, K. K. and N. Jacobson. 1984. *Buddhism and American Thinkers*. Alba-
ny: State University of New York Press.

Ingwersen, P. 1992. *Information Retrieval Interaction*. London: Taylor Gra-
ham.

– 1995. 'Information and Information Science.' In *Encyclopedia of Li-
brary and Information Science*, 137 – 73. New York: Marcel Dekker.

– 1996. 'Cognitive Perspectives of Information Retrieval Interaction: Ele-
ments of a Cognitive IR Theory.' *Journal of Documentation* 52 (1): 3 – 50.

Innis, R. E. 1994. *Consciousness and the Play of Signs*. Bloomington: Indi-
ana University Press.

Jantsch, E. 1980. *The Self – Organizing Universe*. New York: Pergamon.

Johansen, J. D. and S. E. Larsen. 1994. *Tegn i brug*. Copenhagen: Forlaget
Amanda. (English: S. E. Larsen and J. D. Johansen. 2002. *Signs in Use: An In-
troduction to Semiotics*. London: Routledge.)

Jaynes, J. 1969. 'The Historical Origins of "Ethology" and "Comparative
Psychology."' *Animal Behavior* 17: 602 – 6.

Kauffman, S. 1995. *At Home in the Universe*. Oxford: Oxford University Press.

Kant, E. 1990. *Critique of Pure Reason*. Buffalo, NY: Prometheus. (Orig.
pub. 1781.)

Keller, K. D. 1999. 'Sociotechnics and the Structuring of Meaning: Beyond the Idea of Autopoietic Social Systems. ' *Cybernetics & Human Knowing* 6 (2): 76 – 96.

Kierkegaard, S. 1964. *Samlede værker*. Bind 15, *Sygdommen til døden*. Copenhagen: Gyldendal. (Orig. pub. 1848.)

Kirkeby, O. F. 1994. *Begivenhed og Kropstanke: En Fænomenologisk – hermeneutisk Analyse*. Åarhus, Denmark: Forlaget Modtryk.

– 310 – 1997. 'Event and Body – Mind. An Outline of a Post – Postmodern Approach to Phenomenology. ' *Cybernetics & Human Knowing* 4 (2/3): 3 – 34.

Krippendorff, K. , ed. 1979. *Communication and Control in Society*, New York: Gordon and Breach.

– 1991. 'Stepping Stones Towards a Constructivist Epistemology for Mass – Communication. ' Lecture Prepared for Presentation to the Annual Meeting of the Deutsche Gesellschaft für Publizistik und Kommunikationswis – senschaft, Bamberg, 8 – 10 May.

– 1993. 'Major Metaphors of Communication and Some Constructivist Reflections on Their Use. ' *Cybernetics & Human Knowing* 2 (1): 3 – 26.

Krois, J. M. 2004. 'Ernst Cassirer's Philosophy of Biology. ' *Sign System Studies* 32 (1/2): 277 – 95.

Kuhn, T. 1970. *The Structure of Scientific Revolutions*. 2nd ed. Chicago: University of Chicago Press.

Kull, K. 1998. 'Semiotic Ecology: Different Natures in the Semiosphere. ' *Sign System Studies* 26: 344 – 64.

– 1999. 'Biosemiotics in the Twentieth Century: A View from Biology. ' *Semiotica* 127 (1/4): 385 – 414.

– 2001. 'The Proxemics of Ecosystems, and Three Types of Attitudes toward the Community of Other Species: An Attempt at Ecosemiotic Analysis. ' Proceedings of the Nordic – Baltic Summer Institute for Semiotic and Structural Studies, Imatra, Finland, 12 – 21 June, 70 – 7.

Lakoff, G. 1987. *Women, Fire and Dangerous Things: What Categories Re-*

veal about the Mind. Chicago: University of Chicago Press.

Lakoff, G. and M. Johnson. 1980. *Metaphors We Live By.* Chicago: University of Chicago Press.

– 1999. *Philosophy in the Flesh: The Embodied Mind and its Challenge to Western Thought.* New York: Basic Books.

Laszlo, E. 1995. *The Interconnected Universe: Conceptual Foundations of Trans-disciplinary Unified Theory.* Singapore: World Scientific.

– 1996. *The Whispering Pond: A Personal Guide to the Emerging Vision of Science.* Rockport, MA: Element Books.

– 2004. *Science and the Akashic Field: An Integral Theory of Everything.* New York: Inner Traditions International.

Latour, B. 1993. *We Have Never Been Modern.* New York: Harvester Wheatsheaf.

– 1999. *Pandora's Hope: Essays on the Reality of Science Studies.* Cambridge, MA: Harvard University Press.

Leff, H. S. and A. F. Rex, eds. 1990. *Maxwell's Demon: Entropy, Information, Computing.* Bristol: Adam Hilger.

Lewin, K. 1935. A Dynamic Theory of Personality: *Selected Papers.* New York: McGraw – Hill.

Leydesdorff, L. 2005a. 'Anticipatory Systems and the Processing of Meaning: A Simulation Study Inspired by Luhmann's Theory of Social Systems.' *Journal of Artificial Societies and Social Simulation* 8 (2). http://jasss.soc.surrey.ac.uk/8/2/7.html.

– 2005b. 'The Biological Metaphor of a Second – Order Observer and the Sociological Discourse.' *Kybernetes* (forthcoming).

– 2007. 'Luhmann's Communication – Theoretical Specification of the "Genoma" of Husserl's Phenomenology.' In *Public Space, Power and Communication,* ed. E. B. Pires (forthcoming).

Liebenau, J. and J. Backhouse. 1990. *Understanding Information: An Introduction,* London: Macmillan.

Lindsay, P. and D. A. Norman. 1977. *Human Information Processing*: *An Introduction to Psychology*. 2nd ed. New York: Academic Press.

Lindström, J. 1974. *Dialog och Förstaaelse*. Göteborg, Sweden: Avdelingen för Vetenskapsteori.

Lorenz, K. 1935. 'Der Kumpan in der Umwelt des Vogels. ' *Journal für Ornithologie* 83: 137 – 213, 289 – 413.

— 1950. 'The Comparative Method in Studying Innate Behavior Patterns. ' *Symposia of the Society for Experimental Biology* 4: 221 – 68.

— 1966. *On Aggression*. London: Methuen.

— 311 – 1970 – 1. *Studies in Animal and Human Behaviour*. Vols. I and II. Cambridge, MA: Harvard University Press.

— 1973. *Die Rückseite des Spiegels*: *Versuch einer Naturgeschichte menschlichen Erkennens*. Munich: Piper.

— 1977. *Behind the Mirror*: *A Search for a Natural History of Human Knowledge*. London: Methuen.

Luhmann, N. 1985. 'Complexity and Meaning. ' In *The Science and Praxis of Complexity*, ed. I. Prigogine et al. Tokyo: United Nations University.

— 1989. *Ecological Communication*. Cambridge: Polity Press.

— 1990. *Essays on Self – Reference*. New York: Colombia University Press.

— 1992. 'What is Communication?' *Communication Theory* 2 (3): 251 – 8.

— 1993. 'Zeichen als Form. ' In *Probleme der Form*, ed. D. Baecker, 45 – 69. Frankfurt: Suhrkamp.

— 1995. *Social Systems*. Stanford, CA: Stanford University Press.

— 1999. 'Sign as Form. ' In 'Luhmann: Cybernetics, Systems and Semiotics, ' special issue, *Cybernetics & Human Knowing* 6 (3): 21 – 37.

Luntley, M. 1995. *Reason, Truth and the Self*: *The Postmodern Reconditioned*. London: Routledge.

Machlup, F. 1983. 'Semantic Quirks in Studies of Information. ' in *The Study of Information*: *Interdisciplinary Messages*, ed. F. Machlup and U. Mansfield, 641 – 71. New York: Wiley.

Madsen, K. B. 1974. *Modern Theories of Motivation: A Comparative Meta-scientific Study.* Copenhagen: Munksgaard.

— 1978. 'Motivationsbegrebets udvikling i psykologien.' *Pædagogik* 2.

Mathews, F. 1991. *The Ecological Self.* London: Routledge.

Maturana, H. R. 1981. 'Autopoiesis.' In *Autopoiesis: A Theory of Living Organization*, ed. M. Zeleney. New York: North Holland.

— 1983. 'What Is It to See?' *Archivos de Biologia y Medicina Experimentales* 16: 255 – 69.

— 1988a. 'Ontology of Observing: The Biological Foundation of Self Consciousness and the Physical Domain of Existence.' In *Conference Workbook for 'Texts in Cybernetic Theory.' An In – Depth Exploration of the Thought of Humberto R. Maturana, William T. Powers, Ernst von Glasersfeld*, ed. R. E. Donaldson, 4 – 52. Proceedings of the American Society for Cybernetics, Felton, California, 18 – 23 October.

— 1988b. 'Reality: The Search for Objectivity, or the Quest for a Compelling Argument.' *Irish Journal of Psychology* 9 (1): 25 – 82.

— 1990. Personal Communication at the Conference of the American Society for Cybernetics, Oslo.

— 2000. 'The Nature of the Laws of Nature.' *Yearbook Edition of Systems Research and Behavioral Science* 17 (5): 459 – 68.

Maturana, H. R. and F. Varela. 1980. *Autopoiesis and Cognition: The Realization of the Living.* London: Reidel.

— 1986. *Tree of knowledge: Biological Roots of Human Understanding.* London: Shambhala.

Meister, J. C. 1995. 'Consensus exMachina. Consensus qua Machina!' *Literary and Linguistic Computing* 10 (4).

Merrell, F. 1996. *Signs Grow: Semiosis of Life Processes.* Toronto: University of Toronto Press.

Merleau – Ponty, M. 2002. *Phenomenology of Perception.* Trans. C. Smith. London: Routledge and Kegan Paul.

Miller, G. A. , E. Galanter and K. H. Pribram. 1960. *Plans and the Structure of Behavior.* New York: Holt, Rinehart and Winston.

Mingers, J. 1995. *Self – Producing Systems*: *Implications and Applications of Autopoiesis.* New York: Plenum.

Mittelstrass, J. 1974. *Die Möglichkeit von Wissenschaft.* Frankfurt: Suhrkamp.

Monod, J. 1972. *Chance and Necessity*: *An Essay on the Natural Philosophy of Modern Biology.* New York: Vintage.

Morin, E. 1992. *Method*: *Towards a Study of Humankind. Vol.* 1 , *The Nature of Nature.* New York: Peter Lang.

Næss, A. 1973. 'The Shallow and the Deep, Long – Range Ecology Movement. ' *Inquiry* 16.

Nagel, T. 1986. *The View from Nowhere.* New York: Oxford University Press.

Nielsen, H. B. 1989. *Random Dynamics and Relations Between the Number of Fermion Generations and the Fine Structure Constants.* Niels Bohr Institute NBI – HE – 89 – 01, January 1989. Published in Acta Physica Polonica B20: 427.

– 1991. *Random Dynamics, Three Generations and Skewness.* Niels Bohr Institute NBI – HE – 91 – 04. Contribution to the 3rd Summer Meeting on Quantum Mechanics of Fundamental Systems, Santiago, Chile, 9 – 12 January 1990. In Santiago 1990, Proceedings, Quantum Mechanics of Fundamental Systems 3 , 179 – 208.

Nielsen, H. B. and S. E. Rugh. 1992. *Chaos in the Fundamental Forces?* Niels Bohr Institute NBI – HE – 92 – 85. Presented at International symposium on Quantum Physics and the Universe. Tokyo, 19 – 22 August 1992.

Nöth, W. 1995. *Handbook of Semiotics.* Bloomington: Indiana University Press.

– 2001a. 'Introduction to Ecosemiosis. ' In *Ecosemiotics*: *Studies in Environmental Semiosis, Semiotics of the Biocybernetic Bodies, Human/Too Human/ Post Human,* ed. E. Tarasti, 107 – 23. ISI Congress papers, Nordic Baltic Summer Institute for Semiotic and Structural Studies, Part IV, Imatra, Finland, 12 – 21 June 2001.

– 2001b. 'Protosemiosics and Physicosemiosis. ' *Sign System Studies* 29

(1): 13 - 26.

– 2002. 'Semiotic Machines.' *Cybernetics & Human Knowing* 9 (1).

Nowotny, H., P. Scott and M. Gibbons. 2001. *Re – thinking Science*. Cambridge: Polity Press.

Ort, N. and Peter, M. 1999. 'Niklas Luhmann: "Sign as Form" – A Comment.' *Cybernetics & Human Knowing* 6 (3): 39 – 46.

Østergård, S. 1997. 'Matematik og semiotic.' In *Anvendt semiotik*, ed K. G. Jørgensen. Copenhagen: Samlerens Bogklub.

Peirce, C. S. 1891. 'The Architecture of Theories.' *The Monist* 1 (2): 161 – 76.

– 1892a. 'The Doctrine of Necessity Examined,' 2 (3): 321 – 37.

– 1892b. 'The Law of Mind.' *The Monist* 2 (4): 553.

– 1892c. 'Man's Glassy Essence.' 3 (1): 1.

– 1893. 'Evolutionary Love.' *The Monist* 3 (2): 176.

– 1891 – 3. *Mursten og Mørtel til en Metafysik: Fem Artikler Fra Tidsskriftet 'The Monist.'* Introduktion og oversættelse Peter Voetmann Christiansen. Roskilde, Denmark: Roskilde University, 1988.

– 1931 – 58. *Collected Papers*, Vols. I – VIII. Ed. C. Hartshorne and P. Weiss. Cambridge MA: Harvard University Press.

– 1955. *Philosophical Writings of Peirce: Selected and Edited with an Introduction by Justus Buchler*. New York: Dover.

– 1958. *Selected Writings: Values in a Universe of Chance*. Ed. P. P. Wiener. New York: Dover.

– 1992. *The Essential Peirce: Selected Philosophical Writings*, Vol. 1 (1867 – 1893). Ed. N. Houser and C. Kloesel. Bloomington: Indiana University Press.

– 1994. *The Collected Papers of Charles Sanders Peirce*. Electronic edition reproducing vols. I – VI, ed. C. Hartshorne and P. Weiss. Cambridge: Harvard University Press, 1931 – 1935), and vols. VII – VIII, ed. A. W. Burks (same publisher, 1958). Charlottesville: Intelex Corporation.

– 1994. *Semiotik og Pragmatisme*. Ed. A. M. Dinesen and F. Stjernfeldt. Gyldendal, Denmark: Moderne Tænkere.

– (n. d.) . *Peirce MS.* Quoted at http: //www. door. net/arisbe/arisbe. htm.

Penrose, R. 1995. *Shadows of the Mind: A Search for the Missing Science of Consciousness.* London: Oxford University Press.

Petersen, A. F. 1972. *Personlighed og Tænkning: En Teoretisk Biologisk Analyse.* (Psykologisk Skriftserie 2) . Copenhagen: Psykologisk Laboratorium, Kø-benhavns Universitet.

Petito, J. , F. Varela and J. – M. Roy. 1999. *Naturalizing Phenomenology: The Issues in Contemporary Phenomenology and Cognitive Science.* Stanford, CA: Stanford University Press.

Plato. (n. d.) . *Timaeus.* http: //www. ac – nice. fr/philo/textes/plato – works/25 – timaeus. htm.

Plotinus. 2000. *Det ene: Udvalgte Eneader.* Frederiksberg: Det Lille Forlag.

Polanyi, M. 1973. *Personal Knowledge: Towards a Post – Critical Philosophy.* London: Routledge and Kegan Paul.

Polkinghorne, J. C. 1996. ‘Heavy Meta. ’ *Scientific American* 2755: 121 –3.

Popper, K. 1960. *The Logic of Scientific Discovery.* London: Hutchinson.

– 1972. *Objective Knowledge: An Evolutionary Approach* , Oxford: Clarendon.

Prigogine, I. 1980. *From Being to Becoming.* San Francisco, CA: W. H. Freeman.

– 1996. *The End of Certainty. Time, Chaos, and the New Laws of Nature.* New York: Free Press.

Prigogine, I. and I. Stengers, I. 1984. *Order out of Chaos: Man's New Dialogue with Nature.* New York: Bantam.

Putnam, H. 1981. *Reason, Truth and History.* Cambridge: Cambridge University Press.

– 1992. *Representation and Reality.* Cambridge, MA: MIT Press.

Qvortrup, L. 1993. ‘The Controversy over the Concept of Information: An Overview and a Selected Bibliography. ’ *Cybernetics & Human Knowing* 1 (4): 3 – 26.

– 2003. *The Hypercomplex Society*, New York: Peter Lang.

– 2004. *Det Vidende Samfund – mysteriet Om Viden, Læring og Dannelse.* Copenhagen: Unge Pædagoger.

Raposa, M. 1989. *Peirce's Philosophy of Religion.* Peirce Studies no. 5. Bloomington: Indiana University Press.

Reventlow, I. 1954. *Tendenser Indenfor Den Nyeste*; *Dyrepsykologi, der Kan have Betydning for Personlighedsforskningen.* Masters dissertation, University of Copenhagen.

– 312 – 1959. 'The Influence ofBenactyzine on Learning in Cats. ' *Acta Pharmacologica et Toxicologica* (16): 136 – 43.

– 1961. 'Ethopsychopharmacological Research in Denmark. ' *Bulletin de L'association Internationale de Psychologie Applique* 10: 118 – 25.

– 1970. 'Studier af komplicerede psykobiologiske fænomener. ' Doctoral thesis, University of Copenhagen.

– 1972. 'Symbols and Sign Stimuli. ' *Danish Medical Bulletin* (19): 325 – 00.

– 1973. 'Konfliktforschung im Tierexperiment. ' In *Bericht über den* 27. *Kongress der Deutschen Gesellschaft für Psychologie in Kiel* 1970, ed. G. Reinert. Göttingen: Hogrefe.

– 1977. 'Om dyrepsykologien i dansk psykologi og om dens betydning for begrebsdannelsen i psykologien. ' In *Dansk Filosofi og Psykologi. Bind* 2, ed. S. R. Nordenbo and A. F. Petersen, 127 – 37. Copenhagen: Filosofisk Institut, Københavns Universitet.

– 1980. 'Etologi. ' In *Psykologisk Leksikon*, ed. K. B. Madsen. Copenhagen: Gyldendal.

Rorty, R. 1982. *Consequences of Pragmatism.* Minneapolis: University of Minnesota Press.

Rosen, R. 1986. 'On Information and Complexity. ' In *Complexity, Language, and Life: Mathematical Approaches*, ed. J. L. Casti and A. Karlqvist, 174 – 96. London: Springer.

– 1991. *Life Itself: A comprehensive Inquiry into the Nature, Origin and*

Fabrication of Life. New York: Columbia University Press.

Rowley, J. 1993. 'The Controlled versus Natural Indexing Languages Debate Revisited: A Perspective on Information Retrieval Practice and Research. ' *Journal of Information Science* 20 (2) .

Ruesch, J. and G. Bateson. 1987. *Communication: The Social Matrix of Psychiatry.* New York: Norton. (Orig. pub. 1967.)

Ryle, G. 1990. *The Concept of Mind.* London: Penguin.

Salthe, S. N. 1993. *Development and Evolution: Complexity and Change in Biology.* Cambridge, MA: MIT Press.

Santaella Braga, L. 1999. 'Peirce and Biology. ' In 'Biosemiotica,' special issue, *Semiotica* 127 (1/4): 5 – 21.

– 2001. 'Matter as Effect Mind: Peirce's Synechistic Ideas on the Semiotic Threshold. ' *Sign Systems Studies* 29 (1): 49 – 62.

Schiller, C. H. , ed. 1957. *Instinctive Behavior. The Development of a Modern Concept.* New York: International Universities Press.

Schopenhauer, A. 2006. *Verden som Vilje og Forestilling.* Copenhagen: Cljyldendals Bogklubber. (Die Welt als Wille und Vorstellung.)

Schrödinger, E. 1967. *What is Life? The Physical Aspect of the Living Cell and Mind and Matter.* Cambridge: Cambridge University Press.

Schwartz, D. G. 1981. 'Spencer – Brown's Laws of Form and Varela's Calculi for Self – Reference. ' *International Journal of General Systems* 6: 239 – 55.

Schwarz, E. 1997. 'About the Possible Convergence between Science and Spirituality. ' *Cybernetics & Human Knowing* 4 (4): 26 – 42.

Searle, J. 1989. *Minds, Brains and Science.* London: Penguin.

Sebeok, T. 1972. *Perspectives on Zoösemiotics.* Toronto: University of Toronto Press.

– 1976. *Contributions to the Doctrine of Signs.* Bloomington: Indiana University Press.

– 1989. *The Sign and Its Masters. Sources in Semiotics* Ⅷ. New York: University Press of America.

– 2000. *Life Signs – Essays in Semiotics – I*. Toronto: Legas.

Shannon, C. E. and W. Weaver. 1969. *The Mathematical Theory of Communication*. Urbana: University of Illinois Press.

Shear, J. 1997. *Explaining Consciousness: The Hard Problem*. Cambridge, MA: MIT Press.

Short, T. L. 1982. 'Life Among theLegisigns. ' *Transaction of the Charles Peirce Society* 18 (4): 285 – 309.

Smart, J. J. C. 1963. *Philosophy and Scientific Realism*. London: Routledge.

Snow, C. P. 1993. *The Two Cultures*. Cambridge: Cambridge University Press.

Sommerhoff, G. 1991. *Logic of the Living Brain. Department of Anatomy and Embryology*, University College, London. Also 1974. London: Wiley.

Spencer – Brown, G. 1972. *Laws of Form*. 2nd ed. New York: Julien Press.

– 1993 – 4. 'Self – Reference, Distinctions and Time. ' *Teoria Sociologica* 2 – 3 (1): 47 – 53.

Spinoza, B. de. 1996. *Etik*. Copenhagen: Rosinante.

Stace, W. T. 1960. *Mysticism and Philosophy*. London: Macmillan.

Stonier, T. 1990. *Information and the Internal Structure of the Universe: An Exploration into Information Physics*. London: Springer.

– 1992. *Beyond Information: The Natural History of Intelligence*. London: Springer.

– 1997. *Information and Meaning: An Evolutionary Perspective*. Berlin: Springer.

Suzuki, D. T. 2002. *Mysticism: Christian and Buddhist*. London: Routledge.

Szilard, L. 1929. ' Über die Entropieverminderung in einem thermodynamichen System bei Eingriffen intelligenter Wesen. ' *Zeitschrift für Physik* 53: 840 – 56. (English trans. in Leff and Rex 1990.)

Thellefsen, T. L. , S. Brier and M. L. Thellefsen. 2003. ' Problems concerning the Process of Subject Analysis and the Practice of Indexing: A Peircean Semiotic and Semantic Approach toward User – Oriented Need in Document Searching. ' *Semiotica* 144 (1/4): 177 – 218.

Thorpe, V. H. 1979. *The Origin and Rise of Ethology: The Science of the*

Natural Behaviour of Animals. London: Heinemann.

Tinbergen, N. 1968. 'On War and Peace in Animals and Man: An Ethological Approach to the Biology of Aggression. ' *Science* 160: 1411 – 18.

—1973. 'Ethology. ' In *The Animal in Its World*, ed. N. Tinbergen, 136 – 96. London: Allan and Unwin.

Thyssen, O. 2006. 'Epistemology as Communication Theory: A Critique of Niklas Luhmann's Theory of the Vanishing World. ' *Cybernetics & Human Knowing* 13 (2): 7 – 24.

Uexküll, J. von 1957. 'A Stroll through the Worlds of Animals and Men. A Picture Book of Invisible Worlds. ' In *Instinctive Behavior. The Development of a Modern Concept*, ed. C. H. Schiller, 5 – 80. New York: International Universities Press. (Orig. pub. 1934.)

—1982 [1973] . 'The Theory of Meaning. ' In 'Jakob von Uexküll's "The Theory of Meaning,"' ed. T. von Uexküll, special issue, *Semiotica* 42 (1982) .

—1986. 'Environment (Umwelt) and Inner World of Animals. ' In *Foundations of Comparative Ethology*, ed. G. M. Burghardt. New York: Van Nostrand Reinhold.

Uexküll, T. von, W. Geigges and J. M. Herrmann. 1993: 'Endosemiosis. ' *Semiotica* 96 (1/2): 5 – 51.

Van Rijsbergen, C. J. 1996. 'Information, Logic and Uncertainty in Information Science. ' In *Information Science: Integration in Perspective*, 1 – 10. Proceedings of CoLIS 2, Second International Conference on Conceptions of Library and Information Science, Royal School of Librarianship, 13 – 16 October, Copenhagen.

Varela, F. J. 1975. 'A Calculus for Self – Reference. ' *International Journal for General Systems* 2: 5 – 24.

—1984. 'The Ages of Heinz von Foerster. ' In *Observing Systems*, ed. H. von Foerster (The Systems Inquiry Series) . Seaside, CA: Intersystems Publications.

Varela, F. J. , E. Thompson and E. Rosch. 1992. *The Embodied Mind*. Cambridge, MA: MIT Press.

Velmans, M. 2002. 'How Could Conscious Experience Affect Brains?' *Jour-*

nal of Consciousness Studies 9 (11): 3 – 29.

Vickery, A. and B. Vickery. 1987. *Information Science – Theory and Practice*. London: Bowker – Saur.

Walter, S. and H. Heckmann. 2003. *Physicalism and Mental Causation: The Metaphysics of Mind and Action*. London: Imprint Academic.

Warner, J. 1990. 'Semiotics, Information Science and Computers.' *Journal of Documentation* 46 (1): 16 – 32.

– 1994. *From Writing to Computers*. London: Routledge.

Weaver, W. 1963. 'Introductory Note on the General Setting of the Analytical Communication Studies.' In *The Mathematical Theory of Communication*, ed. C. Shannon and W. Weaver, 3 – 8. Urbana: University of Illinois Press.

Weber, R. 1972. 'The Implicate Order and the Super – Implicate Order.' In *Dialogues with Scientists and Sages: The Search for Unity*. New York: Routledge and Kegan Paul.

Wiener, N. 1961. *Cybernetics or Control and Communication in the Animal and the Machine*. Cambridge: MIT Press.

– 1988. *The Human Use of Human Beings: Cybernetics and Society*. Oxford: Da Capo Press.

Wilson, E. O. 1999. Consilience: The Unity of Knowledge. New York: Vintage.

Wimmer, M. 1995. 'Evolutionary Roots of Emotions.' *Evolution and Cognition* 1 (1): 38 – 50.

Winograd, T. and F. Flores. 1986. *Understanding Computers and Cognition*. Norwood, NJ: Intellect Books and Ablex.

Wittgenstein, L. 1958. *Philosophical Investigations*. Trans. G. E. M. Anscombe. New York: Macmillan.

Witt – Hansen, J. 1980. *Filosofi: Videnskabernes Historie; i det 20. århundrede*. Copenhagen: Gyldendal.

Wormell, I., ed. 1990. *Information Quality: Definitions and Dimensions*. Proceedings of a NORDINFO seminar, Royal School of Librarianship. London: Taylor Graham.

图书在版编目（CIP）数据

　　赛博符号学：为什么只有信息并不够／（丹）索伦
·布里尔著；周劲松译 . -- 北京：社会科学文献出版
社，2023.8
　　（传播符号学书系）
　　书名原文：Cybersemiotics：Why Information Is
Not Enough！
　　ISBN 978 - 7 - 5201 - 9708 - 3

　　Ⅰ.①赛…　　Ⅱ.①索…　②周…　　Ⅲ.①符号学　　Ⅳ.
①H0

　　中国版本图书馆 CIP 数据核字（2022）第 024775 号

·传播符号学书系·

赛博符号学
——为什么只有信息并不够

著　　者／〔丹〕索伦·布里尔（SØREN BRIER）
译　　者／周劲松
审　　校／唐爱燕

出 版 人／冀祥德
责任编辑／张建中
责任印制／王京美

出　　版／社会科学文献出版社·政法传媒分社（010）59367126
　　　　　　地址：北京市北三环中路甲 29 号院华龙大厦　邮编：100029
　　　　　　网址：www.ssap.com.cn
发　　行／社会科学文献出版社（010）59367028
印　　装／三河市龙林印务有限公司

规　　格／开　本：787mm × 1092mm　1/16
　　　　　　印　张：30.75　字　数：484 千字
版　　次／2023 年 8 月第 1 版　2023 年 8 月第 1 次印刷
书　　号／ISBN 978 - 7 - 5201 - 9708 - 3
著作权合同
　　　　　　／图字 01 - 2020 - 1737 号
登 记 号
定　　价／218.00 元

读者服务电话：4008918866